W9-CNB-385
3 4028 08589 2314
HARRIS COUNTY PUBLIC LIBRARY

WITHDRAWN

"Una ventana muy práctica y entretenida al primer año y medio de la vida del bebé. Van de Rijt y Plooij han observado y descubierto los momentos vulnerables en el desarrollo de un lactante que yo encontré independientemente y que expongo en mi libro Touchpoints. Las observaciones y sugerencias prácticas de los autores son muy acertadas."

—T. Berry Brazelton, M.D., profesor emérito, Harvard Medical School

"A cualquier persona que trate con bebés y niños pequeños le interesará leer *Las semanas mágicas*. Este libro abrirá los ojos de los padres a aspectos del crecimiento, desarrollo, comportamiento cambiante y reactividad emocional de sus hijos que, si no hubieran leído sobre ellos, habrían pasado por alto o habrían encontrado chocantes y angustiosos."

—Catherine Snow, Ph.D., profesor de educación,
Harvard Graduate School of Education

"Los trabajos sobre el desarrollo de los infantes de "Vanderit y Plooij" tienen un enorme valor para el uso clínico y la aplicación científica. No sólo han explicado los períodos desconcertantes de difícil comportamiento en la infancia que tanto preocupan a los padres, sino que también han mostrado cómo estos comportamientos marcan los saltos del desarrollo y han descrito las etapas en la comprensión del infante. Estos juntos dan a los padres y profesionales un conocimiento bien fundado sobre el desarrollo de la mente de los bebés. Lo que es más, Van de Rijt Plooij ha descrito el juego y la comunicación que funcionan mejor con los niños en las diferentes edades y, por tanto, ayuda a los padres a entender y a conectarse con sensibilidad con sus bebés. Está conexión de padre-hijo es el principal pre requisito para el desarrollo seguro de niños bien adpatados. La lectura de *Las semanas mágicas* es una lectura esencial para todos los que trabajan con niños lactantes—pediatras, trabajadores sociales, psicólogos, y, por supuesto, para los padres."

—John Richer, Ph.D., Dip. Clin. Psychol., Consultor psicólogo
clínico y jefe del departamento de Psicología Pediátrica,
Departamento de Pediatría, John Radcliffe Hospital, Oxford, Inglaterra

"Van de Rijt Plooij le ayudará a ver el mundo de la forma que un bebé lo ve. A medida que el niño crece, las expresiones de emoción (como llorar) nos dicen que el niño esta evocando las reservas de energía y pidiendo por ayuda para encontrar nuevas formas de percibir el mundo cambiante. Debido a que Van de Rijt y Plooij han descubierto las etapas previsibles en la ampliación de las percepciones del niño y sus habilidades, le puede permitir, con sus magníficos ejemplos, reconocer la aparición de estos episodios de tensión y ayudarle a su hijo a lidiar juntos con ellos. En realidad, son tan ricas las consecuencias de la búsqueda de nuevas percepciones y nuevas habilidades en el medio de una situación de estrés, que, sea o no padre, nunca es demasiado temprano o demasiado tarde para beneficiarse de este libro."

—Philip J. Runkel, Ph.D., Profesor emérito de Psicología y Educación,
de la Universidad de Oregon

Las semanas mágicas

"Retrato de la primera autora, Hetty van de Rijt, creado por su nieto Thomas el 12 de septiembre de 1998, cuando tenía 23 meses de edad. Nieto y abuela tenían una relación muy estrecha y durante sus últimos siete años él era el sol en la vida de Hetty, que estaba limitada por una enfermedad.

El 29 de septiembre de 2003, Hetty falleció. Hasta el último momento trabajó en la edición extendida de este libro en holandés. Cuando murió, el primer borrador del último capítulo estaba listo. A través de la obra de su vida Hetty espera capacitar a los padres y darles tranquilidad y confianza en sí mismos en su papel de crianza y socialización de tal manera que puedan disfrutar de su pequeño sol".

Las semanas mágicas

Cómo estimular las semanas de desarrollo más importantes en los primeros 20 meses de vida del bebé, y convertir esas 10 maravillosas y predecibles e inquietas fases en saltos mágicos hacia delante.

Hetty van de Rijt, Ph.D.

y

Frans Plooij, Ph.D.

Revisión y prólogo

Marta Sadurní Brugué

A nuestros hijos, Xaviera y Marco
y a nuestros nietos, Thomas, Victoria y Sarah,
de quienes tanto hemos aprendido tanto

Las Semanas Mágicas por Hetty van de Rijt y Frans Plooij

Ilustraciones por Jan Jutte
Tapa y diseño interior por Niels Terol y Andrei Andras
Traducción por Ana Pérez, Silvia Buckley y Débora J. Frid

Publicado originalmente en 1992 con el título *Oei, ik groei!*
Por Zomer & Keuning boeken BV, Ede y Antwerp.

Editorial: Kiddy World Publishing
Van Pallandtstraat 63
6814 GN Arnhem
Holanda
www.thewonderweeks.com

¡Indique Me Gusta en Facebook! facebook.com/WonderWeeks
Síganos en Twitter: twitter.com/TheWonderWeeks

Índice

Acerca de este libro

Después de haber terminado nuestros estudios en Psicopedagogía, Antropología Física y Biología del Comportamiento, y recién casados, mi esposa Hetty van de Rijt y yo nos fuimos al Parque Nacional de Gombe, Tanzania, África Oriental para estudiar a los chimpancés con Jane Goodall. El particular proyecto de investigación que habíamos preparado resultó imposible de demostrar en las circunstancias imperantes, por lo que tuvimos que cambiar de tema. Allí y entonces nos dimos cuenta de que no había lugar sobre la Tierra donde uno pudiera observar a los chimpancés bebés recién nacidos viviendo en libertad a una distancia tan corta. No teníamos ninguna teoría o hipótesis a mano para probar, pero fuimos entrenados en la observación sistemática y directa del comportamiento animal en el campo, siguiendo la tradición del premio Nobel Niko Tinbergen. Así que eso es lo que hicimos durante casi dos años.

Cuando regresamos a Europa a trabajar en la Unidad del Consejo de Investigación Médica Robert Hinde sobre Desarrollo e Integración del Comportamiento del Sub-Departamento de Comportamiento Animal de la Universidad en Madingley, Cambridge, Inglaterra, tuvimos que analizar gran cantidad de datos. A partir de este análisis surgió la noción de períodos de regresión—períodos difíciles donde el bebé se aferra más a la madre. Anteriormente, tales períodos de regresión habían sido descubiertos por otros en no menos de otras 12 especies de primates. Los resultados del análisis de los datos también apoyaba la idea según la cual en el transcurso de las primeras etapas de la ontogenia emerge una organización jerárquica en el sistema nervioso central que subyace al desarrollo del comportamiento de los chimpancés recién nacidos e infantes que viven en libertad.

Fue después de haber analizado los datos y distinguir una organización jerárquica, que nuestro amigo y colega Lex Cools, un neurobiólogo, sugirió que compararámos nuestras conclusiones acerca de las capacidades de los niños en las diferentes etapas de desarrollo con los niveles de percepción expuestos por la Teoría de Control Perceptual Jerárquico (Hierarchical Perceptual Control Theory, PCT), elaborada por William T. Powers. La Teoría del Control Perceptual resultó ser una buena explicación para nuestros hallazgos. En los años siguientes, los postulados básicos del PCT han sido probados por otros investigadores y los resultados publicados en la literatura científica. Los lectores que estén interesados pueden ir a la página web www.livingcontrolsystems.com para una revisión de la PCT.

Una vez que obtuvimos nuestro grado de Ph.D. en Cambridge, Inglaterra (Hetty) y Groningen, los Países Bajos (Frans), pasamos a observar y grabar a las madres y bebés humanos en su entorno familiar. Estos estudios demostraron claramente que los bebés humanos también atraviesan períodos de regresión difíciles relacionados con la edad de una manera similar. Con cada período difícil, los bebés hacen un salto en su desarrollo mental. En cada una de estas ocasiones, una nueva capa de sistemas de control perceptual se superpone a las ya existentes capas de los sistemas de control perceptual jerárquicamente organizadas.

Sobre la base de nuestra investigación, Hetty y yo escribimos la versión original holandesa de Las semanas mágicas, publicada en 1992, y seguida en años posteriores por las ediciones en alemán, francés, sueco, italiano, danés, español, inglés, japonés, coreano y ruso. Nuestra investigación original en los Países Bajos fue replicada y confirmada por otros investigadores en España, Gran Bretaña y Suecia. Para obtener información acerca de la investigación sobre la cual se basa Las semanas mágicas, y acerca de las ediciones en distintos idiomas, vea www.lassemanasmagicas.com.

Lamentablemente, Hetty contrajo una rara enfermedad tropical durante nuestra estadía en Tanzania, y tras una larga y valiente batalla con la enfermedad, ella falleció en 2003. El legado de Hetty está vivo y al igual que su trabajo hecho en vida sigue dando frutos y Las semanas mágicas sigue haciendo más fácil la vida para los padres y contribuyendo al desarrollo saludable de los niños.

Frans Plooij
Arnhem, Países Bajos

prólogo a la edición española

La traducción en lengua española de *The Wonder Weeks* (*Las semanas mágicas*) llega en un momento en el que la importancia por el tema de la crianza y la educación de los niños está en alza. Proliferan los libros para padres en los que, de forma bienintencionada, se dan recomendaciones y consejos sobre cómo conseguir que un bebé duerma, llore menos, crezca sano y sea lo más inteligente posible. Sin embargo, muchas de estas publicaciones carecen de una base científica sólida que pueda guiar a los padres en la importante tarea de contribuir de forma eficaz a un óptimo desarrollo de sus hijos.

Para empezar, los padres deben saber que no hay recetas que puedan aplicarse a todos los niños. Cada uno de ellos es único, tiene su propio temperamento y una forma de responder a los estímulos del entorno. Por ello, un libro que quiera, realmente, contribuir a la formación de unas buenas prácticas parentales debe plantear una primera lección: enseñar a los padres a conocer a su hijo/a. Descubrir las capacidades y competencias de su bebé permite a los padres algo fundamental que investigadores como Thomas y Chess definieron con el concepto de *goodness of fit*: el ajuste apropiado. Es decir, aquellas formas de actuar de los padres que les permiten sintonizar con las características de su hijo teniendo en cuenta, además, las condiciones del entorno. Sin embargo, y dentro de esta flexibilidad de actuación, hay formas de crianza y educación que se han revelado a lo largo de la historia de nuestra especie –y la de otros mamíferos–más apropiadas que otras para conseguir este buen ajuste entre padres e hijos. Muchos de los estudios científicos realizados sugieren que hay comportamientos maternos y paternos que resultan más positivos para las crías: la sensibilidad de los padres ante las necesidades y comportamientos de sus retoños, la habilidad para tratar con los comportamientos disruptivos o perturbadores que puedan emerger en el curso del desarrollo, la ausencia de castigos agresivos o actitudes rígidas, la proporción de seguridad y la estimulación sensorial y afectiva.

Los libros para padres deben dejar claro el profundo impacto que tienen para el desarrollo del niño las formas de actuación que éstos adopten en el cuidado y crianza de su hijo. No se trata sólo de cubrir las necesidades de supervivencia del niño. La madre y el padre son una importante fuente de estímulos para la emergencia de las nuevas habilidades cognitivas y emocionales que el bebé va a desarrollar. En este sentido, podríamos definir "las buenas prácticas parentales" como aquellas que, a través de las experiencias que proporcionan a su retoño y la forma de transmitirlas, forman parte del proceso que transforma las estructuras cerebrales del niño o joven en formación y orienta el desarrollo de la mente hacia formas de funcionamiento superior. Parece bastante probado que el intercambio y el marco cooperativo que se desarrolla entre padres e hijos desde las primeras edades infantiles constituye una verdadera matriz de desarrollo que abre y propulsa la mente del niño hacia nuevas formas de conocimiento. En este sentido, la madre y el padre constituyen una fuente de experiencia de primera magnitud para el desarrollo cerebral del bebé. La capacidad de autorregulación emocional y afrontamiento del estrés que proporcionarán un equilibrio armónico de la personalidad también tienen que ver con las respuestas de crianza de los padres para con los hijos.

Una de las dificultades que pueden tener los padres en lograr este "buen ajuste" con sus hijos proviene de los propios cambios que tienen lugar en el proceso de desarrollo del bebé. Parece que estos cambios desestabilizan el organismo infantil, que puede incluso "regresar" y realizar comportamientos de etapas anteriores o mostrarse difícil y vulnerable. Barry Brazelton, uno de los más prestigiosos pediatras de nuestra época, ha definido estos momentos con el nombre de *touchpoints*, que podríamos traducir como "momentos sensibles del desarrollo". El autor advierte que esos momentos de desestabilización ocurren justo antes de que tenga lugar un "salto" o "rápido cambio" en cualquier área del desarrollo, sea motor, cognitiva, lingüística o emocional. Durante estos períodos "difíciles" los padres no entienden qué le ocurre a su bebé y pueden alarmarse o reaccionar de forma negativa. Sin embargo, estos momentos son, tal y como Brazelton defiende, maravillosas oportunidades para aprender acerca de cómo reacciona el bebé ante sus propios cambios, cuáles son sus puntos más fuertes y cuáles los más vulnerables y, en consecuencia, los padres, al tiempo que comprenden mejor la forma de ser de su bebé, pueden ofrecerle la ayuda y estímulos necesarios para hacerle progresar en su trayectoria de desarrollo.

Hetty van de Rijt y Frans Plooij, los autores de *Las semanas mágicas*, han dedicado muchos años de su vida a estudiar el desarrollo de los niños, y su conocimiento científico se constata en las propuestas de observación e intervención que proponen a los padres a lo largo del libro. A pesar de no ser los primeros en hablar de esos momentos difíciles del desarrollo de los niños, han volcado su saber en una guía que ayuda realmente a los padres a comprender la forma de ser de su bebé, cómo vive cada uno de estos cambios y cómo pueden ayudarle. Por ello los autores han denominado cada uno de estos momentos sensibles "semanas mágicas", puesto que representan verdaderas oportunidades de aprendizaje y de fortalecimiento de la relación padres-hijos.

Estos autores iniciaron sus observaciones con primates en el parque natural de Tanzania. Observaron cómo las crías de los chimpancés progresaban en sus relaciones de independencia con su madre a través de cinco estadios del desarrollo que tenían lugar durante los primeros 24 meses de vida. Apuntaron la hipótesis de que estos cambios eran debidos a reorganizaciones del sistema nervioso central que tenían lugar en períodos específicos. Cada fase implicaba un cambio en el comportamiento y capacidades del joven chimpancé al tiempo que el sistema madre-cría progresaba hacia nuevas formas de relación. Sin embargo, antes de cada transición del desarrollo, el pequeño chimpancé parecía alterado, irritable y realizaba comportamientos que se caracterizaban por un fuerte apego hacia la madre y la necesidad de no separarse de ella. Se podía decir que la cría de chimpancé se tornaba más dependiente mientras que la madre, por el contrario, intentaba promover su desapego procurando que se adaptara a otros individuos del grupo o usara nuevas habilidades en la exploración del entorno. Finalmente, se podía observar cómo emergían nuevos patrones de aprendizaje y comportamiento.

La explicación que dieron estos autores a este fenómeno es que, al entrar en una fase de cambio, el sistema de las crías de chimpancé se desestabilizaba, el organismo perdía su equilibrio interno y, debido a ello, el chimpancé necesitaba asegurarse la protección y el cuidado materno. Pero, al mismo tiempo, y en un bucle recursivo, esta atención de la madre le procuraba nuevas fuentes de estímulo que le impulsaban hacia la nueva fase de desarrollo. Algo muy parecido ocurre con nuestros bebés.

En estudios posteriores, Hetty van de Rijt y Frans Plooij han mostrado que los niños pasan por períodos similares a los hallados en sus investigaciones con chimpancés, aunque los patrones de comportamiento de los bebés no son los mismos que los de los primates no humanos. Antes de dar un "salto" en su proceso de desarrollo, los niños muestran características parecidas: lloran y se irritan muy fácilmente, sus patrones de sueño se vuelven más frágiles y, en algunos casos, pierden el apetito. Además, puede aparecer un cierto rechazo hacia las personas –aunque sean conocidas–, a excepción de la madre o figura vinculante. Otros niños esgrimen un decrecimiento o incremento de la actividad, lo que hace más difícil las rutinas cotidianas de bañar, alimentar o jugar con el bebé. Pero, quizá, la característica más notable es la necesidad que muestran de contacto físico o atención por parte de los padres, en particular la madre o figura de vínculo.

Una de las consecuencias derivadas de estos períodos "difíciles" que aquejan al niño en su proceso de crecimiento y transformación, es que repercuten de forma notoria en los padres, sobre todo en la relación madre-niño. El decremento en los patrones de independencia del niño junto a las manifestaciones desorganizativas y disruptivas del comportamiento infantil durante estos períodos producen cansancio y preocupación en la mayoría de las madres. Cansancio por la continua necesidad que muestra el niño de la presencia materna y preocupación por no poder dar una explicación plausible del malestar del bebé. Es normal, por ejemplo, acudir al pediatra, pensando que al bebé le ocurre algo malo, aunque no haya indicios de fiebre ni presente una sintomatología de enfermedad. A medida que el niño crece, las madres pueden pasar de un estado de preocupación a sentirse "irritadas" o "enfadadas" por lo que consideran un apego excesivo del niño hacia ellas.

En *Las semanas mágicas* los padres van a aprender cómo este aparente conflicto madre-hijo o adulto-niño puede y debe devenir un contexto de aprendizaje que promoverá al niño hacia un nuevo jalón evolutivo. Los padres van a ver que el niño requerirá más atención durante estos momentos "difíciles" y aprenderán qué tipos de estímulos son los más apropiados para el momento de desarrollo de su hijo y sus características personales. El hecho mismo de procurar restablecer el equilibrio del pequeño, tranquilizarle y entretenerle, va a devenir una fuente de conocimientos nuevos. Otras veces, cuando los padres, por ejemplo, estén ocupados y no puedan tomar en brazos o jugar con su bebé, van a ejercer una función reguladora del sistema de autocontrol del niño haciendo que Prólogo a la edición española éste "aprenda" a esperar un tiempo antes de que el contacto corporal o el juego compartido vuelvan a ser posibles. Este tiempo de espera nunca debe degenerar en una situación estresante para el niño ni llevarse más allá del punto óptimo que un niño puede tolerar, punto que depende, de nuevo, de las características de cada niño, tal como los autores recuerdan y ayudan a reconocer en su libro.

No quisiera terminar este prólogo sin dedicar unas palabras de reconocimiento y recuerdo póstumo a Hetty van de Rijt, que nos dejó, después de una larga enfermedad, en septiembre de 2003. Incansable investigadora, ella y su esposo Frans Plooij han dedicado parte de su vida no sólo a investigar el desarrollo de los niños, sino a la formación de padres ayudándoles con su experiencia a superar sus ansiedades y los problemas de crianza, incluidos las dificultades para conciliar el sueño, los lloros y rabietas, pero siempre de una forma positiva, no estresante para los pequeños y basada, sobre todo, en el conocimiento científico de qué es lo que ocurre a los bebés cuando realizan alguno de los comportamientos que pueden resultar perturbadores o pesados para los padres. Desde estas líneas quisiera animar a los padres lectores de este libro en esta responsable y al mismo tiempo maravillosa tarea de formar a sus hijos y agradecer a Ediciones Médici la traducción de un libro que beneficiará tanto a los progenitores como a los propios niños.

MARTA SADURNÍ BRUGUÉ
Profesora titular de Psicología Evolutiva y de la Educación
Unidad de Investigación e Intervención a la infancia, juventud y familia (J.I.F.)
Universidad de Girona, España

introducción

En medio del sueño, una madre oye llorar a su bebé. De un salto, se levanta de la cama y se inclina hacia la cuna. Su pequeño bebé, con la cara roja y los puños apretados, llora desconsoladamente. Por instinto, la madre lo coge en brazos y lo abraza. El bebé sigue retorciéndose. La madre lo amamanta, le cambia los pañales y lo acuna, intentándolo todo para aliviar el malestar del pequeño, pero nada parece funcionar. "¿Le pasará algo malo al bebé? –se pregunta la madre–. ¿Estaré haciendo algo mal?"

Los padres a menudo experimentan preocupación, fatiga, irritación, sentimientos de culpa y a veces hasta agresividad hacia sus inconsolables bebés. Los llantos de un bebé pueden provocar fricciones entre los padres, sobre todo cuando éstos no se ponen de acuerdo sobre cómo afrontarlos. Los consejos bienintencionados pero a veces inoportunos de parientes, amigos e incluso desconocidos sólo consiguen empeorar las cosas. Eso de "Déjale llorar, es bueno para sus pulmones" no es precisamente lo que las madres desean oír. Además, ignorando el problema, tampoco se consigue solucionarlo.

La buena noticia: hay un motivo

Llevamos 25 años estudiando el desarrollo de los bebés y la forma en que sus madres y cuidadores responden ante sus cambios. Nuestras investigaciones se llevaron a cabo en el hogar familiar, donde observamos y registramos las actividades cotidianas de las madres y los bebés. Completamos esta información con entrevistas más formales.

Nuestras investigaciones han mostrado que, de vez en cuando, todos los padres se tienen que enfrentar a un bebé que no deja de llorar. De hecho, hemos averiguado que, sorprendentemente, todos los bebés normales y sanos son más llorones, exigentes y reclaman más la atención de sus padres a las mismas edades, y, cuando esto ocurre, pueden sacar de quicio a toda la familia. *A raíz de nuestras investigaciones, ahora podemos predecir, con el margen de error de una semana, cuándo los padres pueden esperar que sus bebés atraviesen una de estas "fases de inquietud", también denominadas períodos "sensibles del desarrollo".*

Durante estos períodos, los bebés tienen un buen motivo para llorar. Su proceso de desarrollo está experimentando drásticos y rápidos cambios y esto perturba al bebé y le hace sentirse mal. Sin embargo, son estos mismos cambios los que van a permitir que el bebé aprenda muchas habilidades nuevas, por lo que deberían ser motivo de celebración. Después de todo, son una señal de que el bebé está haciendo grandes progresos. Pero debemos entender que, desde el punto de vista del bebé, estos cambios son desconcertantes. Está profundamente desorientado; para él, todo se ha transformado dé la noche a la mañana. Es como si, de repente, hubiera entrado en un mundo completamente nuevo.

Está ampliamente aceptado que el desarrollo físico de un niño progresa a través de lo que coloquialmente conocemos como "estirones". Un bebé puede no crecer nada durante algún tiempo y después crecer medio centímetro en una sola noche. Las investigaciones han mostrado que en el desarrollo mental de un niño ocurre esencialmente lo mismo. Los estudios neurológicos han mostrado que durante los primeros 20 meses de vida hay períodos en los que el cerebro del niño experimenta cambios y reorganizaciones importantes. Al poco tiempo de estos cambios, se produce un salto hacia delante en el desarrollo mental del niño.

Este libro se centra en los diez saltos principales que dan todos los bebés durante los primeros 14 meses de vida. En él se explica cómo, después de cada uno de estos saltos, cambia la forma en que el bebé comprende el mundo y cómo el pequeño utiliza esta nueva comprensión para desarrollar las distintas habilidades que necesita en cada etapa de su desarrollo.

¿Qué significa esto para los padres y para el bebé?

Los padres pueden utilizar la comprensión de los saltos evolutivos de sus bebés para ayudarles a atravesar esos períodos, a menudo confusos, de sus nuevas vidas. La lectura de este libro ayuda a entender mejor cómo piensa un bebé en cada fase de su desarrollo y la razón de su comportamiento. De esta forma, los padres pueden proporcionar a su bebé el tipo de ayuda más adecuada a sus necesidades, así como el entorno más apropiado para ayudarle a progresar de la forma más óptima posible.

De todos modos, éste no es un libro para convertir a un bebé en un genio. Creemos firmemente que cada niño es único e inteligente a su modo. Éste es un libro para entender al bebé y saber cómo tratarlo cuando atraviese un momento difícil en su desarrollo y también para disfrutar más de él conforme vaya creciendo. Es un libro que trata sobre las alegrías y las penas de crecer conjuntamente con el bebé.

Todo lo que se necesita para utilizar este libro es:

- uno (o dos) progenitores cariñosos,
- un bebé activo, ruidoso y en proceso de crecimiento,
- el deseo de crecer junto con el bebé,
- y... un poco de paciencia.

Cómo utilizar este libro

Este libro irá creciendo a la par que el bebé. Durante muchos años, hemos pedido a numerosas madres que fueran registrando día tras día los progresos de sus bebés, junto con los pensamientos y sentimientos que ellas iban experimentando y las observaciones del comportamiento cotidiano de sus hijos. Los diarios que hemos incluido en el libro son una muestra de esos registros, basados en las anotaciones semanales de las madres de 15 bebés –ocho niñas y siete niños–. Las madres –y, por supuesto, los padres– que lean este libro podrán comparar sus experiencias con las de esas madres durante todas las etapas del desarrollo de sus pequeños.

De todos modos, éste no es un libro sólo para leer. En cada capítulo, las madres tendrán la oportunidad de registrar detalles sobre los progresos de sus bebés. Cuando un bebé deja atrás la etapa de la lactancia y se

convierte en un niño hecho y derecho, a muchas madres les encantaría poder evocar todos los acontecimientos y emociones de aquellos primeros años tan fundamentales. Algunas madres llevan diarios, pero la mayoría de ellas –a quienes no les gusta especialmente escribir o simplemente no tienen tiempo para hacerlo– están convencidas de que se acordarán de todos los hitos evolutivos y hasta de los detalles más nimios de la vida de sus bebés. Por desgracia, más adelante estas madres se lamentan al comprobar que sus recuerdos se desvanecen mucho más rápido de lo que jamás habrían imaginado.

En los apartados "Diario de nuestro bebé" que se encuentran a lo largo del libro, los padres podrán llevar un diario sobre los intereses y progresos de su bebé. Estos apartados están pensados para que los padres registren sus pensamientos y hagan comentarios sobre el crecimiento y la personalidad emergente de su bebé. De esta forma, cuando éste ya haya crecido y relean el libro, unas pocas frases clave bastarán para evocarles vívidos recuerdos.

En el próximo capítulo: "Cómo crece un bebé", se explican algunas de las investigaciones en las que está basado este libro y cómo se pueden aplicar a cada bebé en particular. Veremos que el bebé crece a trompicones, dando "saltos" en su desarrollo mental, y que estos saltos van precedidos de períodos tempestuosos en los que es normal que esté inquieto, nervioso o temperamental.

En el capítulo 2: "El recién nacido: bienvenido al mundo", se describe cómo es el mundo de un recién nacido y cómo éste percibe las nuevas sensaciones que le rodean. Veremos cómo la naturaleza ha equipado a los recién nacidos para que puedan afrontar los retos de la vida y lo importante que es el contacto físico para su desarrollo ulterior. Todo esto nos ayudará a familiarizarnos con el bebé, a conocer sus deseos y necesidades y a entender lo que experimentará cuando dé su primer salto hacia delante.

En los capítulos posteriores se exponen las "semanas mágicas" –los diez grandes cambios que experimentan los bebés durante los primeros 14 meses de vida, aproximadamente cuando tienen 5, 8, 12, 19, 26, 37, 46, 55, 64 y 75 semanas–. En cada capítulo se exponen los signos que nos permitirán saber que un bebé está dando un salto importante en su proceso de desarrollo. También encontraremos una explicación de los nuevos cambios que está experimentando el mundo perceptivo del bebé

en ese momento y cómo los utilizará en su desarrollo.

Cada salto o "ventana mágica del desarrollo" se expone en un capítulo distinto. Cada capítulo consta de cuatro apartados:

En **"Signos de inquietud de esta semana"** se describen las pistas que indican que el bebé está a punto de iniciar un salto evolutivo. Esperamos que las reflexiones de las madres que han colaborado en la elaboración de este libro sobre los momentos difíciles de sus bebés proporcionen a otras madres y padres un apoyo empático que les ayude a afrontar los períodos tempestuosos de sus hijos.

Hemos reservado un espacio en cada uno de estos apartados para que los padres puedan registrar sus observaciones sobre el desarrollo de sus bebés. Lo hemos denominado "Signos de que nuestro bebé está creciendo de nuevo". Así, los padres podrán comprobar cuáles de los signos que indican la inminencia de un salto evolutivo presenta su bebé.

En **"El salto mágico hacia delante"** se exponen las nuevas habilidades que adquirirá el bebé durante este salto. En cada salto, será como si se abriera ante él un nuevo mundo repleto de observaciones que hacer y habilidades que adquirir.

Otro de los subapartados reservados para que los padres registren sus observaciones es el titulado "Cómo explora nuestro bebé el nuevo mundo", donde se relacionan las habilidades que pueden adquirir los bebés después de dar cada salto evolutivo. Al comprobar cuáles de esas habilidades posee un bebé, es muy importante recordar que ningún bebé hace todo lo que se especifica en la lista. Es posible que un bebé sólo presente unas pocas de esas habilidades y que algunas de ellas no las domine hasta semanas o meses después. De todos modos, no importa cuántas cosas haga el bebé; elegirá las habilidades que más se ajusten a sus preferencias en ese momento. ¡Los bebés también tienen sus gustos! Cada bebé es único.

En el apartado **"Cómo ayudar al bebé a progresar"**, los padres encontrarán sugerencias sobre juegos, actividades y juguetes apropiados para cada etapa evolutiva, que fomentarán el desarrollo de las nuevas habilidades del bebé e incrementarán su satisfacción y les permitirán disfrutar más jugando juntos.

En **"Después del salto"** se describe cuándo podemos esperar que el bebé vuelva a ser más independiente y alegre.

Éste suele ser un período delicioso, tanto para los padres como para

los bebés, donde ambos pueden apreciar las habilidades recién adquiridas que equipan al bebé para que pueda seguir aprendiendo y disfrutando de su mundo.

Este libro está diseñado para que se pueda empezar a leer en cualquier punto del primer año de la vida de un bebé, cuando a los padres les parezca que necesitan ayuda para entender la etapa de desarrollo que esté atravesando su hijo en ese momento. No hace falta leerlo de principio a fin. Si el lector tiene un bebé de varios meses, puede saltarse los primeros capítulos.

Qué ofrece este libro a los padres

Esperamos que estos conocimientos sobre los saltos evolutivos que tienen lugar durante el primer año de vida de un bebé proporcionen a madres y padres las herramientas necesarias para comprender el proceso de desarrollo de su hijo, ayudarle en los momentos difíciles y animarle cuando emprenda la decisiva tarea de crecer para convertirse en un niño. Asimismo, también esperamos que este libro proporcione a ambos padres y a la madre en particular:

Apoyo en los momentos difíciles. Cuando un bebé no deja de llorar, a la madre le ayudará mucho saber que no está sola, que hay un motivo para los llantos de su bebé y que los períodos de inquietud nunca duran más de unas pocas semanas y a veces no más de varios días. En este libro, las madres encontrarán testimonios de otras madres de bebés de la misma edad que el suyo y se darán cuenta de que todas las madres luchan contra sentimientos de ansiedad, enfado y muchas otras emociones. Uno de nuestros objetivos es que entiendan que esas emociones forman parte del proceso, y que, de hecho, ayudan a progresar al bebé.

Confianza en las competencias maternas. Muchas madres pasan por momentos en que pierden la confianza en sí mismas, pero, conforme vayan avanzando en la lectura de este libro, las madres aprenderán que son capaces de identificar las necesidades de su bebé mejor que ninguna otra persona. Ellas son las verdaderas expertas en sus bebés.

Una mejor comprensión del bebé y su proceso de desarrollo. En este libro los padres encontrarán una descripción de lo que tendrá que soportar su bebé en cada período sensible de su desarrollo. Aprenderán que su hijo se pondrá difícil e inquieto cuando esté a punto de adquirir nuevas habilidades, ya que los cambios en su sistema nervioso empezarán a incomodarle. En cuanto se llega a entender esto, el comportamiento del bebé resulta menos preocupante, y los posibles sentimientos de enfado o irritación que pueda sentir una madre o un padre se convierten en tolerancia y comprensión hacia su pequeño.

Esperamos que este conocimiento contribuya a que los padres se sientan más relajados y que, de esta forma, puedan ayudar más a su bebé cuando atraviese los diferentes períodos críticos.

Consejos para ayudar al bebé a jugar y aprender. Después de cada período de inquietud, el bebé estará en situación de adquirir nuevas habilidades. Si los padres le proporcionan la ayuda adecuada, aprenderá más deprisa, con más facilidad y más placer. Este libro permite hacerse una idea de cuáles son las preocupaciones que tiene que afrontar un bebé en cada edad. También da ideas sobre juegos, actividades y juguetes apropiados para cada etapa del desarrollo, entre los cuales los padres podrán elegir aquellos que más se ajusten a las preferencias de su bebé.

Un registro exclusivo del desarrollo del bebé. Este libro permite a los padres seguir la trayectoria tanto de los períodos de crisis como de los progresos de su bebé. Además, esta trayectoria se puede complementar con observaciones y notas de los padres, de forma que este libro se convierta en un cuadro completo del desarrollo de cada bebé a lo largo de sus primeros 20 meses de vida.

Nuestro deseo es que el conocimiento que los padres adquieran sobre el desarrollo de su bebé y de los niños en general les dé confianza y seguridad y les permita criar a su hijo de la forma más óptima posible. Asimismo, esperamos que ambos padres compartan con su bebé las alegrías y desafíos del milagro de crecer, y que este libro sea como un amigo de confianza y la guía indispensable en el fundamental primer año de la vida de un niño.

alarma de salto

Una madre nos envió esta carta:

> Queridos Frans y Hetty,
>
> ...Siempre noté que mi bebé era difícil varios días antes que me diera cuenta que estaba atravesando un salto. Yo estaba irritada por unos días; pero mantuve los sentimientos para mí hasta que sucedió lo del proverbio lo que colmó el vaso. En ese punto yo a veces me amargué con él ; y mi propia reacción me asustó. Cuando ocurrió esto tres veces, escribí todos los saltos en mi calendario. De ese modo podía leer el próximo capítulo a tiempo antes del próximo salto. Podrá sonar poco cuerdo pero pienso que podría manejar estos períodos difíciles mucho mejor. En adelante no seré sorprendida más.
>
> Sinceramente, Maribel

Para nosotros, está fue una carta especial. Maribel describe lo que muchas madres sienten—los cambios de sus bebés pueden ser abrumadores.

Este es el por qué desarrollamos la Alarma Leap. Usarlo es fácil. Solamente ingrese su información (fecha de alumbramiento, ¡no el día de nacimiento!) en www.thewonderweeks.com. Cada correo electrónico va a caracterizar una pequeña descripción del inminente desarrollo del salto mental de su bebé. Y por supuesto, este servicio es completamente ¡gratis!

Nota. La Alarma Leap esta disponible en Inglés en el website www.thewonderweeks.com.

capítulo 1

Cómo crece un bebé?

Para muchos padres, ser testigos de cómo crecen sus bebés es una de las experiencias más interesantes y gratificantes de sus vidas. A los padres les encanta registrar la primera vez que sus bebés se sentaron, gatearon, dijeron sus primeras palabras o comieron solos, y celebrar miles de otras preciosas "primeras veces".

Pero pocos padres se paran a pensar qué es lo que está ocurriendo en la mente de sus hijos que les permite adquirir nuevas habilidades en el momento en que lo hacen. Sabemos que la percepción que tiene un bebé de su mundo está ampliándose y cambiando cuando, de repente, nos damos cuenta de que es capaz de jugar al "cu-cu-tas" o de reconocer la voz de la abuela por teléfono.

Estos momentos son tan extraordinarios como la primera vez que se sienta, gatea o da sus primeros pasos, pero todavía son más misteriosos porque implican cosas que ocurren dentro de su cerebro y que no podemos ver. Son una prueba de que su cerebro está creciendo tan deprisa como su rechoncho cuerpecito.

Pero todos los padres descubren, antes o después, que el primer año de la vida de su hijo puede ser una carretera plagada de baches. Aunque se deleitan con el desarrollo de sus hijos y comparten el placer que éstos sienten al descubrir el mundo que les rodea, también se dan cuenta de que en determinados momentos la alegría de un bebé se puede transformar repentinamente en la más profunda aflicción. Un bebé puede parecer tan variable como un día de primavera.

A veces, convivir con un bebé puede ser una experiencia agotadora. Es fácil que las crisis repentinas de llanto y los períodos de intranquilidad inexplicables saquen de quicio a los padres, mientras éstos se preguntan qué es lo que le pasa al bebé y prueban todos los trucos habidos y por haber para tranquilizarlo o alegrarlo, sin ningún resultado.

Los llantos y el hecho de estar "pegajoso" pueden significar que el bebé está creciendo

Llevamos 25 años estudiando las interacciones entre madres y bebés. Hemos documentado –mediante observaciones objetivas, registros personales y grabaciones en vídeo– los períodos en que las madres afirman que sus

bebés están especialmente "difíciles". Durante estos períodos los bebés suelen estar más llorones e irritables y más "pegajosos" o "enmadrados" que de costumbre. Ahora sabemos que estos comportamientos son signos reveladores de que el bebé está a punto de dar un gran salto hacia delante en su desarrollo.

Está ampliamente aceptado que en los niños el desarrollo físico progresa a través de los denominados "estirones". El desarrollo mental de un niño acontece de una forma muy similar.

Los trabajos científicos que intentan relacionar los cambios cerebrales con el desarrollo mental todavía son incipientes. Sin embargo, algunos estudios han identificado cambios en el cerebro que coinciden con seis de los diez períodos difíciles de los que hablamos en este libro. Estos hallazgos científicos son coherentes con los resultados de nuestras investigaciones. Tal y como hemos dicho, cada uno de estos cambios anuncia un salto hacia delante en el desarrollo mental del bebé. Esperamos que los estudios sobre otras edades críticas acaben ofreciendo resultados similares.

Teniendo en cuenta la cantidad de cambios que experimenta un bebé a lo largo del primer año de vida, no debe sorprendernos que a veces nuestro hijo se sienta indispuesto y de mal humor. ¡Crecer es un trabajo muy duro!

Signos de inquietud que marcan los saltos mágicos hacia delante

Uno de los propósitos de este libro es explicar cada uno de los diez saltos evolutivos que dan los bebés durante sus primeras 60 semanas de vida. Llamaremos a estos saltos "saltos mágicos", porque cada salto representa un cambio en la mente del bebé, un cambio que modificará su forma de percibir el mundo y le capacitará para adquirir las habilidades que necesita para crecer y desarrollar su pensamiento.

Cada salto va precedido inevitablemente de lo que hemos denominado fase de inquietud, o también período crítico o sensible. Los denominamos así porque durante estos días el bebé estará más llorón y pegajoso y reclamará más la atención de su madre u otros cuidadores. Lo más sorprendente es que todos los bebés atraviesan estos períodos difíciles aproximadamente a la misma edad.

Debemos aclarar que estos saltos en el desarrollo no coinciden necesariamente con los denominados "estirones", aunque algunas veces ambos acontecimientos pueden ocurrir de forma simultánea. Muchos de los hitos evolutivos del desarrollo físico propios del primer año de la vida de un bebé, como la salida de los dientes, tampoco están relacionados con estos saltos en el desarrollo mental.

Por otra parte, el desarrollo mental puede verse reflejado en los progresos que observamos en el terreno físico o corporal, aunque, bajo ningún concepto, se limita a este dominio.

Cómo podemos reconocer que el bebé está a punto de dar un salto

Poco antes del salto, se produce un cambio repentino y extremadamente rápido en el sistema nervioso, mayoritariamente en su cerebro, que puede ir acompañado de cambios físicos. En este libro, para referirnos a este tipo de cambios utilizaremos la expresión "ventanas mágicas del desarrollo". Cada nueva ventana ofrece al bebé una forma distinta de percibir el mundo y de explorarlo a través de nuevas habilidades. Por ejemplo, en torno a las 8 semanas de vida, el gran cambio que se produce en el cerebro de un bebé le permitirá percibir patrones simples por primera vez.

Es posible que los padres ya perciban algunos de estos cambios al inicio del período de crisis. Si no, lo harán al cabo de poco tiempo.

En el ejemplo de las 8 semanas, observarán que el bebé muestra un repentino interés por las formas, patrones y estructuras visibles, como un conjunto de latas apiladas en la estantería de un supermercado o las barras de la cuna. También es posible que haga progresos en el plano físico. Por ejemplo, es posible que el bebé empiece a adquirir cierto control sobre su cuerpo, al darse cuenta de que sus brazos y piernas siguen cierto patrón de movimiento, lo que le permitirá controlarlos mejor. El cambio que experimentará el bebé modificará sus percepciones y sensaciones, tanto las que procedan del interior de su cuerpo como las que provengan del exterior.

El principal indicador de un cambio de estas características es que el comportamiento del bebé da un giro inexplicable a peor. A veces parece como si el bebé estuviera poniendo a prueba la paciencia de sus padres.

Está mucho más irritable e inquieto que las semanas anteriores y además tiene frecuentes episodios de llanto aparentemente inexplicables. Sin duda, se trata de algo preocupante para los padres, sobre todo la primera vez que sucede, pero es completamente normal. Cuando los bebés se vuelven más difíciles y reclaman constantemente la atención, muchas madres se preguntan si sus hijos estarán incubando alguna enfermedad. Incluso pueden enfadarse con ellos, al no entender por qué se han vuelto súbitamente tan inquietos y pesados.

¿A qué edades ocurren estos cambios?

Todos los bebés atraviesan períodos de irritación e inquietud aproximadamente a las mismas edades. Durante los primeros 20 meses de vida, los bebés dan diez saltos evolutivos que van precedidos de sus respectivos períodos de crisis. Éstos tienen lugar aproximadamente a las 5, 8, 12, 15, 23, 34, 42, 51, 60 y 70 semanas. Estos períodos se pueden adelantar o atrasar una o dos semanas con respecto a estas fechas de referencia, pero indudablemente llegarán.

En este libro nos limitaremos exclusivamente al período de desarrollo comprendido entre el nacimiento y poco más de un año. Esto no significa que estas reorganizaciones se limiten a esta etapa de la vida. De hecho, antes de que el bebé cumpla 20 meses, dará otros dos saltos evolutivos –cuando tenga 60 y 71 semanas–, y ya se han documentado varios saltos evolutivos más durante la infancia.

En los primeros meses de vida, estos períodos suelen durar unos pocos días, a pesar de que a los padres angustiados por los llantos inexplicables del bebé puedan parecerles interminables. Además, la separación entre períodos de crisis consecutivos no es muy larga: ¡sólo 3 o 4 semanas como promedio!

Más adelante, a medida que los cambios se van volviendo más complejos, los bebés tardan más en asimilarlos y los períodos de inquietud suelen durar entre 1 y 6 semanas. De todos modos, cada bebé es diferente. A algunos bebés les afectan más los cambios que a otros y algunos de estos cambios pueden producir más malestar que otros. Pero, decididamente, todos los bebés se mostrarán inquietos en alguna medida cuando se pro-

Los 10 períodos críticos del bebé

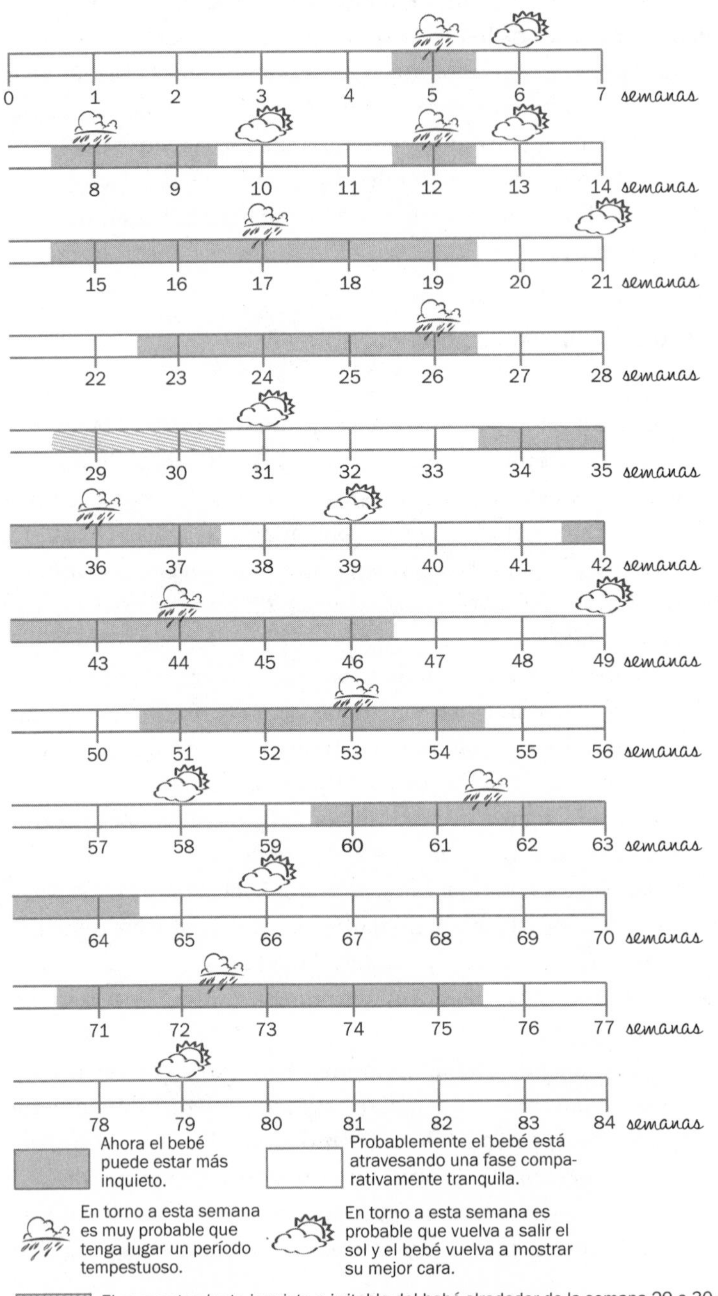

El comportamiento inquieto e irritable del bebé alrededor de la semana 29 o 30 no es un signo indicativo de un nuevo salto evolutivo; es que ha descubierto que su madre puede irse y alejarse de él. Por raro que pueda parecer, se trata de un progreso, una nueva habilidad: el bebé está aprendiendo sobre las distancias.

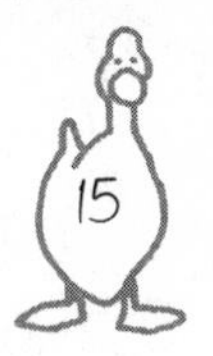

No se libra ningún bebé

Todos los bebés atraviesan estos períodos difíciles cuando experimentan cambios importantes en su desarrollo. Por regla general, los bebés tranquilos y de fácil trato reaccionan igual que los bebés más difíciles y temperamentales. Pero, como cabría esperar, los bebés temperamentales tienen más dificultades para afrontar los cambios que sus iguales de temperamento más tranquilo. Las madres de bebés "difíciles" también lo tienen peor, pues estos bebés –que ya de por sí suelen necesitar más atención– se muestran todavía más sensibles e inquietos durante estas fases. Probablemente, estos bebés serán los que estarán más enmadrados y tendrán más conflictos con sus madres, aunque también serán los que tendrán más ganas de aprender cosas nuevas.

duzcan este tipo de cambios en sus vidas.

Los períodos de crisis que atraviesan los bebés están íntimamente relacionados con el desarrollo del sistema nervioso y, por este motivo, podemos establecer un calendario de los cambios evolutivos que experimentará un bebé a partir de la fecha de la concepción. De todos modos, en este libro utilizaremos el cálculo más convencional de la edad a partir de la fecha del nacimiento. Deberemos tener presente que las edades a las que ocurren los distintos saltos en el desarrollo infantil se refieren a bebés a término. Si un bebé ha sido prematuro o posmaduro, los padres deberán ajustar las edades en consonancia. Por ejemplo, si un bebé ha nacido con 2 semanas de retraso, es probable que tenga su primer período crítico 2 semanas antes de lo que refleja el calendario. En cambio, si su nacimiento se adelantó 4 semanas, lo tendrá 4 semanas más tarde. Es importante acordarse de hacer este tipo de correcciones en cada uno de los diez saltos evolutivos.

El salto mágico hacia delante

Para el bebé, estos cambios siempre llegan como una convulsión, puesto que ponen patas arriba el mundo al que estaba acostumbrado. Por poco que pensemos en ello, veremos que tiene mucho sentido. ¿Cómo nos sen-

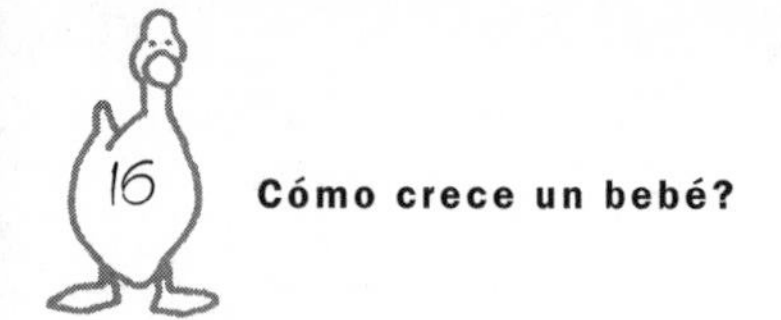

tiríamos si un día nos despertáramos y comprobáramos que nos encontramos en otro planeta? Un planeta en el que todo es diferente a lo que hasta ahora había sido habitual para nosotros. ¿Qué haríamos? Seguro que no nos pondríamos a comer tranquilamente, ni pensaríamos en dar una cabezadita. Tampoco el bebé. En estos momentos lo único que desea el bebé es aferrarse fuertemente a alguien con quien se siente seguro.

Por si todo esto fuera poco, resulta que cada salto evolutivo es diferente. Cada uno de estos saltos proporciona al bebé una percepción distinta, que a su vez le procura un nuevo conjunto de habilidades, habilidades que no podría haber aprendido antes por mucho que lo hubiéramos estimulado. En definitiva, cada salto evolutivo representa un mundo nuevo. Cada mundo que descubre el bebé se edifica sobre los cimientos del anterior, pero los descubrimientos que trae de la mano son completamente nuevos para él. Algunas de las habilidades y capacidades que irán emergiendo serán mejoras de habilidades adquiridas previamente, mientras que otras florecerán por primera vez. Este libro es la historia de estos cambios perceptivos a través de los cuales la mente del bebé se desarrolla.

No hay dos bebés exactamente iguales. Cada bebé tiene sus preferencias, su temperamento y sus rasgos físicos. Por consiguiente, cada bebé selecciona aquellos aspectos del mundo que va descubriendo que encuentra más interesantes. Mientras un bebé puede interesarse por todo, otro concentrará su atención en una habilidad en especial. ¡Estas diferencias son las que hacen que cada bebé sea único!

Cómo ayudar al bebé a progresar

Los padres, y la madre en particular, son las personas que más pueden ayudar a su bebé. Ellos le conocen mejor que nadie. El pequeño confía en su mamá, pues ha estado con ella la mayor parte de su tiempo. Por ello, cuando el bebé note que su mundo se pone “patas arriba” y se asuste, llorará y sólo querrá que su madre lo coja en brazos, lo acune, le hable o cante y permanezca a su lado. Cuando crezca, a veces se colgará literalmente de sus faldas, “agarrándose” a mamá como si le fuera la vida en ello. O tal vez quiera que le traten como si fuera un bebé de pocos meses. Todas estas conductas tan sólo nos indican que el bebé necesita

Una tendencia de moda: planificar el

Si dejáramos que un bebé decidiera cuándo y qué tipo de atención prefiere que le dediquemos, nos daríamos cuenta de que su elección variaría de una semana a otra. Por este motivo, los períodos de juego planificado son antinaturales. Si los padres quieren que su hijo les preste toda su atención, no tendrán más remedio que jugar con el bebé cuando a él le apetezca. Aunque hoy en día se ha puesto de moda hablar de que es más importante la calidad que la cantidad de tiempo que los padres pasan con sus bebés, esta calidad no se puede planificar de antemano, pues no siempre que nosotros queramos divertir y estimular a un bebé, éste estará dispuesto a que lo hagamos. Los momentos gratificantes, tiernos o divertidos simplemente ocurren con los bebés. Además, es importante saber que, cuando un bebé está preparándose para dar un salto evolutivo, suele atravesar las siguientes fases en lo que se refiere al juego:

- siente la necesidad de apegarse a su madre,
- siente un deseo de jugar con ella y aprender nuevas habilidades...
- y, algo más tarde, de jugar solo y ejercitar las nuevas habilidades.

consuelo y seguridad. "Enmadrarse" es una forma de sentirse seguro, es como volver al hogar protector.

Es en estos momentos cuando los padres pueden proporcionar al bebé la ayuda ideal. Si, en lugar de enfadarse o preocuparse en exceso, comprenden el importante cambio que está experimentado su hijo, se sentirán tranquilos y capacitados para ofrecerle las experiencias apropiadas y para colmar sus necesidades. De esta forma, los padres pueden ayudar a sus bebés a desarrollarse y progresar.

Una advertencia: la personalidad de un bebé también se expresa en su forma de jugar. Es posible que haya una discrepancia entre los juegos, tipos de juguetes y actividades que le resultan divertidos a un bebé y los que encuentra interesantes y atractivos su madre o su padre. Es importante recordar que cada ocasión de juego es una oportunidad de aprendizaje. Los padres pueden fomentar el interés del bebé cuando decrezca su atención

o quiera desistir demasiado pronto en una actividad. Los padres deben actuar a modo de guías a fin de que el bebé encuentre todo el proceso de jugar y aprender más desafiante y divertido.

Cuando un bebé aprende algo nuevo, a menudo significa que tendrá que romper con un viejo hábito. Por ejemplo, cuando el bebé aprenda a gatear, será perfectamente capaz de ir a buscar sus propios juguetes; y, en cuanto aprenda a andar solo con cierta confianza, no podrá esperar a que lo lleven en brazos tan a menudo como antes. Cada paso hacia delante en su desarrollo lo hará más capaz y más independiente.

En estos momentos la madre y el bebé pueden tener problemas para adaptarse mutuamente. Suele haber una gran diferencia entre lo que quiere el bebé y lo que la madre cree que es bueno para él, y esto puede desembocar en el enfado y el resentimiento por ambas partes. Es importante prevenir estos conflictos y comprender cuáles son las nuevas habilidades que está intentando ejercitar el bebé. De esta forma, los padres estarán más preparados para establecer las pautas adecuadas para cada etapa evolutiva y para irlas modificando a medida que su bebé vaya creciendo.

Después del salto

Los períodos de crisis finalizan tan repentinamente como empezaron. La mayoría de las madres experimentan el período de tiempo comprendido entre una fase de inquietud y la siguiente como el mejor momento para relajarse y disfrutar de sus bebés. Durante estas semanas de tranquilidad la presión de tener que dedicar al bebé una atención constante ha desaparecido. El bebé se ha vuelto más independiente y está entretenido poniendo en práctica sus nuevas habilidades. También se le ve más contento. Lamentablemente, estos períodos de tranquilidad y paz relativas no duran mucho –no son más que treguas antes de la próxima tormenta–. La naturaleza no deja descansar a los bebés durante mucho tiempo seguido.

capítulo 2

El recién nacido: bienvenido al mundo

Si observamos a cualquier madre que acaba de tener un bebé tocando a su retoño por primera vez, veremos que suele seguir una pauta determinada. Lo más probable es que primero le pase los dedos por el pelo y, acto seguido, por la cabeza y la cara. Después le acariciará los deditos de las manos y los pies. Seguidamente, irá avanzando lentamente hacia la parte media del cuerpo, palpándole primero los brazos, las piernas y el cuello. Y, por último, le tocará la tripita y el pecho.

El *modo* en que las madres suelen tocar a sus bebés recién nacidos también se suele parecer bastante. Primero, la madre toca al bebé con las puntas de los dedos, palpándolo y acariciándolo muy suavemente. Poco a poco, conforme se vaya sintiendo más cómoda, utilizará todos los dedos y es posible que se atreva a apretujar cariñosamente al bebé. Por último, lo tocará con la palma de la mano. Cuando al fin se atreva a masajearle con suavidad el pecho y la tripita, la madre se sentirá tan deleitada que es posible que exclame que es un milagro que ella haya podido crear una cosita tan preciosa.

Este proceso de descubrimiento debería tener lugar lo más pronto posible después del nacimiento, ya que después de este primer encuentro con el bebé, la madre ya no volverá a tener miedo de tocarlo, cogerlo, darle la vuelta o colocarlo en la cuna. Ya sabrá lo que se siente al tocar a su pequeño.

Todos los bebés tienen un aspecto y un tacto diferentes. Cuando una madre coge en brazos a un bebé que no es el suyo, lo más probable es que la experiencia le resulte sumamente extraña. Lo más probable es que tarde unos minutos en acostumbrarse al otro bebé. Esto se debe a que ya está tan familiarizada con su hijo que enseguida nota la diferencia.

Tomar las riendas de la situación pronto

La madre debe aprender a manipular a su bebé lo antes posible. Cuanto antes se sienta segura al coger y manipular a su pequeño, antes podrá empezar a responder con sensibilidad a sus necesidades. Sin embargo, no es conveniente colocar a un bebé, sin más, en los brazos de su madre. Hay que dejar que ésta se tome su tiempo para coger al bebé por propia iniciativa. A veces, esta necesaria sintonía entre madre e hijo se ve interrumpida por

Esas primeras horas tan importantes

Tras el parto, las madres suelen estar extremadamente receptivas a sus recién nacidos. Es importante que la madre tenga al bebé a su lado durante este período crítico para que ambos puedan conocerse mutuamente. Los bebés suelen estar muy despiertos durante este período. Están pendientes de lo que ocurre a su alrededor, se giran hacia los sonidos suaves y fijan la mirada en el rostro que tienen delante. A la mayoría de las madres les encanta que el padre también esté ahí para que la familia al completo pueda compartir esta bonita experiencia.

personas, familiares o profesionales que no dejan un espacio a la madre ni durante ni después del parto. Si la nueva madre percibe que no controla la situación, podría sentirse incapaz de ayudar a su bebé e incluso tener miedo de manipularlo.

Por este motivo es importante dejar que la madre tome las riendas de la situación y entable relación con su bebé lo antes posible. Incluso aunque éste tenga que estar en una incubadora, hay que procurar que la madre pase el máximo tiempo permitido con su pequeño y se encargue de tantos aspectos de su cuidado como sea capaz. El tacto y la voz maternos proporcionan al bebé confianza y seguridad. ¡Le hacen saber que su mamá está a su lado!

La madre debe expresar sus deseos y reclamar sus derechos. Si quiere tener al bebé a su lado o si desea estar un rato a solas con él, debe decirlo. Debe ser *ella* quien decida con qué frecuencia quiere tomarlo en brazos y abrazarlo.

Algunas veces las rutinas y procedimientos hospitalarios impiden este primer contacto de la madre con el recién nacido. Esto suele provocar que las madres se lamenten y resientan durante bastante tiempo por no haber podido estar a solas con sus bebés durante el período inmediatamente posterior al nacimiento. Se quejan de que el posparto no fue como ellas habían imaginado. En vez de poder disfrutar de un descanso bien merecido, estuvieron sumidas en la preocupación. Les habría gustado tener a sus

pequeños a su lado, sobre todo cuando éstos se ponían a llorar. Se sienten como si las hubieran tratado como niñas inmaduras e indefensas, incapaces de tomar sus propias decisiones sobre qué es mejor para ellas y para sus bebés. Algunos padres experimentan sentimientos similares ante el agobio de las normas hospitalarias y la interferencia de terceras personas.

"No hacía más que acatar órdenes. No sólo me dijeron cómo me tenía que sentar para amamantar al bebé, sino también cuándo podía amamantarlo y durante cuánto tiempo. También tenía que dejar llorar al bebé hasta que fuera 'su hora'. Estuve enfadada la mayor parte del tiempo, pero no quería ser desconsiderada, por lo que lo amamanté en secreto. No podía soportar oírlo llorar de aquel modo: ¡tenía que consolarlo! Mis mamas seguían hinchándose y deshinchándose durante todo el día. Realmente, no podía soportar aquella situación. Era yo quien había dado a luz y quería estar a solas con mi bebé. Estaba tan enfadada que un día empecé a llorar. Pero, por supuesto, ellos también tenían un nombre para eso –'tristeza posparto'–. ¡No faltaría más! Yo sólo quería estar con mi bebé y un poco de paz y tranquilidad."

Madre de Pablo

"El parto fue largo. Nos quitaron al bebé inmediatamente. Durante horas, asumimos que habíamos tenido un niño. Cuando me devolvieron al bebé, resultó ser una niña. Aquello fue un colapso para nosotros. No es que no quisiéramos una niña, pero nos habíamos empezado a acostumbrar a la idea de que habíamos tenido un niño."

Madre de Jenny

"Cuando amamantaba al bebé, me habría apetecido apretujarlo tiernamente contra mi cuerpo para sentirme más cerca de él. Pero la enfermera no me dejaba. Me obligaba a recostarme sobre los cojines del sofá. Me sentía tan antinatural, tan desapegada y tan fría..."

Madre de Nina

Cuando las madres tienen problemas con sus bebés poco después del parto, suelen decir que se debe a que no se sienten lo bastante seguras. Temen que el bebé se les pueda caer o cogerlo con demasiada fuerza. No han aprendido a evaluar las necesidades y respuestas de sus bebés ante ciertas situaciones. Sienten que no están dando la talla como madres.

Algunas madres creen que esto está relacionado con el hecho de que les dejaran ver tan poco a sus bebés inmediatamente después del parto. Les habría encantado pasar más tiempo con sus bebés entonces y, sin embargo, ahora se sienten aliviadas cuando los dejan en la cuna. Le han cogido miedo a la maternidad.

> "El parto fue difícil y tuvimos que pasar 10 días en el hospital. Sólo me dejaban ver al bebé durante el día, cuando 'tocaba' amamantarlo. Nada fue como me había imaginado. Yo quería darle el pecho, pero a veces las enfermeras le daban un biberón a escondidas para evitarse problemas. Por la noche, siempre lo alimentaban con biberón. Yo quería tenerlo a mi lado más a menudo, pero no me lo permitían. Me sentía impotente y muy enfadada. Cuando me dieron el alta hospitalaria, tuve la sensación de que me iban a mandar a casa sin el bebé. Entonces se había convertido en un extraño, no lo sentía mío."
>
> Madre de Julieta

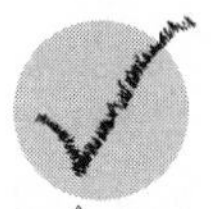

Importante

Hay que abrazar, acunar, acariciar y masajear a un bebé cuando esté tranquilo, pues éste es el mejor momento para averiguar qué es lo que le gusta y le relaja más. Si descubrimos cuáles son sus preferencias, podremos utilizar esos métodos para consolarlo y tranquilizarlo cuando esté inquieto. Si lo abrazamos, acunamos, acariciamos y masajeamos sólo cuando está inquieto, únicamente conseguiremos que llore todavía más fuerte y durante más tiempo.

"La enfermera del hospital era una pesada. Se quedaba en la habitación cuando teníamos visita y no paraba de hablar, explicando a todo el mundo con todo lujo de detalles los casos difíciles en los que había intervenido. Por algún motivo, estaba sumamente preocupada porque mi pequeña, completamente sana, se pusiera amarilla. Lo comprobaba cada hora, a veces cada 15 minutos, y me decía que creía haber visto los primeros síntomas de ictericia. ¡Me ponía tan nerviosa! Cuando intentaba amamantarla, la muy pesada no dejaba de interrumpir y me arrancaba a mi hija a toda prisa para pesarla antes de acabar. Me molestaba muchísimo y a mi pequeña tampoco parecía agradarle demasiado. Se retorcía en la báscula, por lo que todavía costaba más saber si había ingerido 40 o 45 ml de leche. Mientras tanto, los gritos desesperados de mi hija me ponían todavía más nerviosa, por lo que al final decidí dejar de amamantarla. Cuando miro hacia atrás, me siento fatal. ¡Me habría gustado tanto darle el pecho a mi pequeña!"

Madre de Emilia

"Con nuestra segunda hija, teníamos claro que íbamos a hacer lo que a nosotros nos parecería mejor. Cuando empezara a llorar, le daría un poco el pecho. Durante casi dos semanas nos dijeron que dejáramos que nuestro hijo mayor llorara hasta que tuviera más hambre –sin ningún motivo, como comprobamos más adelante–. Con el primer hijo sueles escuchar los consejos de todo el mundo. La segunda vez, sólo me escuché a mí misma."

Madre de Eva

Conocer y entender al bebé

Antes de que una madre vea a su bebé tras el nacimiento, ya lo conoce en cierta manera. Después de todo, lo ha llevado en su interior, día y noche, durante 9 meses. Todas las madres se preguntan qué tipo de bebé van a tener y si reconocerán en él algún rasgo que ya advirtieron cuando

lo llevaban en su vientre. ¿Será la personita tranquila que esperaban? ¿Dará patadas a determinadas horas del día como solía hacer antes de nacer? ¿Tendrá un vínculo especial con su padre? ¿Reconocerá su voz?

A menudo las madres desean "poner a prueba" las reacciones de su bebé. Quieren saber qué es lo que le tranquiliza y alegra, familiarizarse con él y ver cómo reacciona ante ella. Y desean descubrirlo por sí solas. El hecho de averiguar cuáles son las preferencias y aversiones de su bebé les proporciona calma y confianza en sí mismas y hace que se sientan perfectamente capaces de hacerse cargo del pequeño cuando vuelven a casa.

El hecho de poder ver, oír, oler y tocar al bebé durante los primeros días tiene una gran influencia sobre la relación madre-hijo, y la mayoría de las madres son conscientes de ello. De forma instintiva, observan a su bebé mientras duerme y escuchan cómo 'respira.

Quieren estar a su lado cuando se despierte y acariciarle, abrazarle y olerle cuando les apetezca.

"Observé que la respiración de mi hijo cambiaba cada vez que oía un ruido repentino o veía una luz. La primera vez que noté esta respiración irregular me preocupé mucho, pero enseguida me di cuenta de que el bebé simplemente estaba reaccionando al sonido y a la luz. Ahora me encantan esos cambios en su respiración y han dejado de preocuparme."

Madre de Bob

El bebé también conoce a su madre

Cuando una madre mira al rostro de su recién nacido, le suele parecer como si el bebé, devolviéndole la mirada con los ojos abiertos de par en par, estuviera pensando: "¡Qué mundo tan extraño y maravilloso!".

Lo cierto es que el mundo de un recién nacido es un lugar sorprendente, repleto de desconocidas y extrañas sensaciones que todavía no puede diferenciar entre sí. ¡Todo es tan nuevo para él: la luz, el sonido, el movimiento, los olores y las sensaciones táctiles que le llegan a través de su delicada piel!

A veces, acurrucado en el pecho de su madre, se siente increíblemente bien: satisfecho, caliente, adormilado y tranquilizado por toda la suavidad que le rodea. En otros momentos, todo su mundo se desmorona y no tiene ni idea de qué es lo que le hace sentirse tan mal. Se siente mojado, frío y hambriento. Los ruidos son demasiado fuertes y las luces demasiado brillantes. *Algo* le hace sentirse desesperadamente infeliz y lo único que sabe hacer es llorar.

Durante las primeras 5 semanas de vida el bebé se irá familiarizando lentamente con el mundo que le rodea. Madre e hijo se irán conociendo y compartirán todo un mundo de emociones y sensaciones. Y pronto, el bebé dará su primer gran salto evolutivo.

Pero, para que los padres puedan entender lo que experimentará un bebé cuando tenga aproximadamente 5 semanas y dé su primer gran salto hacia delante, es necesario que sepan cómo es el mundo de un recién nacido y cómo está equipado para afrontarlo.

Asimismo, uno de los consuelos que los padres podrán ofrecer a su bebé en estos momentos de cambio es el contacto físico. Conocer sus beneficios y aprender a utilizarlo les será, sin duda, de gran ayuda.

El mundo del recién nacido

Los bebés se interesan por el mundo que les rodea desde nada más nacer. Observan y escuchan, percibiendo lo que ocurre a su alrededor. Se esfuerzan por enfocar los ojos lo mejor posible, motivo por el que se ponen bizcos frecuentemente. -A veces tiemblan y se sofocan de puro agotamiento. A menudo los recién nacidos miran fijamente a la persona que tienen delante como si estuvieran completamente pasmados de tanto interés.

Los bebés tienen una memoria excelente y enseguida reconocen voces, personas y hasta algunos juguetes, como los peluches de colores vivos. También son capaces de anticipar pautas regulares de su rutina diaria, lo que les permite "saber" cuándo su madre va a darles un baño, un abrazo o el pecho.

Incluso siendo tan pequeños, los bebés pueden imitar expresiones faciales. Es fácil comprobarlo. Basta con que saquemos la lengua mientras interactuamos con el bebé o abramos la boca de par en par como si fuéramos a gritar. Nos aseguraremos de que el bebé nos presta atención mientras hacemos esas muecas y que le damos suficiente tiempo para que reaccione. La mayoría de los movimientos de los bebés son muy lentos desde el punto de vista de un adulto y tardan varios segundos en reaccionar.

Es sorprendente cómo un bebé de esta edad es capaz de comunicar sus emociones, indicando cómo se siente –si está contento, enfadado o sorprendido–. Lo hace modificando ligeramente el tono de sus murmullos, sus gorjeos y sus llantos y también utilizando el lenguaje corporal. Las madres aprenden deprisa lo que les quieren decir sus bebés. Además, éstos dejan muy claro que esperan ser comprendidos. En caso contrario, lloran enfadados o sollozan amargamente, como si les hubieran partido el corazón.

Los recién nacidos ya tienen sus preferencias. La mayoría de ellos prefieren mirar a las personas en vez de a los juguetes. Asimismo, si presentamos a un bebé dos objetos, descubriremos que es capaz de expresar sus preferencias fijando la mirada en uno de ellos.

Los bebés reaccionan enseguida ante las expresiones de aliento y ánimo. Les encanta que les elogien por su suave fragancia de bebé, sus miradas y sus pequeños logros. ¡Los piropos consiguen mantener su interés durante bastante tiempo!

A esta edad, los bebés todavía no son capaces de procesar las señales que los sentidos envían al cerebro como lo hacen los adultos. Esto significa que todavía no pueden distinguir entre sus sentidos. Los bebés experimentan el mundo de una forma bastante distinta a la nuestra. Por ejemplo, nosotros *olemos* un perfume, *vemos* la flor que lo desprende, *tocamos* sus suaves pétalos aterciopelados, *oímos* el zumbido de una abeja que se acerca y sabemos que estamos *saboreando* miel cuando nos llevamos

(continúa en la página 31)

Los sentidos del recién nacido

Los recién nacidos pueden ver, oír, oler, saborear y sentir a través del tacto una gran variedad de sensaciones que también son capaces de recordar. De todos modos, la percepción que tiene un recién nacido de estas sensaciones difiere mucho de la que tendrá cuando crezca.

¿QUÉ VEN LOS BEBÉS?

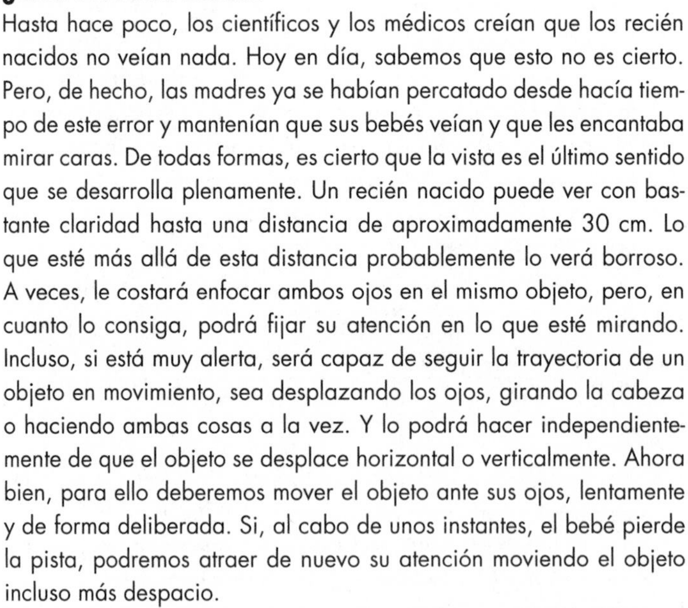

Hasta hace poco, los científicos y los médicos creían que los recién nacidos no veían nada. Hoy en día, sabemos que esto no es cierto. Pero, de hecho, las madres ya se habían percatado desde hacía tiempo de este error y mantenían que sus bebés veían y que les encantaba mirar caras. De todas formas, es cierto que la vista es el último sentido que se desarrolla plenamente. Un recién nacido puede ver con bastante claridad hasta una distancia de aproximadamente 30 cm. Lo que esté más allá de esta distancia probablemente lo verá borroso. A veces, le costará enfocar ambos ojos en el mismo objeto, pero, en cuanto lo consiga, podrá fijar su atención en lo que esté mirando. Incluso, si está muy alerta, será capaz de seguir la trayectoria de un objeto en movimiento, sea desplazando los ojos, girando la cabeza o haciendo ambas cosas a la vez. Y lo podrá hacer independientemente de que el objeto se desplace horizontal o verticalmente. Ahora bien, para ello deberemos mover el objeto ante sus ojos, lentamente y de forma deliberada. Si, al cabo de unos instantes, el bebé pierde la pista, podremos atraer de nuevo su atención moviendo el objeto incluso más despacio.

No todos los objetos cautivan a los bebés en la misma medida. El objeto cuya trayectoria seguirá mejor un bebé es un patrón simple con las características básicas del rostro humano –dos puntos grandes en la parte superior para los ojos y uno debajo para la boca–. Los bebés ya son capaces de hacer esto poco después de nacer. En realidad, es posible que se sientan atraídos por cualquier cosa que se parezca vagamente a un rostro humano. Muchos bebés observan con los ojos abiertos como platos y están muy alerta. Los padres y las madres a menudo se sienten completamente fascinados por lo preciosos y grandes que son los ojos del bebé.

Los contrastes fuertes también captarán su atención. Una composición a rayas rojas y blancas probablemente le atraerá más que una a rayas verdes y azules. Cuanto más contrasten los colores, más interés demostrará. De hecho, una composición a rayas blancas y negras será la que más captará su atención, porque es la que tiene más contraste de todas.

¿QUÉ OYEN LOS BEBÉS?

Nada más nacer, los bebés pueden distinguir con claridad entre diferentes sonidos. Una de las cosas que más sorprende a los padres es la capacidad del bebé para reconocer sus voces, en especial la de la madre. Es posible que le guste la música, el zumbido de un motor y la percusión suave. Esto tiene sentido porque se trata de sonidos que encuentra familiares. En el vientre materno, los bebés están rodeados por el constante latido, gorgoteo, crujido, chirrido, susurro y murmullo del corazón, las venas, el estómago, los pulmones y los intestinos de sus madres. También les llegan sonidos procedentes del exterior y se sienten especialmente atraídos por la voz humana, que tiene el poder de tranquilizarlos. Los recién nacidos se sienten mucho más a gusto en un ambiente similar al que experimentaron cuando estaban en el útero materno. Por ejemplo, un bebé cuya madre pasó mucho tiempo en un ambiente ruidoso durante el embarazo puede encontrarse molesto en una habitación demasiado silenciosa.

Los bebés distinguen bien las voces graves de las agudas y prefieren estas últimas. Los adultos notan de forma intuitiva esta preferencia y tienden a hablar a los bebés utilizando un tono más agudo del que utilizan normalmente. O sea, que no tenemos por qué avergonzarnos de esas cantinelas sin sentido que solemos emplear al dirigirnos a un bebé. Los bebés también son capaces de distinguir entre sonidos suaves y fuertes. A la mayoría no les gustan los ruidos fuertes y repentinos y algunos se asustan fácilmente ante este tipo de ruidos. En estos casos, los padres deberán andarse con más cuidado para no asustar a sus pequeños.

¿QUÉ HUELEN LOS BEBÉS?

Los recién nacidos son muy sensibles a los olores. No soportan los

(continúa)

Los sentidos del recién nacido (cont.)

olores picantes o penetrantes, ante los que reaccionan de forma desproporcionada. Intentarán alejarse de la fuente del olor y empezarán a llorar. También son capaces de percibir la diferencia entre el olor corporal y el olor de la leche de su madre y el de otras madres. Varias investigaciones han mostrado que, si presentamos a un bebé varias prendas de vestir usadas, ¡se girará hacia la que ha usado su madre!

¿QUÉ SENSIBILIDAD GUSTATIVA TIENEN LOS BEBÉS?
Los bebés pueden distinguir entre varios sabores distintos y muestran una clara preferencia por los sabores dulces. En cambio, les desagradan los sabores ácidos o agrios. Si prueban algo amargo, lo vomitan inmediatamente.

¿QUÉ SENSIBILIDAD TÁCTIL TIENEN LOS BEBÉS?
Los bebés notan los cambios de temperatura. Pueden percibir el calor, capacidad de la que hacen buen uso cuando buscan el pezón, ya que éste está más caliente que el resto de la mama Para encontrarlo, se limitan a desplazar la boca hacia el punto más caliente. También notan el frío, pero a esta edad todavía no pueden regular su temperatura corporal temblando. Son sus padres quienes tienen que procurarles el calor que necesitan. Por ello, no es muy sensato dar un paseo largo con un bebé si ha nevado o helado, ya que, por mucho que lo abriguemos, podría enfriarse demasiado y presentar síntomas de hipotermia. Si paseamos con un bebé en un día frío, deberemos estar muy pendientes y, ante la mínima muestra de malestar del pequeño, lo llevaremos enseguida bajo techo para que se caliente.

Los bebés son extremadamente sensibles al tacto. En general les gusta que los toquen, sea suavemente o con firmeza. A casi todos les gusta que les den un buen masaje corporal en una habitación caldeada. El contacto físico es sencillamente el mejor consuelo y el mejor pasatiempo posible para un bebé de esta edad. Para los padres, puede ser de gran ayuda descubrir las preferencias de su pequeño y averiguar qué tipo de contacto le relaja o activa. Más adelante, en los momentos difíciles, podrán hacer un buen uso de ese conocimiento.

el dedo a la boca. Cada uno de los sentidos nos aporta una sensación distinta y nosotros somos capaces de distinguirla como algo diferente.

Sin embargo, un recién nacido todavía no es capaz de hacer estas distinciones. Experimenta el mundo como un todo –un compendio de sensaciones que cambia drásticamente en cuanto cambia un elemento aislado–. Recibe todas esas impresiones, pero no puede distinguir entre ellas. Todavía no se ha dado cuenta de que el mundo está integrado por señales procedentes de distintos sentidos y que cada sentido le transmite información sobre un aspecto determinado de la realidad.

Para complicar todavía más las cosas, el bebé aún no es capaz de distinguir entre él y su entorno, es decir, todavía no es consciente de que es una persona independiente. Por este motivo, tampoco puede distinguir entre las sensaciones que tienen su origen en el interior de su cuerpo y aquellas que proceden del exterior. Para él, el mundo exterior y su cuerpo son indistinguibles. Su mundo es una enorme amalgama de colores-tactos-olores-y-sonidos. Además, asume que lo que siente su cuerpo lo siente todo el mundo.

Puesto que los bebés recién nacidos perciben el mundo y a sí mismos como la misma cosa, suele ser difícil averiguar por qué lloran. Podría ser por algo que está ocurriendo en su interior o en su exterior. No es de extrañar que sus crisis de llanto puedan volver locos a sus padres.

Kit de supervivencia del recién nacido

Si experimentáramos el mundo tal y como lo hace un bebé, tampoco seríamos capaces de actuar de forma independiente. No sabríamos que tenemos manos para coger cosas ni una boca para succionar. Sólo cuando se entienden este tipo de cosas, se puede actuar de forma intencionada.

Pero esto no significa que los recién nacidos sean completamente incapaces de reaccionar ante el mundo. Al contrario, el bebé viene equipado con varios recursos especiales para compensar estos inconvenientes, que le ayudan a sobrevivir durante este período inicial.

Sus reflejos le indican cómo reaccionar

Los bebés vienen al mundo con varias reacciones reflejas que velan por su supervivencia. Por ejemplo, cuando se coloca a un bebé estirado boca abajo, gira automáticamente la cabeza hacia un lado para poder respirar libremente. En cierto modo, este reflejo es similar a la forma en que reacciona una marioneta cuando alguien estira de sus hilos. No se detiene a pensar: "Voy a girar la cabeza". Simplemente lo hace. En cuanto el bebé aprenda a pensar y a reaccionar voluntariamente, desaparecerá este reflejo. Es un sistema perfecto. (Pero, por supuesto, cuando acostemos a un bebé, nos aseguraremos de colocarlo siempre boca arriba.)

Los bebés recién nacidos también giran la cabeza hacia el sonido. Esta reacción automática asegura que el bebé dirija su atención hacia el foco de interés más próximo. Durante mucho tiempo, esta reacción pasó desapercibida a los médicos porque se presenta con cierto retardo. El recién nacido tarda de 5 a 7 segundos en empezar a mover la cabeza y entre 3 y 4 segundos en completar el movimiento. Este reflejo desaparece en algún momento comprendido entre la quinta y la octava semana de vida.

He aquí algunos de los otros reflejos con que nacen los bebés:

Reflejo de succión. En cuanto la boca de un bebé hambriento entra en contacto con un objeto, se cierra en torno a él y el bebé empieza a succionar. Este reflejo dota al bebé de una capacidad para succionar increíblemente potente y desaparece cuando la necesidad de mamar decrece o es sustituida por la succión voluntaria.

Reflejo de prensión palmar. Los bebés también tienen un fuerte reflejo de prensión. Si queremos que un bebé nos coja el dedo, bastará con que le toquemos la palma de la mano y nos lo cogerá automáticamente.

Reflejo de prensión plantar. Si hacemos lo mismo con los pies, veremos cómo los deditos del bebé se cierran aprisionando nuestro dedo. Se cree que el reflejo de prensión (palmar y plantar) tiene su origen en épocas prehistóricas, cuando el cuerpo de las madres homínidas estaba cubierto de una densa capa de pelo. Gracias a este reflejo, los bebés podían agarrarse al pelo de sus madres al poco tiempo de nacer. Los bebés utilizan este reflejo durante los dos primeros meses de vida, ¡especialmente si notan que sus madres quieren dejarlos en la cuna cuando ellos preferirían continuar en sus brazos!

Los bebés presentan una reacción denominada *reflejo de Moro* cuando se sobresaltan. Parece como si intentaran agarrarse a algo durante una caída. Arquean la espalda, tiran la cabeza hacia atrás y agitan las extremidades, primero abriéndolas y luego replegándolas hacia el tronco y cruzándolas

Los bebés también se aburren

Un bebé no es capaz de entretenerse solo. Y puede aburrirse si no se le distrae. Los bebés más espabilados y temperamentales no ocultan que quieren acción en cuanto se despiertan.

He aquí algunas sugerencias:

- Explorar con él la casa. Darle la oportunidad de ver, oír y tocar todo lo que encuentre interesante e irle explicando lo que vayamos encontrando durante la exploración. No importa que aún no nos entienda, ni lo que le digamos: él disfrutará escuchando nuestra voz. Al cabo de poco tiempo, comprobaremos que el bebé empieza a reconocer los objetos que le hemos enseñado.
- Mantener una tranquila "conversación". Los bebés disfrutan escuchando la voz humana, sobre todo la de sus madres. Pero deberemos estar atentos para que no haya demasiado ruido a su alrededor. Con el fondo de una radio, por ejemplo, a un bebé le costará concentrarse solamente en la voz de su madre. Además, a pesar de que los bebés de esta edad son capaces de distinguir entre distintas voces cuando las oyen una detrás de otra, no pueden hacerlo cuando las oyen simultáneamente.
- Colocar objetos interesantes a la vista del bebé. Así los podrá observar cuando esté despierto. Si sus juguetes u objetos preferidos están ocultos o guardados, él no podrá ni siquiera buscarlos con la mirada, pues para un bebé de esta edad "lo que está fuera de su vista está fuera de su mente".
- Experimentar con la música. Intentaremos descubrir la pieza favorita del bebé y se la pondremos. Seguro que eso le relajará.

En todas las actividades siempre nos dejaremos guiar por las respuestas del bebé.

sobre el pecho y el estómago.

Todos estos reflejos desaparecen cuando son sustituidos por respuestas voluntarias. Pero hay otros reflejos automáticos que permanecen de por vida, como los que están implicados en la respiración, la tos, los estornudos, el parpadeo y la conducta de retirar la mano de una superficie caliente.

La función del llanto: pedir ayuda

Los reflejos que acabamos de mencionar son la forma que tiene el recién nacido de transformar una situación desagradable en una normal. Pero a veces los reflejos no bastan, por ejemplo, cuando tiene frío o calor, no se encuentra bien o está aburrido. En estos casos, los bebés utilizan otra estrategia: se quejan hasta que *alguien* acude en su ayuda. Y si nadie viene a atenderles, lloran cada vez más fuerte hasta acabar agotados.

"Las crisis de llanto de mi hijo empezaron en la segunda semana, a pesar de que estaba mamando bien y ganando peso regularmente. Cuando lo llevé a la clínica para el chequeo regular, mencioné que tal vez estaba aburrido. Pero el pediatra me contestó que era imposible porque los bebés tienen los ojos cerrados durante los 10 primeros días de vida, y que, aunque mi bebé hubiera abierto los ojos, no habría visto nada. De todos modos, la semana pasada le coloqué un sonajero en la cuna. Parece estar funcionando. Está llorando menos. ¡O sea que, efectivamente, estaba aburrido!

Madre de Pablo, 4 semanas

El aspecto del bebé: su mejor arma

Para sobrevivir, un bebé depende de que alguien colme todas y cada una de sus necesidades, por la mañana, por la tarde y por la noche. Por eso, la naturaleza le ha dotado de un arma infalible: su aspecto.

No hay nada más precioso que un bebé, a pesar de que su cabeza, extraordinariamente grande, representa casi un tercio de su estatura total. Todo en él parece un tanto desmesurado. Sus ojos y su frente son "demasiado grandes" y sus mofletes "demasiado rechonchos". Además, sus brazos y piernas son "demasiado cortos y rollizos". Pero sus miradas son enternecedoras. Y el conjunto es sencillamente encantador. Por ello, los diseñadores de muñecas, peluches y dibujos animados no tardaron en copiar su aspecto. ¡Es un aspecto que vende! Y el bebé parece como si lo supiera. Es tan dulce, tan diminuto y tan indefenso... –un verdadero encanto, reclamando nuestra atención–. Su simple visión desencadena en cualquier adulto, pero sobre todo en sus padres, el deseo de cogerlo en brazos, arroparlo y cuidar de él.

A pesar de que es raro en bebés tan pequeños, se ha visto sonreír a bebés que aún no habían cumplido seis semanas. Y no se trata de casos aislados, pues se ha observado en distintas partes del mundo. Los científicos han filmado, incluso, a bebés sonriendo dentro del vientre materno. Los recién nacidos a veces sonríen cuando les tocan, cuando un soplo de aire fresco roza sus mejillas, cuando oyen voces humanas u otros sonidos, al observar los rostros que se inclinan hacia su cuna o simplemente cuando están ahítos y satisfechos después de una toma. A veces hasta sonríen mientras duermen. ¡Quizás algunos de los padres que lean este libro hayan sido testigos afortunados de estas sonrisas precoces!

La principal necesidad del recién nacido

Incluso antes de nacer, el bebé percibe el mundo como un todo. Cuando abandona el vientre materno se expone, por primera vez, a todo tipo de estímulos desconocidos y completamente nuevos. El mundo que encuentra está compuesto por muchas sensaciones nuevas. De repente, puede moverse libremente, siente el calor y el frío, oye una amplia gama de sonidos diferentes y más fuertes, ve luces brillantes y siente ropas en contacto con su cuerpo. Aparte de estas impresiones, también tiene que respirar y habituarse a beber leche, y su sistema digestivo tiene que procesar ese nuevo alimento. El pequeño tiene que adaptarse a todos estos cambios de forma repentina. Es fácil entender que una de sus mayores necesidades en esas circunstancias sea sentirse seguro y protegido.

La mejor manera de conseguir la seguridad y contención que le proporcionaba el vientre materno es a través del contacto físico.

De hecho, el bebé se sentía abrazado por el útero materno, y los movimientos del cuerpo de su madre lo acunaban y acariciaban constantemente. Eso es lo que él recuerda. Así era su hogar. Él formaba parte de todo lo que ocurría en el interior de su madre –el rítmico latido de su corazón, el fluir de su sangre y el gorgoteo de su estómago–. Por lo tanto, es lógico que el bebé quiera y necesite disfrutar de la experiencia familiar del contacto físico y oír todos esos sonidos tan conocidos una vez más. Es su forma de “sentirse en casa”.

El contacto físico: lo más reconfortante para un bebé

Durante los primeros meses de vida, lo más importante para el buen desarrollo de un bebé –aparte del alimento y el calor– es poder apretujarse contra el cuerpo de su madre. Este contacto físico continuado impide que el bebé sufra retrasos en su proceso de desarrollo, incluso si los padres, por una u otra razón, no tienen muchas oportunidades para jugar con él.

A los bebés pequeños les suele encantar acurrucarse junto al cuerpo de su madre y que ésta los lleve en brazos a todas partes. Además, esto les permite ir aprendiendo a controlar sus cuerpos.

Otra buena idea es dar al bebé un masaje relajante. Primero nos aseguraremos de que la habitación esté caldeada. Una vez que hayamos desvestido al pequeño, nos hidrataremos las manos con aceite para bebés y masajearemos de forma suave todas las partes de su cuerpecito. De esta forma, el bebé se irá acostumbrando a su cuerpo y además se relajará hasta casi conciliar el sueño.

A esta edad, a los bebés les encanta que los cojan en brazos, los abracen, los acaricien y los acunen. Hasta les gusta que les den palmaditas suavemente en la espalda. Nunca parecen tener suficiente contacto físico. Ante estas ansias de contacto físico, algunos padres se sienten intranquilos y se preguntan si están haciendo lo más adecuado para el bebé. Pero no tienen por qué preocuparse, pues poco a poco el bebé les hará saber qué es lo que más le gusta y lo que más le consuela. Mientras tanto, lo importante es que el bebé perciba que tiene un hogar cálido y seguro donde podrá sentirse plenamente protegido cuando se sienta molesto o inquieto.

capítulo 3

Semana mágica 5: el mundo de las sensaciones cambiantes

Cuando observamos a un bebé de 4 o 5 semanas, nos damos cuenta de lo mucho que ha crecido desde que vino al mundo. Durante este tiempo, madre e hijo se han ido conociendo mutuamente y ambos padres saben ya muchas cosas sobre las peculiaridades de su pequeño. A pesar de ello, el mundo de un bebé es difícil de imaginar para un adulto. Está difuminado y sus cualidades poco definidas; en cierta manera, no es tan distinto del que percibía cuando estaba en el útero materno.

Envuelto en esta neblina perceptiva y antes de que pueda dar sentido a todas las sensaciones que ha ido absorbiendo, el bebé se prepara para su primer salto evolutivo. En torno a la quinta semana, o quizás en la cuarta, tendrá lugar el primer gran salto en su proceso de desarrollo.

Al bebé le están sucediendo muchas cosas nuevas. Infinidad de sensaciones desconocidas bombardean sus sentidos. Es lógico que se sienta atemorizado. Algunas de esas sensaciones están relacionadas con el desarrollo de sus órganos internos y su metabolismo. Otras son el resultado de su creciente estado de alerta –ahora sus sentidos son más sensibles que inmediatamente después del nacimiento y su forma de percibir las sensaciones también está cambiando.

Al principio, este mundo en constante transformación resulta sumamente molesto para el bebé. Su primera reacción será querer regresar a la calidez y la seguridad del mundo que ha abandonado recientemente, un mundo en cuyo centro se encuentra su madre. Antes el mero hecho de comer, dormir y recibir los cuidados corporales básicos parecían suficientes para calmarlo y darle bienestar; ahora requiere algo más. De repente, necesitará más abrazos y estar muy cerca de mamá. Aunque el bebé haya mantenido una relación de gran proximidad con su madre desde el día del nacimiento, ésta será la primera vez que su madre lo percibirá como inquieto y pegajoso. Pero no hay que asustarse: el bebé está pasando por su primer período de inquietud. Puede que sólo dure un día, pero es mejor estar preparado porque esta fase difícil puede alargarse hasta una semana.

Una vez que este período empiece a remitir, podremos constatar que el bebé ha madurado en algunos aspectos, aunque éstos no sean fáciles de determinar. En cierta manera, nos parecerá que está más alerta y es más consciente del mundo que le rodea.

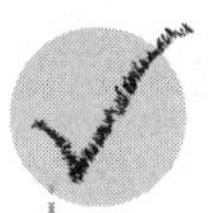

Importante

Si el bebé parece inquieto, lo observaremos atentamente para ver si está intentando adquirir nuevas habilidades.

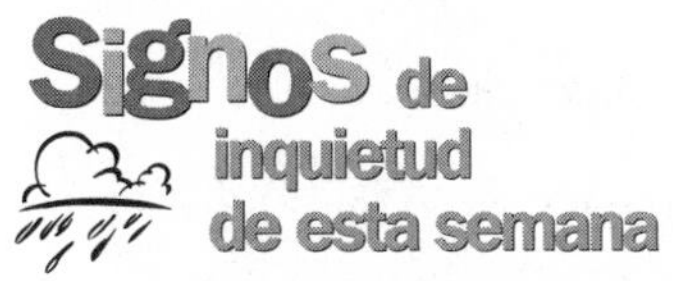

Ya a las pocas semanas de vida, los bebés pueden sentir los cambios que están ocurriendo dentro de sus cuerpecitos. Primero tuvieron que adaptarse al medio extrauterino, fuera de la calidez del vientre materno. Pero luego los cambios se fueron sucediendo. Es posible que, a los ojos de los padres, todo siga siendo igual, pero para el bebé cada cosa nueva que ve, toca, oye, huele o saborea es una sensación extraña a la que tiene que acostumbrarse. Es posible que algunos de esos cambios le gusten, pero habrá otros que le desagradarán porque todavía no sabe cómo afrontarlos. El bebé todavía es demasiado pequeño para ir en busca de sus padres o para preguntarles qué le está ocurriendo.

Cómo saber que es el momento de crecer

Pero los bebés no están totalmente desarmados. Tienen algunas capacidades que, aunque no les permiten precisar qué les ocurre, sirven para llamar la atención de sus madres y comunicarse con ellas. He aquí algunas de las señales que utilizan los bebés para indicar que se están preparando para dar su primer salto.

Puede estar muy alterado

Uno de los indicios más claros de que se avecina un cambio es que el bebé llorará, gritará, gemirá y se negará a dormir para desespero de toda la familia. Con un poco de suerte, sus aspavientos harán que su madre o su padre corran hacia él, lo cojan en brazos, lo aprieten contra su pecho y dejen que se acurruque amorosamente contra su cuerpo.

Puede reclamar la proximidad de su madre insistentemente

Algunas veces el bebé no tendrá bastante con que lo cojan en brazos. Para conciliar otra vez el sueño, necesitará un contacto aún más íntimo: que su madre lo amamante. Darle el pecho o el biberón a un bebé le proporciona un consuelo físico que recrea el mundo seguro al que anhela regresar.

> "Normalmente mi pequeña era muy tranquila, pero, de repente, empezó a llorar sin parar y estuvo llorando durante casi dos días seguidos. Al principio, pensé que tenía retortijones en el estómago. Pero me di cuenta de que dejaba de llorar en cuanto me la ponía en el regazo o la acostaba entre mi marido y yo. Entonces, se quedaba dormida inmediatamente. No dejaba de preguntarme si la estaba mimando demasiado. Pero el período de llantos llegó a su fin tan súbitamente como había empezado, y ahora es la misma niña tranquila de siempre."
>
> Madre de Eve, 5 semanas

Reacciones maternas ante los cambios del bebé

Los cambios que experimentan los bebés afectan a sus cuidadores. Las madres, especialmente, pueden experimentar diversos tipos de emociones. Es importante saber que estos sentimientos son compartidos por muchas mujeres que están criando a sus bebés. He aquí algunas de las reacciones que suelen experimentar las madres durante los períodos de inquietud de sus bebés.

Puede sentirse insegura

A todas las madres les gustaría saber por qué están tan inquietos sus bebés para poder ayudarles. Generalmente lo primero que hacen es comprobar si el bebé tiene hambre. Después verifican si el pañal se ha aflojado. Piensan que quizás el bebé sólo se sienta incómodo y proceden a cambiarle los pañales. Cuando nada de esto funciona, las madres intentan consolar al pequeño con todo el amor y la dulzura de que son capaces en esos momentos de cansancio. Pero no es fácil. Pronto se dan cuenta de que ni los mejores cuidados ni el mejor consuelo logran poner fin a los llantos incesantes.

La mayoría de las madres viven este tipo de cambios repentinos en el comportamiento de sus bebés como una experiencia sumamente desagra-

dable que mina su confianza en sí mismas y les llena de angustia.

"Mi hijo quería estar conmigo todo el santo día, y yo siempre lo apretaba contra mi pecho o me lo colocaba en el regazo, incluso cuando teníamos visita. Estaba terriblemente preocupada. Hubo una noche en que apenas pegué ojo. Me pasé toda la noche cogiéndolo en brazos y abrazándolo. Entonces vino mi hermana para relevarme una noche. Me acosté en otra habitación y dormí como un tronco durante toda la noche. Cuando me levanté al día siguiente, estaba completamente renovada."

Madre de Bob, 5 semanas

Preocupación

Es muy habitual que las madres se preocupen y piensen que el llanto inconsolable del bebé se debe a que le sucede algo malo. Piensan que quizás le duele algo o está incubando alguna enfermedad. A algunas madres les preocupa la posibilidad de que no estén produciendo suficiente leche, ya que el bebé pide el pecho muy a menudo y parece quedarse con hambre. Durante esta fase son comunes las visitas al pediatra para pedir que hagan un chequeo al pequeño. Por supuesto, los bebés están completamente sanos y las madres son enviadas a casa para que se preocupen solas. (Sin embargo, cuando tenga la más mínima duda, consulte siempre a su médico de familia o lleve al bebé al pediatra.)

"Mi hija lloraba tan desconsoladamente que temí que le estuviera ocurriendo algo terrible. Quería mamar constantemente. La llevé al pediatra, pero no le encontró nada. Me dijo que sólo necesitaba tiempo para acostumbrarse a mi leche y que muchos bebés atraviesan una fase similar de llantos cuando tienen 5 semanas. No me acabó de convencer porque hasta aquel día mi hija no había tenido ningún problema con la leche. Su primo, que tenía la misma edad, también había empezado a llorar desconsoladamente y eso que a él le daban el biberón. Cuando le expliqué esto al médico, hizo como si no me hubiera oído, aunque yo tampoco insistí mucho. Ya estaba lo bastante contenta sabiendo que mi pequeña no tenía nada grave."

Madre de Julieta, 5 semanas

Es natural que las madres se preocupen al ver que su pequeño lo pasa mal. Pero es importante recordar el motivo de que los bebés estén inquietos e irritables: notan que algo está cambiando y se sienten inseguros. De ahí que necesiten incrementar el contacto corporal con su madre. Por eso lloran, para que los cojan en brazos y ese contacto físico les tranquilice. No hay que hacer caso de los manuales o consejos que recomiendan dejar llorar al bebé. Al contrario: en esos momentos hay que darle todos los abrazos que necesite. El calor, el olor y el tacto maternos le ayudarán a relajarse y le proporcionarán el consuelo que necesita durante este período, que también es agotador para el bebé.

"A veces, mi pequeña mama durante media hora y después se niega a soltar el pecho. Todo el mundo me dice: 'Retírale el pecho al cabo de 20 minutos y deja que llore'. Pero yo secretamente pienso: 'Pueden decirme lo que quieran: yo decidiré qué es mejor'."

Madre de Nina, 5 semanas

Muchas madres se dan cuenta por sí solas de que el contacto corporal ayuda a sus bebés durante las crisis de llanto. Por ello utilizan una bandolera portabebés, es decir, una mantita colocada a modo de cabestrillo que les permite llevar a cuestas a sus pequeños mientras realizan las tareas domésticas. Otras formas de proporcionar al bebé este contacto necesario es que la madre o el padre lo tengan en el regazo mientras leen o hacen otras actividades sedentarias. Masajear suavemente al bebé, acariciarlo o darle pequeñas palmaditas también suele ser de gran ayuda.

"Cuando mi pequeña no dejaba de llorar, parecía estar pasándolo muy mal. Tenía que darle masajes durante mucho rato para conseguir calmarla un poco. Luego me sentía agotada, pero satisfecha. Después algo cambió. Ahora no me cuesta tanto tranquilizarla. Cuando llora, no me resulta tan difícil volver a recomponer su mundo."

Madre de Nina, 4 semanas

Las madres que tienen que llevar a sus bebés a cuestas cuando están inquietos pueden tildarlos de "extremadamente dependientes". A estos bebés no hay nada que les guste más que estar literalmente pegados al cuerpo de sus madres mientras éstas los acarician, los mecen o los abrazan.

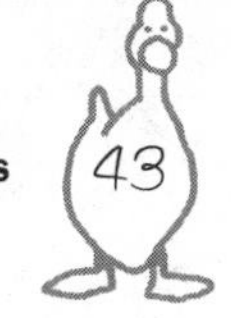

Consejos para tranquilizar al bebé

Para consolar a un bebé, se pueden utilizar diversas estrategias. Una de ellas consiste en sacar partido del ritmo. Los bebés son muy sensibles a los ritmos suaves y por ello todas las madres del mundo mecen a sus hijos. Merece la pena probarlo. Mantendremos al bebé cerca de nuestro cuerpo, con sus nalgas descansando sobre uno de nuestros brazos y sosteniéndole la cabeza, apoyada sobre nuestro hombro, con la otra mano. En esta postura, el pequeño podrá oír el latido de nuestro corazón, lo que le tranquilizará.

He aquí otros métodos recomendados por madres para tranquilizar a un bebé llorón:

- Abrazarlo y acariciarlo.
- Mecerlo suavemente en brazos o sentarse con él en una mecedora.
- Cogerlo en brazos y pasearlo lentamente.
- Hablarle o cantarle.
- Darle palmaditas suavemente en las nalgas.

Como cada bebé es distinto, algunos de estos métodos pueden tener más éxito que otros. Para descubrir qué es lo que funciona con un bebé en particular, tendremos que probar. Otra forma de averiguarlo consiste en observar qué le hace disfrutar más cuando está de buen humor. Seguramente será la clase de estímulos que también lo tranquilizarán cuando llore.

Este tipo de bebés suelen quedarse dormidos en el regazo de sus madres, pero empiezan a llorar de nuevo en cuanto éstas intentan dejarlos en la cuna.

Una advertencia sobre los horarios rígidos de amamantamiento: las madres que siguen horarios de lactancia y de sueño estrictos a menudo se dan cuenta de que sus bebés se quedan dormidos durante las tomas. Algunas se preguntan si esto se debe a que el bebé está tan cansado a causa de los llantos y la falta de sueño que no le queda energía para mamar. Esto puede parecer lógico, pero probablemente hay otra explicación. Una vez en brazos de su madre, el bebé se siente bien: ha logrado lo que necesitaba, de modo que puede dormir tranquilo.

Cómo hacer una bandolera portabebés

Las bandoleras portabebés son muy fáciles de hacer y resultan muy cómodas, tanto para la madre como para el bebé. Soportar el peso de un bebé durante mucho tiempo tensa y cansa los brazos, de modo que estas bandoleras proporcionan cierto alivio a la madre. Además, permiten que el bebé se sienta seguro y protegido y no resultan nada caras. Los bebés se pueden colocar en una bandolera portabebés casi desde nada más nacer, puesto que les permite estar estirados sobre una superficie plana. Para hacer una bandolera, seguiremos los siguientes pasos:

Utilizaremos un trozo de ropa resistente de aproximadamente 1 m por 3,5 m. Nos colocaremos la pieza de ropa sobre el hombro izquierdo si somos diestros o sobre el derecho si somos zurdos y nos ataremos los dos extremos de la tela a la altura de la cadera opuesta. Desplazaremos el nudo hacia la espalda y comprobaremos si la longitud es adecuada. En caso afirmativo, la bandolera estará lista para usarla. Colocaremos al bebé dentro de la bandolera y lo sostendremos con las manos. ¡Es así de fácil!

"Los dos primeros días mi hijo lloró tanto... Yo estaba haciendo todo lo posible por seguir un horario de sueño adecuado, pero resultó ser un completo desastre. Los dos nos subíamos por las paredes. Ahora dejo que el bebé se quede en mi regazo todo el tiempo que quiera sin sentirme culpable. Es agradable, tierno e íntimo. Es obvio que a él le encanta. El horario de lactancia también se ha desbarajustado completamente. He dejado de seguirlo. Ahora simplemente espero a que él me indique cuándo tiene hambre. A veces mama durante un buen rato y a veces no mama. Ahora se le ve mucho más contento, y yo también lo estoy."

Madre de Steven, 5 semanas

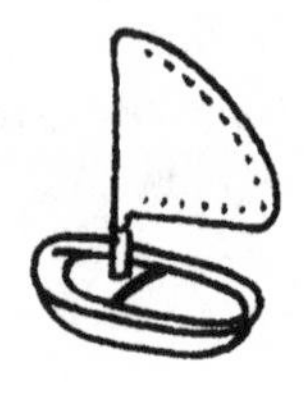

Hay una serie de indicios que nos muestran que un bebé de 4 o 5 semanas está experimentando enormes cambios que afectan a sus sentidos, su metabolismo y sus órganos internos. Estos cambios le llevarán a dar ¡su primer salto mágico!

En este punto de su desarrollo, el bebé está perdiendo algunas de las habilidades con que vino al mundo. Ya no volverá a seguir una cara con la mirada ni a girarse hacia un sonido de forma refleja. Hay indicios de que esas habilidades precoces estaban controladas por centros primitivos del cerebro inferior y desaparecen para dar paso a otras habilidades regidas por centros cerebrales superiores. Pronto los padres serán testigos de la emergencia de conductas similares, pero esta vez parecerán estar mucho más bajo el control del bebé

Entre las semanas de vida 4 y 5, el bebé experimenta todo un conjun-

Consejos para ayudar al bebé a conciliar el sueño

A un bebé que tenga problemas para conciliar el sueño, a menudo le costará menos dormirse si está con su madre. El calor de su cuerpo y la suavidad de sus movimientos y sonidos le ayudarán a tranquilizarlo. He aquí algunos consejos sobre las mejores formas de ayudar a conciliar el sueño a un bebé:

- Darle un baño caliente, secarlo bien con una toalla caliente y seguidamente darle un masaje suave utilizando aceite para bebés.
- Amamantarlo o darle el biberón, pues, al succionar, se relajará y tranquilizará.
- Pasearse llevando el bebé a cuestas, en brazos o en una bandolera portabebés.
- Pasearlo en su cochecito.
- Darle una vuelta en coche.
- Colocarlo en la cama donde duermen sus padres, entre ambos.

to de cambios que afectan a sus sentidos –la forma en que experimenta el mundo, la forma en que siente e, incluso, la forma en que digiere el alimento–. Algunos de estos cambios tienen consecuencias directas fácilmente observables. Por ejemplo, es posible que veamos por primera vez al pequeño llorar con lágrimas. Ahora está más tiempo despierto y parece más interesado por el mundo que le rodea. Su agudeza visual y su capacidad de enfoque han mejorado. A los pocos días de nacer, un bebé sólo puede enfocar correctamente los objetos que están muy cerca, aproximadamente a la distancia a la que se suele encontrar el rostro de su madre, pero, con 5 semanas, pueden enfocar más lejos. No es de extrañar que estén más atentos a su entorno y quieran algo más de acción.

Los bebés que tienen entre cinco y seis semanas están preparados, incluso, para *trabajar* a fin de experimentar sensaciones interesantes. En un experimento de laboratorio, se enseñó a los bebés a graduar el grado de enfoque de una película. En cuanto el bebé dejaba de succionar, la película se veía borrosa. Para un bebé de esta edad, es difícil succionar y ver una película al mismo tiempo, por eso el experimento sólo duraba unos pocos segundos.

Para comprobar que no era fruto del azar sino que efectivamente el bebé intentaba regular el enfoque de la película, los investigadores introdujeron un cambio en la prueba consistente en que los bebés tenían que dejar de succionar para enfocar la película. ¡Y también lo consiguieron!

A esta edad, la sonrisa de un bebé tiene un extraordinario poder y el bebé empieza a intuirlo. Con su sonrisa, puede influir sobre los demás. Decimos que la sonrisa ha dejado de ser una mueca algo mecánica para convertirse en una sonrisa social. A pesar de que todos los padres se deleitan con las primeras sonrisas de sus recién nacidos, en cuanto ven la primera "sonrisa social", advierten la diferencia y se quedan todavía

Cambios cerebrales

Aproximadamente entre la tercera y la cuarta semana de vida se produce un crecimiento considerable del perímetro craneal. El metabolismo de la glucosa, que es la forma en que el sistema digestivo del bebé procesa el alimento, también experimenta cambios.

Diario de nuestro bebé

Cómo explora nuestro bebé el nuevo mundo de las sensaciones cambiantes

Sugerimos a los padres que marquen con una cruz aquellos recuadros que coincidan con los cambios que observen en su bebé y dejen de rellenar la lista en cuanto empiece el próximo período tempestuoso, como antesala del próximo salto.

INTERÉS POR SU ENTORNO

- ❑ Observa las cosas durante más tiempo seguido y más a menudo
- ❑ Escucha las cosas más a menudo y presta más atención
- ❑ Se da más cuenta de que le tocan
- ❑ Parece que percibe mejor distintos olores
- ❑ Sonríe por primera vez, o lo hace más a menudo que antes
- ❑ Emite sonidos guturales con más frecuencia
- ❑ Expresa que algo le gusta o le disgusta más a menudo
- ❑ Se nota que sabe "lo que va a ocurrir", es decir, es capaz de anticipar secuencias
- ❑ Permanece despierto más tiempo seguido y está más alerta

CAMBIOS CORPORALES

- ❑ Su respiración es más regular
- ❑ Se sobresalta y tiembla menos que antes
- ❑ Llora con lágrimas o lo hace con más asiduidad que antes
- ❑ Vomita menos
- ❑ Eructa menos

OTROS CAMBIOS:

____

____

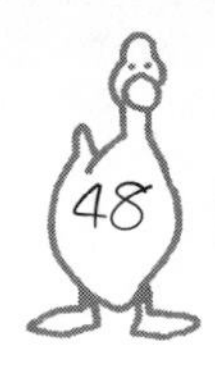

más embelesados.

Y otra buena noticia: a esta edad, los bebés que inicialmente tuvieron problemas de inmadurez en el sistema digestivo es probable que los superen.

Las preferencias del bebé: la clave de su personalidad

Durante este período, las capacidades sensoriales de los bebés se desarrollan rápidamente. Aunque todos los bebés muestran un mayor interés por las cosas que les rodean, no todos tienen las mismas preferencias perceptivas. Hay bebés de ojos brillantes a los que les encanta mirar y observar. Otros disfrutan escuchando música y otros sonidos, por lo que encuentran especialmente atractivos los objetos que hacen ruido, como los sonajeros. A otro grupo de bebés les encanta el contacto físico; para ellos será una verdadera delicia verse envueltos en juegos que impliquen ser tocados y acariciados. Algunos bebés no tienen preferencias claras. Incluso a esta edad tan temprana, los bebés son diferentes entre sí.

Al rellenar la lista del recuadro "Diario de nuestro bebé", los padres podrán marcar las frases que mejor describan a su bebé en este momento. Es posible que un bebé sólo presente algunas de las conductas que aparecen en la lista y que las demás vayan emergiendo más tarde. El hecho de que un bebé esté más interesado en ciertas experiencias sensoriales que en otras es una manifestación de su individualidad.

> "Cada día acudo a mis clases de canto con mi hija. Durante los primeros días, la pequeña apenas reaccionaba ante los sonidos y, siendo sincera, yo estaba bastante decepcionada. Pero, de repente, cambió y ahora, cuando está despierta, está completamente pendiente de cualquier tipo de sonido. Si se levanta de mal humor y yo empiezo a cantarle, deja de llorar inmediatamente. Pero ¡sigue llorando si son mis amigas quienes le cantan!"
>
> Madre de Hannah, 6 semanas

Momentos duros para todo el mundo

Atravesar un cambio de estas características puede ser estresante para el bebé y para los padres y quizás todos ellos encuentren el esfuerzo insoportable en algunos momentos. La madre, especialmente, puede acabar agotada por la falta de sueño y porque la preocupación le impide dormir bien. He aquí un ejemplo de cómo se puede instaurar este círculo vicioso.

El bebé está confuso y llora.

Los llantos constantes hacen que su madre se sienta insegura y ansiosa.

La tensión aumenta y la madre se ve incapaz de afrontar la situación.

El bebé percibe la tensión extra, se pone todavía más inquieto y llora incluso más fuerte que antes.

El ciclo se repite una y otra vez.

En estos momentos tan difíciles, muchas madres se sienten desbordadas y les fallan las fuerzas. Es algo normal. Es importante aprender a relajarse y saber encontrar tiempo para una misma; el descanso beneficiará a la madre y al bebé.

Algunas estrategias también pueden ayudar. En los momentos difíciles, es más fácil consolar a un bebé con el contacto físico y prestándole la atención que necesita. Así, le ayudamos a adaptarse a los cambios que está experimentando a su propio ritmo y le transmitimos seguridad en sí mismo. Para el adecuado desarrollo del bebé, es fundamental que los padres le transmitan el mensaje de que siempre que necesite consuelo habrá alguien a su lado.

Conviene que la familia y los amigos sean conscientes de que la madre necesita apoyo, no críticas. Éstas sólo conseguirán minar su ya vapuleada confianza en sí misma; si se siente apoyada, le resultará más fácil afrontar esos períodos difíciles.

La mejor forma de ayudar a un bebé es darle todo el amor, la ternura y el apoyo que sus padres sean capaces de dar. Es imposible malcriar a un bebé de esta edad. Los padres nunca deben sentirse culpables por consolar al bebé, especialmente si está llorando.

Los padres son los primeros maestros de sus hijos. Ellos son quienes deben echarle una mano en su aventura de descubrimiento. A esta edad, los bebés están muy receptivos e interesados por el mundo que les rodea. Pueden quedarse despiertos más tiempo que antes para disfrutar de su entorno. Los padres pueden averiguar cuáles son las actividades que más le gustan al bebé observando atentamente las reacciones del pequeño. De esta forma, podrán introducir progresivamente nuevas actividades, juegos y juguetes.

¿Cómo podemos conocer las preferencias del bebé?

Es fácil. El bebé sonreirá cuando le demos lo que le guste. Puede tratarse de algo que vea, oiga, huela, saboree o palpe. Puesto que sus sentidos se han desarrollado y ahora puede percibir un poco más del mundo que le rodea, también sonreirá más a menudo. Ir experimentando y descubriendo qué actividades desencadenan esas sonrisas tan maravillosas puede ser muy gratificante.

"Bailo alrededor del bebé, y, cuando paro, me sonríe."

Madre de Juan, 6 semanas

"Mi hija sonríe a sus peluches y muñecas."

Madre de Jenny, 6 semanas

"Cuando acerco mi rostro al de mi hija y le sonrío y hablo con ella, establece contacto ocular conmigo y se pone a hacer muecas. Es maravilloso."

Madre de Laura, 5 semanas

Así son los bebés

A los bebés les encanta todo lo nuevo. Es muy importante que los padres se hagan eco de las nuevas habilidades o intereses de su bebé. No hay nada más estimulante para un bebé que poder compartir sus descubrimientos y ésa es la forma de que su aprendizaje progrese más deprisa.

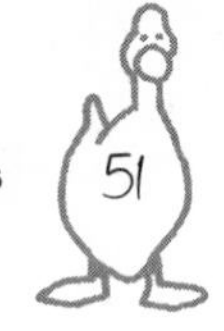

Cómo ayudar al bebé a explorar el nuevo mundo a través de la vista

El bebé puede mantener la atención sobre los objetos que le interesan durante más tiempo. Si le enseñamos objetos de colores llamativos, es muy probable que los encuentre fascinantes. También le atraerán los objetos rayados o con ángulos y, por descontado, la cara de su madre.

Una forma de avivar el interés de un bebé es pasearlo. Cuando lo paseemos, deberemos darle suficiente tiempo para que pueda observar las cosas –no olvidemos que su distancia de enfoque es de unos 30 cm–. A algunos bebés les encanta pasarse horas mirando el mismo objeto y otros se aburren si no les enseñan objetos diferentes. Si un bebé se aburre observando el mismo objeto y su atención empieza a decrecer, es conveniente enseñarle objetos que sean similares a los que le gustan, pero algo diferentes.

"Ahora mi bebé está mucho más pendiente de lo que ve. Sus objetos favoritos son las barras de la cuna, que contrastan con el fondo blanco de la pared; los libros de la estantería; el techo, que consta de vigas largas de madera separadas entre sí por líneas oscuras; y un dibujo a tinta en blanco y negro que hay en la pared. Por la noche, lo que más parece llamarle la atención son las luces."

Madre de Emilia, 5 semanas

"Mi hijo me mira fijamente a la cara y me observa detenidamente durante mucho rato seguido. Encuentra divertido verme comer. Me mira la boca y observa cómo mastico. Parece estar pensando que es fascinante."

Madre de Kevin, 6 semanas

"Cuando muevo una bola verde y amarilla lentamente de izquierda a derecha, mi hija gira la cabeza para seguir su trayectoria. Parece encontrarlo muy divertido, aunque su orgullosa mamá probablemente se lo pasa mejor que ella."

Madre de Ashley, 5 semanas

Como ayudar al bebé a explorar el nuevo mundo a través del oído

Los sonidos suelen fascinar a los bebés. Los zumbidos, los crujidos, los timbres, los susurros, los silbidos..., todos son interesantes. Los bebés también encuentran muy interesantes las voces humanas. Las voces agudas les llaman especialmente la atención y nada puede superar al sonido de la voz de su madre, aunque ésta no sea precisamente una soprano.

Una forma de estimular al bebé es hablarle. Con el bebé en el regazo, la madre o el padre puede mantener con él pequeñas conversaciones íntimas. No importa lo que le digamos al bebé. Si acercamos nuestro rostro al suyo y le decimos lo guapísimo que es, lo que hemos hecho durante el día o cualquier otra cosa que se nos ocurra, veremos cómo el pequeño fija su atención en nosotros y sigue atento nuestra conversación. Pero deberemos tener cuidado, pues se trata de mantener un pequeño diálogo. Para ello, deberemos dejar de hablar de tanto en tanto para que el bebé nos pueda "contestar".

"Ahora sé a ciencia cierta que mi hijo me está escuchando. Es realmente extraordinario."

Madre de Matt, 5 semanas

"A veces mi pequeña me contesta cuando le hablo. Cada vez habla más y a veces parece como si realmente estuviera intentando decirme algo. Es adorable. Ayer, habló al conejito que tiene en la cuna."

Madre de Hannah, 5 semanas

Cómo ayudar al bebé a explorar el nuevo mundo a través del tacto

A esta edad, los bebés son especialmente sensibles al tacto. A algunos les encanta que los cojan en brazos y los acaricien, y se ríen a carcajadas si les hacen cosquillas. A otros les inquieta que los toquen constantemente. Un día de visitas, con todos los abrazos que comporta, puede ser excesivo para muchos bebés. Cada bebé es diferente. ¡Y no a todos les gusta que les hagan cosquillas!

Cuidado del bebé

No sobrexcitar al bebé

Hay que saber distinguir cuándo un bebé da muestras de cansancio y conviene dejar de estimularlo. Los padres deben observar las respuestas del pequeño y dejarse guiar por ellas. Los bebés son muy sensibles y no debemos sobrestimularlos cuando jugamos con ellos, los abrazamos, les enseñamos cosas o los exponemos a sonidos. No es el bebé quien tiene que adaptarse a nosotros y nuestro mundo, sino ***nosotros* a *él***. Si notamos que algo empieza a ser demasiado para él, deberemos detenernos y dejarle descansar.

Los bebés de esta edad todavía nos son capaces de concentrarse durante períodos de tiempo largos, por lo que necesitan breves intervalos de desconexión. No es que pierdan el interés; simplemente necesitan "desconectar" de vez en cuando. Los padres deben ser pacientes. Probablemente, si le dejan descansar un rato, el bebé volverá a estar deseoso de retomar la interacción.

"Mi hija se rió a carcajada limpia cuando su hermano empezó a hacerle cosquillas. Todos nos sobresaltamos y se calló."

Madre de Emilia, 5 semanas

Comunicar al bebé que lo comprendemos

Los bebés de esta edad emiten una amplia gama de gorgoritos, llantos y otros sonidos. Los padres saben que los bebés utilizan distintos sonidos en situaciones diferentes. Por ejemplo, a menudo emiten una especie de lamento antes de quedarse dormidos. Pero, si un bebé está muy alterado, probablemente emitirá un llanto completamente distinto. Nos estará diciendo, a su manera, que algo va mal. Y, cuando esté contento, también nos lo comunicará con otros sonidos, como los gorjeos.

Estos sonidos ayudan a los padres a entender mejor a sus bebés. Los bebés necesitan saber que los entienden y adoran la interacción.

"Sé perfectamente cuándo mi pequeña está gorjeando de placer o refunfuñando porque está enfadada. A veces gorjea mientras contempla su móvil y le encanta que yo imite los sonidos que hace."

Madre de Hannah, 6 semanas

Alrededor de las 6 semanas, el bebé ya habrá completado su primer salto evolutivo e iniciará un período de relativa paz. Estará más alegre, más alerta y más pendiente de su entorno. A esta edad, los bebés también son capaces de expresar sus gustos y aversiones. En pocas palabras, la vida parece un poco menos complicada que antes.

"Ahora nos comunicamos más que antes. De repente, las horas que mi pequeño pasa despierto parecen más interesantes."

Madre de Frankie, 6 semanas

"Me siento más cerca de mi bebé. Nuestro vínculo se ha reforzado."

Madre de Bob, 6 semanas

capítulo 4

Semana mágica 8: el mundo de los patrones

En algún momento alrededor de las 8 semanas, el bebé empieza a experimentar el mundo de una forma diferente. Aprende a reconocer patrones simples en el mundo que le rodea y en su propio cuerpo. Aunque al principio nos pueda costar imaginárnoslo, esto ocurre en todos los sentidos, no sólo en la vista. Por ejemplo, el bebé puede descubrir sus manos y sus pies y pasarse horas practicando la habilidad de controlar determinada postura del brazo o la pierna. O puede sentirse incansablemente fascinado por las sombras que proyecta la luz en la pared de su habitación. Tal vez lo descubramos estudiando los detalles de las latas apiladas en las estanterías del supermercado o emitiendo breves gorjeos.

Todas estas cosas –y muchas otras más– marcan un cambio importante en el desarrollo mental del bebé. Este cambio le permitirá aprender una nueva serie de habilidades que no habría podido aprender antes, por mucho que le hubiéramos ayudado y estimulado. Pero, como ocurrió en el salto anterior en el desarrollo del bebé, al principio, adaptarse al nuevo mundo no le resultará nada fácil.

Tal y como hemos comentado previamente, cada nuevo salto conlleva una nueva forma de percibir y experimentar el mundo. Al principio, el bebé se sentirá desorientado, confundido e incluso atemorizado, puesto que su mundo conocido se pondrá patas arriba. De repente, empezará a ver, oír, oler, saborear y notar al tacto las cosas de una forma completamente diferente y necesitará tiempo para acostumbrarse a esos cambios. Para poderse adaptar a lo que le está ocurriendo, necesitará sentirse seguro y protegido. Por ello, hasta que empiece a familiarizarse con ese nuevo mundo, el deseo del bebé será aferrarse a su madre en busca de consuelo. Esta vez, la fase de inquietud puede durar entre unos pocos días y dos semanas.

Durante esta fase de crisis, el bebé puede estar más nervioso de lo ha-

Nota: Este salto en el mundo perceptual de 'patrones' est relacionado a la edad y es predecible. Se pone en marcha el desarrollo de una amplia gama de habilidades y actividades. Sin embargo la edad en que estos aparezcan por primera vez puede variar grandemente dependiendo de las preferencias de su bebé, de la experimentación y el desarrollo físico. Por ejemplo: La habilidad de percibir 'patrones' emerge acerca de las 8 semanas, y es una precondición necesaria para sentarse con el apoyo mínimo, pero esta habilidad normalmente aparece en cualquier momento entre los 2 a 6 meses. Las habilidades y las actividades son mencionadas en este capítulo en la más temprana edad posible que pueden aparecer entonces podrá estar atento y reconocerlas. (al principio podrían ser rudimentarias.) De esta forma podrá responder y facilitar el desarrollo de su bebé.

bitual. Pero, si lo observamos atentamente, es muy probable que notemos que está intentando adquirir nuevas habilidades. Y, una vez superado el bache, podremos comprobar con satisfacción que el bebé ha experimentado un nuevo avance en su desarrollo: su segundo salto evolutivo. Uno de los hitos del desarrollo que podrán apreciar los padres es que el bebé irá aprendiendo a controlar su cuerpo y a utilizar sus sentidos para explorar lo que le interese y empezará a expresar sus preferencias. Los padres pronto aprenderán qué es lo que agrada y desagrada a su pequeño, los sonidos que escucha con más placer, los colores que más le atraen, el tipo de actividades o de juguetes que más le divierten y qué rostros le motivan más –aparte del de papá y mamá, por supuesto–. Éstos serán los primeros signos de la emergente personalidad de su hijo.

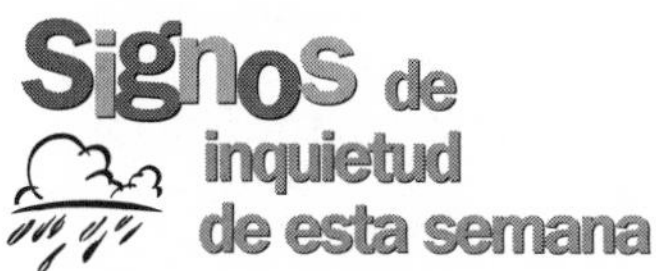

Entre la séptima y la novena semana, el bebé empezará a reclamar más la atención materna. Es posible que llore más a menudo, puesto que ésa es su forma de expresar lo estresantes que son estos cambios para él. A esta edad, el llanto es la forma más eficaz de expresar que uno se siente perdido y necesita atención. Los bebés más sensibles llorarán y sollozarán incluso más que antes, sacando de quicio a sus padres. Aunque los padres hagan todo lo posible para consolar a estos pequeños llorones, es posible que no consigan acallar sus llantos.

De todos modos, la mayoría de bebés se tranquilizarán cuando su padre o su madre los cojan en brazos y les proporcionen el contacto corporal que necesitan, aunque para algunos este contacto nunca parece ser suficientemente íntimo. Si de ellos dependiera, regresarían al útero materno. Lo que a ellos les gustaría es estar completamente rodeados por los brazos, las piernas y el cuerpo de su madre. Reclamarán toda su atención y protestarán si ésta disminuye.

Cómo saber que es el momento de crecer

¡Ha llegado de nuevo el momento de cambiar! He aquí algunos indicadores de que se aproxima un nuevo salto evolutivo.

Puede reclamar más atención

Es posible que el bebé quiera que sus padres pasen más tiempo entreteniéndolo y que estén completamente volcados en él y en nada ni nadie más que él. A esta edad, muchos bebés dejan de querer quedarse en la cuna o en el suelo sobre una mantita, a pesar de que hasta ahora no habían tenido ningún problema en hacerlo. Tal vez no les importe estar sentados en una sillita para bebés, siempre y cuando su madre esté cerca. Pero su meta final es estar con mamá. Quieren que su madre les mire, les hable y juegue con ellos.

> "De repente, mi pequeña no quiere que la acueste por las noches. Se pone muy inquieta, empieza a llorar y berrear y no hay forma de tranquilizarla. Pero necesitamos paz y silencio, de modo que la colocamos en el sofá entre nosotros y la abrazamos, y así cesan los llantos."
>
> Madre de Eve, 8 semanas

Puede volverse tímido con los desconocidos

Tal vez observemos que el bebé no sonríe tan fácilmente a las personas a quienes no está habituado o que necesita más tiempo para familiarizarse con ellas.

Ocasionalmente, algunos bebés hasta empiezan a llorar cuando una persona se les intenta acercar mientras están acurrucados contra el cuerpo de su madre. Algunas madres lamentan este cambio de actitud: "Antes era tan alegre y sociable...". Otras lo celebran secretamente: "Después de todo, yo soy la única persona que está pendiente de él todo el tiempo".

> "Mi hija parece sonreírme más que a ninguna otra persona. Ahora le cuesta un poco más que antes soltarse con otra gente."
>
> Madre de Ashley, 9 semanas

Puede perder el apetito

A esta edad, los bebés parecen querer estar todo el día "agarrados" al pecho o al biberón. Pero, a pesar de no soltar el pezón o la tetina, apenas ingieren leche. Muchos bebés de esta edad siguen esta pauta. En cuanto notan el pezón o la tetina dentro de la boca, se sienten satisfechos. Pero,

cuando les retiran del pecho o les quitan el biberón, empiezan a protestar y siguen llorando hasta que vuelven a sentir la boca llena.

Esto generalmente suele ocurrir con aquellos bebés a quienes se les ha permitido decidir cuándo querían mamar o tomar el biberón. Algunas madres que optaron por la lactancia materna pueden empezar a pensar que algo va mal con su producción de leche, mientras que otras se preguntarán si la decisión de amamantar al bebé fue o no acertada. No es necesario tomar la decisión de dejar de amamantar al bebé en este punto; más bien al contrario: éste no es un buen momento para iniciar el destete. Durante este período tempestuoso, el bebé utiliza el pecho más como una forma de consuelo que como una fuente de alimento,. Esto explica por qué algunos bebés se chupan más el dedo durante esta etapa.

> "A veces me siento como una botella de leche ambulante, preparada para dar leche las 24 horas del día. Es algo que me irrita profundamente. Me pregunto si todas las madres que dan el pecho a sus hijos pasan por lo mismo."
>
> Madre de Matt, 9 semanas

Puede volverse más pegajoso

Es posible que su bebé se aferre todavía más a su madre en cuanto note que ésta se dispone a dejarlo en la cuna. Tal vez no utilice únicamente los dedos de las manos para agarrarse, ¡sino que emplee también los de los pies!

Estas muestras de devoción a veces hacen que resulte difícil soltar al bebé, tanto literal como figuradamente. Las madres sienten como si se les partiera el corazón cada vez que deben separarse de su pequeño.

> "Cuando me encorvo para dejar a mi pequeña en su cunita, se me agarra al pelo y a la ropa como si le aterrara perder el contacto conmigo. Es muy tierno, pero preferiría que no lo hiciera porque me hace sentir culpable cada vez que la dejo."
>
> Madre de Laura, 9 semanas

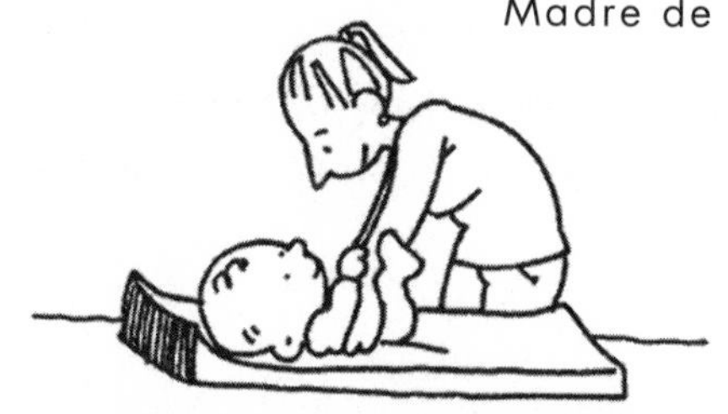

Puede tener problemas para dormir

En un período difícil como éste, es posible que el bebé no duerma tan bien como solía dormir. Es posible que empiece a llorar justo en el momento en que lo dejemos en la cuna. No todos los bebés experimentan los mismos problemas para dormir. A algunos les cuesta conciliar el sueño, mientras que otros se despiertan fácilmente y no duermen mucho rato seguido. Sea cual sea el problema concreto que tenga un bebé, la consecuencia va a ser la misma: falta de sueño en todos los miembros de la familia. Por si fuera poco, el hecho de que el bebé pase más tiempo despierto ¡también significa que tendrá más oportunidades para llorar!

Puede limitarse a llorar y llorar

A esta edad –8 semanas– parece que los bebés experimentan una especie de deseo de "regresar al vientre materno". Por supuesto, algunos bebés manifiestan esta necesidad más que otros. Llorar y ponerse pegajoso puede convertirse en una parte de su rutina diaria. Sin embargo, es un signo de que el bebé está haciendo un progreso saludable y reaccionando favorablemente a los cambios que están teniendo lugar en su interior, cambios que le impulsarán a dar un salto hacia delante en su desarrollo. El llanto simplemente es una manifestación de que todavía no ha tenido tiempo de adaptarse a esos cambios.

Desea volver a "-a la seguridad de su hogar", donde se sentirá protegido en un ambiente que le resulta familiar. Si su madre está a su lado, adquirirá suficiente confianza para atreverse a explorar su nuevo mundo.

Pongámonos en el lugar del bebé. ¿Cómo nos sentiríamos si el mundo a nuestro alrededor cambiase y no tuviéramos a nadie a nuestro lado para consolarnos? Sentiríamos la tensión acumulándose en nuestro interior y no sabríamos qué hacer para disiparla. Necesitaríamos toda nuestra energía para afrontar el estrés y casi no nos quedarían fuerzas para solucionar los problemas. Al bebé le ocurre algo muy parecido. Cada vez que tiene lugar un cambio importante en su desarrollo mental, se siente como si se hubiera despertado en un mundo radicalmente nuevo. Tiene que afrontar más experiencias nuevas de las que es capaz de asumir. Ése es el motivo de sus llantos.

Es necesario comprender que si el bebé no obtiene el consuelo que necesita, utilizará toda su energía para llorar, y estará desperdiciando

Diario de nuestro bebé

Signos de que nuestro bebé está creciendo de nuevo

Cuando el bebé tenga entre 7 y 9 semanas, los padres se darán cuenta de que presenta algunas de las siguientes conductas. Probablemente son signos de que el bebé está preparado para dar un nuevo salto en su desarrollo y que está a punto de entrar en el mundo de los patrones. Sugerimos a los padres que marquen con una cruz los recuadros que figuran junto a las conductas que presenta su bebé.

- ❑ Llora más a menudo
- ❑ Quiere que lo entretengan
- ❑ Pierde el apetito
- ❑ Es más tímido con los desconocidos
- ❑ Está más pegajoso
- ❑ Tiene problemas para dormir
- ❑ Se chupa el dedo, o se lo chupa más que antes

OTROS CAMBIOS:

un tiempo sumamente valioso, que podría haber dedicado a descubrir el nuevo y desconcertante mundo que se despliega ante él.

Reacciones maternas ante los cambios del bebé

Estos cambios tan importantes que se están produciendo en el bebé también tendrán un tremendo impacto en los padres, sobre todo en la madre. He aquí algunas de las reacciones más comunes en las que las madres que lean este libro probablemente se verán reflejadas:

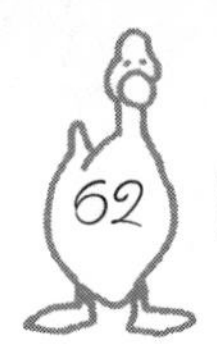

Preocupación

Cuando un bebé tiene una inexplicable crisis de llanto, puede volver loca a toda la familia. Los bebés que empiezan a llorar mucho más que de costumbre pueden dejar por los suelos la confianza de cualquier madre. En estas condiciones, una mujer puede dudar de sus competencias maternas. Pero no debe desesperarse: lo que le está ocurriendo es muy normal. A esta edad, los bebés promedio lloran considerablemente más de lo habitual y son más difíciles de consolar. Sólo un número reducido de madres tiene la suerte de no tener que preocuparse por sus bebés cuando éstos tienen entre 7 y 9 semanas. Estas madres tienen bebés de temperamento fácil o tranquilo, que en los períodos de crisis no llorarán mucho más de lo habitual y serán más fáciles de consolar.

Los bebés temperamentales e irritables son los más difíciles de todos. Parece que lloran 10 veces más fuerte y más a menudo y se agitan violentamente como si estuvieran en un cuadrilátero de boxeo. Sus madres a menudo temen que la familia al completo se acabe volviendo loca.

"El modo en que sigue y sigue es una pesadilla. Llora constantemente y apenas pega ojo. Nuestro matrimonio está haciendo aguas. Mi marido vuelve a casa por la noche a regañadientes porque no puede soportar la idea de otra noche de tormento. Discutimos constantemente sobre cómo podemos acallar sus horribles llantos."

Madre de Jenny, 7 semanas

"Cuando mi hijo no deja de llorar, siempre acabo acudiendo en su consuelo, aunque he llegado a un punto en que podría estar de acuerdo con afirmaciones como: 'Los bebés necesitan llorar de vez en cuando'. ¡Ya no puedo más! Pero entonces empiezo a pensar en lo finas que son las paredes en estos pisos y siempre acabo consolándolo, esperando que esa vez consiga tranquilizarlo."

Madre de Steven, 9 semanas

"A veces, cuando mi hija llora y llora por mucho que intente consolarla, me irrita tanto que lo acabo pagando con mi pobre marido. Yo también lloro a menudo, lo que me ayuda a liberar tensiones."

Madre de Emilia, 10 semanas

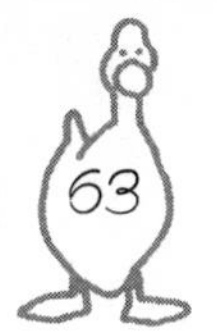

"Algunos días en que estaba baja de ánimos, me preguntaba si estaba o no haciendo las cosas bien, si estaba dedicando al bebé suficiente atención o demasiada. Era bastante típico que esto me ocurriera en uno de esos días difíciles en que había leído que los bebés sonríen a sus madres cuando tienen 6 semanas. El mío no lo hizo. Sólo se sonreía a sí mismo, lo que minaba considerablemente mi confianza. Pero, de repente, una tarde me sonrió. Me cayeron las lágrimas. ¡Fue tan tierno! Sé que todo esto suena bastante ridículo, pero por un momento sentí que mi bebé estaba intentando decirme que todo iba bien y que había estado conmigo todo el tiempo."

Madre de Bob, 9 semanas

Cuando una madre es testigo de que su bebé llora más de lo habitual, puede preguntarse desesperadamente por qué lo hace. Tal vez piense: "¿Estaré produciendo poca leche? ¿Estará incubando una enfermedad? ¿Estaré haciendo algo mal? ¿Tendrá sucios los pañales? También se dará cuenta de que, cuando el bebé está en su regazo, parece encontrarse bien; ¿significa eso que lo está malcriando?

Cuando han explorado todas las demás vías, algunas madres acaban pensando que deben de ser los cólicos los culpables de todo. De hecho, sus pequeños llorones parecen retorcerse de dolor. A algunas madres hasta les saltan las lágrimas de desesperación. Es un período particularmente duro para las madres primerizas, que tienden a culpabilizarse. Al final, algunas madres llaman al médico de familia o llevan al bebé al pediatra.

"Normalmente mi bebé nunca llora. Es tan manejable y tan tranquilo... Pero esta semana no ha dejado de llorar: retortijones, supongo."

Madre de Juan, 9 semanas

Haga lo que haga, la madre no debe desesperar. Lo mejor es que se repita a sí mima que no es culpa suya y que intente recordar que ésa es la forma que tiene el bebé de decirle que ahora es capaz de adquirir nuevas habilidades, lo que significa que su mente se está desarrollando bien. A esta edad, los llantos son normales y pasajeros.

Enfadarse y ponerse a la defensiva

Otra reacción común durante estos períodos difíciles es enfadarse. Si la madre piensa que su bebé no tiene ningún motivo para tanto llanto ni para estar tan enmadrado, es probable que se acabe enfadando. Puede pensar que su pequeño es un desagradecido y un malcriado. Las madres no tienen sólo que ocuparse del bebé. Hay múltiples tareas domésticas por hacer y, cuanto más agotadas están, más fácil es que los llantos del bebé las saquen de quicio. Cuando a una madre le ocurra esto, lo mejor es que piense que no está sola. La mayoría de las madres tienen estos sentimientos. Muchas madres temen que el padre del bebé, los familiares, los amigos y los vecinos vean al "pequeñín de mamá" como un "verdadero tostón". Y, cuando otras personas les recomiendan que sean más duras con sus bebés, pueden ponerse a la defensiva.

"¿Para esto dejé mi trabajo –8 semanas de llantos–? Estoy completamente hundida. Realmente no sé qué hacer."

Madre de Jenny, 8 semanas

"Me saca completamente de quicio cuando consigo hacerle conciliar el sueño después de pasarme una hora consolándola, pero, en cuanto la dejo en la cuna, empieza de nuevo. Sólo está tranquila cuando la tengo en brazos. Me pone de los nervios. No puedo hacer absolutamente nada."

Madre de Laura, 8 semanas

"Tenía que tener a mi hijo entretenido todo el día. No había nada que funcionara realmente. Probé con pasearlo, acariciarlo y cantarle canciones. Primero me sentí completamente impotente y deprimida y después profundamente frustrada. Me senté y me puse a sollozar. Así que pregunté en el jardín de infancia si se lo podían quedar dos tardes a la semana, sólo para tener unas cuantas horas para recargar baterías. Sus llantos a veces me agotan completamente. ¡Estoy tan cansada!... Sólo me gustaría saber cuánto tiempo más podremos aguantar cada uno de nosotros."

Madre de Bob, 9 semanas

Perder los estribos

Es muy raro que una madre admita haber sido un poco más brusca de lo necesario al dejar al bebé en la cuna porque estaba enfadada por los

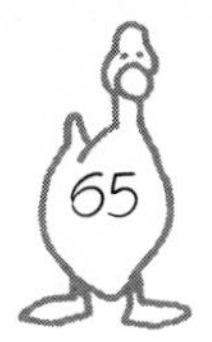

Cuidado del bebé

No hay que zarandear nunca a un bebé

Experimentar sentimientos de frustración y enfado hacia el bebé durante estos períodos difíciles es normal. Pero nunca hay que convertir esos sentimientos en comportamientos agresivos o violentos. Haga lo que haga, una madre nunca se puede permitir caer en un estado en que podría hacer daño al bebé. Nunca se debe zarandear a un bebé o a un niño pequeño; es una de las peores cosas que se pueden hacer. Podría provocarle fácilmente una hemorragia interna debajo del cráneo, lo que puede cursar con daño cerebral, que a su vez puede provocar ulteriores problemas de aprendizaje e, incluso, la muerte.

llantos y berridos del pequeño. Cuando ocurre esto, siempre es una experiencia sumamente perturbadora, especialmente porque suele tratarse de una reacción visceral puntual.

> "Aquella semana mi hija estaba llorando incluso más que la semana anterior. Me estaba volviendo loca. Perdí los estribos. La tenía en brazos y, en el calor del momento, la lancé contra el cambiador. Después, me quedé bloqueada por lo que había hecho y, al mismo tiempo, me di cuenta de que no había mejorado en nada la situación. Mi hija todavía gritaba más fuerte. Después de lo ocurrido, entendí qué es lo que lleva a algunos padres a maltratar a sus bebés durante las crisis de llanto, pero jamás imaginé que podría ser capaz de hacer algo así."
>
> Madre de Julieta, 9 semanas

Cómo emergen las nuevas habilidades del bebé

Los padres desempeñan una importante función en el proceso de desarrollo de un bebé. Cuando una madre se preocupa porque su hijo está llorando más o está más enmadrado que de costumbre, automáticamente está más pendiente de él. Aunque tenga dudas inoportunas y persistentes como: "¿Qué le pasará? ¿Por qué me está dando tantos problemas? ¿Qué puedo hacer? ¿Lo estoy malcriando? ¿Debería hacer más cosas a esta edad? ¿Es-

Los abrazos la mejor forma de consolar a un bebé

A los bebés de esta edad les encanta que los cojan, los acaricien y los abracen. Una madre nunca podrá dar a su bebé nada mejor.

tará aburrido? ¿Por qué no sabe entretenerse solo?, pronto se dará cuenta de que el bebé está intentando adquirir nuevas habilidades. Y es ahí donde la labor materna adquiere una gran importancia en el desarrollo del bebé.

Cuando tienen aproximadamente 8 semanas, los bebés empiezan a darse cuenta de que existen patrones y pautas sencillas en las cosas y acciones que observan. En torno a esta edad, todos los bebés están preparados para adquirir nuevas habilidades, pero cada uno de ellos, con sus inclinaciones, preferencias y temperamento exclusivos, elegirá qué descubrimientos desea hacer. Es importante observar al bebé y ayudarle a hacer aquello que está intentando experimentar.

Sin embargo, no hay que forzarle. Aunque los padres piensen que el bebé debería practicar la acción de coger la pelota (¡algo fundamental para su futura carrera futbolística!), es posible que él prefiera hacer sus pinitos en el terreno del habla, parloteando en su jerga particular con sus juguetes. Hay que respetar las preferencias del bebé y dejar que vaya a su propio ritmo. En más de una ocasión ocurre que las facultades del bebé y las de los padres no coinciden. Para una madre o un padre con poco oído y poco sentido del ritmo, tener un bebé a quien le encantan los sonidos puede resultar algo duro. Pero no hay que preocuparse. Tampoco es preciso ponerle sinfonías, al menos no a esta edad. De momento, bastará con el sonido del habla o el zumbido de la aspiradora.

¿En qué consiste este nuevo "salto mágico"? Aproximadamente a esta edad, el bebé deja de experimentarse a sí mismo y al mundo como un todo. Empieza a reconocer formas recurrentes, patrones y estructuras. Por ejemplo, es posible que ahora descubra que sus manos le pertenecen. A

esta edad, los bebés suelen observar atentamente sus manos y las agitan ante sus ojos. En cuanto se dan cuenta de que sus manos son suyas, intenta utilizarlas, por ejemplo, cerrándolas alrededor de un juguete. Empiezan a distinguir ciertos patrones en los sonidos, olores, sabores y texturas y, en general, en todo el mundo que les rodea. Esta nueva forma de percibir las cosas no se limita a lo que ocurre fuera de su cuerpo; también afecta a lo que ocurre en su interior. Por ejemplo, es posible que el bebé se dé cuenta de que la acción de mantener el brazo suspendido en el aire le produce una sensación diferente que la acción de dejarlo caer. También adquirirá un mayor control sobre su cuerpo. Empezará a ser capaz de mantener ciertas posturas, no sólo utilizando la cabeza, el tronco, los brazos y las piernas, sino también movilizando partes del cuerpo de menor tamaño. Por eso el bebé empezará a hacer todo tipo de muecas y carotas, puesto que poseerá un mayor control de los músculos faciales. Y también podrá emitir sonidos explosivos, al ser capaz de mantener las cuerdas vocales en determinadas posiciones, o enfocar mejor un objeto porque tendrá un mayor control de los músculos oculares.

A esta edad, muchos de los reflejos que el bebé tenía al nacer empiezan a desaparecer. Son sustituidos por algo similar a los movimientos voluntarios. Por ejemplo, ahora el bebé ya no necesita el reflejo de prensión porque es capaz de aprender a cerrar voluntariamente la mano alrededor de un objeto o juguete. También puede prescindir del reflejo de succión, puesto que ya es capaz de orientarse y agarrarse al pecho de forma voluntaria, en vez de encontrar el pezón por azar después de tantear un rato. Aproximadamente a partir de esta edad, el bebé dejará de depender de los reflejos y no los utilizará a menos que esté muy hambriento o alterado. De todos modos, los primeros movimientos intencionales de un bebé distan

Cambios cerebrales

Aproximadamente entre la séptima y la octava semana, el perímetro craneal del bebé crece considerablemente. Los investigadores han registrado cambios en las ondas cerebrales de los bebés de edades comprendidas entre las 6 y las 8 semanas.

(continúa en la página 71)

Diario de nuestro bebé

Cómo explora nuestro bebé el nuevo mundo de los patrones

Sugerimos a los padres que marquen con una cruz los recuadros que figuran en la página opuesta a medida que su hijo vaya haciendo nuevos progresos. Tal y como comentamos en el capítulo anterior, deberán dejar de rellenar la lista en cuanto empiece el próximo período tempestuoso, como antesala del próximo salto.

Una advertencia: aunque a las 8 semanas emerge esta nueva percepción del mundo, es poco probable que un bebé descubra al mismo tiempo todo lo que hay por explorar en este nuevo mundo –aunque algunos bebés intentarán arramblar con todo–. El momento exacto en que un bebé empezará a hacer cada cosa dependerá de sus preferencias y de las oportunidades que le ofrezcan.

En todos los capítulos a partir de éste expondremos una relación de comportamientos que puede estar haciendo un bebé que indican que ha entrado en un mundo nuevo. Todos los apartados titulados "Cómo explora nuestro bebé el nuevo mundo" están divididos en áreas de actividad, tales como "control corporal", "control manual", "ver y mirar" y "escuchar y conversar". Conforme los padres vayan avanzando en la lectura del libro, probablemente se irán dando cuenta del perfil característico de su hijo. Cada bebé tiene un perfil propio. Por ello, los padres deben tener presente que su bebé no tiene por qué presentar todas las habilidades que aparecen en la lista –es posible que algunas de ellas las desarrolle más adelante y otras simplemente no aparecerán–. No hay que olvidar algo muy importante: todos los bebés tienen aptitudes diferentes.

CONTROL CORPORAL

- ❑ Sostiene la cabeza cuando está muy alerta
- ❑ Gira conscientemente la cabeza hacia algo interesante
- ❑ Recostado sobre un lado, es capaz de girar el cuerpo hasta quedar tumbado sobre el vientre

- ❑ Recostado sobre un lado, es capaz de girar el cuerpo hasta quedar tumbado sobre la espalda
- ❑ Da patadas y agita los brazos
- ❑ Da patadas a sus juguetes, con movimientos sincopados o espasmódicos
- ❑ Deja que lo sienten
- ❑ Deja que lo pongan de pie
- ❑ Intenta levantar la cabeza y el tronco cuando está estirado boca abajo
- ❑ Muestra un deseo creciente de sentarse
- ❑ Es capaz de mirar hacia la izquierda y la derecha cuando está estirado boca abajo
- ❑ Hace muecas

CONTROL MANUAL

- ❑ Golpea un juguete
- ❑ Intenta alargar el brazo para coger objetos que están a su alcance, sin éxito
- ❑ Cuando su mano entra en contacto con un objeto, la cierra y lo ase
- ❑ Sostiene un juguete u objeto y lo mueve arriba y abajo con movimientos sincopados o espasmódicos
- ❑ Toca y palpa objetos sin cogerlos

VER Y MIRAR

- ❑ Descubre sus manos
- ❑ Descubre sus pies
- ❑ Descubre sus rodillas
- ❑ Observa a las personas mientras se mueven o trabajan
- ❑ Se siente fascinado por los niños que juegan cerca de él
- ❑ Le gusta observar imágenes a cámara rápida por televisión

(continúa)

Diario de nuestro bebé (cont.)

- ❑ Observa a los animales domésticos mientras comen o se desplazan
- ❑ Se siente fascinado por el movimiento ondulante de las cortinas
- ❑ Descubre objetos luminosos, como una vela encendida
- ❑ Observa las copas de los árboles a través de la ventana y se siente particularmente fascinado por el movimiento de las hojas
- ❑ Observa los artículos apilados en las estanterías de las tiendas de alimentación
- ❑ Observa formas y colores complejos, como los que contienen los cuadros abstractos, especialmente mientras alguien lo mece
- ❑ Se siente fascinado por las prendas de ropa y las joyas brillantes
- ❑ Le gusta observar a las personas mientras mastican
- ❑ Le gusta observar y escuchar a la gente mientras habla
- ❑ Observa las expresiones faciales

ESCUCHAR Y CONVERSAR

- ❑ Le gusta escuchar voces, canciones y sonidos agudos
- ❑ Juega a producir sonidos. Gorjea
- ❑ Emite series de sonidos, gorjeos y balbuceos, como si estuviera "contando una historia"
- ❑ Repite estos sonidos si le estimulan para que lo haga
- ❑ "Canturrea" como si acompañase a su madre cuando ésta baila y canta
- ❑ "Conversa" con sus juguetes y les sonríe
- ❑ Llama la atención emitiendo sonidos
- ❑ Interrumpe cuando otros están hablando

OTROS CAMBIOS

____

____

mucho de parecerse a los que realizan los adultos. Sus movimientos son rígidos, espasmódicos y sincopados, como los que hacen las marionetas, y seguirán siendo así hasta que se produzca el próximo gran cambio.

Las preferencias del bebé: la clave de su personalidad

¿Por qué cada bebé es único? Todos los bebés experimentan los mismos cambios y entran en el mismo mundo con nuevos descubrimientos que hacer y nuevas habilidades que adquirir. Pero cada bebé decide qué quiere aprender, cuándo y cómo, escogiendo lo que encuentra más atractivo. Mientras que algunos bebés intentan aprender diversas habilidades utilizando varios de sus sentidos a la vez, otros parecen particularmente atraídos por explorar su nuevo mundo con los ojos y otros intentan poner en práctica sus habilidades auditivas. Otros bebés se centran más en el dominio de las habilidades físicas. A veces las madres comparan a sus bebés con otros de la misma edad y se dan cuenta de que el hijo de la amiga o de la vecina hace cosas que el suyo todavía no puede hacer y viceversa. Esto se debe a que los gustos y aversiones de un bebé están determinados por su constitución única: su estructura corporal, su peso, su temperamento, sus inclinaciones y sus intereses.

A los bebés les encanta todo lo nuevo. Es muy importante que los padres respondan cuando perciban cualquier habilidad o interés nuevo en su bebé.

No hay nada más estimulante para un bebé que poder compartir sus descubrimientos, y ésa es la forma de que su aprendizaje progrese más deprisa. La mejor forma de ayudar a un bebé a dar este salto en su desarrollo es estimularle para que practique las habilidades que encuentra más interesantes. Una de las mejores estrategias es alentar al bebé cuando veamos que está esforzándose para dominar una habilidad nueva, demostrándole el entusiasmo que sentimos ante sus intentos por aprender algo. Los bebés necesitan que los elogien, pues los elogios les hacen sentirse bien y les animan a continuar. Es importante no insistir cuando notemos que un bebé ya ha tenido suficiente con determinado juego o juguete.

Algunas veces los bebés quieren o necesitan practicar a solas los juegos o actividades que están aprendiendo. En estos casos, los padres pueden observarlos y mostrarles su entusiasmo. Esto bastará para transmitirles la confianza de que están haciendo las cosas bien.

Cómo ayudar al bebé a explorar el nuevo mundo a través de la vista

Si descubrimos que al bebé le encanta explorar el mundo con los ojos, podemos ayudarle ofreciéndole todo tipo de "patrones", por ejemplo, enseñándole objetos de colores muy contrastados.

Desplazaremos el objeto lentamente por el campo de visión del bebé, pues así captaremos antes su atención y mantendremos su interés durante más tiempo. También podemos probar a desplazar el objeto lentamente hacia atrás y luego hacia delante asegurándonos de que el bebé pueda ver cómo se mueve, pues, en caso contrario, perdería el interés.

Los bebés se aburren si siempre ven, oyen o tocan los mismos objetos en el mismo entorno. Que un bebé dé muestras de aburrimiento es normal, pues su nueva capacidad de reconocer patrones implica que es capaz de percibir cuándo su entorno es repetitivo. Puede que el bebé dé muestras de hartarse del mismo juego o actividad, la misma perspectiva, el mismo sonido, el mismo tacto y el mismo gusto. A los bebés les encanta la varie-

Como saber que el bebé tiene suficiente

Practicar nuevas habilidades es divertido, pero también puede ser cansador para un bebé. Cuando un bebé ha tenido suficiente, lo hace saber mediante algunos signos corporales, como mirar hacia otro lado o girar el cuerpo.

En cuanto los padres perciban que el bebé da muestras de cansancio, es muy importante que detengan el juego o actividad. A veces el pequeño sólo necesitará hacer una breve pausa antes de retomar el juego o la actividad con entusiasmo renovado, pero, en cualquier caso, es fundamental no forzarle. Un bebé de esta edad necesita tiempo para desconectar. Un consejo primordial es dejar siempre que sean las respuestas del bebé las que marquen la pauta.

dad y aprenden de ella; es importante mantenerlos estimulados. Pasear al bebé por la casa o acercarle objetos diferentes son algunas de las cosas que los padres pueden hacer para mantener su atención.

También puede ocurrir que el bebé no encuentre los juguetes tan interesantes como las "cosas reales". A su alrededor hay miles de objetos: la casa está repleta de artículos que le pueden fascinar –libros, fotografías, utensilios de cocina e, incluso, unas gafas–. Si, de repente, el bebé empieza a preferir las "cosas reales" a sus juguetes, necesitará la ayuda de sus padres. A esta edad, todavía no puede acercarse a los objetos: necesita que alguien lo acerque a ellos o se los muestre. Por ello, si los padres se dan cuenta de que al bebé le gusta observar los objetos de su entorno, pueden echarle una mano.

> "A mi pequeña le encanta observarlo todo: los cuadros, los libros de las estanterías, los utensilios de cocina... Tengo que pasearlo por toda la casa. Hasta la llevo en brazos cuando salgo a comprar."
>
> Madre de Hannah, 11 semanas

A esta edad, los bebés suelen quedarse fascinados al descubrir la presencia de unos objetos familiares que no dejan de agitarse dentro de su campo visual. Pronto averiguarán que se trata de sus pies y sus manos. Probablemente los observará asombrado y empezará a estudiarlos detenidamente. Cada bebé tiene su propia forma de investigar este nuevo fenómeno. Algunos necesitan mucho tiempo para completar su investigación, mientras que otros terminan bastante rápido.

La mayoría de los bebés sienten una atracción especial por sus manos. Tal vez se deba a que entran más a menudo en su campo de visión.

Cómo ayudar al bebé a explorar el nuevo mundo a través del tacto

Las manos y los brazos pueden adoptar miles de posturas diferentes. Cada una de esas posturas es un nuevo patrón que se puede ver y percibir propioceptivamente.* Hay que dejar que el bebé estudie sus manos durante

* El sistema propioceptivo es el que proporciona información sobre la posición relativa que mantienen los segmentos corporales entre sí y la posición del cuerpo en el espacio. (Nota del Traductor)

todo el tiempo que quiera. Los bebés tienen que aprender para qué sirven las manos antes de aprender a utilizarlas adecuadamente. Por lo tanto, es muy importante que aprendan cosas sobre estas "herramientas táctiles".

> "Mi pequeñín estudia cada detalle de cómo se mueven sus manos. Juega bastante delicadamente con los dedos. Cuando está estirado boca arriba, eleva una mano en el aire y estira los dedos. A veces, abre y cierra los dedos, uno detrás de otro. O golpea ambas manos entre sí o deja que se toquen. Lo hace describiendo un movimiento continuo y fluido."
>
> Madre de Bob, 9 semanas

Observemos cómo un bebé intenta utilizar sus manos para coger un sonajero. Al coger un juguete, se combinan dos patrones, uno propioceptivo (posición de la mano) y otro táctil (tacto del objeto en la palma de la mano). En cualquier bebé, los primeros intentos de coger un objeto suelen ser infructuosos: parece como si, en lugar de asir el objeto, intentara golpearlo. Pero, si mostramos entusiasmo ante sus esfuerzos y le animamos en cada intento, seguirá intentándolo, perfeccionando la pauta cada vez más.

> "¡Mi hijo está intentando coger cosas! Su manita avanza a tientas en la dirección del sonajero, o lo intenta. Seguidamente, intenta cogerlo, describiendo un movimiento de prensión adecuado. Pone mucho interés.
>
> Cuando cree que lo tiene, cierra el puño, pero el sonajero estaba unos pocos centímetros más allá. El pobrecito se da cuanta del error, se frustra y empieza a llorar."
>
> Madre de Pablo, 11 semanas

Hay que tener presente que a esta edad el bebé todavía no está preparado para alcanzar y asir las cosas que quiere coger. Sólo es capaz de cerrar las manos alrededor de los objetos. Por lo tanto, nos aseguraremos de que siempre tenga a su alcance objetos fáciles de coger. Así, podrá tocar

los objetos y practicar las conductas de abrir y cerrar la mano siempre que quiera.

Cómo ayudar al bebé a explorar el nuevo mundo a través del oído

Una de las cosas que más les gusta a los bebés son los sonidos que son capaces de producir. Por ello, los padres deberían intentar responder a cada sonido que emita su pequeño. A los bebés de esta edad les encanta producir sonidos explosivos, porque desde su último salto evolutivo son capaces de mantener las cuerdas vocales en determinadas posiciones. Al igual que la posición de una mano, la posición de las cuerdas vocales es un patrón perceptivo. Intentar imitar los sonidos que produce el bebé para que los pueda oír en boca de otra persona o responderle cuando utilice sonidos para llamar la atención son algunas de las estrategias que pueden y deben utilizar los padres para estimular a su hijo en el área del lenguaje. Estas "conversaciones" son fundamentales para su proceso de aprendizaje y le enseñarán a respetar la alternancia de turnos, a escuchar y a imitar –habilidades que son la base de la comunicación–. Estas conversaciones también enseñan al bebé que la voz es una herramienta importante, al igual que las manos.

> "Mi bebé no deja de parlotear, intentando llamar mi atención. También me escucha cuando le hablo. Es maravilloso."
>
> 
> Madre de Hannah, 11 semanas

Todas las madres intentan estimular a sus bebés para que "conversen". Algunas les hablan durante todo el día, como algo normal, pero otras sólo en ciertos momentos, como cuando los tienen en su regazo. La desventaja de los momentos de conversación planificados es que el bebé puede no estar de humor para escuchar y responder. Parece ser que los bebés cuyas madres "planifican" los momentos de conversación no siempre entienden qué se espera de ellos, y sus madres se desaniman porque creen que sus hijos no responden adecuadamente a sus intentos de iniciar una conversación.

Cómo ayudar al bebé a explorar el nuevo mundo a través de las posturas corporales

Al final de este período, la mayoría de los bebés empiezan a estar preparados para participar en juegos posturales. A un bebé fortachón que es

capaz de sostener la cabeza, es probable que le encante que le estiren de los brazos llevándolo de la postura de semisentado a la de sentado y de esta última a la postura bípeda. Si es muy fuerte, quizá participe activamente. Siempre nos aseguraremos de sostener la cabeza del bebé. Este juego enseña a los bebés cómo se perciben las diferentes posturas y cómo mantenerlas. Cada una es otro "patrón" perceptivo. Si el bebé intenta cooperar en el cambio de postura, veremos que lo hace torpemente, con unos movimientos algo espasmódicos. Cuando haya adoptado determinada postura, deseará mantenerla durante un rato. Aunque sus movimientos todavía distarán mucho de ser fluidos, le encantará permanecer en determinada postura durante cierto tiempo. Quizá se enfade mucho cuando decidamos que ha llegado el momento de terminar el juego.

"De repente, mi hijo ha empezado a hacer movimientos espasmódicos y sincopados cuando lo coloco sobre los pies. También realiza esos movimientos cuando lo estiro sobre el cambiador. No sé si es normal. Me preocupa un poco."

Madre de Kevin, 11 semanas

"Si por ella fuera, mi hija se pasaría todo el día de pie, escuchando mis elogios por lo fuerte que es. Si no la bombardeo a piropos, se queja."

Madre de Ashley, 10 semanas

El padre suele ser el primero en descubrir que el bebé disfruta con estos juegos posturales, y la madre sigue su ejemplo, aunque ambos suelen ser un poco más entusiastas con los bebés de sexo masculino que con los de sexo femenino.

Unas palabras de consuelo: los bebés que reclaman mucho la atención podrían ser superdotados

Algunos bebés cogen el tranquillo a los juegos nuevos muy deprisa y enseguida se aburren de hacer lo mismo, día tras día. Quieren que les planteen nuevos desafíos, acción continua, juegos complicados y mucha variedad.

(continúa en la página 80)

Algunos aspectos que hay que considerar

La posibilidad de descubrir un mundo nuevo es un estímulo para el aprendizaje. Para ayudar al bebé en este proceso de aprendizaje es conveniente proporcionarle cosas y actividades que se ajusten a su personalidad, pues, de esta forma, disfrutará más y aprenderá con más facilidad.

Es probable que los bebés más absorbentes reclamen más la atención de sus madres y éstas deban dedicarles más tiempo y esfuerzo para mantenerlos entretenidos y satisfechos. Pero este esfuerzo y esta dedicación merecen la pena, pues estos bebés que muestran un gran interés por su entorno se pueden convertir en los mejores estudiantes del mañana si les proporcionamos la ayuda y los estímulos adecuados durante los primeros años.

Sin embargo, los bebés tranquilos, al no ser tan reclamantes, es fácil que no reciban tanta atención. Es muy importante dar a estos bebés justo ese poco más de ánimo y estimulación que necesitan para dar lo mejor de sí mismos.

Es posible que algunas madres consideren que ahora el bebé ya debería ser un poco más independiente porque se han dado cuenta de que su pequeño es capaz de disfrutar con sus juguetes, sus manos y sus pies y los estímulos que le procura su entorno. Los bebés de esta edad pueden pasarse largos ratos estirados en el suelo sobre la espalda, tranquilos y entretenidos. Ésta es una buena etapa para utilizar el parque infantil por primera vez. En él podemos colgar juguetes que estén al alcance del bebé para que los pueda golpear y observar mientras se balancean de un lado a otro. También podemos intentar que el bebé se entretenga él solo el mayor tiempo posible, ofreciéndole objetos nuevos para que juegue con ellos cuando se aburra. ¡Con la ayuda de su madre, es posible que un bebé de esta edad se entretenga él solo durante unos 15 minutos seguidos!

Los mejores juegos para esta semana mágica

A continuación, revisaremos aquellos juegos que más favorecen el desarrollo de los bebés durante este período. Antes de seguir leyendo, sugerimos a los padres que relean el recuadro de la página 76 titulado "Cómo explora nuestro bebé el nuevo mundo de los patrones" para refrescarse la memoria sobre qué es lo que le gusta hacer a su bebé. También conviene que recuerden que los juegos que no se ajusten ahora a su bebé podrán servirle más adelante, cuando esté preparado.

MANOS O PIES, EL JUGUETE FAVORITO

Ya hemos visto que uno de los juguetes preferidos de los bebés de esta edad son sus propias manos y pies. Por ello, es preciso darles muchas oportunidades para que puedan observar estas partes de su cuerpo. Para no perderse ningún detalle, el bebé necesitará tener libertad de movimientos. Lo mejor es colocarlo encima de una toalla o sábana grande. Si hace suficiente calor, es conveniente quitarle la ropa, para que disfrute de la libertad de su cuerpo desnudo. También le podemos atar una cinta de colores llamativos a la mano o el pie como atracción añadida. De todos modos, si hacemos esto, nos aseguraremos de que la cinta está bien sujeta –aunque no demasiado apretada– y observaremos atentamente y de forma continua al bebé por si el lazo se aflojara, en cuyo caso podría atragantarse accidentalmente.

CONVERSACIONES ÍNTIMAS

Ya hemos visto que a los bebés les encanta "charlar". Cuando percibamos que el bebé tiene ganas de conversar, nos sentaremos cómodamente, asegurándonos de que tenemos la espalda bien apoyada, subiremos las rodillas y nos colocaremos al bebé, estirado boca arriba, sobre los muslos. En esta postura, el bebé podrá vernos bien y nosotros podremos observar sus reacciones.

Podemos conversar con un bebé sobre cualquier cosa: lo guapo que es, lo suave que tiene la piel, sus ojos, lo que ha ocurrido ese día o nuestros planes para después. Lo más importante de todo es el ritmo de la voz y las expresiones faciales que utilicemos. Nos aseguraremos de que le damos suficiente tiempo para que responda. Esto significa tener paciencia, saber esperar, sonreírle y asentir para que se dé cuenta de que una

conversación es cosa de dos. Observaremos las reacciones del pequeño para descubrir qué es lo que encuentra más interesante. Y recordaremos que ¡una boca que habla, combinada con un rostro que cambia de expresión, suele ser un éxito aplastante!

EL MARAVILLOSO MUNDO DOMÉSTICO

A esta edad, un bebé, por muy curioso que sea, todavía no puede alcanzar aquellos objetos que le llaman la atención para examinarlos más de cerca. Hasta que sea capaz de hacer esto, tendrá que confiar en que sus padres le acerquen objetos interesantes o lo aproximen a tales objetos. Recordemos que en una casa hay muchas cosas interesantes que pueden despertar la curiosidad de un bebé. Aparte de enseñarle cosas, le explicaremos todo lo que vaya viendo, pues a él le gustará escuchar la entonación de nuestra voz. Y le dejaremos tocar y palpar todo aquello que parezca llamarle la atención.

JUEGOS POSTURALES

Conviene tener en cuenta que este tipo de juegos sólo se puede practicar si el bebé ya es capaz de sostener la cabeza. Si el bebé aún no posee esta capacidad, no importa: ya habrá tiempo para practicarlos más adelante. Para practicar este juego postural, nos sentaremos cómodamente, asegurándonos de que tenemos la espalda bien apoyada, subiremos las rodillas y nos colocaremos al bebé sobre las piernas y el vientre, de modo que adopte una postura de semisentado. Así estará más cómodo. Seguidamente, cogeremos al bebé por los brazos y estiraremos lentamente de ellos hacia arriba hasta que el bebé se siente con la espalda completamente derecha. Al mismo tiempo, le dirigiremos palabras de elogio, por ejemplo, diciéndole que es un chico muy listo o muy fuerte. Es importante observar atentamente las reacciones del bebé y continuar sólo si estamos seguros de que el pequeño está cooperando y disfrutando con el juego.

DARSE UN BAÑO JUNTOS

Darse un baño con papá o mamá puede ser una experiencia fantástica. El agua es un juguete maravilloso. A esta edad, los "bebés acuáticos"

(continúa)

Los mejores juegos para esta semana mágica (cont.)

disfrutan de lo lindo observando los movimientos del agua. Cuando nos bañemos con el bebé, nos lo colocaremos sobre el estómago y le iremos enseñando cómo las gotas y chorros de agua mojan nuestros cuerpos. Los bebés también disfrutan cuando el agua acaricia su cuerpo. Colocaremos al bebé, estirado boca arriba, sobre nuestro estómago y le cantaremos alguna canción, como la de "El barquero leré", y nos moveremos lentamente hacia delante y hacia atrás al ritmo de la canción, produciendo pequeñas olas. Al bebé le gustará sentir la caricia de las olas en su piel. Después de la libertad del baño, lo más probable es que le apetezca que lo envolvamos en una toalla para que se sienta caliente y seguro ¡y que le demos un buen abrazo!

Las madres de estos niños "chispeantes" pueden acabar exhaustas, porque se les agota la imaginación y sus bebés protestan si no les presentan un reto tras otro.

Es un hecho probado que muchos niños superdotados fueron bebés absorbentes, que reclamaban constantemente la atención. Sólo estaban contentos mientras les plantearan nuevos y excitantes retos.

Una nueva conciencia o un nuevo mundo ofrece nuevas oportunidades para adquirir nuevas habilidades. Algunos bebés explorarán el nuevo mundo y harán descubrimientos con gran entusiasmo, pero reclamarán constantemente atención y ayuda. Estos bebés tienen una sed insaciable

Los mejores juguetes para esta semana mágica

He aquí algunos de los juguetes que suelen hacer las delicias de los bebés mientras exploran el mundo de los patrones:

- Juguetes que se puedan colgar encima de la cabeza del bebé
- Un móvil musical
- Una caja de música con figuritas que se muevan
- Juguetes que se puedan tocar o golpear
- Peluches con quienes conversar o a quienes sonreír
- Sus padres: ¡ellos seguirán siendo su juguete favorito!

de conocimientos. Lamentablemente, descubren el nuevo mundo a una velocidad increíble. Prueban y adquieren casi todas las habilidades que les ofrece el nuevo mundo y, después de experimentar un poco, se vuelven a aburrir. Las madres de estos niños pueden hacer poco más que esperar pacientemente al próximo gran cambio.

> "Después de cada toma, dejo a mi hijo en el parque infantil durante un rato. A veces lo coloco debajo de un móvil musical que le gusta observar y otras veces bajo un trapecio del que cuelgan juguetes, que él va golpeando de tanto en tanto. He de reconocer que se está convirtiendo en un verdadero experto en dar golpes."
>
> Madre de Frankie, 11 semanas

En torno a la décima semana, se iniciará otro período de relativa paz. La mayoría de las madres parecen olvidar rápidamente las preocupaciones y ansiedades de las últimas semanas. Piropean y elogian a sus bebés constantemente y hablan sobre ellos como si siempre hubieran sido unos bebés manejables y alegres.

¿Qué cambios veremos en el bebé en esta etapa? Cuando tenga unas 10 semanas, el bebé dejará de reclamar tanto la atención materna. Ahora es más independiente. Le interesan su entorno, las personas, los animales y los objetos. Parece como si, de repente, hubiera entendido y reconociera claramente un amplio abanico de cosas nuevas. Es posible que la necesidad de estar constantemente con su madre también disminuya. Si ésta lo coge en brazos, habrá muchas ocasiones en las que se retuerza y se resista en señal de incomodidad e intente sentarse en sus brazos. El único momento en que parecerá necesitarla será cuando ella esté dispuesta a enseñarle cosas nuevas e interesantes. Probablemente el bebé se habrá vuelto tan alegre y estará tan ocupado entreteniéndose solo que a su madre la vida le resultará mucho más sencilla y hasta es posible que se sienta llena de energía. Muchas madres colocan en este momento a sus bebés en el parque infantil por primera vez porque consideran que ya están preparados para ello.

"De repente, mi hija parece haberse vuelto más espabilada. Ha perdido esa dependencia propia de los recién nacidos. No soy la única que lo ha notado. Todas las personas con las que hay una relación cercana le hablan correctamente, en vez de dirigirle arrullos y sonidos carentes de sentido."

Madre de Emilia, 10 semanas

"Ahora mi hija parece más madura. Se ha vuelto más sociable, más alegre y hasta se ríe a carcajadas de tanto en tanto. ¡Menos mal que han cesado esos llantos interminables! Mi vida ha cambiado drásticamente: de pensar '¿Cómo podría acallar sus llantos?' a disfrutar de tenerla cerca. Hasta su padre llega ahora del trabajo con ganas de verla. Solía venir a casa a disgusto, anticipando el tormento de los llantos interminables. Ahora le encanta estar con la pequeña. Le da el biberón y la baña cada tarde."

Madre de Jenny, 10 semanas

"Mi hijo ya no parece tan vulnerable como antes. Se ha producido en él un cambio radical. Ha pasado de sólo querer estar en mi regazo a adquirir un poco de independencia y ganas de jugar."

Madre de Steven, 10 semanas

"Creo que mi pequeña está empezando a convertirse en una personita con su propia vida. Al principio, lo único que hacía era comer y dormir. Ahora, cuando la saco de la cuna por las mañanas, tiene todo un día por delante, como los mayores."

Madre de Nina, 10 semanas

"No sé si hay alguna relación, pero lo cierto es que me he dado cuenta de que la pasada semana tuve mucha más energía, y eso coincidió con la recién estrenada independencia de mi pequeño. Debo reconocer que disfruto siendo testigo de los progresos que está haciendo. Es fascinante ver cómo se ríe, lo bien que se lo pasa y cómo juega. Ahora parece que nos comuniquemos mejor. Puedo dejar volar mi imaginación con sus peluches, cantarle canciones e inventarme juegos diferentes. Ahora que estoy obteniendo alguna retroalimentación de él, se está convirtiendo en un verdadero amigo. Esta edad me parece mucho más fácil que cuando se limitaba a mamar, llorar y dormir."

Madre de Bob, 10 semanas

capítulo 5

Semana mágica 12: el mundo de las transiciones suaves

Cuando tienen aproximadamente entre 11 y 12 semanas, los bebés realizan un nuevo progreso en su proceso de desarrollo. En este momento tiene lugar el tercer gran salto evolutivo, en virtud del cual los bebés vuelven a experimentar una reorganización en su forma de percibir y comprender el mundo y en sus propias capacidades. Tal vez los padres recuerden que una de las principales habilidades físicas que desarrolló su bebé cuando tenía unas 8 semanas fue la capacidad de golpear y dar patadas a objetos utilizando los brazos y las piernas. Estos primeros movimientos sincopados y espasmódicos suelen parecer cómicos, como si los ejecutara una marioneta. Pues bien, en torno a la duodécima semana, los movimientos del bebé experimentan un cambio. Como Pinocho, el bebé deja de moverse como una marioneta para convertirse en un niño de carne y hueso.

Por supuesto, esta transformación no ocurre de la noche a la mañana ni afecta solamente a los movimientos corporales, aunque esto sea lo más evidente para los padres. También afecta a la capacidad del bebé para percibir con sus sentidos la forma en que cambian las cosas a su alrededor –como la transición de una voz de un registro a otro, un gato avanzando lentamente por la habitación o la luz disminuyendo de intensidad a medida que el sol se va escondiendo tras las nubes–. El mundo del bebé se va haciendo cada vez más organizado a medida que va descubriendo los cambios constantes y fluidos que acontecen a su alrededor.

La percepción de estas sutilezas permite a los bebés disfrutar de la vida de formas hasta hora desconocidas. Pero no es fácil entrar en un mundo que está cambiando bajo tus pies. De un día para otro, ya nada parece estar quieto. Y, de nuevo, un cambio que sucede de forma tan repentina no es fácil de asimilar.

Los padres deberán tener presente que si, de la noche a la mañana, su bebé se vuelve más inquieto e irritable, lo más probable es que, de nuevo, se esté preparando para adquirir nuevas habilidades. Éste va a ser un período

Nota: Este salto en el mundo perceptual. de 'transiciones suaves' está relacionado a la edad y es predecible. Se pone en marcha el desarrollo de una amplia gama de habilidades y actividades. Sin embargo la edad en que estos aparezcan por primera vez puede variar grandemente dependiendo de las preferencias de su bebé, de la experimentación y el desarrollo físico. Por ejemplo: la habilidad de percibir 'transiciones suaves' emerge acerca de las 12 semanas, y es una precondición necesaria para 'tratar de sentarse mientras se ayuda por un adulto', pero las habilidades normalmente aparecen en cualquier momento desde los 3 y 8 meses. Las habilidades y las actividades son mencionadas en este capítulo en la más temprana edad posible que pueden aparecer entonces podrá estar atento y reconocerlas. (al principio podrían ser rudimentarias.) De esta forma podrá responder y facilitar el desarrollo de su bebé

emocionante tanto para los padres como para el bebé.

En este mundo cambiante, los niños necesitan una constante, un timón al que asirse en un mar siempre bamboleante. Esta constante son los padres, sobre todo la madre, que generalmente es quien alimenta y cuida al bebé durante más tiempo en esta etapa tan temprana de la vida del pequeño. Es lógico que éste quiera aferrarse a la figura materna cuando un nuevo salto evolutivo sacuda todo su interior. Afortunadamente, este período de inquietud no suele durar tanto como el anterior. La mayoría de los bebés vuelven a comportarse con normalidad al cabo de sólo un día, aunque algunos pueden tardar hasta una semana en recuperar el control.

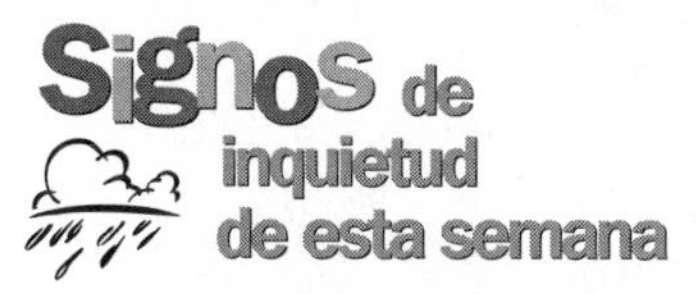

Cuando los bebés experimentan este nuevo cambio, suelen reaccionar de forma muy parecida: lloran más a menudo y más rato, aunque unos lloran más que otros. Unos bebés parecen inconsolables, y otros están inquietos, irritables, apagados o apáticos. Un bebé puede ponerse especialmente difícil por la noche, mientras que otro estará más inquieto de día. Todos los bebés suelen estar menos llorones cuando los llevan en brazos, les dedican más atención o los abrazan más. Pero, incluso en estas circunstancias, cualquiera que conozca bien al bebé sospechará que puede volver a llorar o a ponerse inquieto ante la menor oportunidad.

Cómo saber que es el momento de crecer

He aquí los principales indicadores de que el bebé está a punto de dar un nuevo salto evolutivo.

Puede reclamar más atención

Justo cuando los padres creían que el bebé había aprendido a entretenerse solo, parecerá que ya no es capaz de hacerlo. Querrá jugar más con su madre o su padre y reclamará que lo mantengan ocupado todo el rato. No le bastará con que su madre se lo coloque en el regazo: querrá que lo mire y le hable al mismo tiempo. Este cambio de comportamiento será especialmente visible en aquellos bebés que ya habían mostrado cierta independencia después de su último salto evolutivo. En estos casos, muchas madres piensan que su hijo ha sufrido algún revés.

"Últimamente mi hijo se ha vuelto terriblemente dependiente. Sólo se le ve contento cuando está cerca de mí. Si por él fuera, tendría que llevarlo a cuestas a todas partes."

Madre de Bob, 12 semanas

Puede volverse tímido con los desconocidos

Algunos bebés reaccionan volviéndose más tímidos con todo el mundo, salvo con sus madres. Un bebé antes sociable puede ponerse sumamente pegajoso con su madre cuando tengan visita. Es posible que se ponga a llorar cuando un desconocido le hable o incluso le mire. Tal vez se niegue a sentarse en la falda de nadie que no sea su madre. Quizás se atreva a dirigir una sonrisa reticente a otra persona en el caso de que se sienta seguro mientras está acurrucado contra el pecho materno, pero, si es particularmente tímido, enseguida esconderá la cara detrás del hombro de su madre.

Puede volverse más pegajoso

Puede que el bebé se aferre tan fuerte a su madre cuando lo lleve en brazos que parezca como si tuviera miedo de que fuera a dejarlo caer. Los bebés que hacen esto a veces pellizcan fuertemente a sus madres en el proceso.

Puede perder el apetito

A esta edad, el bebé puede alargar interminablemente las tomas. Los bebés a quienes les permiten decidir cuándo quieren mamar se comportan como si quisieran pasarse todo el día mamando.

También los bebés alimentados con biberón pueden tardar más en completar las tomas, si es que lo consiguen. Estos bebedores displicentes pasan el rato masticando o royendo el pezón o la tetina sin ingerir alimento. Lo hacen para tranquilizarse y por eso se aferran tanto al pezón o a la tetina, temerosos de que se les escape. A menudo se quedan dormidos con el pezón o la tetina dentro de la boca. Para los bebés, ésta es una forma de mantener un contacto íntimo con la madre y de conservar su única fuente de seguridad en estos momentos de cambio. Por eso, incluso bebés que están siendo alimentados con leche artificial, intentan agarrarse al cuerpo de su madre o cogerle el pecho.

"Cuando le doy el biberón a mi hija, introduce su manita dentro de mi blusa. Llamamos a este comportamiento 'empecharse'."

Madre de Emilia, 12 semanas

Puede tener problemas para dormir

Uno de los signos de inquietud que acusan los bebés es la alteración de su ritmo de sueño. Esto quiere decir que durante este período la mayoría de bebés duermen peor. Muchos bebés se despiertan varias veces por la noche reclamando que los alimenten. Otros se despiertan muy pronto por la mañana. Y hay otros que se niegan a dar cabezadas durante el día. Para muchas familias, la rutina normal se convierte en un caos absoluto porque las pautas de lactancia y sueño cambian drásticamente.

Puede chuparse el dedo más a menudo

Es posible que el bebé descubra su pulgar por primera vez o que empiece a chuparse este dedo o cualquier otro más a menudo o durante más tiempo que antes. Como cuando succiona el pecho o el biberón, lo hace para tranquilizarse, por lo que esta práctica puede ahorrar a los padres algunas sesiones de llantos. Algunos padres dan un chupete a sus hijos en este momento para ayudarles a tranquilizarse.

Puede estar apático

El bebé puede estar más callado o parecer menos alegre de lo habitual, o quedarse quieto bastante rato seguido, dejando vagar la vista a su alrededor o mirando fijamente lo que tiene enfrente. Pero no hay que preocuparse porque el bebé esté tan callado, pues sólo se trata de algo pasajero. Sus movimientos y sonidos previos pronto darán paso a otros nuevos.

> "Lo único que ahora le gusta hacer es abrazarse fuertemente a mi cuerpo mientras está en la bandolera portabebés. Está muy callada y no da ningún problema –no hace muchas cosas aparte de dormir–. Pero, para serte sincera, me gustaría verla más llena de vida."
>
> Madre de Nina, 12 semanas

Reacciones maternas ante los cambios del bebé

Obviamente, el bebé no es el único afectado por los cambios que están ocurriendo en su interior. Toda la familia se verá afectada, especialmente la madre. He aquí algunas de las emociones que puede experimentar una madre durante este período turbulento.

Diario de nuestro bebé

Signos de que nuestro bebé está creciendo de nuevo

Cuando el bebé tenga entre 11 y 12 semanas, los padres verán que el pequeño presenta algunas de las siguientes conductas. Estos comportamientos indican que el bebé está experimentando un proceso de cambio y que pronto realizará un nuevo salto evolutivo que le introducirá en "el mundo de las transiciones suaves". Sugerimos a los padres que marquen con una cruz los recuadros que figuran junto a las conductas que presente el bebé.

- ❑ Llora más a menudo
- ❑ Quiere que su madre o su padre lo entretenga
- ❑ Pierde el apetito
- ❑ Es más tímido con los desconocidos
- ❑ Está más pegajoso
- ❑ Quiere establecer más contacto físico durante las tomas
- ❑ Tiene problemas para dormir
- ❑ Se chupa el dedo o se lo chupa más que antes
- ❑ Está más apático
- ❑ Está más callado, vocaliza menos

OTROS CAMBIOS

____

____

Puede preocuparse

Es normal que una madre se preocupe al darse cuenta de que su bebé, antes alegre y vivaz, está inquieto, llora más a menudo, duerme mal o no está mamando bien. Tal vez se angustie porque parece que el bebé ha experimentado un retroceso en la producción de sonidos y movimientos o parece haber perdido la independencia que había adquirido recientemente. Las madres a menudo esperan ver progresos y, si no los ven, aunque sea

durante un período de tiempo breve, se preocupan. Se sienten inseguras y se preguntan qué es lo que ocurre. ¿Le pasará algo malo al bebé? ¿Estará enfermo? ¿Es posible que, después de todo, resulte que presenta alguna anormalidad? –son las preguntas que se hacen más habitualmente las madres–. La mayoría de las veces ninguno de estos temores es fundado. (Pero, si tiene alguna duda, consulte al pediatra.) Contrariamente, lo que está ocurriendo es que el bebé está dando muestras de estar progresando. Un nuevo mundo se está abriendo ante él, pero primero tendrá que afrontar el cataclismo que trae consigo. No será fácil para el bebé, y la ayuda de su madre resultará imprescindible. Ésta deberá mostrar al pequeño que entiende que está atravesando un momento difícil.

"Cuando mi pequeña llora incesantemente y quiere que la lleve a cuestas todo el tiempo, me siento presionada. No puedo completar ni siquiera las tareas más simples. Me hace sentir insegura y consume toda mi energía."

Madre de Julieta, 12 semanas

"Estoy intentando averiguar por qué mi hija llora tanto. Me gustaría saber qué es lo que le altera tanto para poder modificarlo. Entonces recuperaría mi paz mental."

Madre de Laura, 12 semanas

"No soporto los llantos de mi hijo. No lo aguanto más. Preferiría tener que levantarme cuatro veces por la noche para enfrentarme a un bebé que no está llorando que dos veces para vérmelas con un pequeño llorón."

Madre de Pablo, 11 semanas

Puede enfadarse

Durante este período muchas madres se enfadan ante la irregularidad de las rutinas de alimentación y sueño de sus bebés. Les parece imposible planificar las cosas con antelación. Todos sus planes se desbarajustan. A menudo se sienten presionadas por familiares y amigos. Sus instintos les dicen que centren toda su atención en sus infelices bebés, pero otras

personas parecen desaprobar que los "mimen tanto". De esta forma, una madre puede encontrarse atrapada entre dos frentes.

"Me irrito cada vez que el bebé empieza a ponerse inquieto porque no parece ser capaz de entretenerse solo ni siquiera un ratito. Quiere que lo mantenga ocupado todo el día. Por supuesto, todo el mundo me da consejos sobre cómo debería enfocar las cosas, especialmente mi marido."

Madre de Kevin, 12 semanas

"Parece que afronto mejor el comportamiento errático del bebé si no hago planes con antelación. Antes me irritaba mucho que mis planes se desbarajustaran. O sea que he cambiado de actitud. Y no se lo creerá, pero ¡a veces hasta me quedan unas pocas horas libres."

Madre de Laura, 12 semanas

Puede estar a punto de perder los estribos

A veces las madres son incapaces de reprimir más su enfado y dejan que sus pequeños llorones se enteren de que están hartas.

"Mi hijo estaba tan inquieto... Yo seguía preocupándome por lo que podían pensar los vecinos a causa del ruido. El domingo por la tarde la gota colmó el vaso. Lo había probado todo, pero era inútil. Al principio me sentí impotente, pero después me puse furiosa porque no lo podía aguantar más y lo dejé solo en su habitación. Eché unas lagrimitas y me calmé un poco."

Madre de Bob, 12 semanas

"Teníamos visita, y mi hijo se estaba poniendo muy pesado. Todo el mundo intentaba darme consejos, lo que siempre me ha molestado mucho. Cuando subí a su habitación para acostarlo, perdí el control y lo zarandeé."

Madre de Matt, 11 semanas

Puede sentirse muy presionada

Si una madre se preocupa demasiado por los llantos de su pequeño y no recibe suficiente apoyo de su familia y amigos, puede acabar agotada. Si

Cuidado del bebé

No hay que zarandear nunca a un bebé

Aunque es normal experimentar sentimientos de frustración y enfado hacia el bebé durante estos períodos difíciles, **nunca** se debe zarandear a un bebé o a un niño pequeño; es una de las peores cosas que se pueden hacer. Podría provocarle fácilmente una hemorragia interna debajo del cráneo, lo que puede cursar con daño cerebral, que a su vez puede provocar ulteriores problemas de aprendizaje e, incluso, la muerte.

encima sufre de falta de sueño, será más fácil que pierda el control de la situación, tanto mental como físicamente.

En el momento de mayor preocupación y agotamiento, los consejos inoportunos pueden hacer que una madre esté todavía más irritable y susceptible –y suele ser su pareja quien acaba pagando las consecuencias–. Sin embargo, a veces será el angustiado bebé quien se convertirá en la diana de la frustración reprimida de la madre, siendo ésta más brusca con él de lo necesario.

Las veces en que una madre admite haber sido brusca con su bebé suelen coincidir con alguno de estos períodos de inquietud. No se debe a que quiera algún mal para el pobre bebé, sino a que desea verlo contento y se siente amenazada por las críticas de otras personas. No sabe a quién acudir para resolver sus problemas y se siente completamente sola y desamparada. Por más entendibles que puedan ser los sentimientos de frustración, uno nunca debe dejarse llevar por ellos. Abofetear, ni ninguna otra forma de golpe, se puede aceptar.

"Cada vez que mi hija dejaba de llorar sentía como si me quitaran un peso de encima. No notaba lo tensa que estaba hasta entonces."

Madre de Emily, 11 semanas

"Cuando sus compañeros de trabajo le dijeron que él y su hijo eran como dos gotas de agua, dejó de criticar la cantidad de atención que yo estaba dedicando a su vivo retrato, por muy gruñón que fuera. De

hecho, ahora mi marido lo considera normal, mientras que antes solía pensar que yo estaba reaccionando de forma desproporcionada y malcriando al bebé. Ahora todo va mucho mejor y, cuando el bebé se altera, no me pongo tan tensa como solía ponerme. El bebé también parece haber notado el cambio y ahora estoy mucho más tranquila."

Madre de Matt, 12 semanas

Un consejo: cuando a una madre le parezca que todo empieza a fallar, lo mejor es que se diga a sí misma que las cosas sólo pueden mejorar. A esta edad, algunas madres temen que esas insoportables crisis de llanto no desaparezcan nunca. Se trata de una asunción bastante lógica, ya que, hasta ahora, estas fases críticas o períodos de inquietud se han seguido en rápida sucesión, con sólo dos o tres semanas de separación entre sí. Las madres apenas han tenido tiempo para coger aliento. Pero no hay que desesperar; a partir de ahora, los intervalos entre períodos de inquietud se alargarán. Asimismo, estos períodos parecerán menos intensos.

Cómo emergen las nuevas habilidades del bebé

Cuando un bebé esté inquieto, lo más probable es que sus padres estén más pendientes de él porque querrán saber si le pasa algo malo. Al hacerlo, es posible que, de repente, se den cuenta de que su pequeño acaba de adquirir o está intentando adquirir nuevas habilidades.

De hecho, descubrirán que su bebé está iniciando el próximo gran salto, que le permitirá entrar en el mundo de las transiciones suaves.

Cuando el bebé tenga aproximadamente 12 semanas, será capaz de percibir la multitud de formas sutiles en que cambian las cosas, no bruscamente, sino suave y gradualmente, y estará preparado para experimentar haciendo él mismo este tipo de transiciones. En su proceso de descubrimiento, el bebé seleccionará aquellas cosas que le agradan y que está física y mentalmente preparado para intentar. Sin forzarlo ni presionarlo, los padres pueden mostrarle cosas, colocarle juguetes donde los pueda ver y responder a los crecientes intentos de comunicación del pequeño.

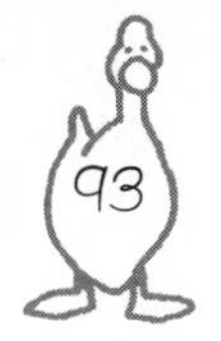

Cambios cerebrales

Cuando tienen aproximadamente entre 10 y 11 semanas, el perímetro craneal de los bebés crece considerablemente.

¿En qué consiste este nuevo salto hacia delante? Cuando entre en el mundo de las transiciones suaves, el bebé podrá reconocer los cambios continuos que se producen en lo que ve, oye, saborea, huele y toca. Por ejemplo, notará cómo una voz cambia de un tono a otro o cómo un cuerpo cambia de una postura a otra. No sólo podrá percibir estas transiciones suaves en el mundo externo, sino que aprenderá a realizarlas él mismo. Esto le permitirá trabajar varias habilidades importantes.

Los movimientos del bebé se volverán mucho más suaves, más fluidos, más parecidos a los de las personas adultas. Ahora el bebé puede controlar mucho mejor todo el cuerpo en su conjunto, así como sus partes –las manos, los pies, la cabeza, los ojos e incluso las cuerdas vocales–. Los padres se darán cuenta de que, cuando el bebé alargue el brazo para coger un juguete, lo hará con movimientos mucho más suaves que hace unas pocas semanas. Y cuando flexione las rodillas para sentarse o intente ponerse de pie, el ejercicio completo parecerá más deliberado y maduro.

Los movimientos de la cabeza también se han suavizado y ahora el bebé puede ejecutarlos a distinta velocidad. Puede repasar la habitación con la mirada describiendo un movimiento continuo, como hacen los niños mayores. Puede enfocar más nítidamente los objetos que ve, y su visión pronto será tan buena como la de un adulto.

Cuando vino al mundo, el bebé estaba equipado con un reflejo que le hacia mirar en la dirección de cualquier sonido nuevo. Perdió este reflejo cuando tenía entre 4 y 8 semanas, pero ahora podrá hacer lo mismo conscientemente y su respuesta será más rápida. Podrá seguir con la mirada a algo o alguien de una manera controlada y bien coordinada. Es posible

(continúa en la página 96)

Diario de nuestro bebé

Cómo explora nuestro bebé el nuevo mundo de las transiciones suaves

Sugerimos a los padres que marquen con una cruz los recuadros que figuran a continuación a medida que su hijo vaya cambiando.

CONTROL CORPORAL

- ❑ Apenas necesita ayuda para sostener la cabeza
- ❑ Realiza movimientos suaves con la cabeza cuando se gira hacia un lado
- ❑ Realiza movimientos suaves con los ojos cuando sigue el desplazamiento de un objeto
- ❑ Suele estar más alegre y enérgico
- ❑ Eleva las nalgas a modo de juego cuando le cambian los pañales
- ❑ Se da la vuelta, pasando de estar estirado sobre la espalda a estarlo sobre el vientre, o viceversa, agarrándose a los dedos de su madre
- ❑ Se mete los dedos de los pies en la boca y se los retuerce
- ❑ Se sienta derecho mientras se apoya en el cuerpo de su madre
- ❑ Se sienta mientras su madre lo sostiene por los brazos
- ❑ Es capaz de ponerse de pie cuando está en la falda de su madre, cogiéndose sólo a dos dedos de esta última
- ❑ Utiliza ambos pies para impulsarse o para empujar cuando lo sientan en un saltador o cuando está estirado en el parque infantil

CONTROL MANUAL

- ❑ Coge y sostiene objetos con ambas manos
- ❑ Agita un sonajero una o dos veces
- ❑ Estudia las manos de su madre y juega con ellas
- ❑ Estudia y toca la cara, los ojos, la boca y el pelo de su madre

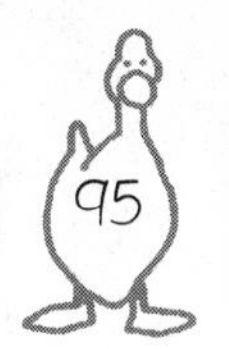

- ❑ Se lo lleva todo a la boca
- ❑ Se palpa la cabeza, desde el cuello hasta los ojos
- ❑ Frota un juguete contra su cabeza o mejilla

HABLAR Y ESCUCHAR

- ❑ Aprende a chillar y a emitir sonidos guturales; puede alternar entre sonidos fuertes y suaves y entre tonos altos y bajos
- ❑ Produce nuevos sonidos que se parecen a las vocales del habla: como "guu" o "coo"
- ❑ Utiliza esos sonidos para "conversar"
- ❑ Aprende a hacer burbujas con saliva y se ríe como si lo encontrara muy divertido

VER Y MIRAR

- ❑ Gira las manos y las estudia por ambos lados
- ❑ Estudia sus pies mientras los mueve
- ❑ Estudia una cara: los ojos, la boca y el pelo
- ❑ Estudia la ropa de una persona

OTRAS HABILIDADES

- ❑ Expresa que está disfrutando con algo observando, escuchando, cogiendo cosas o "hablando", y después espera la respuesta de su madre
- ❑ Se comporta de forma distinta con personas diferentes
- ❑ Expresa aburrimiento cuando ve, oye, saborea, palpa o hace las mismas cosas demasiado a menudo; de repente, la variedad adquiere importancia

OTROS CAMBIOS

____

____

que hasta empiece a hacerlo sin girar la cabeza. Podrá seguir visualmente a personas u objetos que estén acercándose o alejándose de él. De hecho, será capaz de controlar visualmente toda la habitación. Es posible que los padres tengan la impresión de que ahora el bebé realmente forma parte de la familia, puesto que se da cuenta de las idas y venidas de todo el mundo.

Ahora el bebé es capaz de reconocer los cambios de volumen y frecuencia de los sonidos, y sus nuevas posibilidades vocales le permiten experimentar con ellos gorjeando y chillando. Su mayor coordinación también le permite tragar más suavemente.

A pesar de que se ha producido un avance importante en el desarrollo mental del bebé, éste aún no es capaz de asimilar una secuencia de cambios rápidos. Por ello, no es capaz de seguir un objeto que se desplaza bruscamente arriba y abajo o hacia la derecha y luego hacia la izquierda, ni tampoco un juguete que cambia rápidamente de dirección. Y, cuando mueva la mano, hará una pausa perceptible antes de cambiar de dirección, como si fuera un pequeño director de orquesta agitando una batuta.

Generalmente, los padres de bebés de esta edad no se suelen preocupar si sus pequeños se muestran reticentes a entretenerse solos. Están demasiado orgullosos de los esfuerzos y logros de sus pequeños en muchos aspectos. Hay muchos descubrimientos que hacer y muchas cosas nuevas que aprender y practicar, y, por ahora, eso es lo que más importa.

Las preferencias del bebé: la clave de su personalidad

Si los padres observan atentamente al bebé, se darán cuenta de qué es lo que más le interesa. Conforme vayan marcando en el diario las cosas que su bebé puede hacer, es importante que se fijen en todas las peculiaridades de su hijo.

Algunos bebés están muy pendientes del mundo que les rodea y prefieren observar, escuchar y experimentar sensaciones a realizar actividades físicas. La mayoría de las veces, los profesionales, amigos y familiares evalúan el desarrollo de los bebés analizando los hitos evolutivos en el área motriz, como la capacidad de coger cosas, darse la vuelta, gatear, sentarse, ponerse de pie o andar. Esto puede dar una visión unilateral de los progresos de un bebé, haciendo que el bebé perceptivo "que observa, escucha y siente" parezca estar más atrasado. Estos bebés suelen tardar más en coger objetos, pero, cuando empiezan a hacerlo, los examinan muy detenidamente. Si le damos un objeto a un bebé perceptivo, le dará la vuelta, lo observará, lo escuchará, lo palpará y lo olerá. De hecho, estos bebés están haciendo algo muy complicado que les proporcionará una amplia base de conocimientos para sus ulteriores habilidades de aprendizaje.

Sin embargo, los bebés que son más activos físicamente a menudo se concentran completamente en la acción de coger en sí misma, y, en cuanto están en posesión del objeto, pierden rápidamente el interés y lo sueltan, buscando un nuevo desafío. Pero una característica que tienen en común todos los bebés es su fascinación por todo lo nuevo. Es muy importante que los padres respondan cuando perciban cualquier habilidad o interés nuevo en su bebé. De nuevo, recordamos que no hay nada más estimulante para un bebé que poder compartir sus descubrimientos y ésa es la forma de que su aprendizaje progrese más deprisa.

Cuanto más juegue o experimente un bebé con una habilidad nueva, más disfrutará practicándola. La práctica también lleva a la perfección en los bebés. Pero, aunque un bebé juegue y practique a solas, la participación y estímulo que puedan darle sus padres es vital para su desarrollo. Aparte de elogiar al bebé cuando lo haga bien, pueden facilitarle las cosas cuando se pongan difíciles y el pequeño esté a punto de tirar la toalla. En estas situaciones, los padres pueden reorganizar el mundo del bebé para que las cosas le sean un poco más fáciles. Esto puede significar darle la vuelta a un objeto para que sea más fácil de coger, levantar al bebé en el aire para que pueda ver el gato por la ventana, o tal vez imitar los sonidos que está intentando producir.

Los padres también pueden hacer lo contrario: ayudar al bebé a complicar o variar una actividad para que pueda pasarse más tiempo practicándola y la viva como un poco más desafiante. De todos modos, no hemos de cansar al bebé. Siempre observaremos si da muestras de haber tenido suficiente y recordaremos que cada bebé avanza a su ritmo.

Aunque es preferible buscar un ajuste entre el bebé y la madre, del mismo modo que los bebés son diferentes, también lo son las madres. Algunas madres tienen más imaginación que otras en ciertas áreas. Este ajuste resultará algo complicado si a un bebé le encanta la acción y, en cambio, a su madre le fascina hablar, cantar y contar cuentos.

Pero, independientemente del tipo de bebé que se tenga y del tipo de madre que se sea, la ayuda de la madre siempre reporta beneficios para el desarrollo del bebé. Además, la madre puede coger ideas de libros, amigos y otros miembros de la familia. El padre del bebé y sus hermanos mayores también pueden ayudar –la mayoría de los niños son capaces de seguir al pie del cañón jugando con su hermanito menor después de que el deseo de repetición del bebé haya agotado a la madre.

Cómo ayudar al bebé a explorar el nuevo mundo a través del sonido

Si un bebé tiene una predilección especial por los sonidos, hay que animarle a utilizar la voz. El pequeño empezará a jugar con su voz, emitiendo pequeños chillidos, gorjeando o produciendo sonidos que recuerdan los ruidos intestinales. Experimentará modulando la voz, emitiendo tonos graves y agudos y subiendo y bajando el volumen. Es probable que empiece a hacer burbujas con saliva. No hay que intentar disuadirlo, pues esto forma parte de la exploración de las "transiciones suaves" y le permitirá ejercitar los músculos de las cuerdas vocales, los labios, la lengua y el paladar. Los bebés de esta edad también practican a menudo cuando están a solas, sonando como alguien que parlotea sólo para divertirse. Lo hacen porque la gama de notas con todos los sonidos vocálicos y los pequeños chillidos que los separan suena de una forma muy parecida al habla. A veces, los bebés hasta se ríen entre dientes de sus propios sonidos.

A la mayoría de bebés les encanta mantener charlas íntimas con sus madres. Por descontado, para ello tiene que apetecerles "hablar". El mejor

La barrera del género

Los bebés de sexo masculino parecen robar más tiempo a sus madres que los de sexo femenino. Este hecho probablemente obedece a que los niños suelen llorar más y dormir peor que las niñas.

Del mismo modo, las madres de bebés de sexo femenino responden más rápidamente a los sonidos que emiten sus bebés que las madres de los bebés de sexo masculino. Las madres también suelen "conversar" más con sus bebés si son de su mismo sexo.

momento para mantener este tipo de conversaciones con un bebé es cuando éste intente atraer nuestra atención utilizando la voz. La mayoría de las madres utilizan automáticamente un tono ligeramente más agudo del habitual para dirigirse a sus pequeños, que es precisamente el tipo de tono que más capta la atención de los bebés. Es muy importante que la madre se ciña a las normas de la conversación –el bebé dice algo y seguidamente la madre le dice algo a él–. Hay que dejar terminar al bebé, pues, si no se le da tiempo para contestar, el pequeño sentirá que su madre no le está escuchando y no aprenderá a mantener el ritmo de la conversación. Además, se sentirá confuso e insatisfecho porque recibirá el mensaje de que no le están prestando atención. Lo que digan madre e hijo, es decir, el "tema" de la conversación no importa a esta edad, pero es mejor ceñirse al territorio familiar de las experiencias compartidas. Imitar los sonidos que produce el bebé es otra de las estrategias que las madres pueden utilizar en sus conversaciones con el pequeño. Algunos bebés lo encuentran tan divertido que se parten de risa. Todo esto sienta las bases para las ulteriores habilidades lingüísticas del bebé.

Es muy importante que la madre hable a menudo con su hijo. Las voces de la radio o la televisión o de otras personas que están en la misma habitación no son buenos sustitutos de las conversaciones de tú a tú. Y el bebé sólo se sentirá motivado a hablar cuando haya alguien que le escuche y le conteste. El entusiasmo de una madre puede desempeñar un papel muy importante en el proceso de desarrollo de un bebé.

"Cuando el bebé emite algún sonido, yo siempre le contesto. Entonces espera un poco, se da cuenta de que es su turno y responde con una sonrisa o moviendo todo el cuerpo. Si tiene ganas de hablar, me contesta. Si yo le contesto a él, se excita tanto que empieza a agitar los brazos y las piernas enérgicamente y a veces también emite un gritito y se ríe. Cuando ha tenido suficiente, se gira y mira hacia otro lado."

Madre de Juan, 13 semanas

Es posible que el bebé utilice alguna de sus últimas adquisiciones cuando quiera algo. Generalmente se tratará de un chillido especial de "¡atención!". Es importante responderle siempre, pues de esta forma le transmitiremos el mensaje de que entendemos lo que intenta comunicarnos a pesar de que en ese momento no tengamos tiempo para pararnos a jugar un rato con él.

El hecho de que el bebé haya empezado a utilizar la voz para atraer la atención de su madre o de otras personas familiares es un paso significativo en el desarrollo del lenguaje.

Cuando están contentos, los bebés suelen emitir un "grito especial de alegría". Lo utilizan cuando encuentran algo divertido. Es natural responder a estos gritos de alegría con un beso, un abrazo o palabras de aliento. Cuanto más lo hagamos, mejor. Al hacerlo, mostramos al bebé que compartimos su placer y que le entendemos.

> "En cuanto mi hijo vio que iba a amamantarlo, dio un chillido de emoción y se me aferró al pecho cuando todavía tenía la blusa a medio desabrochar."
>
> Madre de Matt, 13 semanas

Cómo ayudar al bebé a explorar el nuevo mundo a través del tacto

Puesto que ahora el bebé vive en el mundo de las "transiciones suaves", percibiremos algunos cambios en la forma en que, por ejemplo, intenta alcanzar un juguete. Ahora sus movimientos son más suaves. Sin embargo,

Cuando el bebé se ríe, está en la cima del mundo

Oír reír a un bebé es algo fantástico. Cuando la madre o el padre, con sus juegos y conversaciones, logran hacer reír al pequeño, saben que han tocado el acorde adecuado, que lo han estimulado de la forma apropiada. Pero no hay que abusar de ello, pues podrían sobrexcitar al bebé o intimidarle. Por otra parte, los intentos a medio gas en los que los padres ponen poco entusiasmo sólo consiguen llevar al aburrimiento a ambas partes. Hay que saber encontrar el punto medio para el bebé.

al bebé todavía le resulta difícil lograr sus objetivos cuando pretende alcanzar algo que está fuera de su alcance. Para ello, necesitará la ayuda de sus padres. Para ayudarle, podemos colocar un objeto al alcance del bebé y sostenerlo delante de él para ver si es capaz de cogerlo. Sostendremos el objeto justo delante del pequeño, teniendo en cuenta que, a esta edad, sólo puede ejecutar un movimiento controlado con el brazo en una sola dirección al mismo tiempo. Prestaremos atención a lo que hace. Si todavía está empezando a dominar esta habilidad, probablemente reaccionará de una forma parecida al bebé de la descripción que figura a continuación.

> "¡Mi hijo está aprendiendo a alcanzar cosas! Esta mañana ha intentado coger con ambas manos un juguete que se movía delante de él. Primero ha colocado la mano derecha a un lado del juguete y la izquierda al otro lado. Entonces, cuando tenía ambas manos al mismo nivel, justo delante del juguete, las ha juntado, escapándosele el juguete. Había puesto todo su empeño, por lo que, como era de esperar, se ha molestado mucho cuando se ha encontrado con las manos vacías."
>
> Madre de Pablo, 12 semanas

Si el bebé intenta alcanzar objetos y no lo consigue, le animaremos para que lo vuelva a intentar, o se lo pondremos más fácil para que pueda saborear las mieles del éxito. A esta edad, los bebés todavía no son capaces de estimar con precisión la distancia existente entre sus manos y los juguetes que están intentando alcanzar. No dominarán completamente esta habilidad hasta que tengan entre 23 y 26 semanas.

A medida que el bebé vaya perfeccionando su habilidad de coger objetos, querrá jugar al "juego de coger" más a menudo. Puesto que ahora puede girar suavemente la cabeza y observar toda la habitación, podrá elegir qué objeto desea coger y palpar. Después del último salto evolutivo, la mayoría de los bebés se pasan aproximadamente un tercio de las horas de vigilia jugando y experimentando con las manos. Aproximadamente después de cumplir 12 semanas, este tiempo se duplica súbitamente.

Si al bebé le gusta palpar objetos, intentaremos fomentar esta actividad al máximo. El movimiento de palpar y la sensación táctil que experimenta el bebé al tocar los objetos son algunos ejemplos de esas "transiciones

(continúa en la página 104)

Los mejores juegos para esta semana mágica

He aquí algunos juegos y actividades adecuados para bebés en esta etapa evolutiva. A esta edad, a los bebés les gustan especialmente los juegos que implican mover el cuerpo. Cuando movamos al bebé, deberemos hacerlo describiendo movimientos lentos y paulatinos, teniendo en cuenta que éste es el único tipo de movimiento que puede entender bien. Es preferible practicar varios juegos en vez de practicar el mismo juego durante demasiado tiempo.

EL AVIÓN

Levantaremos al bebé lentamente mientras emitimos un sonido que irá aumentando de volumen o cambiando de un tono grave a otro agudo. En cuanto lo elevemos por encima de nuestra cabeza, el bebé estirará el cuerpo. Entonces iniciaremos el descenso, al tiempo que emitimos los sonidos propios de un avión. Cuando el bebé esté alineado con nuestra cara, le daremos mordisquitos con los labios en el cuello. Pronto nos daremos cuenta de que el bebé espera que actuemos de este modo y abrirá la boca para devolvernos los mordisquitos.

EL TOBOGÁN

Nos sentaremos en el suelo o en un sofá, echaremos el cuerpo hacia atrás y sentaremos al bebé lo más derecho posible. Nos colocaremos al bebé sobre el pecho, lo más arriba posible, y dejaremos que vaya resbalando hacia el suelo mientras imitamos el sonido que se produce al resbalar por un tobogán.

EL PÉNDULO

Nos colocaremos al bebé sobre las rodillas de cara a nosotros y lo balancearemos de un lado a otro. Emitiremos todo tipo de sonidos, como un rápido y agudo tic-tac, o un lento y grave bong-bong. Produciremos sonidos que vayan de los tonos graves a los agudos o del ritmo lento al rápido. Nos aseguraremos de sostener firmemente al bebé y de que

éste tiene los músculos de la cabeza y el cuello lo bastante fuertes para moverse al ritmo que marquemos.

EL CABALLITO TROTADOR

Nos colocaremos al bebé sobre las rodillas de cara a nosotros y describiremos movimientos de trote con las piernas, moviéndolo arriba y abajo como si estuviera montando a caballo. También podemos acompañar el movimiento con el sonido que hacen las patas del caballo al trotar y de relinchos.

DARSE MORDISQUITOS

Nos sentaremos delante del bebé y nos aseguraremos de que nos está mirando. Acercaremos nuestra cara a la tripita o la nariz del bebé. Mientras, emitiremos un sonido ahogado, que irá aumentando de volumen, o cambiando de tono: "choooomp" o "aaaaah-booom" o sonidos similares a los que emitie el bebé.

PALPAR TEJIDOS

Doblaremos la colada teniendo al bebé cerca y le dejaremos palpar distintos tipos de tejidos: lana, algodón, felpa o nailon. Le pasaremos la manita por los distintos tejidos para que perciba su textura. A los bebés les gusta tocar distintos materiales con las manos y la boca. Probaremos con tactos poco habituales: fieltro, cuero o gamuza.

SALTAR Y BOTAR

A los bebés activos les encanta repetir los mismos movimientos fluidos una y otra vez mientras están en la falda. Dejaremos que el bebé se ponga de pie y se siente una y otra vez a su propio ritmo. Al bebé le gustaría repetir este juego de "ponerse de pie, sentarse" eternamente. Quizá se ría mientras cambia de postura. Deberemos cogerlo bien fuerte y vigilarle la cabeza.

suaves" que caracterizan a este salto. Por ello, hay diversas actividades que promueven el desarrollo del bebé durante este período. Por ejemplo, podemos pasear al bebé por la casa y el jardín, dejándole tocar todo tipo de objetos y experimentar sus propiedades –duro, blando, áspero, suave, pegajoso, estable, flexible, rugoso, frío, húmedo y caliente, al tiempo que le decimos qué es cada cosa y le describimos esas sensaciones–. Cuando hablemos al bebé sobre las sensaciones que provocan los distintos objetos o superficies, nos haremos entender utilizando el tono de la voz. El bebé entenderá mucho más de lo que es capaz de decirnos.

> "Le lavé las manos a mi hija con agua corriente, lo que le hizo reírse a carcajadas. Nunca parecía tener bastante."
>
> Madre de Jenny, 15 semanas

A muchos bebés les encanta examinar las caras de sus madres. Repasan sus rostros con la mirada y se suelen detener más en los ojos, la nariz y la boca. Es posible que les estiren del pelo o la nariz, simplemente porque son fáciles de coger. Las prendas de ropa también les parecen interesantes.

A los bebés les gusta pasar la mano por los tejidos y percibir su textura. ¡Hay que tener cuidado con los pendientes!

A algunos bebés les interesan mucho las manos de sus madres y de sus padres. Las estudian, palpan y acarician. Si a nuestro bebé le gusta jugar con nuestras manos, le ayudaremos a hacerlo. Giraremos lentamente la mano y le mostraremos la palma y el dorso. Dejaremos que la observe mientras la movemos o mientras cogemos un objeto. Intentaremos no realizar el movimiento demasiado deprisa o cambiar de dirección demasiado rápidamente, pues el bebé perdería el interés. Él sólo puede percibir movimientos simples. El bebé no podrá asimilar movimientos más complejos hasta que se produzca otro cambio importante en su sistema nervioso que marcará el inicio del próximo salto evolutivo.

Cómo ayudar al bebé a explorar el nuevo mundo a través del movimiento corporal

A esta edad, todos los bebés se vuelven más alegres y vitales. Cuando dan patadas y agitan los brazos, están jugando con los cambios sutiles –"transiciones suaves"– que experimentan en el interior de su cuerpo. Algunos bebés hacen verdaderas acrobacias; por ejemplo, pueden introducirse los dedos de los pies en la boca y casi dar la voltereta hacia atrás en el proceso. Por descontado, algunos bebés son mucho más activos y fuertes que otros. A algunos bebés no les interesan nada las proezas gimnásticas, mientras que otros se sienten frustrados cuando no pueden dar a su fuerza física la utilidad que desearían.

> "Mi hijo mueve el tronco, los brazos y las piernas como un loco, gruñendo y gimiendo en el proceso. Es evidente que está intentando hacer algo, pero, sea lo que sea, no debe de tener éxito porque suele acabar gritando y visiblemente enfadado."
>
> Madre de Frankie, 14 semanas

Independientemente de qué temperamento tenga un bebé en concreto, a todos los bebés les beneficia pasar un poco de tiempo desnudos en un ambiente cálido. Probablemente todas las madres han podido observar que sus pequeños están más espabilados cuando los cambian, momento en que pueden moverse libremente sin que sus movimientos se vean limitados por la ropa o los pañales.

Es mucho más fácil flexionar las extremidades, agitar los brazos, dar patadas y darse la vuelta cuando se está desnudo. Además, estando desnudo, el bebé podrá conocer mejor su cuerpo y controlarlo con más precisión.

Algunos bebés intentan darse la vuelta a esta edad, pero prácticamente todos ellos necesitan un poco de ayuda para conseguirlo. Si un pequeño contorsionista intenta darse la vuelta, dejaremos que se agarre a uno de nuestros dedos mientras practica. Un bebé muy persistente que esté lo bastante fuerte tal vez consiga darse la vuelta, pasando de estar estirado sobre el estómago a estarlo sobre la espalda. Otros bebés podrán darse la vuelta en el sentido inverso. Pero, por muy persistente que sea un bebé, no lo conseguirá hasta que esté físicamente preparado. Por ello, deberemos ofrecerle nuestra ayuda y apoyo, pero también estaremos preparados para ayudarle a afrontar la frustración si no puede conseguir algo que, sin lugar a dudas, le gustaría hacer.

Los mejores juguetes para esta semana mágica

He aquí algunos juguetes y actividades con los que más suelen disfrutar los bebés cuando exploran el mundo de las transiciones suaves:

- Tententiesos y otros juguetes que se tambalean o rebotan cuando el bebé los golpea
- El badajo de una campana
- Una mecedora
- Juguetes que emiten crujidos, campanadas u otros sonidos simples
- Sonajeros
- Muñecas con caras realistas

A muchos bebés les gusta impulsarse hacia arriba haciendo fuerza con las piernas. Si a un bebé le gusta hacer esto, generalmente intenta practicar esta actividad en cualquier lugar: en el parque infantil, el saltador o el cambiador (¡cuidado en este último caso!). También lo intentará cuando esté en la falda de su padre o su madre, situación en la que también querrá colocarse en la postura de sentado. Si un bebé es un contorsionista nato, deberemos darle oportunidades para que practique, pero también deberemos ser cautos y sostenerlo fuertemente.

Entre las semanas 12 y 13, se iniciará otro período de relativa paz. Los padres, familiares y amigos se darán cuenta de que el bebé se ha convertido en una personita alegre y admirarán todos los progresos que ha hecho últimamente. Es posible que ahora les parezca que el bebé está mucho más espabilado. Cuando lo llevan en brazos o cuando lo tienen sentado en su regazo, se comporta como toda una personita. Gira la cabeza inmediatamente en la dirección de lo que quiere ver u oír. Se ríe con todo el mundo y contesta cuando le hablan. Cambia de posición para tener un punto de vista mejor de lo que quiere ver y no se pierde nada de lo que ocurre a su alrededor. Está alegre y activo. Los demás miembros de la familia suelen mostrar ahora mucho más interés por el bebé como persona. Parece haberse ganado su lugar en la familia. ¡Es un miembro de la familia con todas las de la ley!

"Mi hija cada vez se interesa más por su alrededor. Habla o dirige gritito agudos a distintos objetos y, cuando la observamos detenidamente, pensamos: 'Dios mío, ¿ya eres capaz de hacer eso?' o '¡Qué lista eres al darte cuenta de todas esas cosas!'."

Madre de Jenny, 13 semanas

"Definitivamente, mi pequeña se ha vuelto mucho más espabilada. Responde a todo y gira la cabecita inmediatamente cuando oye un sonido. De repente, se ha ganado su pequeño lugar en la familia."

Madre de Hannah, 14 semanas

"Es maravilloso ver a mi hija pasándoselo tan bien y conversando entusiasmada con sus juguetes de peluche y con la gente."

Madre de Julieta, 14 semanas

"Ahora interactuamos mucho más con ella porque responde a todo. Si juego a algo nuevo con ella, puedo saber cuándo quiere que volvamos a jugar otra vez a lo mismo. Ahora también 'contesta' mucho más que antes."

Madre de Ashley, 13 semanas

"Mi hija solía ser muy modosita y callada, pero se ha convertido en una verdadera parlanchina. Se ríe y gorjea mucho más a menudo que antes. Realmente me encanta levantarla por las mañanas para ver con qué me sorprenderá ese día."

Madre de Eve, 14 semanas

"Ahora es mucho más interesante observar a mi hijo porque ha hecho grandes progresos. Te responde inmediatamente con una sonrisa o un gorjeo y gira la cabeza en la dirección adecuada. Ahora me encanta abrazarlo porque está muy blandito y regordete."

Madre de Frankie, 14 semanas

capítulo 6

Semana mágica 19: el mundo de los acontecimientos

El hecho de que nuestra experiencia se divida en una serie de acontecimientos familiares es algo que los adultos damos por sentado. Por ejemplo, si vemos que alguien deja caer una pelota de goma, sabemos que botará contra el suelo y probablemente rebotará varias veces más. Si alguien da un salto, predecimos que acabará cayendo al suelo. Reconocemos los movimientos iniciales de un golpe de golf y de un saque de tenis y sabemos lo que viene a continuación. Pero para el bebé, todo es nuevo y nada es predecible.

Desde su última transición evolutiva o "salto hacia delante", el bebé es capaz de percibir transiciones suaves en los ámbitos del sonido, el movimiento, la luz, el sabor, el olor y la textura. Pero todas estas transiciones tienen que ser simples. En cuanto se complican, deja de ser capaz de seguirlas.

Cuando el bebé tiene aproximadamente 19 semanas (o entre las semanas 18 y 20), su capacidad para entender el mundo que le rodea madura y empieza a parecerse más a la de los adultos. Uno de los cambios más significativos es que empieza a experimentar con los acontecimientos. El término "acontecimiento" posee aquí un significado muy concreto que no tiene nada que ver con la acepción de "ocasión especial". De hecho, en este contexto, significa una secuencia breve y conocida de transiciones suaves entre patrones consecutivos. Aunque parezca un trabalenguas, seguidamente intentaremos explicar qué significa.

Mientras que, cuando tenía sólo 12 semanas, el bebé se ponía bizco de concentración al intentar coger con ambas manos un objeto que alguien sostenía delante de él, ahora empezará a entender que puede alcanzar un juguete con una mano, agitarlo en el aire, darle la vuelta para inspeccionarlo y, por último, llevárselo a la boca. Este tipo de actividad física es mucho más compleja de lo que parece e implica mucho más que el control de los movimientos de los brazos y las manos. De hecho, depende de un nivel superior de desarrollo neurológico. Es este desarrollo el que va a permitir, a partir se

Nota: Este salto en el mundo perceptual de 'eventos' está relacionado a la edad y es predecible. Se pone en marcha el desarrollo de una amplia gama de habilidades y actividades. Sin embargo la edad en que estos aparezcan por primera vez puede variar grandemente dependiendo de las preferencias de su bebé, de la experimentación y el desarrollo físico. Por ejemplo: la habilidad de percibir 'eventos' surge cerca de las 17 semanas; y es una precondición necesaria para 'agarrar un cubo con el dedo pulgar opuesto parcialmente' pero esta habilidad normalmente aparece en cualquier momento entre los 4 a 8 meses. Las habilidades y las actividades que son mencionadas en este capítulo en la más temprana edad posible que puedan aparecer entonces podrá estar atento y reconocerlas. (al principio podrían ser rudimentarias.) De esta forma podrá responder y facilitar el desarrollo de su bebé.

ahora, la adquisición de un nuevo conjunto de habilidades.

Aunque al principio tal vez no advirtamos las sutilezas de esas habilidades, gradualmente irán resultando más evidentes. Los sonidos que emite el bebé todavía pueden sonar como el típico balbuceo, pero, de hecho, se están volviendo mucho más complicados. Pronto será capaz de combinar sonidos consonánticos y vocálicos para decir "mama" y "papa". También seremos testigos de sus intentos de darse la vuelta y de sus primeros pinitos al intentar gatear. En todas estas actividades, el bebé ya es capaz de entender que los patrones aislados y las transiciones se unen entre sí, como las cuentas de un collar, para convertirse en lo que los adultos reconocemos como acontecimientos.

Este proceso también es vital para que el bebé entienda algo que los adultos dan completamente por sentado –que el mundo está compuesto por objetos que siguen existiendo independientemente de que los podamos ver o no en un momento dado–. Todo esto nos da una idea de lo mucho que está trabajando el bebé durante este primer año de vida para dar sentido a su mundo.

Aproximadamente a las 15 semanas (o entre las semanas 14 y 17), el bebé empieza a notar que se están produciendo nuevos cambios en su forma de ver, oír, oler, saborear y percibir táctilmente su entorno. Y, al igual que en fases anteriores, necesitará tiempo para adaptarse a todas estas impresiones nuevas, y sobre todo, para sentirse seguro y protegido. De nuevo, mostrará una marcada necesidad de estar con sus padres, en especial con su madre, y de aferrarse a ella en busca de consuelo mientras crece y se adapta –a su propio ritmo– al nuevo mundo.

A partir de esta edad, los períodos de inquietud durarán un poco más que antes. Éste, en concreto, suele durar por término medio unas 5 semanas. Sin embargo, en algunos bebés puede durar tan poco como una semana o tanto

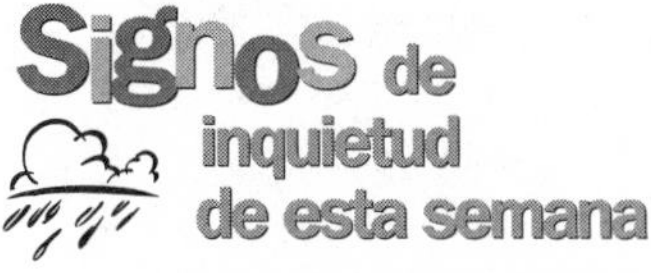

como 6. Si el bebé está inquieto, los padres deberán observarlo atentamente para ver si está intentando adquirir nuevas habilidades.

Una de las consecuencias de la inquietud que siente el bebé es su tendencia al llanto. Por lo general, todos los bebés lloran más de lo habitual mientras tiene lugar esta reorganización de su mente. Y si se trata de un bebé muy absorbente, todavía llorará, gimoteará y refunfuñará más. No tendrá ningún reparo en mostrar que quiere estar con su madre.

Los bebés suelen calmarse si se les dedica la atención que necesitan en estas fases de cambio. Aunque para los padres puede resultar agotador, los bebés quieren que los cojan en brazos y que los entretengan constantemente durante las horas de vigilia. Esta necesidad de que los mantengan ocupados es tan notoria que, si no los entretienen, es posible que sigan estando inquietos incluso aunque estén sentados en el regazo de su madre.

Cómo saber que es el momento de crecer

Algunos de los signos de que el bebé está cambiando y a punto de dar el salto al mundo de los acontecimientos son evidentes. Otros son más sutiles, pero todos ellos indican que se avecina un "nuevo salto".

Puede tener problemas para dormir

Es posible que al bebé le cueste conciliar el sueño por las noches. Puede resultar más difícil acostarlo al anochecer o puede no pegar ojo en toda la noche. Es posible que vuelva a querer mamar por la noche e, incluso, que quiera hacerlo varias veces en el transcurso de la misma noche. También es posible que se despierte mucho más pronto por las mañanas.

Puede volverse tímido con los desconocidos

Otro de los signos comunes es que el bebé se resiste a sentarse en la falda de ninguna otra persona que no sea su madre y que se inquieta cuando un desconocido lo mira o le habla. ¡Hasta es posible que parezca tenerle miedo a su propio padre, si éste no pasa mucho tiempo en casa!

Generalmente, su timidez resultará más evidente ante aquellas personas que se parecen menos a su madre.

"Cuando mi hija ve a mi hermana, se altera muchísimo, empieza a chillar a todo pulmón y esconde la cara entre mis ropas como si le diera miedo mirarla. Mi hermana tiene los ojos oscuros y siempre se maquilla con tonos oscuros, lo que le suele conferir un aspecto bastante duro. Yo soy rubia y apenas me maquillo. Quizás eso tenga algo que ver."

Madre de Nina, 16 semanas

"Mi hijo ya no sonríe a nadie que lleve gafas. Se limita a mirarlo fijamente con una expresión de consternación en el rostro y se niega a sonreírle hasta que se quita las gafas."

Madre de Juan, 16 semanas

Puede reclamar más atención

Durante esta fase los bebés suelen requerir más que antes la atención de las personas que tienen a su alrededor y, asimismo, que los entretengan constantemente. El bebé querrá que sus padres, especialmente la madre, le propongan actividades para que las hagan los dos juntos, o, por lo menos, que lo miren constantemente. No es raro que empiece a llorar en cuanto su madre salga de la habitación.

"Tengo que dedicarle a mi hijo una atención extra entre tomas. Antes se pasaba horas estirado tranquilamente. Ahora quiere que yo lo entretenga."

Madre de Juan, 17 semanas

Puede no sostener bien la cabeza

Cuando la madre o el padre lleve al bebé en brazos, puede darse el caso de que note que tiene que sostenerle la cabeza y el cuerpo más que antes. Durante esta fase algunos bebés se dejan caer un poco cuando están en brazos, particularmente durante las crisis de llanto. A los padres, como es lógico, puede extrañarles el hecho de que, cuando llevan el bebé en brazos, éste vuelva a parecerse al pequeño recién nacido que dejó de ser hace tiempo.

Puede "enmadrarse"

Una de las características más comunes de este período es la necesidad que sienten los bebés de estar con sus madres. El bebé no aceptará que su madre lo deje en la cuna o el parque infantil, a menos que ésta se quede cerca de él y lo toque frecuentemente.

"Mi pequeña siempre quiere estar cerca de mí, algo que antes no solía hacer. Si la dejo sólo un segundo, empieza a llorar, pero, en cuanto yo o mi marido la cogemos en brazos, se tranquiliza."

Madre de Eve, 17 semanas

Puede perder el apetito

Los bebés pueden tener temporalmente menos apetito a medida que se van acercando a este salto. No hay que preocuparse si el bebé se distrae por lo que ve u oye a su alrededor durante las tomas, o si enseguida empieza a juguetear con el pezón o la tetina. Algunos bebés hasta dan la espalda al pecho o al biberón y se niegan a probar gota. A veces, un bebé inquieto puede comerse la fruta pero rechazar la leche. Casi todas las madres que dan el pecho a sus bebés interpretan este rechazo como un indicador de que deberían cambiarse a otro tipo de alimentación. Algunas madres viven la negativa del bebé a alimentarse como un rechazo personal. Pero se trata de una interpretación errónea: lo único que le ocurre al bebé es que está inquieto. No es necesario dejar de amamantar al bebé en este punto; más bien al contrario: sería un mal momento para destetarlo.

"Cuando tenía unas 15 semanas, mi hija, de repente, empezó a mamar menos. A los 5 minutos de iniciar la toma, empezaba a juguetear con el pezón. Cuando llevaba 2 semanas así, decidí complementar su alimentación con leche artificial, pero también rechazaba el biberón. Esta fase duró 4 semanas. Durante ese período, me preocupó la posibilidad de que mi pequeña pudiera estar sufriendo algún tipo de deficiencia nutricional, sobre todo cuando comprobé que mi producción de leche estaba empezando a disminuir. Pero ahora se está alimentando como solía hacer y mi producción de leche es tan abundante como antes. De hecho, hasta parece mamar más."

Madre de Hannah, 19 semanas

Puede tener cambios de humor

Durante esta etapa, el estado de ánimo de algunos bebés es muy variable. Un día son todo sonrisas y al día siguiente no dejan de llorar. Estos cambios de humor pueden ocurrir incluso en el mismo día. En un momento se retuercen de risa y en el siguiente se echan a llorar.

A veces hasta empiezan a llorar en pleno ataque de risa. Algunas madres afirman que tanto las risas como los llantos son histriónicos, exagerados, casi irreales.

Diario de nuestro bebé

Signos de que nuestro bebé está creciendo de nuevo

Cuando el bebé tenga entre 14 y 17 semanas, los padres se darán cuenta de que presenta algunas de las siguientes conductas. Son signos de que el bebé está preparado para dar un nuevo salto evolutivo que le permitirá entrar en el mundo de los acontecimientos. Les sugerimos que marquen con una cruz los recuadros que figuran junto a las conductas que presente el bebé.

- ❑ Llora más a menudo; está nervioso, inquieto o de mal humor
- ❑ Quiere que lo entretengan
- ❑ Necesita que le sostengan más la cabeza
- ❑ Quiere establecer más contacto corporal
- ❑ Tiene problemas para dormir
- ❑ Pierde el apetito
- ❑ Es más tímido con los desconocidos que antes
- ❑ Está más callado, menos vocal
- ❑ Está más apático
- ❑ Tiene cambios de humor muy acentuados
- ❑ Quiere establecer más contacto corporal durante las tomas
- ❑ Se chupa el dedo, o se lo chupa más que antes

OTROS CAMBIOS:

____

____

Puede estar apático

El bebé puede dejar de producir durante un breve período de tiempo los sonidos que solía emitir u, ocasionalmente, puede permanecer estirado, mirando fijamente al vacío o jugueteando nerviosamente con sus orejas, por ejemplo. Es muy habitual en los bebés de esta edad dar la impresión de estar apáticos o preocupados. Muchas madres encuentran este comportamiento extraño o alarmante. Pero, de hecho, esta apatía no es más

que una tregua antes de la tormenta. Este interludio es una señal de que el bebé está a punto de desplegar las capacidades que le permitirán realizar nuevos descubrimientos.

Reacciones maternas ante los cambios del bebé

Aunque los padres compartan la crianza del bebé, no hay duda de que la madre suele ser la más afectada por los cambios que sacuden al pequeño. Por un lado, a la madre tal vez le cueste creer que el bebé haya cumplido ya 19 semanas, pero, por otro lado, es posible que tenga la sensación de que ha vivido cada hora de esas 19 semanas levantándose para intentar consolar a un bebé que no deja de llorar. Éstas son algunas de las emociones que experimentan la mayoría de madres durante el período que nos ocupa.

Puede estar agotada (todavía)

Durante los períodos de inquietud de los bebés, la mayoría de las madres se quejan de fatiga, dolores de cabeza, náuseas, dolores de espalda o problemas emocionales. Algunas madres menos afortunadas se enfrentan a varios de estos problemas al mismo tiempo. Culpan de sus síntomas a la falta de sueño, a tener que llevar siempre a cuestas a sus pequeños llorones o a lo preocupadas que están por sus bebés. Pero la causa real de todos estos síntomas es tener que enfrentarse constantemente a un bebé inquieto. Algunas madres consultan al médico de familia, quien les receta un suplemento de hierro, o van a fisioterapia por el dolor de espalda, pero el problema real es que están llegando al límite de sus posibilidades. Especialmente ahora, es fundamental que la madre descanse, se reserve un tiempo para ella y se conceda un capricho de tanto en tanto.

Cuando, al final, el bebé haya adquirido las habilidades necesarias para afrontar su nuevo mundo, el esfuerzo habrá valido la pena y la madre verá brillar el sol nuevamente.

> "Cuando no hay forma de que mi hija se tranquilice durante varias noches seguidas y quiere que la pasee todo el tiempo, cojo un terrible dolor de espalda. En momentos como ésos, desearía que desapareciera durante una sola noche. Ya no aguanto más."
>
> Madre de Emily, 17 semanas

Puede sentirse atrapada

Hacia el final del período de inquietud, una madre se puede llegar a sentir tan esclava de las demandas de su bebé como si estuviera en una cárcel. Parece como si el bebé lo estuviera dirigiendo todo, y semejante "egoísmo" irrita a las madres. No es de extrañar que a veces deseen que sus bebés desaparezcan durante un rato. Algunas sueñan despiertas con lo maravilloso que sería podérselos quitar de la cabeza sólo una noche.

> "Esta semana ha habido momentos en que me habría gustado olvidarme de que tengo un hijo. ¿Verdad que los seres humanos somos criaturas extrañas? Me sentía tan encerrada... Sólo necesitaba desconectar de todo, y eso es lo que hice."
>
> Madre de Bob, 18 semanas

> "Cuando estoy en el supermercado con el bebé y se despierta y empieza a llorar, todo el mundo me mira fijamente. Me atoro y me avergüenzo. A veces pienso: '¿Por qué no te callas de una vez, niño estúpido?'."
>
> Madre de Steven, 18 semanas

Puede acumular resentimiento

Al cabo de pocas semanas de convivir con un bebé inquieto, algunas madres se dan cuentan de que están empezando a acumular resentimiento contra esa personita que no hace más que reclamar su atención e interferir en su vida. No hay que culparse por ello. Es una reacción comprensible y sorprendentemente habitual.

Muchas madres se sienten cada vez más enfadadas conforme se aproxima el final del período de inquietud. Están convencidas de que el bebé no tiene ninguna razón válida para hacer tantos aspavientos y tienden a dejar llorar a sus bebés durante un poco más de tiempo que antes. Algunas se empiezan a preguntar qué significa exactamente la expresión "malcriar a un bebé" y piensan que tal vez hayan cedido demasiado ante sus demandas. También es posible que se planteen si deberían empezar a enseñar a sus pequeños que también deben tener en cuenta los sentimientos de los demás.

De vez en cuando, una madre puede sentir ganas de agredir a su pequeño y persistente llorón, especialmente cuando no hay forma de acallar

sus llantos y la madre está al límite de sus posibilidades. Tener estos sentimientos no es anormal o peligroso, pero convertirlos en actos violentos sí lo es. En el caso de que una madre sienta que puede llegar a perder el control, deberá pedir ayuda antes de que algo así pueda ocurrir. Agitar o zarandear a un bebé puede ser muy peligroso. Aunque es normal que una madre se sienta frustrada o enfadada porque no hay forma de acallar los llantos del bebé, nunca se debe agitar a un bebé. Agitar a un bebé o un niño pequeño es una de las peores cosas que se pueden hacer. Podría provocarle fácilmente una hemorragia interna debajo del cráneo, lo que puede cursar con daño cerebral, que a su vez puede provocar ulteriores problemas de aprendizaje e, incluso, la muerte.

"Mi hijo se negó a seguir succionando y tuvo una increíble rabieta de llantos y chillidos mientras yo intentaba conseguir que ingiriera leche. Cuando ocurrió exactamente lo mismo con el siguiente biberón, noté que me estaba enfadando muchísimo porque ninguno de mis pequeños trucos de distracción estaba sirviendo de nada. Sentía como si estuviera dando vueltas en círculos concéntricos. Así que lo coloqué en el suelo en un lugar seguro y le dejé que llorara a todo pulmón. Cuando, por fin dejó de llorar, volví a su habitación y acabé de darle el biberón."

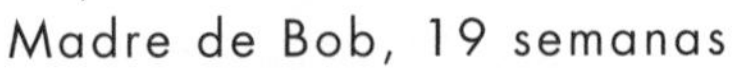
Madre de Bob, 19 semanas

"Empecé a notar cómo me iba cargando cada vez que mi hija iniciaba una de sus crisis de llanto en cuanto la dejaba sola un segundo. Así que la ignoré y dejé que siguiera llorando."

Madre de Ashley, 17 semanas

"Mi hijo lleva cuatro días empezando a llorar a las 8 de la tarde. Después de intentar consolarlo durante dos horas dos noches seguidas, llegué a mi límite. Así que ayer le dejé llorar hasta las 10:30 de la noche. He de reconocer que es persistente. Eso es todo lo que conseguirá."

Madre de Kevin, 16 semanas

Cómo emergen las nuevas habilidades del bebé

Puesto que esta fase de inquietud dura más que las anteriores, la mayoría de las madres sienten inmediatamente que esta vez es diferente. Les

preocupa que el bebé parezca estar progresando más lentamente y que rechace súbitamente cosas que antes le gustaban. Pero lo que ocurre es, sencillamente, que a partir de esta edad, las habilidades son mucho más difíciles de adquirir y el pequeño necesita más tiempo.

"Mi bebé parece estar progresando tan despacio... Antes de cumplir 15 semanas, maduraba mucho más deprisa. Es casi como si hubiera llegado a un punto muerto. A veces lo encuentro exasperante."

Madre de Matt, 17 semanas

"Es como si mi hijo estuviera a punto de hacer nuevos descubrimientos, pero hay algo que parece frenarle. Cuando juego con él, noto que falta algo, pero no sé qué es exactamente, de modo que también juego al juego de la espera."

Madre de Steven, 17 semanas

"Esta semana mi hija ha estado intentando hacer muchas cosas nuevas. De repente, me sorprendió lo mucho que era capaz de hacer con tan sólo 4 meses, y, para serte sincera, me siento, realmente, muy orgullosa de ella."

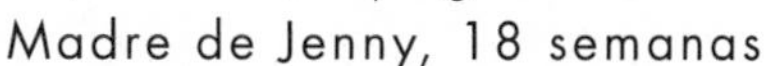
Madre de Jenny, 18 semanas

Aproximadamente a las 19 semanas, los bebés empiezan a explorar el mundo a través de las nuevas capacidades que están emergiendo en su interior. La entrada en el mundo de los acontecimientos les ofrece un amplio abanico de posibilidades. El bebé elegirá explorar aquellas que se ajustan más a sus preferencias y temperamento. Los padres pueden y deben ayudar al pequeño a hacer aquello para lo que está preparado sin intentar forzarle en una o todas las direcciones posibles.

Desde que el bebé dio su último salto evolutivo, es capaz de ver, oír, oler, saborear y percibir a través del tacto transiciones suaves y continuas. Pero, hasta ahora, todas esas transiciones tenían que ser relativamente simples, por ejemplo, un juguete avanzando progresivamente por la habitación delante de él. En cuanto se hacían más complejas, no podía seguirlas. En el nuevo mundo que los bebés empiezan a explorar cuando tienen aproximadamente 19 semanas, la mayoría de ellos empiezan a percibir secuencias breves y conocidas y a experimentar con ellas. Esta nueva habilidad repercutirá sobre todo el comportamiento del bebé.

En cuanto un bebé sea capaz de encadenar varios movimientos seguidos en una secuencia, se le abrirán más oportunidades de exploración con los objetos que tiene a su alcance. Por ejemplo, podrá repetir el mismo movimiento fluido varias veces seguidas. Es probable que intente agitar juguetes de un lado a otro o de arriba abajo. También intentará estrujar, empujar o golpear el mismo juguete repetidamente. Aparte de repetir el mismo movimiento, es posible que aprenda a ejecutar una breve secuencia de movimientos diferentes. Por ejemplo, puede coger un objeto con una mano y seguidamente intentar pasárselo a la otra mano. O puede coger un juguete y llevárselo a la boca. Hasta es posible que aprenda a usar algún juguete, como un teléfono, colocando el dedo en un agujero y haciendo girar el disco marcador. También podrá darle la vuelta a un juguete y observarlo desde todos los ángulos posibles.

A partir de ahora, el bebé será capaz de llevar a cabo un examen detenido de cualquier objeto que esté a su alcance.

Además, el bebé aprenderá a ir ajustando los movimientos de su cuerpo, especialmente los del brazo, el antebrazo, la mano y los dedos, para alcanzar el punto exacto donde se encuentra un juguete, y a corregir sus movimientos sobre la marcha. Por ejemplo, si resulta que el objeto está más a la izquierda de lo que había calculado, su brazo se desplazará hacia la izquierda en el siguiente movimiento. Si está más a la derecha, el brazo se desplazará inmediatamente en la dirección adecuada. Lo mismo ocurrirá si el objeto está más cerca, más lejos, más arriba o más abajo de lo que había calculado. Lo verá, alargará el brazo, lo cogerá y estirará de él, todo ello en una secuencia suave de movimientos. Mientras se trate de coger objetos que están a su alcance y de un volumen y peso adecuados, el pequeño podrá alargar el brazo y coger cualquier objeto que desee.

Mientras el bebé se divierte practicando estos movimientos, tal vez lo veamos girarse y contorsionarse. Es posible que ahora aprenda a darse la vuelta o incluso a dar vueltas girando sobre sí mismo. También es posible que haga sus pinitos intentando gatear, puesto que ya es capaz de flexionar las rodillas e impulsarse con ellas.

Cambios cerebrales

Los registros de ondas cerebrales muestran que aproximadamente a los 4 meses de edad se produce un cambio espectacular. Asimismo, el perímetro craneal de los bebés crece considerablemente entre las semanas 15 y 18.

En lo que respecta a su capacidad de comunicación, el bebé ya puede producir breves secuencias de sonidos. Experimentará con sus sonidos y se comunicará en su peculiar parloteo, algo que ya había iniciado después del último salto, alternando sonidos vocálicos y consonánticos. Gradualmente irá utilizando todos esos sonidos para producir "frases". Este *gaga bababa, papapa* es lo que los adultos denominan habla infantil. Podríamos decir que ahora el bebé se ha vuelto tan flexible con la voz como con el resto del cuerpo.

En todo el mundo, los bebés empiezan a producir estos balbuceos cuando tienen aproximadamente esta edad. Por ejemplo, los bebés rusos, chinos y norteamericanos empiezan balbuceando del mismo modo.

Pero, al final, empezarán a transformar los sonidos del balbuceo en las palabras de su lenguaje natal y dejarán de utilizar los sonidos universales del balbuceo. Los bebés aprenden a imitar los sonidos del lenguaje que oyen porque obtienen más respuestas y elogios cuando producen algo que se parece a su lenguaje natal.

Aparentemente, nuestros ancestros se debieron de sentir personalmente aludidos cuando sus bebés balbucearon "*mamama*" o "*papapa*", porque las palabras que se utilizan en distintos idiomas para referirse a la madre y al padre se parecen mucho entre sí. Sin embargo, lo cierto es que sus pequeños sólo estaban llevando a cabo una serie de experimentos técnicos con secuencias breves y conocidas de los mismos elementos sonoros: "pa", "da", "ba" o "ma".

A esta edad, los bebés empiezan a reconocer series breves de sonidos fluidos. Pueden sentirse fascinados por una serie de notas ascendiendo o descendiendo suavemente a lo largo de la escala musical. Por regla general, los bebés de esta edad responden a todas las voces que expresan aprobación y, por el contrario, se sobresaltan ante las voces que expresan desaprobación. No importa el contenido concreto de las frases empleadas para expresar

(continúa en la página 126)

Diario de nuestro bebé

Cómo explora nuestro bebé el nuevo mundo de los acontecimientos

Sugerimos a los padres que marquen con una cruz los recuadros que figuran a continuación a medida que vaya cambiando el bebé y que dejen de rellenar la lista en cuanto empiece el próximo período tempestuoso, como antesala del próximo salto.

El gran cambio que permitirá al bebé dar sentido al mundo de los acontecimientos se inicia en torno a la semana 15. El salto a este mundo es bastante grande y las habilidades que trae aparejadas se empiezan a consolidar en torno a la semana 19. De todos modos, incluso a esta edad es posible que los padres todavía tengan que esperar cierto tiempo para poder detectar alguna de las habilidades que aquí se relacionan. Lo más probable es que el bebé no domine plenamente muchas de estas habilidades hasta varios meses después.

CONTROL CORPORAL

- ❑ Empieza a mover prácticamente todas las partes del cuerpo en cuanto alguien lo coloca en el suelo
- ❑ Se da la vuelta, pasando de estar estirado sobre la espalda a estarlo sobre el vientre
- ❑ Se da la vuelta, pasando de estar estirado sobre el vientre a estarlo sobre la espalda
- ❑ Puede estirar completamente los brazos cuando está estirado sobre el vientre
- ❑ Levanta las nalgas e intenta impulsarse, sin lograrlo
- ❑ Cuando está estirado sobre el vientre, eleva el tronco apoyándose en el suelo con manos y pies, e intenta desplazarse hacia delante, sin lograrlo
- ❑ Intenta gatear; consigue arrastrarse hacia delante o hacia atrás
- ❑ Soporta el peso de su cuerpo con los antebrazos y eleva la mitad superior del cuerpo

- ❑ Se sienta derecho (él solo) mientras se apoya en el cuerpo de su madre
- ❑ Intenta sentarse derecho cuando está solo y lo consigue puntualmente apoyándose en los brazos y adelantando la cabeza
- ❑ Puede permanecer erguido mientras está sentado en su trona, apoyando el tronco en varios cojines
- ❑ Le gusta mover la boca: frunce los labios de distintas formas y saca la lengua

COGER, TOCAR Y PALPAR

- ❑ Coge objetos con cualquiera de las dos manos
- ❑ Es capaz de coger un objeto con una mano si ésta entra en contacto con aquél, incluso sin mirar
- ❑ Es capaz de pasarse un objeto de una mano a otra
- ❑ Se introduce la mano de su madre en la boca
- ❑ Toca la boca de su madre o introduce la mano en ella mientras ésta habla
- ❑ Se introduce objetos en la boca y los muerde
- ❑ Es capaz de quitarse un pañuelo de la cara él solo, al principio lentamente
- ❑ Reconoce un juguete u otro objeto familiar, a pesar de que esté parcialmente cubierto por algo; pronto intentará recuperar el objeto, sin éxito
- ❑ Intenta agitar un juguete
- ❑ Intenta golpear un juguete contra la superficie de la mesa
- ❑ Tira juguetes al suelo deliberadamente
- ❑ Intenta alcanzar cosas que están fuera de su alcance
- ❑ Intenta jugar con un centro de actividades
- ❑ Entiende la finalidad de un juguete en concreto; por ejemplo, es capaz de hacer girar el disco marcador de un teléfono de juguete

(continúa)

Diario de nuestro bebé (cont.)

- ❑ Estudia los objetos detenidamente; le interesan especialmente los detalles de los juguetes, las manos y las bocas

OBSERVAR

- ❑ Mira fijamente y con fascinación las actividades repetitivas, como saltar a la comba, cortar rebanadas de pan o cepillarse el pelo
- ❑ Busca a su madre y es capaz de girarse para encontrarla
- ❑ Busca un juguete que está parcialmente escondido
- ❑ Reacciona ante su propia imagen reflejada en el espejo, sea asustándose o riéndose
- ❑ Sostiene un libro con ambas manos y observa fijamente las ilustraciones

ESCUCHAR

- ❑ Escucha atentamente los sonidos que salen de los labios de su madre
- ❑ Responde a su nombre
- ❑ Es capaz de distinguir un sonido particular entre un popurrí de sonidos distintos, respondiendo a su nombre incluso cuando hay ruido de fondo
- ❑ Entiende genuinamente una o más palabras; por ejemplo, mira a su osito de peluche cuando alguien le pregunta: "¿Dónde está tu osito?". (No responderá correctamente si el juguete está en un lugar que no es el habitual.)
- ❑ Responde apropiadamente ante las frases emitidas en tono de aprobación y las emitidas en tono de desaprobación
- ❑ Reconoce los primeros compases de una canción

HABLAR

- ❑ Emite nuevos sonidos utilizando los labios y la lengua: *ffft-fffffff, vvv-vvv, zzz, sss, brrr, arrr, rrr, gr, prrr*. Esta *rr* se conoce como

vibrante. ¡A su bebé le gustará pronunciarla especialmente cuando tenga la boca llena de comida!

- ❑ Utiliza sonidos consonánticos: d, b, l, m
- ❑ Balbucea. Emite sus primeras "palabras": *mama, papa, abba, hada-hada, baba, tata*
- ❑ Emite sonidos cuando bosteza y se da cuenta de ello

LENGUAJE CORPORAL

- ❑ Estira los brazos hacia fuera para que lo cojan
- ❑ Chasquea los labios cuando tiene hambre; saluda con brazos y piernas
- ❑ Abre la boca y acerca la cara hacia la comida o la bebida
- ❑ "Escupe" cuando ya ha comido suficiente
- ❑ Empuja el pecho o el biberón cuando ya no tiene más hambre
- ❑ Interrumpe la toma a voluntad cuando está lleno

OTRAS HABILIDADES

- ❑ ~~Exagera sus acciones; por ejemplo, cuando su madre responde a~~ su tos tosiendo, toserá de nuevo y después se reirá
- ❑ Se pone gruñón cuando se impacienta
- ❑ Chilla cuando fracasa en lo que intentaba hacer
- ❑ Tiene un juguete especial al que está especialmente apegado, como una sábana

---

OTROS CAMBIOS

___

___

estos sentimientos, puesto que lo único que percibirá el bebé serán las diferencias de entonación. Y ahora, por primera vez, será capaz de escuchar selectivamente una voz en concreto entre un alboroto de voces.

También es posible que el bebé empiece a reconocer melodías cortas y familiares. Con sólo 19 semanas, los bebés hasta son capaces de apreciar si las pausas de una pieza musical son apropiadas para esa pieza o parecen ajenas a ella, incluso aunque sea la primera vez que la escuchan. En un experimento inusual, los investigadores constataron que, si se exponía a bebés de esta edad a una parte de un minueto de Mozart, éstos mostraban una respuesta diferente cuando la música era interrumpida por pausas aleatorias. Y aunque todavía es pronto para iniciarse en la comprensión del lenguaje, es posible que el bebé empiece a dar muestras de reconocer alguna palabra.

A esta edad, los padres podrán comprobar que el bebé observa atentamente y empieza a reconocer secuencias de imágenes y actividades que se le presentan de forma repetida. Por ejemplo, puede quedarse fascinado al contemplar el movimiento ascendente y descendente de una pelota al botar. Hay interminables ejemplos como éste que forman parte de actividades o acontecimientos normales y cotidianos, como alguien agitando el biberón de arriba abajo, meneando una sartén, clavando un clavo, abriendo y cerrando una puerta, cortando rebanadas de pan, limándose las uñas, cepillándose el pelo o paseando de un lado a otro de la habitación, entre otros muchos.

Es necesario mencionar dos características básicas del mundo de los acontecimientos. En primer lugar, los adultos solemos experimentar los acontecimientos como globalidades indivisibles. No vemos una pelota que cae y luego se eleva en el aire; vemos una pelota que bota. Incluso cuando el acontecimiento no ha hecho más que empezar, ya sabemos que se trata de una pelota que bota. Mientras siga botando, seguirá siendo el mismo y único acontecimiento –para el que tenemos un nombre, una etiqueta–. En segundo lugar, la mayoría de los acontecimientos los define el observador. Por ejemplo, cuando hablamos, no separamos las palabras entre sí, sino que las encadenamos, sin hacer pausas entre ellas. Es el interlocutor quien crea las divisiones entre palabras, dando la impresión de que las oye separadamente. Es precisamente este poder de percepción el que empezará a estar al alcance del bebé cuando tenga entre 14 y 17 semanas.

Las preferencias del bebé: la clave de su personalidad

El mundo de los acontecimientos ofrece a los bebés un amplio abanico de

habilidades nuevas. Pero, de entre todas esas oportunidades de exploración, cada bebé hará sus propias elecciones, en función de sus preferencias, intereses y características físicas. Algunos bebés preferirán concentrarse en el tacto, mientras que otros lo harán en la observación, y habrá otros que se especializarán en las actividades físicas. Por descontado, también habrá bebés a quienes les gustará aprender habilidades pertenecientes a muchos ámbitos diferentes sin especializarse en ninguno de ellos. Cada bebé hará sus propias elecciones porque cada bebé es único.

Si los padres observan atentamente a su hijo, podrán identificar sus intereses particulares. Si respetan las preferencias del pequeño, descubrirán su perfil característico. No hemos de olvidar que a los bebés les encanta todo lo nuevo. Es muy importante que los padres respondan cuando perciban cualquier habilidad o interés nuevo en su bebé. No hay nada más estimulante para un bebé que poder compartir sus descubrimientos y ésa es la forma de que su aprendizaje progrese más deprisa.

Es importante darle al bebé la oportunidad de observar y jugar con actividades que contengan una sucesión de movimientos o patrones. Esto le permitirá familiarizarse con ellos y comprender mejor esta nueva organización perceptiva: el mundo de los acontecimientos. No importa si el bebé está más interesado por la música, los sonidos y las palabras. O tal vez prefiere mirar y observar o poner a prueba su pericia en el ámbito de las actividades físicas. Más adelante, le resultará fácil transferir los conocimientos y experiencias que habrá adquirido al aprender una habilidad al aprendizaje de otras habilidades.

Aparte de querer experimentar con los descubrimientos que vaya haciendo en el mundo de los acontecimientos, el bebé también se interesará muchísimo por todo cuanto le rodea. Es posible que la exploración de su entorno ocupe la mayor parte de sus horas de vigilia, puesto que querrá mirarlo y escucharlo todo. Y lo que es mejor (¡o peor!), cualquier juguete, utensilio doméstico o herramientas de jardinería que esté a su alcance caerá en sus manos. Su padre y su madre dejarán de ser su único juguete. El bebé intentará entrar en contacto con los objetos que se despliegan ante

su vista y, aunque todavía no pueda desplazarse, intentará impulsarse con las manos y los pies hacia la novedad, aunque ello implique alejarse de su madre. Tal vez no tenga tanto tiempo como antes para los viejos juegos de abrazos e intimidad. Las madres, en particular, pueden sentirse un poco rechazadas ante este cambio.

De todos modos, ambos padres pueden estar tranquilos: su hijo seguirá necesitando su ayuda como hasta ahora. La fascinación del bebé por el mundo que le rodea es un rasgo típico de esta edad. Los padres pueden contribuir a este afán de exploración percibiendo las nuevas necesidades del bebé, proporcionándole suficientes objetos para que juegue con ellos y observando cómo responde. Sólo deberán echarle una mano cuando constaten que está teniendo dificultades para entender completamente un juguete. También es recomendable que vigilen atentamente al pequeño para asegurarse de que utiliza las manos, los pies, las extremidades y el tronco adecuadamente al intentar alcanzar distintos objetos. Si ven que tiene problemas, pueden ayudarle a practicar actividades como darse la vuelta, girarse e, incluso, gatear, sentarse o ponerse de pie, sosteniéndolo adecuadamente.

Cómo ayudar al bebé a explorar el nuevo mundo a través del movimiento corporal

A esta edad, muchos bebés intentan darse la vuelta cuando están estirados sobre una superficie, es decir, se esfuerzan por pasar de estar estirados sobre el vientre a estarlo sobre la espalda o viceversa. Los bebés practican esta habilidad ejecutando movimientos fluidos con distintas partes del cuerpo. Esto es posible porque han entrado en el "mundo de los acontecimientos". Sin embargo, ser capaz de encadenar una secuencia de movimientos fluidos no significa automáticamente ser capaz de darse la vuelta y mucho menos de gatear eficazmente. El bebé tendrá que practicar bastante utilizando el ensayo-error para poder ejecutar estas acciones eficazmente.

> "Mi pequeña está intentando darse la vuelta, pasando de estar estirada sobre la espalda a estarlo sobre el vientre. Por ahora, no está teniendo demasiado éxito, por lo que se enfada mucho. Realmente los fracasos reiterados la exasperan."
>
> Madre de Ashley, 20 semanas

"Mi hijo está practicando como un loco para aprender a darse la vuelta. Pero, cuando está estirado boca abajo, levanta los brazos y las piernas al mismo tiempo, esforzándose y quejándose como un desesperado, y eso es todo lo que consigue."

Madre de John, 21 semanas

"Mi hija sólo consigue darse la vuelta cuando se enfada mucho. Para su sorpresa, podría añadir."

Madre de Laura, 20 semanas

He aquí una forma divertida de ayudar a un bebé a darse a vuelta. Colocaremos al bebé estirado sobre la espalda y sostendremos en el aire un juguete de colores llamativos cerca del rostro del bebé. Para alcanzarlo, el bebé deberá estirar el cuerpo y girar el tronco, de modo que no pueda evitar darse la vuelta. Por descontado, deberemos animarle cuando se esfuerce y elogiarlo cuando lo consiga.

También podemos convertir en un juego el proceso de aprender a darse la vuelta en el sentido inverso. Una forma de hacerlo consiste en colocar al bebé estirado sobre el vientre y sostener un juguete de colores llamativos detrás de él, sea a su derecha o a su izquierda.

Cuando gire el tronco para coger el juguete, lo desplazaremos todavía más hacia atrás. En cierto punto, el bebé se dará la vuelta, simplemente por haberse girado un poco demasiado al intentar coger el objeto. Su pesada cabeza le ayudará en el proceso.

A esta edad, los bebés a menudo intentan gatear. El problema de empezar a gatear es la parte de desplazarse hacia delante. A la mayoría de bebés les encantaría avanzar hacia delante y lo intentan con todas sus fuerzas. Algunos bebés adoptan la posición de inicio adecuada –flexionan las rodillas debajo del tronco, orientan las nalgas hacia arriba y empujan–, pero no consiguen desplazarse. Otros adoptan la postura de gateo, pero botan arriba y abajo sin desplazarse. También hay bebés que se desplazan hacia atrás porque se impulsan con las manos. Otros se impulsan con los pies, moviéndose en círculos concéntricos. Algunos bebés afortunados titubean durante un rato y acaban desplazándose hacia delante aparentemente por accidente. Pero a esta edad esto es más la excepción que la regla.

"Creo que mi bebé quiere gatear, pero tengo la sensación de que todavía no sabe cómo hacerlo. Se mueve y se retuerce, pero no se desplaza ni un centímetro. Entonces se enfada mucho."

Madre de Frankie, 20 semanas

Muchos padres intentan ayudar a gatear a sus bebés. Empujan cuidadosamente hacia delante las nalgas del pequeño o colocan todo tipo de objetos atractivos justo fuera de su alcance para estimularle a desplazarse hacia delante.

A veces estas maniobras funcionan y el bebé, de algún modo, consigue desplazarse un poco. Algunos bebés lo consiguen lanzándose hacia delante. Otros se estiran sobre el estómago y se impulsan hacia delante con las piernas mientras utilizan las manos para dirigir el desplazamiento en la dirección adecuada.

Una buena forma de compartir esta experiencia con el bebé es imitar sus intentos. Es posible que él los encuentre absolutamente hilarantes y que disfrute observando cómo su padre o su madre gatea adecuadamente. A casi todos los bebés les fascina ver a sus padres gateando. ¡Merece la pena hacer la prueba!

La importancia de moverse desnudo

Para aprender a darse la vuelta, girarse y gatear correctamente, el bebé necesita practicar. Disfrutará mucho más y le resultará mucho más fácil, si le dejamos hacerlo sin ropa ni pañales. Cuanta más actividad física practique, más oportunidades tendrá de conocer su cuerpo y de incrementar el control que tiene sobre él.

Cómo ayudar al bebé a explorar el nuevo mundo a través de la manipulación

En el mundo de los acontecimientos, los brazos, las manos y los dedos del bebé son como el resto de su cuerpo –capaces de encadenar varios movimientos fluidos–. Por lo tanto, el bebé puede practicar la secuencia de alargar el brazo, coger un objeto y estirar de él describiendo una secuencia de movimientos suaves, y seguidamente manipular el objeto de todas las formas posibles, por ejemplo, agitándolo, golpeándolo o empujándolo. Esto le permitirá examinar detenidamente todos los objetos que caigan en sus manos. Y eso es lo que querrá hacer a esta edad, aunque, de nuevo, necesitará mucha práctica antes de alcanzar la perfección.

Para el adecuado desarrollo del bebé, es preciso que tenga muchas oportunidades para explorar objetos. Probablemente, les dará la vuelta, los agitará y los golpeará, deslizará las manos sobre su superficie y se introducirá en la boca una parte de ellos para comprobar cómo saben. Los juguetes educativos denominados "centros de actividades" permiten practicar diversos ejercicios con las manos y los dedos. Suelen contener un disco marcador de un teléfono anticuado que produce los sonidos adecuados cuando el bebé lo hace girar. También pueden tener un botón que suena cuando se pulsa, figuras de animales que se pueden subir y bajar, bolas y cilindros giratorios y cosas por el estilo. Cada actividad emite un sonido diferente cuando el bebé la practica. A muchos bebés les encantan los centros de actividades aunque, al principio, no puedan entender ni utilizar todos sus componentes. Al fin y al cabo ¡no son más que unos principiantes!

Cuando los padres vean que el bebé está intentando hacer algo sin demasiado éxito, pueden ayudarle mostrándole cómo se realiza determinado movimiento o actividad o bien guiándole para que logre su fin. De ambos modos le animarán a seguir jugando y fomentarán sus habilidades manipulativas.

"¡Tuvimos un centro de actividades colgado en el parque infantil durante semanas. Mi hijo lo miraba de tanto en tanto, pero no lo tocaba. Sin embargo, esta semana, de repente, se ha empezado a interesar por él. Ahora le encanta tocar y pulsar todos esos botones. Se puede decir que está explorando todo el panel. De todos modos, se cansa enseguida, porque tiene que apoyarse todo el rato en una mano para incorporarse un poco."

Madre de Paul, 18 semanas

Si el bebé se cansa porque tiene que apoyarse en una mano todo el rato, es mejor sostenerlo para que pueda usar libremente ambas manos. Por ejemplo, nos lo podemos sentar en la falda y examinar juntos un juguete. Le encantará poder jugar mientras está cómodamente sentado. Además, mientras esté sentado, podrá mirar los juguetes desde un ángulo completamente diferente. Nos fijaremos en si hace cosas diferentes con los juguetes cuando está sentado cómodamente. Es posible que hasta descubra nuevas actividades.

> "Coloqué al bebé en su trona por primera vez y lo mantuve derecho apoyándole la espalda en un cojín. Descubrió inmediatamente que, mientras estás sentado con el tronco bien erguido, puedes hacer ciertas cosas con los juguetes que no puedes hacer cuando estás estirado en el suelo. Cuando le di un llavero de plástico, primero empezó a golpearlo contra la superficie de la mesa y después lo tiró repetidamente al suelo. Lo hizo unas veinte veces seguidas. Le parecía muy divertido y no podía parar de reírse."
>
> Madre de Paul, 19 semanas

Si un bebé es un explorador nato, podemos enriquecer su ambiente ofreciéndole juguetes y otros objetos de diferentes formas, por ejemplo, redondas y cuadradas, o bien fabricados con materiales diferentes, como la madera y el plástico, tejidos de diferentes texturas o trozos de papel o cartón lisos y rugosos para que juegue con ellos.

A muchos bebés les gustan las bolsas vacías de patatas fritas porque cambian de forma lentamente y crujen al arrugarlas. Los objetos rugosos o dentados también les atraen. La mayoría de bebés tienen una debilidad por las formas extrañas. Por ejemplo, la forma de una llave de plástico les motiva a inspeccionarla atentamente. A muchos bebés el extremo dentado les parece particularmente interesante y les gusta tocarlo, observarlo y comprobar cómo sabe.

Algunos bebés se sienten atraídos por los pequeños detalles. Estos pequeños investigadores estudian los objetos desde todos los puntos de vista, examinándolos detenidamente.

En general, se toman su tiempo para hacer una inspección pormenorizada del objeto, deteniéndose en las protuberancias más pequeñas. Se pasan horas palpando texturas y examinando formas y colores. Nada escapa a sus curiosos ojos ni a sus mentes inquietas. Si uno de estos bebés decide examinar a su padre o a su madre, también lo hará meticulosamente. Si le estudia la mano, a menudo empezará por un

Cuidado del bebé

Poner la casa a prueba de bebés

Es probable que los padres ya hayan iniciado este proceso hace mucho tiempo, pero, puesto que el bebé se está volviendo cada vez más móvil, ahora es el momento de hacer una comprobación de seguridad para garantizar que la casa es un lugar seguro para él. A continuación se mencionan algunas de las cosas que los padres deberían tener muy presentes:

- No dejar nunca objetos de tamaño reducido, como botones, alfileres o monedas, cerca del bebé.
- Cuando tengan al bebé en su falda o durante las tomas, deberán asegurarse de que no puede coger súbitamente una taza o jarra que contenga alguna bebida caliente.
- No dejar nunca bebidas calientes sobre la mesa al alcance del bebé, ni siquiera en una mesa alta. Si el bebé intentara cogerlas estirando de la pata de la mesa –o, todavía peor, del mantel– podría derramarse la bebida por encima.
- Utilizar una verja de seguridad para que el bebé no pueda acceder a hornos o chimeneas cuando estén encendidos.
- Mantener las sustancias venenosas y peligrosas, como la lejía, el aguarrás y los medicamentos, fuera del alcance del bebé y en recipientes a prueba de niños.
- Asegurarse de que los enchufes están protegidos con clavijas de seguridad y que no hay ningún cable suelto.

dedo, palpará la uña y comprobará cómo se mueve, y luego procederá a inspeccionar el siguiente dedo. Si le examina la boca, inspeccionará cada diente separadamente. Esta ansia de detalles es característica de esta etapa y debe estimularse ofreciendo al bebé, con frecuencia, juguetes y objetos que despierten su interés.

"Definitivamente, mi hija va a ser dentista. Casi me ahogo cada vez que me inspecciona la boca. Lo palpa todo y prácticamente me mete todo el puño dentro de la boca. Cuando intento cerrar la boca para darle un beso en la mano, deja muy claro que no le gusta que la interrumpan mientras está trabajando."

Madre de Emily, 21 semanas

La mayoría de los bebés de esta edad quieren coger todo lo que está comiendo su padre o su madre. Es por ese motivo por lo que, como precaución, no se deben tomar bebidas calientes con el bebé en el regazo. En un momento de descuido, el bebé podría coger la taza y derramarse todo el contenido sobre las manos y la cara.

Mi hijo intenta cogerme el bocadillo mientras abre la boca en señal de anticipación. Independientemente de lo que logre coger, se lo traga inmediatamente. Lo más divertido es que parece gustarle todo."

Madre de Kevin, 19 semanas

Cómo ayudar al bebé a explorar el nuevo mundo a través de la vista

Algunos bebés son observadores natos. Para ellos, la rutina doméstica diaria está llena de acontecimientos interesantes que observar. A muchos bebés les encanta observar a sus madres mientras preparan la comida, ponen la mesa, se visten o trabajan en el jardín.

Ahora son capaces de entender las distintas acciones o acontecimientos implicados en diversas actividades, como poner la mesa, cortar el pan, preparar bocadillos, cepillarse el pelo, limarse las uñas o cortar el césped. Si un bebé disfruta observando estas cosas, nada más fácil para sus padres. Bastará con que éstos se aseguren de que el pequeño está en el lugar adecuado para verle bien. Así, el bebé podrá beneficiarse de su interés natural por observar y se divertirá al tiempo que aprende.

> "En cuanto me ve preparando bocadillos, mi pequeña empieza a chasquear los labios, dar patadas y estirar los brazos. Es indudable que sabe lo que estoy haciendo y me pide que le dé de comer."
>
> Madre de Hannah, 20 semanas

A algunos bebés de esta edad les encanta mirar libros de ilustraciones donde se representan acontecimientos. A estos bebés se les puede dar un libro para que lo sostengan con ambas manos y se queden embobados mirando fijamente las ilustraciones. Al principio, harán un esfuerzo para sostener el libro y concentrarse en las ilustraciones, pero, al cabo de un rato, lo más probable es que el libro acabe en su boca.

Una forma de ayudar a los bebés a explorar su entorno con la vista es practicar con ellos el juego del cu-cu-tas y el de esconder y encontrar objetos. En cuanto un bebé se familiariza con el mundo de los acontecimientos, es capaz de reconocer un juguete incluso aunque sólo se vea parcialmente. En el curso del juego, quizás veamos que el bebé observa intrigado el juguete que hemos ocultado parcialmente o intenta recuperar un objeto escondido. Entonces podremos mover un poco el objeto para facilitar el reconocimiento. Sin embargo, lo más probable es que se dé por vencido enseguida. Los bebés de esta edad no entienden todavía que un objeto sigue existiendo independientemente de donde esté.

(continúa en la página 139)

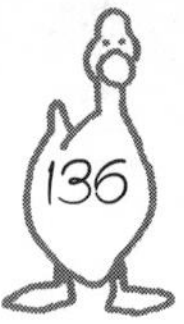

Los mejores juegos para esta semana mágica

Juegos y actividades que más gustan a la mayoría de bebés en esta etapa evolutiva. Todos los bebés son diferentes. Los padres deberán comprobar a cuáles responde mejor su bebé.

HABLAR POR HABLAR

Hablar a un bebé es un juego magnífico. Le hablaremos cuanto podamos sobre lo que vea, oiga, saboree y perciba con el tacto y sobre las cosas que haga. Utilizaremos frases cortas y simples y enfatizaremos las palabras importantes: "Toca este *césped*", "Acaba de llegar *papá*", "Escucha el *timbre*", o "Abre la *boca*".

¿QUÉ OCURRIRÁ DESPUÉS?

Primero, le diremos: "Te voy a (pausa muy marcada) pellizcar la *nariz*". Y, lo haremos suavemente. Luego, haremos lo mismo con las orejas, las manos y los pies, intentando averiguar qué es lo que más le gusta. Si jugamos a esto regularmente, el bebé sabrá qué vamos a hacer a continuación. Observará nuestras manos con creciente excitación y chillará y se reirá cuando estemos a punto de cogerle la nariz. Este juego le ayudará a familiarizarse con su cuerpo y con las distintas partes del mismo.

MIRAR ILUSTRACIONES

Mostraremos al bebé una ilustración de colores llamativos de un libro. Quizá quiera mirar varias ilustraciones. Comprobaremos que sean claras, de colores llamativos y que contienen objetos conocidos por el bebé y que se encuentren en la habitación.

CANTAR CANCIONES

A muchos bebés les encantan las canciones, particularmente cuando van acompañadas de movimientos, como "Cinco lobitos tiene la loba". También les gusta que los mezan al ritmo de una canción o de una nana. Los bebés reconocen las canciones por su melodía, ritmo y entonación.

EL JUEGO DE LAS COSQUILLAS

Cantaremos una canción mientras vamos haciendo cosquillas al bebé. A él le encantará. He aquí una que puede ser apropiada:

Don Melitón tenía tres gatos,
don Melitón tenía tres gatos,
y los hacía bailar en un plato;
por la noche les daba turrón.
¡Vivan los gatos de don Melitón!

Mientras cantamos, pellizcaremos suavemente los pies, las piernas y los bracitos del bebé y acabaremos acelerando el ritmo y haciéndole cosquillas en la barriguita y el cuello.

CU-CU-TAS

Cubriremos la cara del bebé con una sábana y le diremos: "¡Cu-cu...!". Le observaremos para comprobar si puede quitarse la sábana él solo. Si aún no es capaz de hacerlo, le ayudaremos cogiéndole la mano y apartando la sábana lentamente. En cuanto nos pueda ver, le diremos ¡Tas! –esto ayuda a marcar el acontecimiento–. A esta edad, el juego debe hacerse de forma muy simple; en caso contrario, el bebé lo encontrará demasiado difícil.

EL JUEGO DEL ESPEJO

A esta edad, empiezan a fijarse en las imágenes que se reflejan en los espejos. Primero miran y sonríen a su propio reflejo, después miran el reflejo de su madre o padre y luego su imagen real. Les suele asustar, por lo que vuelven a mirar repetidamente la imagen reflejada y la real, como si no pudieran aclararse sobre cuál de las dos imágenes es su madre o su padre. Si éstos hablan, se sorprenden más, porque no hay nadie más que hable de ese modo. Esto tal vez les dé la seguridad de quién es la persona auténtica, por lo que es posible que se pongan a reír antes de abrazar amorosamente a su madre o padre.

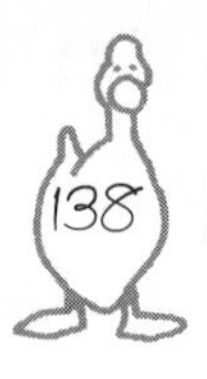

Cómo ayudar al bebé a explorar el nuevo mundo a través del lenguaje y la música

Durante este período, los bebés balbucean a menudo y parece como si emitieran "frases" o nos estuvieran contando una historia. Esto se debe a que, cuando entran en el mundo de los acontecimientos, los bebés se vuelven tan flexibles con la voz como con el resto del cuerpo.

El bebé empezará a repetir las sílabas que ya sabía decir y las encadenará para formar "frases", como *dadadadada* y *babababababa*. Es posible que también experimente con la entonación y el volumen. Cuando se oiga a sí mismo emitiendo sonidos nuevos, tal vez se detenga durante un rato y se ría antes de retomar la conversación.

Sigue siendo importante hablar con el bebé lo más frecuentemente posible. Responder a lo que dice, imitar sus sonidos y contestar cuando "pregunte" o "explique" algo son algunas de las prácticas apropiadas para fomentar el desarrollo lingüístico del bebé. Las reacciones de sus padres le animarán a seguir practicando con la voz.

A esta edad, los bebés empiezan a comprender palabras o frases cortas sobre cosas familiares, aunque no las puedan decir. Si los padres le preguntan al bebé sobre cosas conocidas, por ejemplo: ¿dónde está tu osito?, verán cómo el pequeño dirige la mirada hacia el objeto adecuado, en este caso, su osito. En el mundo de los acontecimientos, los bebés son capaces de entender series cortas y familiares de sonidos, aunque no en sentido literal ni de la misma forma en que lo hace un niño mayor o adulto. El bebé oye un patrón familiar de sílabas junto con la entonación de la voz como un único "acontecimiento sonoro". Cuando le decimos: "¿Te apetece dar una vuelta?", parece entendernos. Sin embargo, se trata sencillamente del tipo de secuencias simples de patrones y cambios que componen un acontecimiento en su mundo.

El hecho de que el bebé sea capaz de reconocer la frase del osito no significa que pueda reconocer acontecimientos sonoros bajo todas las circunstancias. Por ejemplo, si la madre "lee" al bebé una historieta en un libro de ilustraciones donde sale un osito de peluche idéntico al de su hijo y le pregunta: "¿Dónde está tu osito?", no obtendrá la respuesta deseada, puesto que el bebé no entenderá el significado de la frase en un contexto tan distinto del habitual.

Por regla general, las madres suelen repetir una y otra vez las mismas

Los mejores juguetes para esta semana mágica

He aquí algunos de los juguetes y otros objetos que más gustan a la mayoría de bebés cuando están explorando el mundo de los acontecimientos. En realidad, los bebés se sienten atraídos por cualquier objeto doméstico, pero es necesario tener un cuidado especial a la hora de seleccionarlos, evitando aquellos con los que se podría hacer daño e intentando ofrecerle los que más se ajusten a las preferencias del bebé.

- Juguetes para la hora del baño. La hora del baño es un buen momento para jugar o explorar. He aquí algunos objetos domésticos aptos para jugar en la bañera: una taza medidora, un colador de plástico, una botella de plástico para pulverizar agua, una regadera de plástico, una jabonera y cualquier bote de plástico vacío.
- Centros de actividades
- Pelotas con muescas para cogerlas con más facilidad, preferentemente con cascabeles en su interior
- Sonajeros de plástico o hinchables
- Un recipiente con tapa de rosca con un poco de arroz en su interior
- Papel crujiente
- Un espejo
- Fotografías o ilustraciones de otros bebés
- Fotografías o ilustraciones de objetos o animales cuyos nombres reconozca
- Un CD de canciones infantiles
- Ruedas giratorias, como las de un coche de juguete

frases o frases muy parecidas en sus rutinas cotidianas; sin ellas darse cuenta, están consiguiendo que los bebés aprendan gradualmente a reconocerlas. Ésta es, prácticamente, la única forma en que pueden empezar a aprender cosas sobre el lenguaje, y todos los bebés entienden palabras y frases mucho antes de que puedan decirlas.

"En la sala de estar tenemos un cuadro de flores colgado en una pared y una foto de mi hijo en otra pared. Cuando le pregunto al bebé: '¿Dónde están las flores?' o '¿Dónde está Paul?' siempre mira en la dirección correcta. No es cosa de mi imaginación porque el cuadro y la foto están en lados opuestos de la habitación."

Madre de Paul, 23 semanas

Los padres suelen sentirse muy orgullosos y entusiasmados cuando descubren que su pequeño entiende su primera frase corta. Al principio, hasta es posible que no se lo acaben de creer y repitan una y otra vez la frase hasta que se convenzan de que no ha sido una mera coincidencia. Seguidamente, pueden crear una situación nueva para practicar la frase que reconoce el bebé. Por ejemplo, pueden colocar el osito de peluche del pequeño en un lugar muy visible de la habitación para comprobar si su hijo sabe dónde está. También pueden enseñarle fotografías del osito para ver si lo reconoce. Una característica bastante común de las madres es que, durante esta etapa, modifican la forma de hablar a sus bebés. Les hablan con mayor lentitud y a menudo utilizan solamente palabras aisladas en vez de frases enteras.

Durante esta tapa, los bebés que se sienten fascinados por la música suelen quedarse prendados por una serie de notas que ascienden o descienden suavemente a lo largo de la escala musical, y son capaces de reconocer secuencias breves y familiares de sonidos, como puede ser por ejemplo, la melodía inicial de un anuncio de televisión. En estos casos, los padres deberían fomentar el talento musical del pequeño poniéndole la música que más le guste. Es posible que al pequeño "amante de la música" también le guste todo tipo de sonidos. En tal caso, merecerá la pena que los padres utilicen diferentes objetos y sonidos para fomentar ese interés. Algunos bebés cogen objetos y juguetes prioritariamente para averiguar si hacen ruido. Dan la vuelta a los objetos que producen sonido, no para inspeccionarlos visualmente, sino para comprobar si cambia el sonido que producen cuando los giran rápida o lentamente. Estos bebés estrujan sus juguetes de diferentes formas para comprobar si producen sonidos diferentes. Los padres de estos bebés harán bien en proporcionarles objetos sonoros para que jueguen con ellos y en ayudarles a utilizarlos correctamente.

La virtud de la paciencia

Cuando un bebé está aprendiendo nuevas habilidades, a veces pone a prueba la paciencia de sus padres. Tanto la madre como el padre deben adaptarse a los progresos que vaya realizando el bebé e ir renegociando normas para restablecer la paz y la armonía.

Hemos de tener en cuenta que, a partir de esta edad, los bebés ya no son tan dependientes de sus madres. No necesitan constantemente su atención y sus recursos para entretenerse. Ahora están mucho más en contacto con el mundo que les rodea, que les ofrece multitud de cosas para explorar y divertirse. Además, el bebé puede hacer y entender mucho más de lo que hacía y entendía antes, y, por descontado, cree que lo sabe todo. Cuando la madre vea que su hijo quiere salirse siempre con la suya, pensará más de una vez que es un "diablillo", pero él probablemente opinará lo mismo sobre su madre. En estos casos, podemos decir que madre e hijo están teniendo su primera batalla por la independencia del bebé.

"Cada vez que mi hija se sienta conmigo en mi silla favorita, intenta coger las borlas de la lámpara. No me gusta nada que haga eso, por lo que la aparto y le digo 'no'."

Madre de Jenny, 20 semanas

Lo que más irrita a muchas madres es la obsesión del bebé por coger todo lo que está a su alcance o todo lo que pasa por delante de él –especialmente cuando el pequeño prefiere este entretenimiento a jugar con su madre–. Algunas lo ven como un comportamiento antisocial y a veces hasta un poco egoísta. Otras consideran que el bebé es todavía demasiado pequeño para tocar todo lo que ve –plantas, tazas de café, libros, equipos de música, gafas–: nada está a salvo de sus ávidas manos de explorador. La mayoría de las madres intentan limitar estas ansias de independencia de sus bebés deteniéndolos de todas las formas posibles cuando intentan alejarse de ellas en pos de las cosas que les apetece explorar. Una madre puede intentar detener a su bebé distrayéndolo o dándole un fuerte abrazo, mientras éste se queja y se retuerce en sus brazos. Se ha podido comprobar que estos métodos casi siempre tienen el efecto contrario al deseado. El bebé se quejará y se retorcerá incluso con más determinación mientras intenta liberarse de su sufridora madre. También hay las madres que intentan desalentar esta manía de cogerlo todo diciendo firmemente "no". A veces funciona.

La impaciencia puede ser un verdadero fastidio. La mayoría de las madres consideran que sus bebés deberían aprender un poco de paciencia a esta edad. No siempre responden a sus bebés tan rápidamente como lo hacían cuando eran más pequeños. Cuando el bebé quiere algo o quiere hacer algo, su madre puede hacerle esperar unos breves instantes; no pasa nada.

Otros ejemplos de la progresiva independencia del bebé pueden ser por ejemplo, su insistencia en incorporarse en lugar de quedarse sentado, estar donde ve que hay acción o quedarse en algún sitio todo el tiempo que le apetezca. Lo mismo es aplicable al momento de comer y al dormir. La impaciencia del bebé por coger o ingerir su comida suele ser un comportamiento que irrita mucho a la mayoría de las madres. Algunas no lo soportan.

Cuidado del bebé

Nunca hay que perder el control

No nos cansaremos de repetir que una madre puede tener sentimientos de agresividad contra su pequeño creador de problemas. Tener estos sentimientos no es anormal ni peligroso, pero convertirlos en actos violentos sí lo es. Es necesario que la madre intente calmarse y, si no lo consigue, busque ayuda antes de perder el control.

"Mi hija se ponía como loca en cuanto veía su plato. Parecía como si no pudiera engullir la comida lo bastante deprisa. Me sacaba de quicio, así que le enseñé que tenía que esperar a que nos sentáramos todos a la mesa. Ahora ya no se muestra tan impaciente. Espera y observa cómo nos servimos la cena."

Madre de Nina, 22 semanas

Hacer daño a alguien no es divertido. Ahora que el bebé es más fuerte y entiende el mundo de los acontecimientos, también es capaz de hacer daño a los demás. Puede morder, pegar o estirar del pelo, las orejas o los brazos de otras personas. También puede pellizcar. A veces lo hará con suficiente fuerza como para hacer verdadero daño. La mayoría de las madres opinan que sus bebés, a esta edad, podrían mostrar un poco más de consideración y respeto por los demás. Ya no les hace gracia que sus pequeños muerdan, pellizquen o estiren del pelo o cualquier otra parte del cuerpo de otras personas.

Algunas madres reprenden a sus bebés cuando se pasan de la raya. Lo hacen dándoles a entender inmediatamente que han ido demasiado lejos. A menudo lo hacen verbalmente mediante un "¡ay!" dicho con dureza y en voz alta. Si se dan cuenta de que el bebé está preparando un nuevo ataque, le avisan con un "¡cuidado!".

A esta edad, los bebés son perfectamente capaces de entender un tono de aviso. Veamos un ejemplo de cómo una madre puede estar a punto de perder los estribos:

"Cuando mi bebé me muerde el pezón con todas sus fuerzas, me cuesta mucho no perder el control. Mi reacción inmediata es un intenso deseo de abofetearle. Antes de tener al bebé no podía entender cómo la gente podía pegar a sus hijos. Ahora lo entiendo."

Madre de Matt, 20 semanas

La madre de Matt es muy honesta con respecto a sus sentimientos. Afortunadamente ella no los lleva a cabo. Sin embargo su bebé puede haberle infligido algún dolor físico durante este período difícil. Aplicarle a su bebé el 'ojo por ojo' no es aceptable y ciertamente no le enseña a él a no hacerle daño a su madre.

Entre las semanas 20 y 22, se iniciará otro período de relativa paz. Muchas madres elogian la iniciativa y el empuje de sus hijos durante esta etapa. Ahora los bebés parecen tener una energía sin límites.

Definitivamente, los padres –y la madre en particular– se darán cuenta de que han dejado de ser el juguete favorito de su hijo, que explorará su entorno con gran determinación y entusiasmo. Los bebés de esta edad quieren acción y se impacientan si sólo tienen a sus madres para entretenerse. Si el bebé ve algo interesante, es posible que se retuerza e intente bajarse de la falda de su madre ante la menor oportunidad. Es obvio que ahora es mucho más independiente.

"Hoy he guardado las primeras ropitas del bebé y he sentido una punzada de melancolía. ¡El tiempo vuela! Y dejarlo pasar no es fácil. De repente, parece tan mayor. Ahora tengo una relación muy distinta con él. Se ha convertido en toda una personita."

Madre de Bob, 23 semanas

"Ahora mi pequeña se toma el biberón dándome la espalda, sentada completamente erguida: no quiere perderse ningún detalle de lo que ocurre a su alrededor. Hasta prefiere ser ella quien sostiene el biberón." Madre de Laura, 22 semanas

Madre de Laura, 22 semanas

"Cuando tengo al bebé en la falda, intenta estirarse casi completamente plano para no perderse nada de lo que ocurre detrás de él."

Madre de Frankie, 23 semanas

"Ahora casi nunca dejo al bebé en el parque infantil. Tengo la impresión de que se siente demasiado limitado en un espacio tan pequeño."

Madre de Bob, 22 semanas

"A mi hijo estaba empezando a disgustarle que lo llevara en la bandolera portabebés. Al principio, creí que necesitaba más espacio porque ahora es mucho más activo que antes. Pero después lo coloqué mirando hacia fuera, y ahora está feliz porque puede verlo todo."

Madre de Steven, 21 semanas

Los bebés amantes de la actividad física ya no necesitan que les acerquen los objetos que quieren: se retorcerán y arrastrarán en cualquier dirección para alcanzarlos por sí mismos.

"Mi pequeña se da la vuelta, pasando de estar estirada sobre el vientre a estarlo sobre la espalda. También se retuerce, se arrastra y culebrea por el suelo para alcanzar sus juguetes. Siempre está ocupada. Ni siquiera tiene tiempo para llorar. He de reconocer que parece más feliz que nunca y lo mismo nos ocurre a nosotros."

Madre de Jenny, 21 semanas

"Mi hija se arrastra y rueda en todas direcciones. No puedo detenerla. Intenta bajarse del saltador y subirse al sofá. El otro día la pillamos cuando estaba metiéndose en la cesta del perro. Tampoco se está quieta cuando la baño. De tantas patadas que da, apenas deja agua en la bañera."

Madre de Emily, 22 semanas

Durante este período, la calma antes de la próxima tormenta, la mayoría de bebés están más alegres. Hasta los más absorbentes y que más reclamaban la atención de sus padres parecen más contentos. Tal vez se deba a que ahora pueden hacer más cosas ellos solos y se aburren menos. Los bebés hacen las delicias de sus padres durante este bien merecido período de tranquilidad.

"Ahora mi pequeña está de tan buen humor... Se ríe y 'cuenta historias'. Me encanta observarla."

Madre de Juliette, 23 semanas

"De nuevo, estoy disfrutando de cada minuto que paso con mi hija. ¡Está tan mona y tan tranquila!"

Madre de Ashley, 22 semanas

"De repente, mi hijo se ha vuelto mucho más manejable. Vuelve a seguir una rutina regular y está durmiendo mejor."

Madre de Frankie, 23 semanas

"Mi hijo está sorprendentemente dulce y alegre. Se acuesta sin apenas rechistar, lo que es un logro en sí mismo. En comparación con las últimas semanas, duerme durante mucho más tiempo seguido por las tardes. ¡Ha cambiado tanto con respecto a cómo era hace unos meses, cuando se pasaba todo el día llorando!... Excluyendo algunos altibajos puntuales, las cosas están mejorando paulatinamente."

Madre de Paul, 22 semanas

capítulo 7

Semana mágica 26: el mundo de las relaciones

Cuando tienen aproximadamente 26 semanas, los bebés empiezan otra vez a mostrar signos de que se avecina un nuevo cambio en su proceso de desarrollo. Si observamos atentamente a un bebé de esta edad, veremos que hace o intenta hacer muchas cosas nuevas. Independientemente de que gatee o no, se moverá más que antes, puesto que habrá aprendido a coordinar los brazos y las piernas con el resto del cuerpo. Basándose en el conocimiento de los acontecimientos, ahora empezará a entender los distintos tipos de relaciones existentes entre las cosas que componen su mundo.

Una de las relaciones más significativas que el bebé puede percibir ahora es la distancia existente entre varias cosas. Es algo que los adultos damos por sentado, pero para un bebé es un descubrimiento sorprendente que va a motivar un cambio radical en su forma de percibir el mundo. De repente, éste se convierte en un lugar enorme, donde él no es más que una mota diminuta, aunque muy ruidosa. Algo que le gustaría tener puede estar en una estantería muy alta o lejos de su cuna, resultando completamente inaccesible para él. Su madre puede salir de la habitación, y, aunque sólo se vaya al cuarto de al lado, para el bebé es como si se hubiera ido a la China, puesto que no puede ir tras ella porque está metido en la cuna y, lógicamente por su corta edad, lo más probable es que todavía no domine la técnica de gatear.

Y aunque ya gatee, se dará cuenta de que su madre se desplaza mucho más deprisa que él y que puede dejarlo atrás fácilmente.

Este descubrimiento puede atemorizar bastante a un bebé y hacer que estas semanas sean bastante duras para los padres. Sin embargo, si los padres entienden la causa de este temor y de esta inquietud, podrán hacer muchas cosas para ayudar al pequeño. Naturalmente, en cuanto el bebé aprenda a calibrar el espacio que le rodea y a controlar la distancia entre él y las cosas

Nota: Este salto en el mundo perceptual de 'relaciones' está conectada con la edad y es predecible. Se pone en marcha el desarrollo de una amplia gama de habilidades y actividades. Sin embargo la edad en que estos aparezcan por primera vez puede variar grandemente dependiendo de las preferencias de su bebé, de la experimentación y el desarrollo físico. Por ejemplo: la habilidad de percibir relaciónes espaciales emergen cerca de las 23 semanas, y es una precondición necesaria para 'gatear dentro o debajo de las cosas' pero esta habilidad normalmente aparece en cualquier momento entre los 6 y 11 meses. Las habilidades y las actividades son mencionadas en este capítulo en la más temprana edad posible que puedan aparecer entonces podrá estar atento y reconocerlas. (al principio podrían ser rudimentarias.) De esta forma podrá responder y facilitar el desarrollo de su bebé.

que desea, sin duda podrá hacer solo muchas más cosas de las que podía hacer antes. Pero habrá un período durante el cual necesitará mucho apoyo.

El hecho de entrar en el mundo de las relaciones afectará a todo lo que perciba y haga el bebé. El pequeño notará estos cambios cuando tenga unas 23 semanas, y entonces empezará a dar muestras de estar alterado. Atrapado en un caos de impresiones nuevas, necesitará reencontrar la estabilidad, regresar al confort que le proporciona su madre y aferrarse a ella en busca de consuelo. La sensación conocida de calor y seguridad que ésta le proporciona le ayudará a relajarse, acostumbrarse a la novedad y crecer en su nuevo mundo a su propio ritmo. Este período de inquietud suele durar unas 4 semanas, aunque puede ser tan corto como una semana o tan largo como 5. Puesto que una de las habilidades importantes que el bebé tiene que aprender en este salto es afrontar la distancia que lo separa de su madre, es posible que vuelva a estar inquieto durante cierto tiempo cuando tenga 29 semanas, después de que sus nuevas habilidades hayan empezado a tomar forma. Cuando los padres vean que el bebé está inquieto, deberán observarlo atentamente para ver si está intentando adquirir nuevas habilidades.

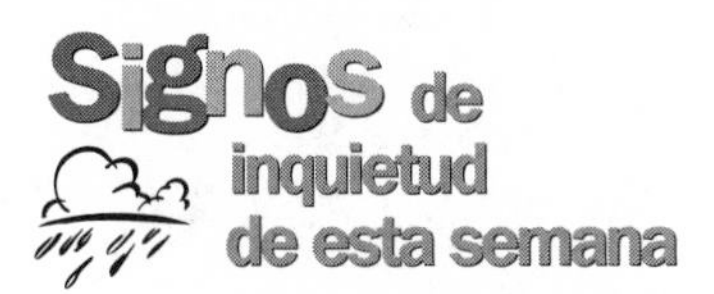

Cuando un bebé se da cuenta de que su mundo está cambiando, lo más probable es que llore con más facilidad. En esta etapa, hay muchas madres que tildan a sus bebés de nerviosos, malhumorados, quejosos o insatisfechos.

Si el bebé tiene un carácter fuerte, es posible que durante este período todavía se revele como más inquieto, impaciente o problemático. Casi todos los bebés lloran menos cuando los cogen en brazos, los abrazan, les permiten acurrucarse contra el cuerpo de su madre o, por lo menos, les hacen compañía mientras juegan.

> "Mi pequeña cada vez se pone más veces de pie sin ayuda. Me da órdenes, enfadada, indicándome que vaya a su lado y me quede con ella. Así, se asegura de que estaré allí para ayudarle cuando tenga problemas para alcanzar sus juguetes."
>
> Madre de Hannah, 25 semanas

Cómo saber que es el momento de crecer

A continuación se describen una serie de reacciones nuevas en el bebé que son los indicadores de que el bebé está a punto de dar el salto al mundo de las relaciones.

Puede tener problemas para dormir

Durante este período, los bebés pueden dormir menos que de costumbre. La mayoría de ellos tienen dificultades para conciliar el sueño o se despiertan antes por la mañana. Algunos no quieren hacer siestas durante el día y otros no quieren acostarse por la noche. Y hay algunos que se niegan a hacer cualquiera de estas cosas.

"La hora de acostarse por la noche y de echarse un sueño durante el día desencadenan en el bebé terribles crisis de llanto. Grita furioso y prácticamente se sube por las paredes. Chilla a pleno pulmón y se hace un ovillo. No lo puedo soportar. Es como si fuera imposible verle descansar tranquilamente en su cuna. Lo único que pido es que no sea siempre así."

Madre de Bob, 26 semanas

"El ritmo de sueño-vigilia de mi hijo se ha desorganizado completamente porque cada día se despierta un poco más pronto. Pero, al margen de esto, duerme con normalidad."

Madre de Frankie, 25 semanas

Puede tener "pesadillas"

Algunos bebés tienen el sueño intranquilo. A veces se mueven, se retuercen y se agitan tan violentamente mientras duermen que parece como si estuvieran teniendo pesadillas.

"Mi hija tiene el sueño muy inquieto. A veces, grita con los ojos cerrados, como si estuviera teniendo una pesadilla. Yo la cojo en brazos unos minutos para consolarla. Estos días le estoy dejando jugar en la bañera al atardecer. Espero que esto consiga calmarla y empiece a dormir mejor."

Madre de Emila, 23 semanas

Puede volverse más tímido

Es posible que el bebé no quiera que otras personas lo miren, le hablen o lo toquen, y, por descontado, no querrá sentarse en su falda. Incluso, aunque no haya ningún desconocido delante, los bebés necesitan no perder de vista a sus madres. Casi todas las madres perciben este cambio. A esta edad, la timidez se hace especialmente evidente por un buen motivo –ahora el pequeño es capaz de entender que su madre puede alejarse y dejarlo solo.

"Mi bebé cada vez está más tímido. Tengo que estar donde me pueda ver constantemente y no puedo alejarme de él. Si salgo de la habitación, intenta seguirme gateando."

Madre de Matt, 26 semanas

"Incluso cuando me siento, apenas puedo moverme sin que mi hija se ponga a llorar atemorizada."

Madre de Ashley, 23 semanas

Puede reclamar más la atención

Es posible que el bebé quiera que pasen más tiempo con él, jueguen más con él o simplemente lo miren a él y a nadie más que a él.

"Mi hija se disgusta con facilidad y siempre tengo que mantenerla ocupada. Por ejemplo, cuando se despierta por las mañanas, quiere ver a uno de nosotros enseguida. Además, es rápida en reaccionar. Si no acudimos al momento, no se limita a llorar; se pone como una loca. Está desarrollando una voluntad propia."

Madre de Hannah, 26 semanas

"Lo único que quiere mi hijo es que lo saque del parque infantil. Tengo que mantenerlo ocupado mientras está en mi falda o pasearlo arriba y abajo."

Madre de Frankie, 27 semanas

"Mi hija no dejaba de hacer diabluras, portándose mal y mostrándose inquieta cuando quería atraer mi atención. Tenía que jugar con ella o encontrar algún modo de mantenerla ocupada durante todo el día. Mientras la mantenía ocupada, todo iba bien."

Madre de Jenny, 25 semanas

Puede querer que lo cojan en brazos continuamente

Es posible que el bebé quiera estar en los brazos de su madre constantemente. Muchos bebés se resisten a que los dejen en la cuna o el parque infantil. Pero algunos no se sienten completamente satisfechos con el descanso placentero en el regazo materno que tanto parecían anhelar. En cuanto alcanzan su meta, empiezan a revolverse intentando coger cosas interesantes del mundo que les rodea.

"Mi hijo no deja de darme la lata para que me lo siente en la falda. Pero, en cuanto lo cojo, me resulta imposible controlarlo. Gatea encima de mí y trepa como un mono, intentando coger todo a lo que puede echarle mano. Me molesta mucho. Intento jugar con él, pero es una pérdida de tiempo. Si no le apetece jugar conmigo, no pasa nada, pero, por lo menos, podría dejar de ser tan difícil. Para ser sincera, me siento rechazada cuando se niega a jugar a los juegos que le propongo, así que lo dejo en el parque infantil. Pero, en cuanto lo hago, empieza a quejarse inmediatamente para que lo vuelva a coger."

Madre de Matt, 27 semanas

La barrera del género

Aunque tanto los niños como las niñas de esta edad suelen reclamar el contacto físico con sus madres, su forma de responder es distinta. A las niñas les suelen gustar más y aceptan mejor los juegos que les proponen sus madres, mientras que los niños, cuando están en brazos de sus madres, insisten en explorar el mundo que les rodea.

Puede perder el apetito

Tanto los bebés amamantados como los que toman el biberón a veces ingieren menos leche o se niegan a alimentarse. Es posible que también rechacen otros alimentos y bebidas. A esta edad, los bebés con frecuencia suelen alargar más las tomas. De algún modo, parecen preferir el consuelo de la succión o juguetear con el pezón o la tetina al contenido del pecho o del biberón.

> "Mi bebé siempre se niega a mamar por la mañana y por la noche. Se limita a empujar contra mi pecho y me hace verdadero daño. Después, cuando está en la cuna y no puede conciliar el sueño, pide el pecho. Mama un poco y se cansa enseguida."
>
> Madre de Matt, 26 semanas

Puede estar apático

Hay ocasiones en las que algunos bebés pueden dejar de producir los sonidos familiares que hacían antes o permanecer estirados sin moverse, dejando vagar la vista a su alrededor o mirando fijamente lo que tienen enfrente. Las madres, y es lógico que así sea, suelen encontrar este comportamiento extraño y alarmante.

> "A veces, de repente, mi pequeña se pone a mirar algo fijamente o deja vagar la vista a su alrededor totalmente en silencio. En los días en que hace esto más a menudo de lo habitual me siento insegura. Empiezo a preguntarme si le pasa algo malo. No estoy acostumbrada a verla de ese modo, tan apática, como si estuviera enferma o tuviera algún problema mental."
>
> Madre de Juliette, 24 semanas

Puede negarse a que le cambien los pañales

Es posible que el bebé llore, dé patadas, se revuelva y se mueva bruscamente cuando vayan a cambiarle los pañales o vestirlo. Muchos bebés se comportan de este modo. No quieren que ni su padre ni su madre les manipulen las ropas.

Diario de nuestro bebé

Signos de que nuestro bebé está creciendo de nuevo

Cuando el bebé tenga entre 22 y 26 semanas, los padres se darán cuenta de que empieza a presentar algunas de las siguientes conductas. Son signos de que está preparado para dar un nuevo salto evolutivo que le permitirá entrar en el mundo de las relaciones. Sugerimos a los padres que marquen con una cruz los recuadros que figuran junto a las conductas que presente el bebé.

- ❑ Llora más a menudo y está más nervioso, inquieto o de mal humor
- ❑ Quiere que lo entretengan
- ❑ Quiere que lo cojan en brazos
- ❑ Tiene problemas para dormir
- ❑ Pierde el apetito
- ❑ No quiere que le cambien los pañales ni que lo vistan o desvistan
- ❑ Es más tímido con los desconocidos que antes
- ❑ Está más callado, produce menos sonidos
- ❑ Está más apático
- ❑ Se chupa el dedo, o se lo chupa más que antes
- ❑ Se abraza a un objeto de apego o lo hace más a menudo que antes

OTROS CAMBIOS:

____

____

"Cuando coloco a mi pequeña estirada sobre la espalda para cambiarle los pañales, siempre se pone a llorar. Generalmente no lo hace durante mucho rato, pero siempre hace lo mismo. A veces me pregunto si le pasará algo en la espalda."

Madre de Juliette, 23 semanas

"Casi cada vez que visto o cambio al bebé, llora desesperadamente. Cuando tengo que pasarle la camiseta por el cuello, se pone como una fiera. Me saca de quicio."

Madre de Bob, 24 semanas

Puede abrazarse a un objeto de apego más a menudo

Hay muchos bebés que tienen la costumbre de abrazarse a un osito de peluche, una sábana, una toalla o una babucha y, a esta edad, lo hacen más frecuentemente que antes. En la mayoría de los casos, les sirve cualquier cosa que sea blanda, pero algunos bebés sólo aceptan un objeto en especial. A veces se abrazan a él mientras se chupan el dedo o juguetean con la oreja. Parece como si el objeto de apego les transmitiera seguridad, especialmente cuando su madre está ocupada.

"Cuando mi hija se da cuenta de que, por mucho que se queje y se lamente, no va a conseguir que la saquemos del parque infantil, se da por vencida. Se sienta y se chupa el dedo, al tiempo que se abraza a su sábana. Es adorable."

Madre de Ashley, 24 semanas

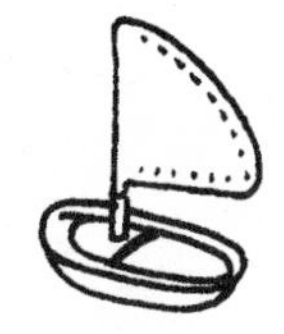

"Ahora se ha puesto de moda chuparse el dedo. Cuando mi hijo se empieza a hartar, se mete el dedo en la boca, apoya la cabeza sobre su osito de peluche y se queda dormido. ¡Es tan tierno!"

Madre de Steven, 23 semanas

Reacciones maternas ante los cambios del bebé

Sin lugar a dudas, los cambios que sufre y muestra el bebé van a afectar a la madre o al progenitor que esté más tiempo al cuidado del pequeño. He aquí algunas de las emociones que pueden experimentar las madres durante este período.

Puede estar agotada (todavía más)

Los períodos de inquietud crispan los nervios de cualquiera. Al final de uno de estos períodos, las madres de los bebés especialmente difíciles y absorbentes pueden sentirse exhaustas. Es probable que se quejen de dolores de estómago, espalda y cabeza y de tensión.

Que un bebé esté inquieto no significa necesariamente que le están saliendo los dientes

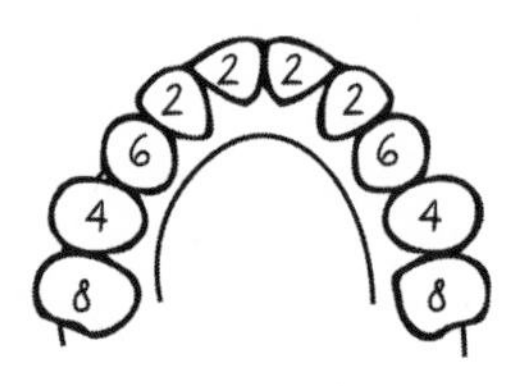

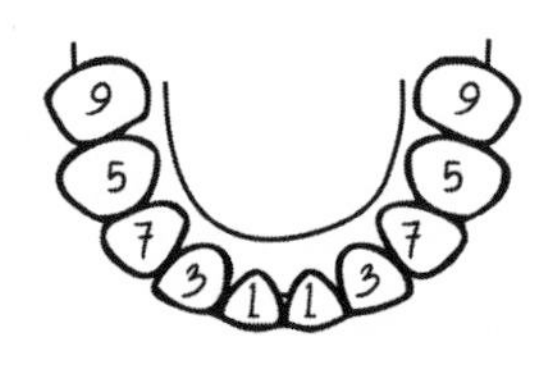

Las ilustraciones en la izquierda muestran el orden en el cual los dientes emergen casi siempre. Sólo recuerde que los bebés no son máquinas. A un bebé le sale el primer diente cuando está preparado. Lo rápidamente que salgan los dientes tampoco tiene nada que ver con el estado de salud o el desarrollo físico o mental de un bebé. Los dientes pueden salir pronto o tarde, deprisa o despacio.

Generalmente, los primeros dientes –los *incisivos centrales inferiores*– salen cuando el bebé tiene unos 6 meses. Al cumplir un año, los bebés suelen tener 6 dientes. Aproximadamente a los dos años y medio, con la salida de los *segundos premolares*, se completa la dentición caduca, los denominados "dientes de leche". Entre incisivos, premolares y caninos, los niños pequeños tienen 20 dientes.

A pesar de los dichos populares, la fiebre alta o la diarrea no tienen nada que ver con la salida de los dientes. Si el bebé presenta alguno de estos síntomas, es necesario llamar al pediatra.

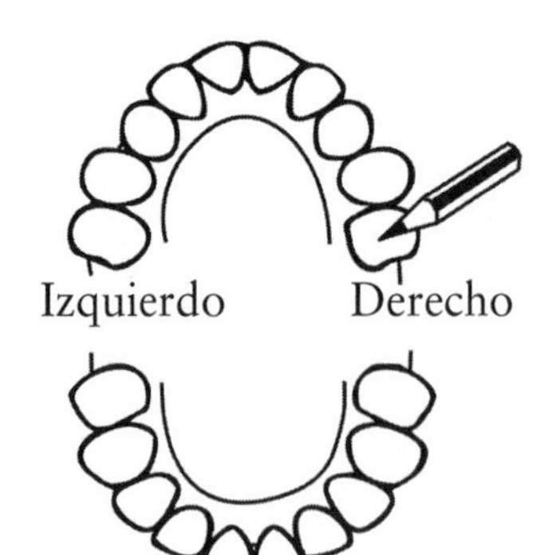

Fecha

I 1 .... D 1 ....
I 2 .... D 2 ....
I 3 .... D 3 ....
I 4 .... D 4 ....
I 5 .... D 5 ....
I 6 .... D 6 ....
I 7 .... D 7 ....
I 8 .... D 8 ....
I 9 .... D 9 ....
I 10 .... D 10 ....

"Los llantos de mi hijo me sacan tan de quicio que estoy totalmente obsesionada con el tema. La tensión que me crean consume toda mi energía."

Madre de Steven, 25 semanas

"Hace unos días, tuve que pasarme toda la santa noche levantándome para ponerle el chupete en la boca a mi hija. De repente, a las 12.30 de la noche se despejó completamente y estuvo despierta hasta las 2.30 de la madrugada. Yo había tenido un día muy duro, con muchos dolores de cabeza y de espalda. Ya no podía más."

Madre de Emily, 27 semanas

Puede preocuparse

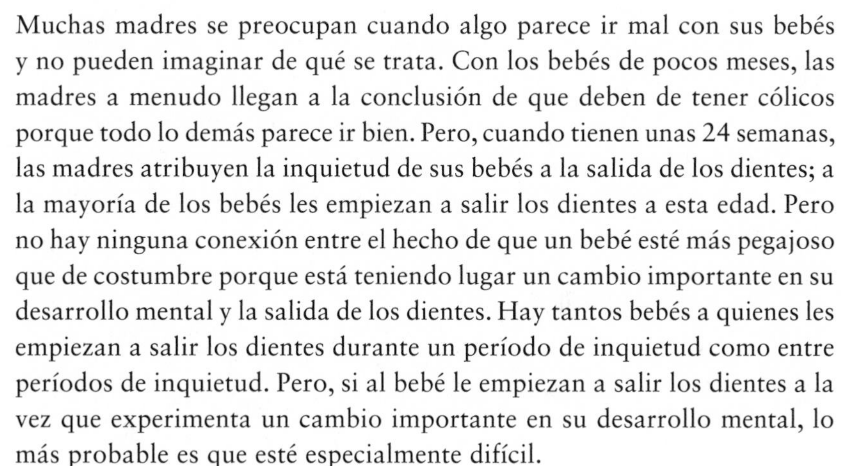

Muchas madres se preocupan cuando algo parece ir mal con sus bebés y no pueden imaginar de qué se trata. Con los bebés de pocos meses, las madres a menudo llegan a la conclusión de que deben de tener cólicos porque todo lo demás parece ir bien. Pero, cuando tienen unas 24 semanas, las madres atribuyen la inquietud de sus bebés a la salida de los dientes; a la mayoría de los bebés les empiezan a salir los dientes a esta edad. Pero no hay ninguna conexión entre el hecho de que un bebé esté más pegajoso que de costumbre porque está teniendo lugar un cambio importante en su desarrollo mental y la salida de los dientes. Hay tantos bebés a quienes les empiezan a salir los dientes durante un período de inquietud como entre períodos de inquietud. Pero, si al bebé le empiezan a salir los dientes a la vez que experimenta un cambio importante en su desarrollo mental, lo más probable es que esté especialmente difícil.

"Mi hija está atravesando un período muy difícil y sólo quiere estar en mi falda. Tal vez sean los dientes. Llevan tres semanas dándole la lata. Parece estar bastante molesta, pero todavía no le han acabado de salir."

Madre Jenny, 25 semanas

"Mi pequeño se ha vuelto muy llorón. Según el pediatra, están a punto de salirle los dientes."

Madre de Paul, 27 semanas
(El primer diente no le salió hasta 7 semanas después.)

Puede enfadarse

Muchas madres se enfadan en cuanto creen tener la seguridad de que sus bebés no tienen ningún motivo para estar tan inquietos y difíciles. Esta sensación se suele ir acrecentando conforme se va acercando el final del período de inquietud. Algunas madres, especialmente las que tienen bebés muy difíciles, sencillamente no pueden más.

> "La semana pasada fue agotadora. A mi hijo le dio por llorar por casi todo. Reclamaba mi atención constantemente. No hubo forma de poderlo acostar hasta las 10 de la noche y estaba muy inquieto. Tuve que llevarlo arriba y abajo en el portabebés todo el día. A él le gustaba, pero yo acabé agotada con tanto movimiento y tanto llanto. Cada vez que le daba una de sus rabietas cuando estaba en la cuna por la noche, me sentía como si hubiera llegado a mi límite. Sentía que me estaba enfadando muchísimo. Esto me ocurrió muchas veces la semana pasada."
>
> Madre de Bob, 25 semanas

Es muy importante que los padres no pierdan el control. Recordemos que tener sentimientos de enfado y frustración no es anormal ni peligroso, pero convertirlos en actos violentos sí lo es. Los padres deben buscar ayuda antes de perder el control.

Puede empezar a discutir

Las disputas entre madre e hijo a la hora de la comida son muy habituales. Muchas madres odian que sus bebés no coman lo que les preparan e insisten en alimentarlos. Lo intentan hacer en tono de juego o bien forzando al bebé. Ninguno de los dos enfoques suele dar resultado. A esta edad, los bebés de carácter fuerte pueden ser sumamente testarudos. Esto a veces saca de quicio a las madres, que, aunque tal vez no lo reconozcan, demuestran ser igual de testarudas que sus hijos. Y a veces las comidas se convierten en una verdadera guerra.

Hay que procurar mantener la calma y no convertir las comidas en un enfrentamiento. De todos modos, lo más probable es que el niño no quiera comer a la fuerza. Durante esta fase de inquietud muchos bebés comen mal. Se trata de algo pasajero. Si se hace de ello una montaña, aumenta-

rán las probabilidades de que el bebé siga rechazando la comida incluso cuando finalice el período de inquietud. Habrá hecho de ello un hábito.

Cuando la fase de inquietud llega a su fin, muchas madres suelen percibir acertadamente que su bebé es capaz de hacer muchas más cosas que antes. Por este motivo, muchas de ellas se hartan de lo pegajosos y pesados que están sus bebés y deciden que es el momento de poner freno a este comportamiento.

> "Mi pequeña sigue lloriqueando para que le haga caso o la coja en brazos. Es algo que me irrita mucho y, encima, ¡no tiene ninguna excusa! Estoy hasta el moño."
>
> Madre de Juliette, 26 semanas

Cómo emergen las nuevas habilidades del bebé

Cuando el bebé tenga unas 26 semanas, los padres volverán a darse cuenta de que su hijo está intentando adquirir una o más habilidades. A esta edad los bebés suelen empezar a explorar el mundo de las relaciones. Este mundo les ofrece muchas oportunidades para desarrollar habilidades que dependen de la comprensión de las relaciones entre objetos, personas, sonidos y sentimientos. El bebé, dependiendo de su temperamento, inclinaciones, preferencias y constitución física, se centrará en los tipos de relaciones que más le atraigan. Utilizará esta comprensión para desarrollar las habilidades que más se ajusten a su personalidad. La mejor forma de ayudar al bebé es animarle a hacer lo que está preparado para hacer, en vez de intentar forzarle o presionarle en direcciones que no le interesan. De todos modos, esto cada vez resultará más difícil, puesto que empezará a emerger la personalidad del bebé y empezarán a dominar sus ideas.

> "Sigo viendo el mismo patrón de un período difícil, a veces extremadamente agotador, que alcanza su pico máximo al final y después da paso a una etapa de calma. Cada vez que creo que no voy a poder soportarlo más, mi pequeño cambia de rumbo y, de repente, empieza a hacer cosas nuevas."
>
> Madre de Bob, 26 semanas

(continúa en la página 164)

Diario de nuestro bebé

Cómo explora nuestro bebé el nuevo mundo de las relaciones

El mundo de las relaciones abre tantas posibilidades a un bebé que sería imposible que las explorara todas, aunque quisiera hacerlo. Los aspectos del mundo que explorará dependerán de en qué tipo de niño se está convirtiendo y cuáles son sus aptitudes. Un bebé amante de la acción utilizará la percepción de la distancia para mejorar su equilibrio al gatear tras su madre, en el caso de que ya gatee. Un bebé muy dado a observar y escuchar tendrá mucho trabajo para descubrir cómo funciona el mundo. Sugerimos a los padres que vayan marcando con una cruz las habilidades que describan a su bebé en el momento actual. Tal vez quieran releerse la lista varias veces antes de que su hijo inicie el siguiente salto, puesto que no todas las habilidades que desarrollará a raíz de este salto aparecerán al mismo tiempo.

EQUILIBRIO

- ❑ Es capaz de sentarse solo a partir de la postura de estirado
- ❑ Se incorpora y se pone de pie sin ayuda
- ❑ Es capaz de sentarse sin ayuda cuando está de pie
- ❑ Se mantiene de pie sin apoyo
- ❑ Anda con apoyo
- ❑ Intenta saltar aunque no se despega del suelo
- ❑ Puede coger un juguete de una mesa o estantería que está por encima de su cabeza

CONTROL CORPORAL

- ❑ Da pasos sujetándose a la cuna, una mesa o el parque infantil
- ❑ Anda empujando una caja delante de él
- ❑ Anda apoyándose en los muebles
- ❑ Gatea debajo de objetos, como sillas y cajas

- ❑ Sube y baja escalones pequeños gateando
- ❑ Sale y entra de las habitaciones gateando
- ❑ Se agacha o se estira sobre el vientre para alcanzar algo que ha caído bajo un sofá o una silla

COGER, TOCAR Y PALPAR

- ❑ Opone el pulgar y el índice para coger objetos pequeños
- ❑ Puede jugar con algo utilizando ambas manos
- ❑ levanta la alfombra para mirar debajo
- ❑ Coloca un juguete boca abajo para ver cómo suena
- ❑ Hace rodar una pelota por el suelo
- ❑ Es capaz de coger la pelota que rueda hacia él
- ❑ Vuelca la papelera para vaciar su contenido
- ❑ Tira cosas
- ❑ Coloca objetos dentro y cerca de una cesta, dentro y fuera de una caja, debajo y encima de una silla, o los saca del parque infantil
- ❑ Intenta encajar un juguete dentro de otro
- ❑ Intenta separar las partes de un objeto, como el badajo de una campana
- ❑ Se quita los calcetines
- ❑ Afloja los cordones de los zapatos a su madre
- ❑ Vacía armarios y estanterías
- ❑ Suelta objetos cuando está en la trona para verlos caer
- ❑ Introduce alimento en la boca del perro, en la de su madre o su padre
- ❑ Empuja puertas para cerrarlas

(continúa)

Diario de nuestro bebé (cont.)

OBSERVAR

- ❑ Observa las actividades de los adultos, como colocar cosas sobre, dentro o a través de algo
- ❑ Observa de forma sucesiva los animales que aparecen en los libros de ilustraciones
- ❑ Mira de forma sucesiva las distintas personas que salen en las fotografías
- ❑ Pasa la vista de un juguete, objeto o alimento a otro que tiene en las manos
- ❑ Observa los movimientos de los animales, particularmente cuando se salen de lo corriente, por ejemplo, un perro desplazándose a paso ligero por un suelo de madera
- ❑ Observa los movimientos de las personas cuando se salen de lo corriente, como su padre haciendo el pino
- ❑ Explora su cuerpo –particularmente su pene o vagina
- ❑ Presta mucha atención a los pequeños detalles o partes de los juguetes y otros objetos, como las etiquetas de las toallas
- ❑ Selecciona un libro para mirar sus ilustraciones
- ❑ Selecciona un juguete para jugar con él

ESCUCHAR

- ❑ Establece conexiones entre acciones y palabras; entiende órdenes breves, como "No, no hagas eso" y " Venga, vámonos"
- ❑ Escucha atentamente las explicaciones y parece entenderlas
- ❑ Le gusta oír los sonidos que hacen los animales cuando mira ilustraciones de animales
- ❑ Escucha atentamente las voces que oye por teléfono
- ❑ Presta atención a los sonidos que están relacionados con ciertas actividades, como trocear la verdura. Escucha los sonidos que produce él, como cuando salpica agua

HABLAR

- ❑ Entiende la asociación existente entre acciones y palabras. Dice su primera palabra en el contexto adecuado. Por ejemplo, dice ¡ay! cuando se cae y "achís" cuando alguien estornuda
- ❑ Ha aprendido a soplar

DISTANCIA ENTRE MADRE Y BEBÉ

- ❑ Protesta cuando su madre se va
- ❑ Gatea tras su madre
- ❑ Establece contacto repetidamente con su madre a pesar de que esté ocupado en sus cosas

GESTOS IMITATIVOS

- ❑ Imita el gesto de decir adiós
- ❑ Da palmadas cuando se lo piden
- ❑ Imita el gesto de chasquear con la lengua
- ❑ Imita los gestos de negar y asentir con la cabeza, aunque a menudo asiente sólo con los ojos

MISCELÁNEA

- ❑ Baila al ritmo de la música (menea el vientre)

OTROS CAMBIOS

___

___

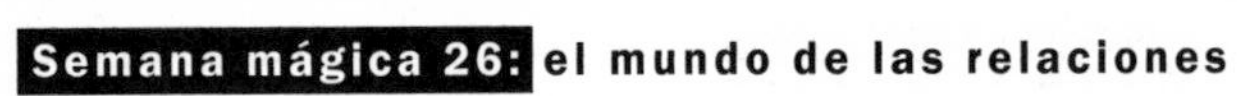

El salto mágico hacia delante

Por primera vez, el bebé puede percibir todo tipo de relaciones y actuar teniendo en cuenta este conocimiento. Ahora es capaz de percibir que siempre existe una distancia física entre dos objetos o personas. Y, por descontado, la distancia que le separa de su madre es una de las primeras cosas que va a percibir y ante la que va a reaccionar.

Descubrir que su madre puede incrementar la distancia que les separa y que él no puede hacer nada por evitarlo no va a ser nada agradable para el bebé. Probablemente se asustará y empezará a llorar.

> "Tenemos un problema. Mi pequeña no soporta que la deje en el parque infantil. En cuanto la acerco al parque, le empiezan a temblar los labios. Si la dejo dentro, le da por gritar. Sin embargo, cuando la dejo en el suelo, fuera de la 'cárcel', no pasa nada. Inmediatamente, rueda, culebrea y se impulsa en mi dirección."
>
> Madre de Nina, 25 semanas

La yuxtaposición de objetos llega al bebé como una revelación. El pequeño empieza a entender que las cosas pueden estar *dentro, fuera, encima, sobre, cerca, debajo* o *entre* otras cosas. Y le encantará jugar con estas nociones.

> "Mi hijo se pasa todo el día metiendo y sacando sus juguetes de la caja de los juguetes. A veces sacude bruscamente los juguetes sobre el lateral del parque infantil. Otras veces pasa cuidadosamente cada objeto a través de las barras. Vacía armarios y estanterías y le encanta verter el agua de botellas y otros recipientes en la bañera. Pero lo mejor

de todo ocurrió mientras lo estaba amamantando. De repente, me soltó el pezón, lo estudió con una mirada inquisitiva en el rostro, me agitó el pecho hacia arriba y hacia abajo, succionó una vez y volvió a observar el pecho. Siguió haciendo lo mismo durante un buen rato. Nunca lo había hecho antes. Era como si se estuviera intentando imaginar cómo podía salir algo de ahí dentro."

Madre de Matt, 30 semanas

Seguidamente, el bebé será capaz de entender que puede hacer que ocurran ciertas cosas. Por ejemplo, pulsa un botón y empieza a sonar música o al accionar un interruptor se enciende una luz. Del mismo modo, se sentirá atraído por todo tipo de objetos, como los reproductores de música, los televisores, los mandos a distancia, los interruptores y los pianos de juguete.

Ahora empieza a entender que las personas, objetos, sonidos o situaciones pueden relacionarse entre sí. O que determinados sonidos están relacionados con determinados objetos o situaciones. Por ejemplo, ahora sabe que, cuando oye ruido de cacharros en la cocina, significa que alguien está preparándole la cena; cuando oye el sonido de la llave en la puerta de casa, significa que papá acaba de llegar; que el perro tiene sus juguetes y que mamá, papá y él forman un equipo. La comprensión que el bebé tiene del concepto de "familia" es más bien rudimentaria si la comparamos con la que tiene un adulto pero, en cierta manera, empieza a tener una idea de qué significa estar en el mismo barco.

Otro de los avances que hará el bebé está relacionado con la capacidad de comprender que los animales y personas pueden coordinar sus movimientos. A pesar de que dos personas anden separadamente, será capaz de percibir que ambas están teniendo en cuenta los movimientos de la otra. Esto también es una "relación". Asimismo, entiende cuándo algo va mal. Cuando a su madre se le cae algo, grita y se agacha rápidamente para recogerlo; si dos personas chocan o el perro se cae del sofá, entiende que hay algo que se sale de lo habitual. Algunos bebés encuentran este tipo de escenas muy divertidas, mientras que a otros les aterran. Y hay otros que sienten curiosidad o se lo toman muy en serio. Después de todo, se trata de cosas que no tenían que suceder. Por ello, cada nueva observación o habilidad puede hacer que el bebé sea sumamente cauteloso hasta que compruebe que lo ocurrido resulta inofensivo.

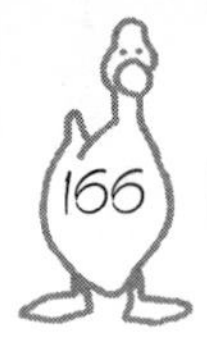

"Me he dado cuenta de que a mi hijo le asusta la máquina de cortar pan de la panadería. En cuanto la empleada introduce el pan en la cortadora, me mira fijamente como si me preguntara: '¿Estás segura de que todo va bien?'. Entonces mira hacia la máquina espantado y después me mira a mí, después vuelve a mirar a la máquina espantado y me vuelve a mirar a mí. Al cabo de un rato, se tranquiliza."

Madre de Paul, 29 semanas

El bebé también empezará a descubrir que puede coordinar los movimientos del tronco, las extremidades y las manos para que funcionen sincrónicamente. En cuanto entienda esto, aprenderá a gatear más eficazmente. O intentará sentarse, ponerse de pie y volverse a sentar sin ayuda. Algunos bebés dan sus primeros pasos a esta edad con un poco de ayuda.

Y algunos bebés excepcionales andarán solos justo antes del próximo salto evolutivo. Todos estos ejercicios físicos también pueden asustar al bebé, al darse cuenta de que puede perder el control de su cuerpo. Todavía tiene que aprender a mantener el equilibrio. Y mantener el equilibrio tiene mucho que ver con el hecho de estar familiarizado con las distancias.

Cuando el bebé empiece a ser activo en el mundo de las relaciones, lo hará a su propio modo. Utilizará las habilidades y conceptos que ha adquirido en los períodos evolutivos previos. Por lo tanto, sólo podrá percibir y experimentar con las relaciones que implican cosas que ya entiende –cosas que ha aprendido en los mundos de los patrones, las transiciones suaves y los acontecimientos.

Las preferencias del bebé: la clave de su personalidad

Entre las semanas 26 y 34, las preferencias del bebé en el mundo de las relaciones empezarán a despuntar. Si los padres observan atentamente lo que hace el bebé, se darán cuenta de qué es lo que más le gusta. Les sugerimos que utilicen la lista del "Diario de nuestro bebé" para identificar los intereses de su hijo, respetando siempre las elecciones que él haga. Es natural que los padres comparen las observaciones que hacen sobre su bebé con las de otros padres. Pero no deben esperar que todos los bebés sean iguales. Al contrario, ¡de lo único que pueden estar seguros es de que no lo serán!

Hemos de recordar que a los bebés les encanta todo lo que es nuevo. Es muy importante que los padres respondan siempre que perciban que el bebé presenta nuevas habilidades o intereses. No hay nada más estimulante para un bebé que poder compartir sus descubrimientos y ésa es la forma de que su aprendizaje progrese más deprisa. Así es como son los bebés.

Todos los bebés necesitan tiempo, apoyo y muchas oportunidades para practicar y experimentar con sus nuevas habilidades. Los padres pueden ayudar al bebé animándole cuando consiga lo que se propone y consolándolo cuando no lo consiga. Si el pequeño persiste demasiado intentando algo que todavía no está preparado para hacer, pueden intentar distraerlo proponiéndole alguna actividad que ya domina.

La mayoría de las actividades que realizamos los adultos están firmemente enraizadas en el mundo de las relaciones –cargar el coche, vestirse, introducir cartas en sobres, mantener una conversación, seguir un vídeo didáctico, por citar algunas–. Una buena práctica para los padres es dejar que el bebé los observe mientras realizan este tipo de actividades cotidianas y, si es posible, permitirle que participe y comparta con ellos sus experiencias visuales, sonoras, táctiles, olfativas y gustativas, siempre que él lo desee. Los padres siguen siendo la mejor guía para el bebé.

Hemos que tener presente que el bebé probablemente se irá especializando en un tipo de actividades a costa de otras. Pero no importa si, por ejemplo, el bebé se aventura en el mundo de las relaciones sólo a través de los sentidos de la vista y el oído. Más adelante, transferirá fácilmente esta comprensión a otras áreas.

El miedo al "abandono"

En el mundo de las relaciones, casi todos los bebés empiezan a darse cuenta de que sus madres pueden incrementar la distancia que las separa de ellos y que se pueden ir y dejarlos solos. Antes, sus ojos lo podían ver, pero todavía no entendían completamente el significado de "marcharse". Ahora, la comprensión de lo que significa les plantea un grave problema. Cuando un bebé de esta edad comprende que los movimientos de su madre son impredecibles y están fuera de su control, se asusta mucho –¡podría abandonarle en cualquier momento!–. Incluso aunque la pueda seguir porque ya sabe gatear, su madre enseguida le sacaría ventaja. Siente que no puede controlar la distancia que lo separa de su madre y eso le hace sentirse desamparado. Al principio, resulta difícil aceptar que este estado de cosas represente un progreso, pero es una señal indudable de que el bebé ha dado un paso mental hacia delante. El bebé tiene que aprender a afrontar este reciente descubrimiento, convirtiéndolo en una parte integrante de su nuevo mun-

do para que deje de parecerle tan aterrador. La tarea de la madre consiste en ayudarle a conseguirlo. Para ello, necesitará comprensión, compasión, práctica, paciencia y, sobre todo, tiempo.

Si el bebé da muestras de tener miedo, la madre deberá aceptar su miedo. El pequeño pronto se dará cuenta de que no hay nada que temer, puesto que su madre no le va a abandonar. Generalmente el período de mayor pánico ocurre alrededor de la semana 29. Después las cosas mejoran en alguna medida hasta la llegada del siguiente salto evolutivo.

"Mi hijo tiene arranques de cólera y llantos hasta que lo cojo en brazos. Cuando lo hago, se pone a reír y parece completamente satisfecho consigo mismo."

Madre de Frankie, 31 semanas

"Todo va bien mientras mi hija puede verme. En cuanto no puede, empieza a llorar atemorizada."

Madre de Eve, 29 semanas

"He dejado a mi hija con la canguro, como suelo hacer. No ha querido comer, dormir ni hacer nada. No ha hecho más que llorar y llorar. Nuca me había ocurrido nada parecido con ella. Me siento culpable cuando la veo tan desesperada ante mi marcha. Estoy planteándome la posibilidad de trabajar menos horas, pero no sé cómo organizarme."

Madre de Laura, 28 semanas

"En cuanto mi hija tiene la más leve sospecha de que la voy a dejar en el suelo, empieza a quejarse y a aferrarse a mí con vehemencia. De modo que ahora la llevo todo el día a cuestas. También ha dejado de sonreír como solía hacer. Hace sólo una semana tenía sonrisas para todos. Ahora sonríe infinitamente menos. Ya ha pasado por esto en otras ocasiones, pero antes siempre acababa esbozando una sonrisita. Ahora las sonrisas brillan por su ausencia."

Madre de Nina, 29 semanas

"Fue una semana espantosa. ¡Demasiadas lágrimas! Dejarlo tan sólo cinco minutos era demasiado para él. En cuanto yo salía de la habitación, empezaban los llantos. Tenía que llevarlo todo el día a cuestas y, en cuanto lo dejaba solo por la noche, se ponía como un loco. Al cabo de 3 días, estaba agotada. No podía más y mi enfado empezó a cre-

cer. Temía que se convirtiera en un círculo vicioso. Me sentía al límite de mis fuerzas, sola y completamente exhausta. Además, no dejaba de romper cosas –se me caían constantemente de las manos–. Entonces fue cuando lo llevé al jardín de infancia por primera vez. Intenté aguantar la respiración, pero no funcionó y tuve que volver a consolarlo rápidamente. Me sentía fatal por el hecho de dejarlo allí solo, pero, al mismo tiempo, me lo había pensado mucho y creía que era la mejor solución. Me exijo demasiado a menudo, y sólo consigo sentirme más sola, agresiva y encerrada. También sigo preguntándome si la culpa es mía por haber sido inconsistente o haberlo mimado demasiado."

Madre de Bob, 29 semanas

Una forma de mitigar la angustia del bebé es estando a su lado siempre que nos necesite realmente. Así, le daremos la oportunidad de crecer y acostumbrarse a la nueva situación a su propio ritmo. Una madre puede ayudar a su hijo en esta fase de "pánico" llevándolo más a menudo en brazos o estando un poco más cerca de él. También le ayudará si se despide de él antes de marcharse y no deja de hablarle mientras se aleja o mientras está en otra habitación. Así, el bebé aprenderá que su madre sigue ahí aunque no la pueda ver. El típico juego del cu-cu-tas permite practicar "la marcha" de la madre. Por ejemplo, la madre puede empezar ocultando su rostro detrás de un periódico mientras está sentada junto a su hijo, después puede esconderse detrás del sofá cerca del bebé, después detrás del armario un poco más lejos y, por último, detrás de la puerta.

Si al bebé le gusta gatear, su madre puede transmitirle la seguridad de que no va abandonarlo animándole a que le siga. Es mejor que la madre avise siempre antes de marcharse –así, el bebé aprenderá que no tiene que estar siempre pendiente de sus movimientos, sino que puede seguir jugando tranquilamente–. Después, la madre puede salir de la habitación a paso lento para que el bebé pueda seguirle, ajustando siempre el ritmo del desplazamiento al del bebé. Éste no tardará mucho en aprender que puede controlar la distancia que le separa de su madre y, además, aprenderá a confiar en ella. El pequeño entenderá que su madre no va a desaparecer en cuanto se vaya a otra habitación y dejará de asustarse innecesariamente.

"Al principio, mi hijo solía aferrarse a mi pierna como si fuera un monito y se montaba literalmente en mi zapato cuando me intentaba alejar. Te-

nía que cargar con ese fardo todo el día. Al cabo de unos pocos días, permitió que mantuviéramos una corta distancia. Me dejaba dar unos pasos antes de acercarse gateando y aferrarse a mi pie. Ahora puedo entrar en la cocina mientras él gatea por ahí. No me viene a buscar a menos que me pase un buen rato allí."

Madre de Bob, 31 semanas

A menudo, el deseo que tienen los bebés de estar cerca de sus madres es tan fuerte que hasta el gateador menos experto se esforzará al máximo y acabará mejorando su técnica. Las ganas que tienen de estar con sus madres, junto con la coordinación que ahora poseen, les proporcionarán el incentivo extra que necesitan.

Si el bebé ya gateaba después del salto anterior, a partir de ahora notaremos una gran diferencia. Antes, sus esfuerzos por gatear le alejaban de su madre, pero ahora quiere permanecer junto a ella mucho más tiempo. Empezará a rodear a su madre y hará sólo breves avances hacia delante y hacia atrás, estableciendo contacto con ella frecuentemente.

"Mi bebé no deja de gatear hacia delante y hacia atrás y después se pasa un rato sentado debajo de mi silla. También está más cerca de mí de lo que solía estar."

Madre de John, 31 semanas

Si la madre se sitúa en el centro de la habitación, el bebé irá experimentando con la distancia, acercándose y alejándose de ella. Y, si la madre se sienta en el suelo, pronto verá cómo el bebé va interrumpiendo sus excursiones para establecer contacto con ella.

Con el paso de las semanas, las madres cada vez se enfadan más cuando sus bebés no les permiten seguir con sus actividades cotidianas. Cuando éstos cumplen 29 semanas, la mayoría de las madres cambian de actitud. Rompen gradualmente con el viejo hábito ("Siempre estaré aquí para que te aferres a mí") y dictan una nueva norma ("Yo también necesito tiempo y espacio para moverme"). La mayoría de las veces lo consiguen distrayendo al bebé, a veces ignorando sus quejas durante un rato, o bien acostándolo en su cuna cuando se hartan de su comportamiento.

La barrera del género

Después de todo, ¿son los niños diferentes que las niñas?

Las madres de bebés de sexo masculino a veces parecen tenerlo más difícil que las que tienen niñas. A menudo no logran entender a sus hijos. ¿Quieren o no quieren jugar con ellas?

> "Mi hijo a menudo lloriquea reclamando contacto y atención. Yo siempre respondo. Pero, cuando lo cojo en brazos para jugar a algo, es evidente que no es eso lo que desea. De repente, ye algo y eso es lo que quiere, de modo que empieza a retorcerse y a lloriquear intentando alcanzarlo. Parece querer dos cosas: a mí y explorar. Pero siempre acaba haciéndose un lío con ambas cosas. Coge algo bruscamente y lo deja a un lado. Si por él fuera, se pasearía por toda la casa haciendo lo mismo. Me habría gustado que fuera un poco más cariñoso. Podríamos hablar, jugar, simplemente, hacer cosas los dos juntos y pasárnoslo bien. Sin embargo, ahora me paso todo el día intentando evitar accidentes. A veces me siento insatisfecha."
>
> Madre de Matt, 32 semanas

Las madres que tienen bebés de ambos sexos a menudo se dan cuenta de que pueden hacer más cosas con sus hijas que con sus hijos. Tienen la impresión de que son capaces de percibir mejor lo que quieren las niñas. Comparten los mismos intereses, lo que ellas denominan la sociabilidad y la forma de pasárselo bien.

> "Me siento más capaz de desempeñar el rol de madre con mi hija que con mi hijo. Hacemos todo tipo de cosas juntas. Cuando le hablo, me escucha. Le gustan los juegos que le propongo y me pide más. Su hermano iba mucho más a la suya."
>
> Madre de Eve, 33 semanas

Es imprescindible que una madre considere detenidamente cuánto tiempo puede estar el bebé a solas sin asustarse demasiado. Saber que su madre lo puede abandonar cuando quiera puede ser aterrador para un bebé y muy difícil de afrontar.

"Se pone tan pesado cuando insiste en aferrarse a mis piernas mientras intento cocinar... Es casi como si decidiera ponerse más difícil porque me ve ocupada, de modo que lo acuesto en su cuna."

Madre de Kevin, 30 semanas

Cómo ayudar al bebé a explorar el nuevo mundo a través de la actividad motriz

Si al bebé le encanta gatear, dejaremos que se pasee a sus anchas por una habitación donde no pueda hacerse daño. Si lo observamos, veremos cómo aprende, gateando, las distintas relaciones espaciales. Un gateador precoz entiende que puede gatear *dentro, fuera, bajo, sobre, entre, encima* y *a través* de algo. A los bebés les encanta jugar con las distintas relaciones existentes entre ellos y los objetos que les rodean.

"Me gusta ver jugar a mi hijo en el cuarto de estar. Se aproxima al sofá, mira debajo de él, se sienta, gatea rápidamente hasta el ropero, se mete dentro de él, luego sale y gatea hasta la alfombra, la levanta, mira debajo, se dirige hacia una silla y se coloca debajo, después se dirige como una bala hacia otro armario, se mete dentro, se queda encajado, llora un poco, consigue salir y cierra la puerta. ¡Buff!"

Madre de Steven, 30 semanas

Si el bebé disfruta haciendo este tipo de cosas, podemos dejar algunos objetos por la habitación para estimularle a seguir explorando. Por ejemplo, podemos fabricar montañas con sábanas arrugadas, edredones o cojines para que trepe por ellos. Por supuesto, siempre deberemos ajustar este tipo de juego a las habilidades del pequeño.

También podemos construir un túnel con cajas o sillas, para que el bebé pase por debajo de él.

O podemos fabricar una tienda con una sábana, para que el bebé pueda entrar y salir de ella gateando o derribarla chocando contra ella.

A la mayoría de los bebés les divierte mucho abrir y cerrar puertas. En estos casos, podemos incluir una o varias puertas en el circuito, aunque tendremos que vigilar cuidadosamente que el bebé no se pille los dedos. Todos estos juegos resultan todavía más divertidos si gateamos con el bebé. Podemos introducir más variedad añadiendo otros elementos, como el cu-cu-tas y el escondite.

Si al bebé le gusta mover sus juguetes de un lado a otro, ¿por qué no convertir esto en un juego? Permitiremos que el bebé los coloque *dentro, sobre, encima, cerca* o *debajo de* otros objetos, que tire sus juguetes y que pase objetos *a través* de algo, como un túnel construido con patas de sillas o cajas. Todo ello es importante para que pueda entender cómo funciona el mundo. Para un extraño, puede parecer que el bebé va de un objeto a otro sin ton ni son, pero esta frenética actividad proporcionará al pequeño exactamente los datos que necesita su cerebro para entender su nuevo mundo de relaciones.

> "Mi pequeña mete los cubos, el chupete y su osito de peluche en una papelera. Se pone de pie, recoge sus juguetes del suelo y los tira bruscamente encima de una silla. También mete cosas en el parque infantil a través de las barras. Cuando está dentro del parque, lo tira todo afuera por encima de las barras. Le gusta observar el resultado de su actividad. Está hecha una gamberra."
>
> Madre de Jenny, 30 semanas

Una buena idea es reservar una estantería o armario que sea fácil de organizar para que el bebé pueda sacar cosas *fuera* de estos muebles o bien darle una caja para que introduzca cosas *dentro*. Este tipo de juegos tiene muchas variantes. Por ejemplo, se puede colocar una caja del revés, para que el bebé pueda poner cosas *encima*, o bien permitir que saque cosas *fuera* del parque infantil, sea a *través de* las barras o por *arriba*. Todas estas actividades son ideales para que aquellos bebés a quienes no les entusiasma gatear exploren relaciones como *dentro, fuera, por debajo, por encima y a través de*.

Otra forma que tienen los bebés de jugar con las relaciones es dejando caer, tirando y dando vueltas a los objetos. Es posible que lo hagan para ver y oír qué ocurre o tal vez deseen saber cómo se hace añicos un objeto en concreto. También les suele encantar derrumbar torres de cubos, que su padre o madre, pacientemente, tendrán que volver a construir. Pero disfrutarán exactamente igual volcando la papelera o el cuenco del agua del gato, dejando caer un vaso de leche o un plato de cereales desde la trona, o con cualquier otra actividad cuyo resultado sea hacer un estropicio.

> "A mi hija le encanta experimentar con cómo caen las cosas. Lo había estado probando con todo tipo de cosas: su chupete, sus cubos, su taza... Entonces, le di una pluma del "pájaro grande", el periquito. Le sorprendió mucho. ¡Pero está claro que prefiere las cosas que hacen mucho ruido al caer!"
>
> Madre de Nina, 28 semanas

> "Cómo se rió mi hijo cuando se me cayó un plato y se hizo añicos. Nunca le he visto reírse con tantas ganas."
>
> Madre de John, 30 semanas

Cuando el bebé entre en el mundo de las relaciones, es posible que descubra que las cosas se pueden *separar*. Para ayudarle a practicar esta nueva adquisición podemos darle cosas que están diseñadas precisamente con ese propósito –tacitas de plástico que encajen unas dentro de otras y cintas de colores llamativos atadas a algún objeto–. Arrancará cosas que estén enganchadas a objetos o juguetes, como etiquetas, pegatinas, los ojos y narices de sus muñecas y peluches y las ruedas y puertas de sus coches de juguete. Hay que tener especial cuidado con los botones de las prendas de ropa, los enchufes, los cables conectados a equipos eléctricos y los tapones de las botellas, pues son igual de atractivos para un bebé, por lo que es posible que también quiera arrancarlos. Para el bebé, no hay nada que esté prohibido en su nuevo y emocionante mundo.

Cuidado del bebé

Poner la casa a prueba de bebés

Los padres deben tener presente que el bebé se puede sentir fascinado por objetos que podrían ser peligrosos. Podría introducir un dedo o la lengua en cualquier cosa que tenga agujeros o ranuras, incluyendo las tomas de corriente, algunas partes de los equipos electrónicos, las cañerías y la boca del perro. O podría recoger y llevarse a la boca objetos pequeños que encuentre por el suelo. Por ello, los padres no deben perder nunca de vista al bebé mientras le dejan explorar libremente la casa.

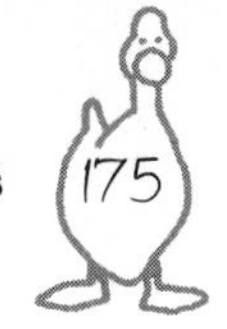

"Mi hijo ha cogido la manía de quitarse los calcetines."

Madre de Frankie, 31 semanas

Si al bebé le encanta observar cosas que desaparecen y se transforman en otras, podemos invitarle a observar nuestros quehaceres cotidianos. Por mucho que a nosotros cocinar nos parezca lo más normal del mundo, para el bebé, observar cómo todos esos ingredientes desaparecen dentro de la olla y se convierten en una sola cosa será pura magia. De todos modos, no le quitaremos ojo, pues podría intentar convertirse en mago.

"A mi hija le encanta ver al perro vaciando el cuenco de la comida. Cuanto más cerca esté, mejor. Me parece bastante peligroso porque, con tanta atención, el perro cada vez engulle la comida más deprisa. Por otro lado, de repente, el perro ha empezado a prestar más atención a mi hija mientras ésta come. Ahora ella se sienta a la mesa en su trona y el perro se desplaza justo a su lado. ¿Qué se había imaginado? Resulta que le ha dado por dejar caer trocitos de pan para observar cómo se los va comiendo el perro."

Madre de Laura, 31 semanas

A veces los bebés consiguen *encajar* una cosa *dentro* de otra por mera coincidencia. A esta edad todavía no son capaces de distinguir entre distintas formas y tamaños.

"Mi hija intenta encajar entre sí todo tipo de objetos. La mayoría de las veces el tamaño es correcto, pero la forma nunca lo es. Además, no realiza el movimiento con suficiente precisión. Pero, cuando lo consigue, se vuelve loca de alegría."

Madre de Jenny, 29 semanas

"Mi hijo ha descubierto sus orificios nasales. Se introdujo un dedo en uno para explorarlo. Espero que no intente hacer lo mismo con una cuenta de plástico."

Madre de John, 32 semanas

Es posible que al bebé le intriguen los juguetes que hacen ruido al estrujarlos o los pianos de juguete que emiten melodías musicales al darles cuerda. Si es así, procuraremos que explore este tipo de cosas, que implican relaciones entre una acción y un efecto. Pero deberemos estar alerta, ya que el bebé, en su afán de explorar, también podría darle la vuelta a un frasco de pintauñas, perfume o cualquier otra sustancia peligrosa.

"Coloqué un osito de juguete boca abajo para que gruñera y lo dejé en el suelo. Mi hijo se acercó al osito gateando y empezó a manipularlo hasta que hizo ruido. Se quedó tan fascinado que siguió dando vueltas al osito una y otra vez, cada vez más deprisa."

Madre de Paul, 33 semanas

Cómo ayudar al bebé a explorar su nuevo mundo a través de su cuerpo

La exploración de su cuerpo permitirá al bebé aprender más cosas sobre el mundo de las relaciones. Las partes del cuerpo están relacionadas unas con otras. Sin el esfuerzo coordinado de todos nuestros músculos, se perderían las relaciones entre las distintas partes del esqueleto y nos desplomaríamos como un saco de huesos. Aproximadamente a esta edad, es posible que el bebé empiece a intentar sentarse solo, dependiendo de su sentido del equilibrio.

"Mi hijo ha aprendido a sentarse solo. Empezó a intentarlo balanceándose sobre una nalga al tiempo que apoyaba ambas manos en el suelo delante de él y levantando después una mano. Ahora ya se mantiene derecho sin apoyarse en las manos."

Madre de Matt, 25 semanas

"Ahora mi pequeña se sienta sola sin miedo de perder el equilibrio. La semana pasada no lo podía hacer. A veces coge cosas, las sostiene encima de la cabeza con ambas manos y después las tira lejos."

Madre de Jenny, 28 semanas

"Cuando mi bebé consigue sentarse, a menudo acaba perdiendo el equilibrio. Se bambolea de un lado a otro o se cae hacia delante y hacia atrás. Cuando le ocurre esto, enseguida me pongo a reír. Y entonces él a menudo empieza a reírse también."

Madre de Bob, 26 semanas

Si el bebé no se sienta lo bastante derecho como para sentirse seguro, le ayudaremos. Una buena forma de hacerlo es practicar con él juegos en los que tiene que recuperar el equilibrio. Si le echamos una mano cuando empiece a tambalearse, irá cogiendo confianza en sí mismo. Podemos encontrar ejemplos de este tipo de actividades en los juegos de equilibrio explicados en el apartado "Los mejores juegos para esta semana mágica", en la página 187.

Algunos bebés intentan ponerse de pie. En estos casos, observaremos atentamente su equilibrio y, si al bebé le cuesta mantenerse de pie o vemos que tiene miedo de caerse, le echaremos una mano. Si le entretenemos con juegos de equilibrio, le ayudaremos a familiarizarse con la posición vertical. Pero nunca intentaremos forzar o presionar al bebé para que se siente o se ponga de pie. Eso podría asustarle, lo que probablemente enllentecería su desarrollo.

"Intentamos poner a mi hijo de pie encima de la mesa. Se quedó allí, sumamente inestable, como una marioneta temblona, con el aspecto de que podría caerse de un momento a otro. Realmente, es demasiado pronto para él."

Madre de Steven, 31 semanas

"Mi hila está aprendiendo a ponerse de pie, pero no sabe cómo volverse a sentar después. Es agotador. Hoy la he encontrado de pie en la cuna por primera vez, lloriqueando. Me pone de los nervios. Se supone que cuando la coloco en la cuna es para que se duerma. Espero que no tarde mucho en descubrir cómo volverse a sentar después de haberse incorporado."

Madre de Juliette, 31 semanas

"Mi pequeña insiste en que le ayude a bajar de nuevo al suelo cuando se pone de pie. No deja que le ayude mi hermana, aunque podría hacerlo. Es obvio que le da miedo que no lo haga lo bastante bien."

Madre de Ashley, 32 semanas

"Mi pequeña llevaba toda la semana intentando incorporarse y una vez lo consiguió. Se incorporó cuando estaba en la cuna, se puso de pie y permaneció cierto tiempo en esa posición. Ahora lo hace con más soltura. Se incorpora apoyándose en la cuna, el parque infantil, una mesa, una silla o la pierna de alguien. También se pone de pie cuando está en el parque infantil y saca afuera los juguetes con una mano."

Madre de Jenny, 28 semanas

Ahora bien, si el bebé disfruta mucho andando, los padres deberán darle la mano y cogerlo bien fuerte, pues probablemente su equilibrio será inestable. En estas circunstancias, serán apropiados los juegos que le ayuden a familiarizarse con el mantenimiento del equilibrio, especialmente con el cambio del peso de una pierna a otra. En cambio, no es recomendable dar largos paseos con el pequeño. No por ello aprenderá más deprisa. El bebé no empezará a andar hasta que su cuerpo esté preparado para hacerlo.

"Cuando le doy la mano, mi bebé anda con un equilibrio perfecto. Es capaz de cruzar andando el pequeño espacio que hay entre la silla y el televisor. Anda pegada a la mesa, girando en las esquinas. También anda por la habitación empujando un paquete de pañales. Ayer, el paquete salió despedido y dio tres pasos completamente sola."

Madre de Jenny, 34 semanas

"Me irrita la falta de coordinación de mi hijo. No gatea, no se incorpora. Se limita a quedarse ahí sentado jugueteando con sus cosas."

Madre de Frankie, 29 semanas

Es importante recordar que el bebé no tiene ninguna razón para empezar a andar o a gatear justo ahora. Hay muchas otras actividades que le pueden enseñar cosas que merece la pena aprender. Si se dedica a ellas es porque en este momento las considera más importantes.

Los bebés que han entrado en el mundo de las relaciones también

pueden empezar a entender la conexión existente entre lo que hacen sus dos manos y pueden controlar mejor los movimientos de estas partes del cuerpo. A muchos bebés les gusta golpear un objeto contra otro; es una forma de explorar la coordinación entre ambas manos. Los padres pueden ayudar estimulando al pequeño a que haga este tipo de ejercicios, por ejemplo, dejando que coja un juguete con cada mano y los golpee entre sí o jugando con él a dar "palmitas". Golpear juguetes contra el suelo, pasarse los juguetes de una mano a otra o dejar y recoger objetos del suelo son otras de las formas de practicar esta nueva habilidad.

> "Mi hija tiene el síndrome de golpear. Golpea todo lo que cae en sus manos."
>
> Madre de Jenny, 29 semanas

Los primeros pasos

Una vez que el bebé haya adquirido destreza en el mundo de las relaciones y haya experimentado con ellas, podrá entender qué significa andar. Pero que lo entienda no significa que pueda hacerlo. Para empezar a andar, tendrá que estar motivado para ello. Y, aunque lo esté, es posible que su cuerpo todavía no esté preparado. El bebé no aprenderá a andar hasta que las proporciones entre el peso de sus huesos, sus músculos y la longitud de sus extremidades en comparación con la de su torso cumplan ciertos requisitos. Si está ocupado en alguna otra cosa –por ejemplo, el habla, los sonidos y la música– tal vez, simplemente, no le quede tiempo para aprender a andar. ¡No puede hacerlo todo al mismo tiempo!

Cuando un bebé intente coordinar el movimiento de dos dedos –por ejemplo, el pulgar y el índice, de nuevo, estará jugando con las relaciones existentes entre ellos–. En este proceso, descubrirá la posibilidad de una nueva herramienta, la pinza, que podrá utilizar inmediatamente. En cuanto sea capaz de hacer la pinza, podrá coger del suelo objetos extremadamente pequeños, como hilos y hebras o briznas de césped. Algunos bebés disfrutan tocando y pasando los dedos por todo tipo de superficies y se lo pasan bomba examinando todos los detalles de objetos muy pequeños.

"Mi pequeña se desplaza por toda la habitación y se detiene ante las menores irregularidades o migajas que encuentra por el suelo, las coge con el pulgar y el índice y se las mete en la boca. Tengo que estar muy pendiente para que no se coma algo improcedente. Ahora le doy trocitos de pan y le dejo que se los coma ella sola. Al principio, se metía el pulgar en la boca en vez del pan que tenía entre los dedos. Pero ahora está empezando a hacerlo mejor."

Madre de Hannah, 32 semanas

Cómo ayudar al bebé a explorar su nuevo mundo a través del lenguaje y la música

Los bebés que en etapas anteriores dieron muestras de ser especialmente sensibles a los sonidos y los gestos pueden empezar a captar la conexión existente entre frases cortas o gestos particulares y su significado en cuanto entran en el mundo de las relaciones. De hecho, hasta es posible que establezcan relaciones entre las palabras y los gestos que las acompañan. Pero los bebés sólo entiende estas cosas en su contexto habitual y como parte de su rutina familiar. Si reproducimos las mismas frases con magnetófono en un lugar desconocido, no entenderán nada. Esta habilidad no se desarrolla hasta mucho más tarde.

Si al bebé le gusta jugar con palabras y gestos, ¿por qué no utilizar esta habilidad en su beneficio? Hay varias cosas que los padres pueden hacer para ayudar al bebé a entender lo que le dicen, como combinar frases cortas con gestos obvios y claros y explicarle lo que están haciendo. Los bebés entienden más de lo que creen la mayoría de padres.

"Una vez le dije a mi hijo que observara al conejo y entendió lo que le dije. Escucha con mucha atención."

Madre de Paul, 26 semanas

"Tengo la sensación de que mi hijo entiende lo que le digo cuando le explico o sugiero algo, como: '¿Te apetece que nos demos un buen paseo?' o '¡Es hora de irse a la cama!'. Es tan mono..., ¡no le gusta nada oír la palabra 'cama'!"

Madre de Bob, 30 semanas

"Cuando le decimos: 'Da palmas', mi hija lo hace. Y, cuando le decimos: 'Salta arriba y abajo', flexiona las rodillas y mueve el tronco arriba y abajo, pero sus pies no se despegan del suelo."

Madre de Jenny, 32 semanas

"Cuando le digo: 'Adiós, dile adiós a papá', mientras hago el gesto de decir adiós con la mano, mi hija me imita sin dejar de mirarme la mano."

Madre de Nina, 32 semanas

La primera palabra

Una vez que el bebé haya adquirido la habilidad de percibir y experimentar con las relaciones, tal vez descubra su primera palabra. De todos modos, esto no significa que vaya a empezar a hablar. A pesar de que la mayoría de los bebés emiten su primera palabra real durante el décimo o undécimo mes, la edad en que los bebés empiezan a utilizar palabras difiere considerablemente. Así que no hay que preocuparse si un bebé lo pospone unos meses. Esto es lo que suele ocurrir con aquellos bebés que están fascinados por otras habilidades, como gatear y ponerse de pie. Simplemente, no tienen tiempo para dedicarse a las palabras. ¡No pueden hacerlo todo al mismo tiempo!

La mejor forma de enseñar a hablar a un bebé es hablándole mucho y respondiéndole cuando intenta decir o pedir algo utilizando sonidos o gestos. Deberemos transmitir al pequeño que estamos entusiasmados con su potencial. Para fomentar su interés por el habla, le contestaremos hablándole y haciéndole gestos, llamaremos a las cosas cotidianas por su nombre y le haremos preguntas como: "¿Te apetece un sándwich?" antes de servirle la merienda. También le cantaremos canciones infantiles y cantaremos con él. Todo ello es una excelente fuente de motivación para el aprendizaje del habla.

"Siempre que mi hijo quiere hacer algo con un objeto, pone la mano sobre el objeto y me mira. Es como si intentara preguntarme: ¿Puedo?'. También entiende el significado de 'no'. Por descontado, esta palabra no impide que intente hacer ciertas cosas, pero sabe lo que significa."

Madre de Bob, 32 semanas

"La semana pasada, mi hija dijo 'jay!' por primera vez. También nos dimos cuenta de que estaba empezando a copiar sonidos que emitíamos nosotros, de modo que empezamos a enseñarle a hablar."

Madre de Jenny, 29 semanas

"Mi hija es una parlanchina. Sobre todo, habla mientras está gateando, cuando reconoce algo o a alguien. Habla con sus juguetes de peluche y con nosotros cuando la tenemos en la falda. Es como si nos contara historias. Utiliza todo tipo de vocales y consonantes. Las variaciones que hace parecen interminables."

Madre de Hannah, 29 semanas

"Mi hijo asiente con la cabeza al tiempo que emite cierto sonido. Si le imito, empieza a reírse descontroladamente con una risilla sofocada."

Madre de Paul, 28 semanas

"Cuando estábamos cantando en la clase de natación para bebés, de repente, mi bebé se unió al coro."

Madre de Nina, 30 semanas

Si su hijo es un amante de la música, asegúrese de cantar y bailar con él, y enséñele canciones que vayan acompañadas de movimientos, como "Cinco lobitos...". Así, su bebé podrá practicar el uso de gestos y palabras. Si usted no conoce muchas canciones infantiles, puede comprar un CD de canciones infantiles o alquilarlo en una biblioteca pública.

Fomentar el progreso elevando las expectativas

Al bebé no se le puede pedir más de lo que puede comprender, pero tampoco menos. Romper viejos hábitos y establecer nuevas normas también forman parte del proceso de desarrollo de nuevas habilidades. Cuando el bebé esté ocupado aprendiendo nuevas habilidades, es posible que su comportamiento resulte muy irritante para los padres. Esto se debe a que las formas de hacer las cosas y las normas de comportamiento vigentes hasta ahora no están en consonancia con los actuales progresos del bebé. Madre y bebé deberán re-negociar nuevas normas para restablecer la paz y la armonía.

Al principio, los padres se preocupan cuando el bebé entra en una nueva fase de inquietud. Pero, cuando descubren que al bebé no le pasa nada malo, sino que, contrariamente, esa inquietud indica que está preparado para ser más independiente, se enfadan. Es entonces cuando empiezan a pedirle al bebé cosas que sienten que es capaz de hacer. Consecuentemente, fomentan su progreso.

> "Antes siempre lo acunaba hasta que se quedaba dormido después de darle el pecho, pero ahora me irrita hacerlo. Siento que es lo bastante mayor para conciliar el sueño él solo. A mi marido también le gusta acostar al bebé, pero eso no viene al caso ahora. Y nunca se sabe, es posible que lo tenga que acostar otra persona. He empezado a exigirle que se habitúe a conciliar el sueño él solo una vez al día. Pero lo cierto es que a él no le hace ninguna gracia."
>
> Madre de Matt, 31 semanas

(continúa en la página 190)

Los mejores juegos para esta semana mágica

He aquí algunos de los juegos y actividades que funcionan mejor con los bebés que están explorando el mundo de las relaciones. Independientemente de cuáles sean los juegos que elijan los padres, a partir de ahora el lenguaje empezará a desempeñar un papel importante en todos ellos.

CU-CU-TAS Y JUEGOS DE ESCONDER Y BUSCAR

Este tipo de juegos tienen mucho éxito a esta edad. Las variaciones que se pueden hacer son ilimitadas. He aquí unas sencillas reglas para practicarlos.

CU-CU-TAS CON UN PAÑUELO

Nos cubriremos la cabeza con un pañuelo y comprobaremos si el bebé nos lo quita. Le preguntaremos: "¿Dónde está mamá?". O "¿Dónde está papá?". Así el bebé sabrá que seguimos ahí porque podrá oírnos. Si no intenta quitarnos el pañuelo, le cogeremos la mano y lo apartaremos los dos juntos. Al reaparecer, le sorprenderemos diciéndole: CU-CU-TAS.

VARIACIONES SOBRE EL CU-CU-TAS

Nos taparemos la cara con las manos y luego nos la descubriremos, o bien nos esconderemos detrás de un periódico o un libro y saldremos de repente. A los bebés también les gusta que su madre o su padre se esconda tras una planta o debajo de una mesa. No suelen asustarse porque, después de todo, siguen viendo partes de su cuerpo.

También nos podemos esconder en un lugar claramente visible, por ejemplo, detrás de una cortina. De este modo, el bebé podrá seguir los movimientos de la cortina. Deberemos asegurarnos de que el bebé nos ve desaparecer tras la cortina. Por ejemplo, le anunciaremos que nos vamos a esconder (si el bebé todavía no gatea), o le pediremos que nos busque (si ya sabe gatear). Si no nos ve escondernos o se distrae un momento, le llamaremos por su nombre. También podemos escondernos detrás de una puerta. Así, el bebé aprenderá que, cuando nos vamos, siempre acabamos regresando. Es importante recompensar al bebé cada vez que logre encontrarnos. Podemos levantarlo en el aire o darle un abrazo –lo que más le guste.

¿DÓNDE ESTÁ EL BEBÉ?
Muchos bebés descubren que se pueden esconder detrás o debajo de algo. Suelen empezar con una pieza de ropa mientras los están cambiando. Podemos aprovechar cualquier oportunidad para desarrollar un juego que haya empezado él. De este modo, aprenderá que puede tomar la iniciativa.

ESCONDER JUGUETES
Esconder juguetes debajo de una sábana puede ser divertido. Nos aseguraremos de utilizar algo que al bebé le gusta mucho o a lo que está muy apegado y de mostrarle cómo y dónde lo escondemos. Para darle ánimos, la primera vez se lo pondremos muy fácil y dejaremos una parte pequeña del juguete a la vista.

ESCONDER JUGUETES EN LA BAÑERA
Esconderemos juguetes bajo la espuma mientras lo bañemos y le invitaremos a buscarlos. Si saber soplar, le animaremos a que lo haga contra la espuma, o le daremos una pajita y le invitaremos a que la utilice para soplar.

JUEGOS VERBALES

Podemos convertir el habla en algo interesante hablando frecuentemente al bebé, escuchándole, leyendo libros juntos y jugando a juegos que implican susurrar, cantar y utilizar palabras.

MIRAR LIBROS DE ILUSTRACIONES LOS DOS JUNTOS
Una de las cosas que más les gustan a los bebés es mirar un libro de ilustraciones con su padre o madre. Les encanta que les dejen elegir un libro y sentarse en la falda del adulto para mirarlo con él mientras éste les va diciendo los nombres de las cosas que van se-

(continúa)

Los mejores juegos para esta semana mágica (cont.)

ñalando. Si se trata de un libro de animales, al bebé le encantará oír, una y otra vez, cómo su padre o madre imita los sonidos que producen. También le gustará producir sonidos, él mismo, como el ladrido, el mugido o el graznido. Siempre es mejor dejar que sea el bebé quien vaya pasando las páginas, si lo desea.

EL JUEGO DE LOS SUSURROS
A la mayoría de bebés les encanta que les susurren sonidos o palabras al oído. Notar los soplos de aire haciéndoles cosquillas en la oreja también lo encuentran interesante, tal vez porque ahora entienden qué es soplar.

JUEGOS CON CANCIONES Y MOVIMIENTO

Estos juegos se pueden utilizar para fomentar tanto el canto como el habla. También permiten ejercitar el sentido del equilibrio.

AL TROTE Y AL GALOPE
Cogeremos al bebé y lo sentaremos bien derecho sobre nuestras rodillas, de cara a nosotros. Lo agarraremos por las axilas y le haremos botar suavemente moviendo las piernas a un ritmo cada vez más rápido mientras decimos:

Al paso, al paso, al paso
Al trote, al trote, al trote
Al galope, al galope, al galope.

(Repetiremos esta secuencia varias veces y, al final, abriremos las piernas como si el bebé fuera a tocar el suelo.)
Una variante de este juego consiste en cantarle al bebé la siguiente canción:

En un caballito gris
Johnito fue a París,
Al pasooo,
Al trote,
Al galope, galope, galope

En un caballito azul,
Lolita fue a Estambul,
Al pasooo,
Al trote,
Al galope, galope, galope
Alicia fue a París
En un caballito gris,
Al paso, paso,
Al trote, trote,
Al galope, galope, galope...

(La canción empieza con movimientos muy lentos y se va acelerando hasta hacer trotar al niño muy deprisa en la última estrofa.)

JUEGOS DE EQUILIBRIO

Muchos de los juegos que incluyen canciones también son juegos de equilibrio. Algunos de estos juegos son los siguientes:

SENTARSE

Sentaremos al bebé sobre nuestras rodillas. Le cogeremos las manos y lo moveremos lentamente de izquierda a derecha para que vaya transfiriendo el peso de una nalga a otra. También le dejaremos que se incline hacia delante y hacia atrás con cuidado; esto último les gusta mucho. También podemos moverlo en círculos concéntricos grandes o pequeños, hacia la izquierda, hacia atrás, hacia la derecha y hacia delante. La idea es que intente mantener el equilibrio por sí solo, sin asustarle ni forzarlo. También podemos dejar que se balancee como el péndulo de un reloj mientras le cantamos: tic tac, tic tac, al ritmo del movimiento.

PONERSE DE PIE

Nos arrodillaremos en el suelo y dejaremos que el bebé se ponga de pie delante mientras lo sostenemos por las caderas o las manos, y lo moveremos suavemente de un lado a otro para que transfiera el peso

(continúa)

Los mejores juegos para esta semana mágica (cont.)

de una pierna a otra. Haremos lo mismo en un plano diferente de modo que su peso corporal se transfiera de delante atrás y viceversa. Siempre nos adaptaremos al bebé. La idea es que intente mantener el equilibrio por sí solo, sin asustarle ni forzarlo.

VOLAR
Cogeremos firmemente al bebé, lo elevaremos en el aire y lo haremos "volar" por toda la habitación. Le haremos ascender y descender, girar a derecha e izquierda, volar en círculos pequeños, en línea recta, hacia delante y hacia atrás. Iremos variando los movimientos y la velocidad. Si descubrimos que al bebé le gusta, intentaremos hacerle aterrizar cabeza abajo. Acompañaremos todo el vuelo con diferentes sonidos: zumbidos, chirridos y otros ruidos de motor. Cuanto más pendientes estemos de las reacciones del bebé, menos nos costará adaptar este juego para que disfrute más.

HACER EL PINO
A algunos bebés amantes de la acción les encanta jugar a lo bruto y que los pongan boca abajo. Sin embargo, a otros les asusta adoptar esta postura. Recomendamos jugar a hacer el pino con el bebé sólo si a éste le gustan esta clase de juegos. Es un ejercicio saludable para este tipo de bebés. Pero deberemos recordar que tendremos que sostener el cuerpo del bebé completamente cuando lo coloquemos boca abajo.

JUEGOS CON JUGUETES

Los mejores "juguetes" para un bebé de esta edad son todas las cosas que pueda encontrar por casa. Y los mejores juegos son vaciar armarios y estanterías, dejar caer cosas y tirar cosas.

EL ARMARIO DEL BEBÉ
Es muy útil organizar un armario para el bebé y llenarlo de cosas que él encuentra superatractivas, como son: cajas, hueveras y rollos de papel higiénico vacíos, platos de plástico y frascos de plástico con tapa llenos

de algo que suene al agitarlo. También se pueden incluir cosas con las que se pueda hacer mucho ruido, tales como una sartén, cucharas de madera y un viejo juego de llaves.

TIRAR COSAS

A algunos bebés les encanta oír el ruido que hacen las cosas cuando las dejan caer o las tiran contra el suelo. Los padres pueden convertir esta práctica en un juego sentando al bebé en la trona y colocando una bandeja de metal en el suelo. Así, podrán ir pasándole cubos y enseñarle a tirarlos contra la bandeja para que hagan un fuerte ruido.

JUEGOS AL AIRE LIBRE

A los bebés les encanta que los lleven en bici en un sillín especial para bebés o en una mochilita mientras sus padres pasean o hacen footing. Los padres pueden convertir el paseo en una oportunidad de aprendizaje si se detienen frecuentemente para señalar al bebé cosas que se vayan encontrando por el camino y le hablan sobre lo que vayan viendo.

NATACIÓN PARA BEBÉS

A muchos bebés les encanta jugar en el agua. Algunas piscinas climatizadas tienen horas especialmente reservadas para que un grupo de bebés juegue con sus padres en el agua.

GRANJAS DE ANIMALES

Una visita a una granja o un estanque de patos puede ser sumamente emocionante para un bebé. Podrá ver en directo los animales de los libros de ilustraciones. Le gustará observar sus saltos y bamboleos, así como sus formas y colores. Y disfrutará especialmente dándoles comida y viéndoles comer.

Al igual que a muchas madres les molesta que sus bebés insistan en que los acunen para conciliar el sueño, hay por lo menos tres situaciones más en que puede que sientan la necesidad de exigirles más: los problemas a la hora de comer, las prohibiciones y la impaciencia del bebé.

A esta edad, muchos bebés se vuelven caprichosos con la comida, a pesar de que hasta ahora les había gustado todo lo que caía en sus manos.

Lo que ocurre es que, al entrar en el mundo de las relaciones, se dan cuenta de que ciertos alimentos saben mejor que otros. Así que, ¿por qué no quedarse siempre con lo que sabe mejor? Muchas madres al principio lo encuentran divertido. Sin embargo, a la mayoría de ellas no tarda en molestarles. Se preguntan si su bebé estará comiendo suficiente e intentan distraerlo para introducirle la cuchara en la boca en cuanto se despista. O se pasan todo el día persiguiendo al bebé con la comida.

No es nada recomendable hacer esto. Los bebés de carácter fuerte se resisten todavía más cuando intentan imponerles algo a la fuerza. Y las

madres, a su vez, reaccionan ante tanta rebeldía. De modo que las comidas se acaban convirtiendo en un campo de batalla. Discutir con el bebé no soluciona nada. Es imposible obligar a tragar a un bebé, o sea que ni siquiera deberíamos intentarlo. Lo único que conseguiremos haciendo esto es incrementar el rechazo del pequeño a todo lo que tenga que ver con la comida. Es mejor utilizar otras tácticas y aprovechar las nuevas habilidades que está adquiriendo el bebé durante esta etapa en su propio beneficio. Por ejemplo, ahora puede coger cosas pequeñas utilizando el pulgar y el índice, pero todavía necesita practicar mucho, por lo que será bueno para su coordinación que le dejemos comer con las manos. A los bebés de

esta edad también les encanta tomar sus propias decisiones, y la libertad de comer solos convierte el momento de la comida en algo mucho más divertido. Si dejamos a un bebé que coma con las manos, estará de mejor humor, por lo que tal vez esté más dispuesto a que lo alimentemos con la cuchara. Es bastante probable que lo deje todo hecho un desastre, pero le animaremos de todos modos. Si le ponemos varios trozos de comida en el plato, el bebé estará ocupado y nos resultará más fácil alimentarlo entre trozo y trozo. Otro "truco" para hacer más divertida la hora de la comida es alimentar al bebé delante de un espejo. Así, mientras él observa las imágenes que se proyectan en el espejo, podremos aprovechar para introducirle una cucharada de comida en la boca. Es posible que estas sugerencias no funcionen la primera vez, pero no hay que preocuparse por ello: muchos bebés tienen problemas con la comida y los acaban superando.

Por último, algunos hábitos alimentarios molestan mucho a algunas madres, mientras que otras los encuentran perfectamente normales.

> "Lo que realmente me saca de quicio es que quiera meterse el dedo en la boca después de cada mordisco. ¡No se lo permito! ¡No faltaría más!"
>
> Madre de Ashley, 29 semanas

Ahora que el bebé está en pleno proceso de adquisición de habilidades, muchas madres se encuentran con que tienen que prohibir cosas a sus hijos constantemente. Los bebés a quienes les gusta gatear es muy probable que inspeccionen todo lo que se vayan encontrando en su camino y lo que divierte a un bebé no siempre divierte a su madre. Para facilitar las cosas a ambos, es necesario que la madre tenga claro qué cosas está dispuesta a permitir y cuáles no y que intente prevenir lo que no puede permitir y ayudar a su hijo en aquellas actividades que no representan ningún problema. Es útil recordar que muchas madres tienen el mismo problema.

> "Tengo que prohibirle cosas constantemente. Mi hija lo pone todo patas arriba. Sus objetivos favoritos son el estante de los vinos, el vídeo, mi juego de punto, los armarios y los zapatos. Otra de sus aficiones es tirar las plantas al suelo o arrancarlas y comerse la comida del gato. No hago más que llamarle la atención. De modo que a veces le pego en la mano cuando creo que ha ido demasiado lejos."
>
> Madre de Jenny, 31 semanas

Los mejores juguetes para esta semana mágica

He aquí algunos juguetes y otros objetos que más se ajustan a las habilidades que irá desarrollando el bebé a medida que vaya explorando el mundo de las relaciones.

- Su propio armario o estantería
- Puertas (vigilaremos sus dedos)
- Cajas de cartón de distintos tamaños; también hueveras vacías
- Cucharas de madera
- Tazas o vasos de plástico que quepan unos dentro de otros o se puedan apilar
- Cubos de madera
- Pelotas (lo bastante ligeras para que las pueda hacer rodar)
- Libros de ilustraciones
- Libros de fotos
- CD de canciones infantiles
- Juguetes para la hora del baño: objetos que se puedan llenar y vaciar, como botellas y vasos, un colador, un embudo o una regadera, todo de plástico
- Coches con ruedas giratorias y puertas que se puedan abrir
- Muñecos o peluches que se puedan abrazar y que hacen ruido cuando se les da la vuelta
- Juguetes que hacen ruido
- Tambores de juguete
- Pianos de juguete
- Teléfonos de juguete

Es importante que se coloque fuera del alcance del bebé o se tomen las precauciones pertinentes con: tomas de corriente, enchufes, cables, llaves, escaleras, frascos (de perfume, esmalte de uñas y similares), tubos (de pasta de dientes, de antisépticos y similares), equipos de música, mandos a distancia, televisores, plantas, papeleras, cubos de basura, despertadores y relojes.

Su bebé no aprende con la palmada 'correctora' en la mano. Y lo que es más importante, no es en absoluto aceptable golpear a su bebé. Incluso si 'solamente' se le aplicara una palmada correctora en la mano. Mejor aleje a su bebé de las cosas que no está permitido tocar. Y diga claramente 'no' cuando está haciendo algo que va contra de las reglas. Después de dar este salto, los bebés pueden mostrarse impacientes por varias razones. Cuando tienen hambre, no pueden esperar a que les preparen la comida. Se enfadan muchísimo si un juguete no se comporta como ellos esperaban, no les permiten hacer algo o su madre no les presta atención de inmediato. Lamentablemente, a esta edad los bebés tienen una idea clara de lo que quieren hacer, tener o conseguir, pero no entienden por qué sus madres no les permiten hacer determinadas cosas o por qué no les prestan atención enseguida. Esto les genera frustración. Los padres deben ser comprensivos, pero también reflexionar sobre qué es lo que pueden hacer para poner fin al problema de "lo quiero ya".

"Mi hija se ha vuelto muy impaciente. Quiere tenerlo todo y se pone furiosa cuando no puede alcanzar algo o le digo 'no'. Se pone a gritar como una loca. Me molesta muchísimo y me hace pensar que tal vez lo haga porque trabajo. Con la canguro, es mucho más dulce."

Madre de Laura, 31 semanas

"La pasada semana la estuve acostando a la hora de cenar porque se ponía muy pesada y no paraba de gritar durante toda la cena. Le parecía que yo no estaba yendo lo bastante deprisa, de modo que empezaba a gritar, retorcerse y revolverse después de cada mordisco. Una vez superado mi enfado, al cabo de 5 minutos, continuaba dándole la cena. Entonces las dos estábamos más calmadas."

Madre de Ashley, 28 semanas

Entre las semanas 30 y 35, se iniciará otra etapa de relativa paz. Durante un período de tiempo de 1 a 3 semanas de duración, el bebé sorprenderá a sus padres por su alegría, su independencia y sus progresos.

"Mi hija se está volviendo menos tímida. Se ríe mucho. Y sabe entretenerse sola. De nuevo, está muy despierta y activa. Empecé a detectar este cambio la semana pasada, pero parece estar progresando."

Madre de Nina, 33 semanas

"¡Está tan dulce! Parece una niña completamente diferente. Solía llorar y quejarse mucho. La forma en que cuenta historias también es encantadora. De hecho, su forma de trotar por la habitación me recuerda más a la de una niña que a la de un bebé."

Madre de Jenny, 35 semanas

"Mi hijo está muy alegre y no cuesta nada pasárselo bien con él. También me agrada verlo un poco más activo y movido desde el punto de vista físico. Pero lo que más le gusta es observar a la gente. También está muy parlanchín. ¡Está para comérselo!"

Madre de Frankie, 30 semanas

"Es evidente que mi hija está creciendo y haciéndose mayor. Reacciona ante todo lo que hacemos. Lo observa todo. Y quiere tener lo mismo que nosotros. Casi me atrevería a decir que le gustaría formar parte de ello."

Madre de Ashley, 34 semanas

"Por fin, un descanso después de un largo período de constantes cambios. Una semana maravillosa. Ha atravesado otro cambio. Ahora llora menos y duerme más. He podido detectar cierto patrón empezándose a desarrollar de nuevo, por enésima vez. Hablo mucho más con él. Me he dado cuenta de que ahora le explico todo lo que hago. Cuando voy a prepararle el biberón, se lo digo. Cuando es hora de acostarlo, se lo digo. Le explico por qué tiene que echarse una cabezada. Y hablarle parece irme bien. Además, en el jardín de infancia todo está yendo sobre ruedas."

Madre de Bob, 30 semanas

"Ahora parece que tengamos otro tipo de contacto. Es como si el cordón umbilical se hubiera cortado definitivamente. El sentimiento de dependencia total también ha desaparecido. Me cuesta menos dejarlo con la canguro. También he notado que le estoy dando mucha más libertad. Ya no tengo que estar encima de él todo el tiempo."

Madre de Bob, 31 semanas

"Ésta ha sido una semana realmente buena. Mi bebé está alegre y sabe entretenerse él solo con sus juguetes. Todo sigue yendo bien en el jardín de infancia. Es sociable y amistoso con los otros niños. Es todo un hombrecito y tiene una personalidad mucho más definida."

Madre de Bob, 32 semanas

capítulo 8

Semana mágica 37: el mundo de las categorías

Aproximadamente a las 37 semanas (o entre las semanas 36 y 40), veremos que el bebé está intentando hacer cosas nuevas. A esta edad, las exploraciones del bebé son muy metódicas. Podemos ver al pequeño cogiendo migajas del suelo e inspeccionándolas detenidamente mientras las sostiene entre el pulgar y el índice. O a nuestro pequeño "chef de cocina" le puede dar por estudiar los alimentos que contiene su plato comprobando cómo se aplasta un plátano o cómo resbalan las espinacas entre sus dedos. Mientras lleve a cabo estas investigaciones, adoptará una expresión seria y absorta. De hecho, se trata exactamente de eso: investigaciones que ayudarán al pequeño científico a empezar a categorizar su mundo.

A partir de este nuevo progreso en su desarrollo, el bebé será capaz de reconocer que ciertos objetos, sensaciones, animales y personas se pueden agrupar en conjuntos o categorías. Por ejemplo, un plátano tiene un aspecto, un sabor y un tacto distintos que las espinacas, pero los dos son comida. Éstas son diferencias y similitudes importantes. El salto al mundo de las categorías afecta a todos los sentidos –vista, oído, olfato, sabor y tacto–. El bebé también aprenderá más cosas sobre otras personas y sobre sus propias emociones. Además, sus habilidades lingüísticas se seguirán desarrollando. Es posible que todavía no utilice palabras, pero entenderá muchas más que antes.

Al igual que en los saltos anteriores, la llegada de las nuevas percepciones reorganizará todo el mundo del bebé. Durante este período, las ondas cerebrales de los bebés vuelven a experimentar cambios y esos cambios modificarán su forma de percibir el mundo. Al principio, el bebé se mostrará confuso y los padres percibirán un nuevo período de inquietud en torno a la semana 34, o entre las semanas 32 y 37. Esta vez es probable

Nota: Este salto en el mundo perceptual de las 'categorías' está vinculada a la edad y es predecible. La habilidad de percibir 'categorías' emerge acerca de las 34 semanas. Se pone en marcha el desarrollo de la amplia gama de conceptos globales como es el 'animal' por ejemplo. Sin embargo, las primeras categorías son adquiridas durante el tiempo real, comentarios corregidos, ensayos y comparando las cosas de las experiencias erradas y aprendiéndolas dentro de la categorías similares y entre las categorías diferentes. Consecuentemente habrá una diferencia de muchas semanas o incluso meses entre dos bebés dominando un concepto particular. Las habilidades y las actividades son mencionadas en este capítulo a la más temprana edad posible que puedan aparecer entonces podrá estar atento y reconocerlas. (al principio podrían ser rudimentarias.) De esta forma podrá responder y facilitar el desarrollo de su bebé.

que “la crisis” dure unas cuatro semanas, aunque en algunos casos puede durar de 3 a 6. Los padres deberán observar atentamente a su bebé para ver si está intentando adquirir nuevas habilidades.

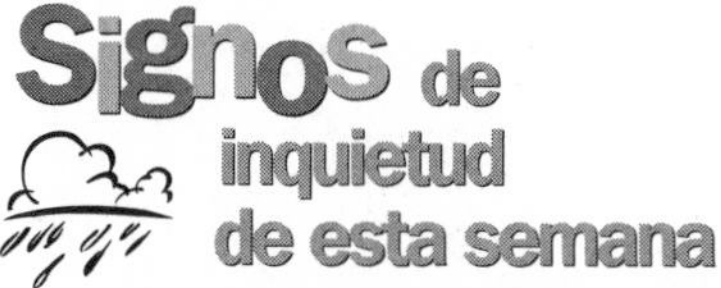

Cuando se están preparando para dar el salto al mundo de las categorías, los bebés suelen estar más llorones que durante las semanas inmediatamente anteriores. Probablemente sus madres los verán más inquietos, pesados, nerviosos, gruñones, malhumorados, insatisfechos, difíciles de manejar o impacientes. Todo esto es totalmente comprensible.

Ahora el pequeño está bajo una presión adicional porque, desde el último salto, sabe que su madre puede alejarse de él cuando le plazca y dejarlo solo. Cuando hizo este descubrimiento, el bebé se sintió confuso y asustado, pero durante las últimas semanas ha aprendido a afrontarlo a su modo. Y, cuando todo parecía ir sobre ruedas, se instaura el nuevo cambio y lo estropea todo. Ahora vuelve a sentirse desconcertado y desea estar con su madre, pero, al mismo tiempo, es plenamente consciente de que ésta se puede marchar cuando quiera. Esto le hace sentirse más inseguro e incrementa todavía más su desazón.

"Mi hija lleva varios días insistiendo en sentarse en mi falda constantemente –sin ningún motivo aparente, debería añadir–. Cuando no la llevo en brazos se pone a gritar. Cuando la saco a pasear en su cochecito, en cuanto se da cuenta de que nos hemos detenido, me pide que la coja en brazos."

Madre de Ashley, 34 semanas

"Mi pequeña actúa como si estuviera inquieta y parece aburrida. Coge todo lo que tiene a su alcance y se limita a sacudirlo bruscamente."

Madre de Laura, 35 semanas

"Todo va bien mientras mi pequeña esté sentada en el regazo de alguien. Si no, protesta y lloriquea. No estoy acostumbrada a que

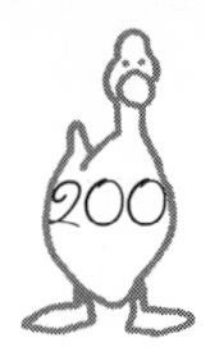

se comporte así. Parece aburrirse enseguida esté donde esté –en el parque infantil, la trona o el suelo."

Madre de Eve, 34 semanas

Un bebé inquieto generalmente llorará menos si está con su madre, especialmente si tiene a su madre sólo para él.

"Mi hijo seguía gritando, berreando y portándose fatal. Todo iba bien mientras yo estuviera por él o lo tuviera en la falda. En varias ocasiones, cuando me harté de sus demandas, me limité a acostarlo."

Madre de Frankie, 36 semanas

Cómo saber que es el momento de crecer

Indicadores de que el bebé está a punto de dar otro salto evolutivo:

Puede tener miedo de que su madre se aleje

Los bebés se pueden angustiar mucho si se dan cuenta de que su madre se va a alejar de ellos. Los que aún no gatean sólo pueden llorar. Algunos sentirán un pánico genuino a cada paso que den sus madres. Los que ya gatean, intentarán seguirlas y a veces se aferrarán a ellas con tanta fuerza que apenas les dejarán moverse.

"Está siendo otra semana difícil, con muchos llantos. Mi hijo se cuelga literalmente de mi falda. En cuanto salgo de la habitación, empieza a llorar y va tras de mí. Cuando estoy cocinando, gatea hasta donde estoy, se abraza fuertemente a mis piernas y me retiene de tal modo que no me puedo mover. Solamente juega si yo juego con él. A veces, sencillamente, no puedo más. La hora de acostarlo siempre es un suplicio. No se duerme hasta las tantas."

Madre de Bob, 38 semanas

"Últimamente mi hija está completamente enmadrada. Mientras puede verme, todo va bien. Pero, en caso contrario, berrea."

Madre de Jenny, 38 semanas

"Llamo a mi hija mi pequeña sanguijuela. Insiste en aferrarse a mis pantalones. De nuevo, quiere estar siempre a mi lado o encima de mí."

Madre de Emily, 36 semanas

Puede volverse tímido

Durante esta fase, no es extraño que el bebé prefiera que la gente se mantenga a mayor distancia que antes. Su deseo de estar cerca de su madre se hará todavía más patente en presencia de otras personas –a veces, incluso, cuando esas personas sean el padre o el hermano del bebé–. A menudo, no tolerará que nadie –salvo su madre– le mire, hable o toque.

"Mi hija vuelve a ser más tímida con los desconocidos."

Madre de Hannah, 34 semanas

"Cuando un desconocido lo coge en brazos o le dirige la palabra, se pone a llorar inmediatamente."

Madre de Paul, 34 semanas

"Cuando tenemos visita, mi hijo viene en mi busca a toda prisa, se encarama a mi regazo, se coloca vientre contra vientre, se me abraza fuertemente y sólo entonces se atreve a mirar de quién se trata."

Madre de Kevin, 34 semanas

"Mi hija vuelve a ser tímida con los desconocidos. Se asusta mucho cuando alguien quiere tocarla o cogerla en brazos."

Madre de Emily, 36 semanas

Puede aferrarse a su madre

Si la madre sienta al bebé en su regazo o lo lleva en brazos, es muy probable que el pequeño se agarre a ella tan fuertemente como pueda. Hasta es posible que se ponga furioso si su madre osa dejarlo en el suelo inesperadamente.

"Mi hija se pone hecha una furia si la dejo un segundo en el suelo. Entonces, cuando la vuelvo a coger, siempre me pellizca. Cuando el pobre perro tiene la mala suerte de estar a su alcance, es él quien recibe."

Madre de Emily, 35 semanas

"Mi hijo quiere que lo lleve siempre en brazos, y se me agarra fuertemente al cuello o al pelo en el proceso."

Madre de Matt, 36 semanas

"Es casi como si pasara algo malo con la cama de mi hija. Cuando se queda dormida, la subo a su habitación, pero, en cuanto nota el colchón, abre los ojos de par en par. ¡Y empieza a chillad"

Madre de Laura, 33 semanas

Puede reclamar más la atención

La mayoría de los bebés empiezan a reclamar más la atención y ni siquiera los más tranquilos se conforman con quedarse solos. Algunos de ellos no se sienten satisfechos a menos que sus madres les dediquen toda su atención. Algunos se ponen realmente pesados en cuanto sus madres osan dirigir su atención a otra persona u objeto, como si se hubieran vuelto celosos.

"Cuando me pongo a hablar con otras personas, mi hijo siempre empieza a chillar a todo pulmón reclamando mi atención."

Madre de Paul, 36 semanas

"Mi hijo está teniendo más dificultades para quedarse solo en el parque infantil. Es obvio que está reclamando nuestra atención. Le gusta tenernos cerca."

Madre de Frankie, 34 semanas

Puede tener problemas para dormir

Uno de los indicadores más comunes de que un bebé está atravesando una fase de cambio es que duerme peor. Puede negarse a acostarse por las noches, costarle más conciliar el sueño y/o despertarse antes por las

mañanas. A algunos bebés les cuesta mucho hacer siestas durante el día. Otros se despiertan a menudo por la noche. Y otros tienen problemas para conciliar el sueño tanto de día como de noche.

"Mi hijo sigue despertándose por las noches. A veces, a las tres de la madrugada y se pasa una hora y media jugando en la cuna."

Madre de Matt, 33 semanas

"Mi hija se queda despierta hasta tarde por las noches y se niega a acostarse. No duerme mucho."

Madre de Hannah, 35 semanas

"Mi bebé llora cada noche hasta que se duerme."

Madre de Juliette, 33 semanas

Puede tener "pesadillas"

El bebé puede tener el sueño intranquilo. A veces gritará, se moverá y se agitará de forma tan violenta que parecerá estar teniendo una pesadilla.

"Mi hijo se despierta a menudo por las noches. Una vez, me dio la impresión de que estaba soñando."

Madre de Paul, 37 semanas

"Mi hija se sigue despertando a media noche y se pone a gritar. Cuando la cojo en brazos, se tranquiliza. Entonces, la vuelvo a acostar y se vuelve a dormir."

Madre de Emily, 35 semanas

Puede ser más dulce de lo habitual

Es posible que a esta edad el bebé empiece a utilizar tácticas completamente nuevas para estar cerca de su madre. En vez de quejarse y lloriquear, puede optar por algo completamente diferente y empezar a besarla y abrazarla amorosamente. A menudo irá alternando entre el comportamiento problemático y el cariñoso, probando qué da mejor resultado. ¡Las madres de bebés independientes suelen sorprenderse gratamente cuando sus bebés, por fin, se ponen mimosos con ellas!

"A veces, mi hija va completamente a la suya. Otras veces, se pone muy mimosa."

Madre de Ashley, 36 semanas

"Mi hijo está más cariñoso que nunca. Siempre que me acerco a él, me coge y me abraza muy fuerte. Tengo el cuello lleno de marcas de los arrumacos y apretujones que me da. Ya no me aparta tan rápidamente como antes. A veces se sienta de modo que podamos leer el mismo libro los dos juntos. ¡Es un encanto! Además, por fin quiere jugar conmigo."

Madre de Matt, 35 semanas

"Mi hijo expresa las ganas de estar conmigo siendo dulce y cariñoso. Se estira a mi lado y se apretuja amorosamente contra mi cuerpo. Me encanta estar con él."

Madre de Steven, 36 semanas

Puede estar más apático

A algunos bebés les da por estar más pasivos. Balbucean, se mueven y juegan menos que antes. A veces se quedan quietos y se limitan a mirar fijamente al vacío. No hay que preocuparse; se trata de algo pasajero.

"Mi hijo está más callado de lo habitual y a menudo se queda embobado mirando fijamente al vacío. Me pregunto si hay algo que le molesta o si estará cayendo enfermo."

Madre de Steven, 36 semanas

Puede negarse a que le cambien los pañales

La mayoría de los bebés de esta edad protestan cuando sus padres intentan vestirlos, desnudarlos o cambiarles los pañales. Gritan, se retuercen, muestran impaciencia o son difíciles de manejar.

Diario de nuestro bebé

Signos de que nuestro bebé está creciendo de nuevo

Cuando el bebé tenga entre 32 y 37 semanas, es probable que empiece a mostrar algunas de las siguientes conductas. Son indicadores de que está preparado para dar el próximo salto evolutivo. Sugerimos a los padres que marquen con una cruz los recuadros que figuran junto a las conductas que presente el bebé.

- ❑ Llora más y está más nervioso, inquieto o de mal humor
- ❑ Está alegre en un momento y llora al momento siguiente
- ❑ Quiere que lo entretengan o que lo hagan más a menudo que antes
- ❑ Se agarra a la ropa de su madre o lo hace más que antes
- ❑ Es más dulce de lo habitual
- ❑ Tiene rabietas o las tiene más a menudo que antes
- ❑ Está más tímido
- ❑ Quiere establecer un contacto corporal más estrecho
- ❑ Tiene problemas para dormir
- ❑ Parece tener pesadillas o las tiene más a menudo que antes
- ❑ Pierde el apetito
- ❑ Balbucea menos
- ❑ Está más apático
- ❑ A veces, se limita a estar sentado, con la mirada perdida
- ❑ Se niega a que le cambien los pañales
- ❑ Se chupa el dedo, o se lo chupa más que antes
- ❑ Se abraza a un objeto de apego o lo hace más que antes
- ❑ Se comporta de forma infantil

OTROS CAMBIOS

____

____

"Vestirla, desnudarla y cambiarle los pañales es una pesadilla. Se pone a gritar en cuanto la estiro sobre el cambiador. Me saca de quicio."

Madre de Juliette, 35 semanas

"Mi hija ha empezado a odiar que la vista y desvista. Se resiste como si la estuvieran matando."

Madre de Emily, 36 semanas

Puede parecer más infantil

Por primera vez, algunas madres perciben en sus bebés la recurrencia de comportamientos infantiles que creían superados. Es posible que el bebé ya haya tenido otros retrocesos previamente, pero, cuanto mayor sea, más lo notará la madre. A ninguna madre le gusta ver estos comportamientos "regresivos" porque le provocan inseguridad. Sin embargo, son perfectamente normales. De hecho, son la evidencia de que está a punto de emerger algo nuevo. Las madres deberían alegrarse porque indican que el bebé, en breve, progresará de nuevo.

"A mi pequeña le cuesta conciliar el sueño. Ha empezado a llorar como lloraba cuando era una recién nacida."

Madre de Juliette, 32 semanas

"Tengo que acunar y cantar a mi hijo todas las noches para que consiga conciliar el sueño, como solía hacer cuando tenía pocos meses."

Madre de Steven, 35 semanas

Puede perder el apetito

Muchos bebés de esta edad parecen interesarse menos por la comida y la bebida. Algunos parecen haber perdido completamente el apetito y, a la hora de las comidas, se niegan en redondo a probar bocado. Otros sólo comen lo que se introducen en la boca ellos mismos. Otros se vuelven caprichosos, lo derraman todo y escupen lo que les introducen en la boca. Por este motivo, las comidas se alargan más de lo habitual.

Es posible que el bebé no quiera comer cuando tenga el plato delante y que lo vuelva a pedir en cuanto se lo retiren. O tal vez pida mucha comida un día y se niegue a probar bocado al día siguiente.

"Mi bebé se negó a mamar durante tres días seguidos. Fue terrible. Me sentía como si estuviera a punto de explotar. Entonces, justo cuando decidí que había llegado el momento de destetarlo porque yo ya no podía más, él decidió que quería pasarse un día entero mamando. Temí no producir suficiente leche, porque no le estaba dando ningún otro alimento. Pero parece que la cosa está funcionando. Por ahora, todavía no le he oído quejarse."

Madre de Matt, 34 semanas

Reacciones maternas ante los cambios del bebé

Como en los saltos anteriores, los cambios que está experimentando el bebé afectarán tanto al padre como a la madre, pero especialmente a esta última. He aquí algunas de las emociones que puede experimentar una madre durante este período.

Puede sentirse insegura

Un bebé inquieto suele ser un motivo de preocupación para su madre. Ésta querrá saber qué es lo que le hace comportarse de ese modo, y sólo se tranquilizará cuando crea que ha encontrado una buena explicación. A esta edad, la mayoría de las madres deciden culpar de la irritación y malestar de sus hijos a la salida de los dientes, pero lo más probable es que no sea ésta la causa.

"Los dientes superiores están haciéndoselo pasar muy mal a mi pequeña. Sólo quiere hacer cosas conmigo, como pasear o jugar."

Madre de Eve, 34 semanas

(No le salió el próximo diente hasta que cumplió 42 semanas.)

Puede estar agotada

Cuando un bebé es muy absorbente, reclama constantemente la atención y parece que apenas necesita dormir, no es extraño que deje muy cansada a

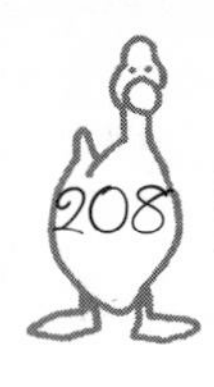

su madre, especialmente hacia el final de la fase de inquietud. La mayoría de las madres de este tipo de bebés se acaban agotando. A veces piensan que ya no pueden más. Algunas también se quejan de dolor de cabeza y de espalda y náuseas.

"Me desanimo tanto cuando mi pequeña se despierta por las noches..., incluso aunque la encuentre jugando alegremente. Cuando, por fin se duerme, me derrumbo completamente. Me siento exhausta e incapaz de pensar con claridad. Mi marido no me ayuda nada. Se enfada porque considera que le presto demasiada atención. Su filosofía es 'déjala llorar'."

Madre de Nina, 37 semanas

"Cuando mi hijo está nervioso, llora mucho y está de mal humor, los días se me hacen eternos."

Madre de Bob, 35 semanas

Se puede enfadar

Casi todas las madres se van irritando cada vez más a causa del comportamiento de sus bebés durante los períodos de inquietud. A medida que los bebés se hace mayores, les molestan más su mal humor, su impaciencia, sus llantos, sus rabietas, sus quejas y sus constantes demandas de atención y contacto corporal.

Les irritan los llantos constantes, la resistencia que ponen cuando intentan cambiarles los pañales o vestirlos y sus caprichosos hábitos alimentarios.

"Cuando mi hija estaba en pleno arranque de cólera y sumamente inquieta, la acosté. Estoy realmente agotada y terriblemente enfadada"

Madre de Jenny, 37 semanas

"Mientras intentaba vestir a mi hija, sus quejas me sacaron de quicio y la dejé sobre el cambiador con brusquedad. No podía soportar más sus lamentos ni su resistencia; llevaba todo el día lloriqueando."

Madre de Juliette, 35 semanas

"Cuando mi hijo se puso completamente inmanejable mientras lo estaba cambiando, lo dejé en el suelo de su habitación y me fui. Se calló inmediatamente. Al cabo de unos minutos, vino en mi busca. Parecía estar dispuesto a cooperar un poco más."

Madre de Kevin, 37 semanas

"La semana pasada me enfadé mucho con el bebé. Había estado chillando tan implacablemente que, de repente, le grité en tono de enfado: '¡Ahora, cierra la boca!'. Se asustó muchísimo. Primero me miró con los ojos como platos y después bajó la cabeza, como si estuviera realmente arrepentido de su comportamiento. Fue una imagen tan impactante... Después, se tranquilizó."

Madre de Paul, 37 semanas

"He decidido amamantar a mi hijo solamente dos veces al día. Estoy harta de sus caprichos, ya no puedo más. Un día lo quiere todo y al día siguiente no quiere nada; no lo entiendo. En casa, ya no le doy el pecho por las noches para ayudarle a conciliar el sueño. La cosa parece estar funcionando. Pero, cuando estamos fuera de casa, sigo haciéndolo."

Madre de Matt, 37 semanas

Puede pelearse

Cuando se acerca el final de un período de inquietud, la mayoría de las madres que dan el pecho a sus bebés se plantean la posibilidad de dejar de hacerlo. Les irrita el comportamiento caprichoso del bebé, que a veces quiere mamar y a veces se niega a hacerlo.

Y la moda de intentar, a toda costa, salirse siempre con la suya también hace que las madres se planteen seriamente la posibilidad de destetar a sus hijos.

"Mi hijo quiere que le dé el pecho cuando le plazca. Y lo quiere inmediatamente. Si resulta que a mí no me va bien amamantarlo justo entonces, tiene una de sus sonadas rabietas. Temo que estas rabietas se estén empezando a convertir en un hábito y que pronto intentará salirse siempre con la suya gritando y dando patadas. O sea que creo que voy a dejar de darle el pecho."

Madre de Steven, 36 semanas

Las peleas también pueden surgir cuando la madre y el bebé no logran llegar a un acuerdo sobre la cantidad de contacto corporal y atención que desea el pequeño y que aquélla está dispuesta a darle.

"Cada vez me irrita más el comportamiento pegajoso y lloriqueante del bebé. Cuando vamos a visitar a algún amigo, apenas se despega de mí en todo el rato. Me hace sentir como si estuviera intentando separarlo de mí, y a veces lo hago. Pero sólo consigo que se enfade más."

Madre de Kevin, 37 semanas

Forma parte de la vida. Tener sentimientos de enfado y frustración a veces no es anormal ni peligroso, pero convertirlos en actos violentos sí lo es. Es muy importante que una madre busque ayuda antes de perder el control.

Cómo emergen las nuevas habilidades del bebé

Después del período de crisis, aproximadamente a las 37 semanas, el bebé empezará a estar más tranquilo. Si lo observamos atentamente, constataremos que está explorando nuevas habilidades. Por ejemplo, tal vez nos demos cuenta de que ahora coge los juguetes de una forma diferente, disfruta con cosas nuevas o se comporta de una forma más concentrada e inquisitiva. Esto debería ser un motivo de satisfacción para los padres, pues indica que el bebé está dando otro salto evolutivo: está empezando a explorar el mundo de las categorías.

"He notado un cambio importante. Los juguetes de mi hijo están muertos de risa en una esquina. Llevan allí varias semanas. Creo que debería proporcionarle juguetes más estimulantes que le planteen nuevos desafíos. Pero, cuando salimos de casa, está muy activo y vital porque hay mucho que ver."

Madre de Bob, 36 semanas

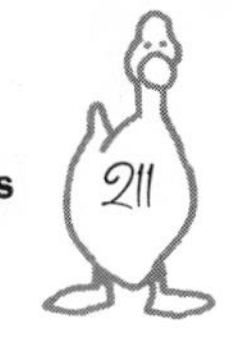

Después del último salto evolutivo, el bebé empezó a entender que existían relaciones entre muchas cosas distintas, tanto en el mundo exterior como en su propio cuerpo. Se familiarizó con todos los aspectos de su mundo. Descubrió que es el mismo tipo de ser que su madre y que puede desplazarse exactamente de la misma forma que ella. Aprendió que hay otras cosas que también se pueden mover, pero se mueven de una forma distinta que los seres humanos, y que hay cosas que no se pueden mover por sí solas.

En cuanto el bebé adquiera la habilidad de percibir categorías y experimentar con ellas, empezará a entender que puede clasificar su mundo en grupos de cosas. Se dará cuenta de que ciertas cosas se parecen mucho entre sí: se asemejan visualmente o suenan de forma parecida, o saben, huelen o se sienten de manera similar. Resumiendo, descubrirá que cosas diferentes pueden tener rasgos en común.

Por ejemplo, podrá entender el significado de la palabra "caballo". Aprenderá que todos los caballos se engloban en esta categoría, independientemente de que sean marrones, blancos o a manchas, de que estén al aire libre o en un establo, en una fotografía, una pintura o la ilustración de un libro, e independientemente de que sean de carne y hueso o de arcilla. Seguirán siendo caballos.

Naturalmente, esta nueva comprensión no ocurrirá de la noche a la mañana. Primero el bebé tendrá que conocer bien muchos objetos, animales y personas. Tendrá que darse cuenta de que las cosas deben tener ciertas similitudes para poder pertenecer a la misma categoría. Por lo tanto, tendrá que percibir esas similitudes, y eso requiere tiempo y práctica. Cuando el bebé adquiera la habilidad de percibir categorías, empezará a experimentar con ellas y a estudiar las cosas, animales y personas de una forma muy particular. Los observará detenidamente, los comparará y los organizará en función de sus similitudes, lo que le permitirá ubicarlos en sus respectivas categorías. Comprender el mundo de las categorías es una tarea ardua para un bebé; requiere una ardua labor de investigación, que

Más como uno de nosotros

El uso de distintas categorías lingüísticas es un reflejo de nuestra forma de pensar. A partir de ahora, el bebé también será capaz de entender y utilizar esta forma de pensar. Esto facilitará las cosas tanto a los bebés como a los padres, ayudándoles a entenderse mejor.

el pequeño llevará a cabo como si fuera un verdadero científico. Observará, escuchará, palpará, saboreará y experimentará con las similitudes y las diferencias. El bebé tendrá que trabajar duro para llevar a cabo sus investigaciones.

Más adelante, cuando el bebé empiece a hablar, nos daremos cuenta de que ha descubierto muchas de las categorías que nosotros, los adultos, utilizamos, y que a veces habrá creado sus propios nombres para ellas. Por ejemplo, es posible que llame a un garaje "casa coche", a un edificio "casa cubo" o a un helecho "planta pluma". Estos nombres reflejan directamente los rasgos que el bebé considera más relevantes.

En cuanto el bebé adquiera la habilidad de dividir su mundo en categorías, podrá empezar a examinar no sólo qué es lo que hace que algo sea un *caballo*, un *perro* o un *oso*, sino también qué determina que algo sea *grande, pequeño, pesado, ligero, redondo, suave* o *pegajoso*, así como qué determina que algo sea *triste, alegre, dulce* o *malo*.

La forma de jugar de los bebés durante esta fase indica claramente que, a partir de esta edad, sus reacciones adquieren una cualidad diferente. Algunos investigadores consideran que la inteligencia aparece por primera vez a esta edad, pero esto no significa que los bebés no tuvieran ningún pensamiento antes de esta etapa. De hecho, han tenido sus propias formas de pensar, que se adaptaban perfectamente a cada etapa de su desarrollo. Lamentablemente, esas formas de pensar se nos escapan a los adultos, y sólo podemos imaginar cómo podrían ser. Cuando un bebé empieza a clasificar su mundo en grupos o categorías su forma de pensar se empieza a parecer más a la nuestra y nos cuesta menos entenderle.

Esta habilidad de percibir y experimentar con categorías repercute

sobre todo lo que hace el bebé. Su forma de experimentar las cosas ha cambiado y ha llegado el momento de darle sentido.

Las preferencias del bebé: la clave de su personalidad

Cuando el bebé entre en el mundo de las categorías, se abrirán ante él muchas posibilidades nuevas. Cuando tenga entre 37 y 42 semanas, irá haciendo sus propias elecciones entre el amplio abanico de opciones que tendrá a su alcance. Elegirá lo que más se ajuste a esta etapa del desarrollo y a sus intereses. Algunos bebés seguirán desarrollando inclinaciones que ya habían mostrado previamente, mientras que otros se aventurarán en territorios inexplorados.

Ahí fuera hay un mundo inmenso esperando al bebé para que lo explore, y es conveniente no comparar demasiado a este último con otros bebés de la misma edad. Cada bebé es único.

Si los padres observan al bebé atentamente mientras comprueban las habilidades que va seleccionando de la lista de la página 214 titulada "Cómo explora nuestro bebé el nuevo mundo de las categorías", podrán descubrir qué es lo que le interesa y qué es lo que lo hace único. Es importante que respeten las preferencias del bebé y le ayuden a explorar las cosas que le interesan.

Recordemos que a los bebés les encanta todo lo nuevo. Es muy importante que los padres respondan siempre que perciban que el bebé presenta nuevas habilidades o intereses. No hay nada más estimulante para un bebé que poder compartir sus descubrimientos y ésa es la forma de que su aprendizaje progrese más deprisa.

Cambios cerebrales

Las ondas cerebrales del bebé experimentarán de nuevo cambios importantes cuando tenga aproximadamente 8 meses. Además, crecerá su perímetro craneal y se modificará el metabolismo de la glucosa en su cerebro.

(continúa en la página 216)

Diario de nuestro bebé

Cómo explora nuestro bebé el nuevo mundo de las categorías

No hay que alarmarse si un bebé no presenta algunas de estas actividades, pues lo hará más adelante. Lo que está aprendiendo en este nuevo mundo es el concepto de categoría, y, una vez que capte su significado al adquirir una habilidad, más pronto o más tarde, lo transferirá a otras habilidades. La regla de oro es: "Ayudar al bebé sin forzarle".

RECONOCIMIENTO DE ANIMALES Y OBJETOS

- ❑ Demuestra que es capaz de reconocer una categoría, como la categoría de animal, en ilustraciones, juguetes y la vida real
- ❑ Demuestra que sabe distinguir formas
- ❑ Demuestra que sabe que algo está sucio, por ejemplo, arrugando la nariz
- ❑ Sabe expresar que algo es bueno o divertido haciendo un movimiento o emitiendo un sonido característico
- ❑ Entiende algunas palabras: cuchara, calcetín, pan, gato, pato. Cuando le preguntan: ¿Dónde está...?, lo busca con la mirada. Cuando le dicen: "Coge tu....", a veces lo coge
- ❑ Repite de vez en cuando las palabras que le dicen
- ❑ Compara las cosas que ve directamente con las que ve a través de una red o pantalla, por ejemplo, a través de la malla de una puerta o ventana o de un cristal

RECONOCIMIENTO DE PERSONAS COMO TALES

- ❑ Se relaciona más con sonidos y gestos
- ❑ Imita a otras personas más a menudo; imita lo que hacen
- ❑ Aumenta claramente su deseo de jugar con otras personas
- ❑ Llama a los demás miembros de la familia. Adjudica a cada uno un sonido propio

RECONOCIMIENTO DE PERSONAS EN CIRCUNSTANCIAS DIFERENTES

- ❑ Reconoce a las personas, aun en situaciones no relacionadas
- ❑ Hace muecas y carotas delante del espejo y se ríe
- ❑ Mira una cosa o a una persona en la habitación y después intenta encontrar su imagen reflejada en el espejo

RECONOCIMIENTO DE EMOCIONES

- ❑ Se pone celoso por primera vez cuando su madre dirige su atención a otro niño
- ❑ Consuela a sus peluches cuando se caen o golpean
- ❑ Es más dulce de lo habitual cuando quiere algo
- ❑ Exagera su estado de ánimo para que todo el mundo se entere de cómo se siente
- ❑ Se pone a llorar cuando oye llorar a otros niños

CAMBIO DE ROLES

- ❑ Puede iniciar un juego por iniciativa propia
- ❑ Juega al cu-cu-tas con un bebé de menos edad
- ❑ Se toma el biberón él solo
- ❑ Pide a su madre que le cante una canción; luego aplaude
- ❑ Indica que quiere jugar al escondite escondiéndose
- ❑ Da a su madre los cubos para que le haga una torre

OTROS CAMBIOS

____

____

El bebé necesita tiempo y ayuda para entender por qué algo pertenece o no pertenece a determinada categoría. Los padres pueden ayudar al pequeño dándole las oportunidades y el tiempo que necesita para que pueda adquirir esta información a través del juego y la experimentación. También le pueden ayudar animándole y consolándole cuando lo necesite, así como presentándole nuevas ideas para que pueda ampliar su comprensión de las categorías.

No importa qué categorías explore antes. En cuanto capte la idea de una o dos categorías, le resultará más fácil aplicar esa comprensión a otras categorías más adelante. Algunos bebés prefieren empezar reconociendo objetos, mientras que otros empiezan reconociendo personas. Los padres deben dejarse guiar por las respuestas del bebé. De hecho, ¡es imposible que lo aprenda todo a la vez!

Cómo ayudar al bebé a explorar el nuevo mundo a través de la investigación

Si observamos a un bebé que está empezando a experimentar con las categorías, nos daremos cuenta de que está sumamente ocupado examinado todo el abanico de características y comparándolas entre sí.

Utilizará sus conocimientos sobre las relaciones para averiguar en qué consisten las categorías. Al hacerlo, aprenderá cuáles son las características más importantes de lo que está examinando. Averiguará si una cosa *bota* o no, si es *pesada o ligera*, qué tacto tiene, etc. Examinará las cosas desde todos los puntos de vista, las colocará boca abajo o de lado y las moverá deprisa o despacio. Ésta es la única forma de llegar a conclusiones como: "Esto es una *pelota*, esto no lo es", o "Esta pieza es *redonda*, esta otra no lo es".

A algunos bebés les interesan especialmente las formas de los objetos, como *redonda, cuadrada o con muescas*. Observan una forma y repasan su perímetro con un dedo y después intentan hacer lo mismo con otra

forma: están comparando formas. Cuando les presentan piezas de distintas formas, suelen coger primero las redondas, lo que indica que son capaces de reconocer esta forma. Si a un bebé parecen fascinarle las formas, haremos bien en darle un juego de piezas de plástico que tenga todo tipo de formas para que pueda experimentar comparándolas entre sí.

El bebé se fijará cada vez más en las formas de los objetos que se vaya encontrando por casa. Si nos fijamos en cómo mira el bebé los objetos que están a cierta distancia y le parecen interesantes, advertiremos que generalmente lo hace desplazando la cabeza de izquierda a derecha. Lo hace para comprobar que, aunque él se mueva, la forma y tamaño de los objetos permanecen invariables. Si sabemos qué es lo que le gusta explorar al bebé y cómo quiere hacerlo, podremos ofrecerle las oportunidades que necesita.

"Mi hijo intenta coger el agua que sale del grifo. Aparentemente, cree que es algo que se puede coger. Cierra la mano alrededor del chorro de agua, pero, cuando la vuelve a abrir, descubre que no hay nada dentro. Lo encuentra muy chocante. Pero puede seguir intentándolo durante un buen rato."

Madre de Paul, 43 semanas

A muchos bebés les gusta examinar los distintos componentes de las cosas. Explorando objetos de este modo, pueden averiguar cómo están montados y a qué categorías pertenecen. Si un bebé pertenece a este grupo de "bebés científicos", es posible que se entretenga chupando sucesivamente los distintos lados del objeto o presionando en la parte superior, el centro y la base del mismo. Pero sus exploraciones pueden tener efectos colaterales sorprendentes.

"A mi bebé le pirran los botones. La pasada semana le dio por explorar todos los botones y rendijas de la aspiradora. Pulsó accidentalmente el botón adecuado y puso en marcha la aspiradora. Se quedó lívido del susto."

Madre de Bob, 38 semanas

A algunos bebés les encanta palpar cosas para averiguar qué textura tienen. De este modo, pueden evaluar categorías como *firmeza, pegajosidad, rugosidad, suavidad* y un largo etcétera. Si dejamos que el bebé explore su entorno, le daremos múltiples oportunidades de conocimiento.

Las ventajas de desmontar cosas

Cuando un bebé examina los distintos componentes de un objeto, a menudo acaba separando las distintas partes del mismo, una a una. Si el bebé es aficionado a desmontar cosas, será una buena idea ofrecerle objetos que pueda explorar de este modo. Podemos apilar varios cubos para que pueda separarlos uno a uno, enseñándole cómo se hace. Podemos hacer lo mismo con aros de distintos tamaños ensartados en una cuerda. O probar con una pila de revistas, para que el bebé las pueda ir cogiendo de una en una. Si el bebé se inventa otros juegos, haremos bien en apoyarle, siempre y cuando no resulten peligrosos o demasiado caros. También podemos enseñarle a desmontar cosas mostrándole cómo se hace. Esta experiencia es muy importante porque, después del próximo salto, el bebé podrá utilizar estos conocimientos en su propio beneficio cuando empiece a montar cosas en vez de desmontarlas.

"A mi hijo le gusta juguetear con las cerraduras de armarios y puertas. Aunque la llave esté girada un cuarto de su recorrido, consigue extraerla."

Madre de John, 37 semanas

"Ahora mi hijo se concentra mucho más cuando juega. A veces, hasta examina dos cosas al mismo tiempo. Por ejemplo, se toma su tiempo para aplastar un trozo de plátano con una mano mientras machaca un trozo de manzana con la otra. Mientras tanto, va mirando alternativamente a ambas manos."

Madre de Frankie, 42 semanas

"Mi bebé examina la arena, el agua, las piedras y el azúcar colocándose un poco de estos materiales en una mano, cerrando el puño y manteniéndolo apretado durante un buen rato. Después intenta metérselo en la boca."

Madre de Bob, 40 semanas

A algunos bebés les gusta frotar distintos objetos contra distintas partes de su cuerpo. Esto les permite familiarizarse todavía más con lo que están examinando. Así que, si a un bebé le complace este tipo de exploraciones, deberemos darle oportunidades para que las haga.

"He colgado un columpio del marco de una puerta. Hay un nudo debajo del asiento que es lo que más le gusta al bebé. Se sienta debajo del columpio y se agarra a la jamba, levantando un poco la cabeza cuando pasa el columpio para que le roce el pelo. Se limita a sentarse allí, experimentando la sensación del roce."

Madre de Bob, 39 semanas

Cuando entran en el mundo de las categorías, a algunos bebés les gusta experimentar manipulando objetos, animales y personas con *brusquedad* y con *suavidad*. Si un niño se comporta así, deberemos hacerle saber que algunas cosas duelen y que los objetos se pueden romper. Cuando un bebé experimenta de este modo, sabe perfectamente qué está haciendo.

"Mi hijo me muerde a menudo y a veces manipula sus juguetes y otras cosas con mucha brusquedad. Sin embargo, otras veces puede ser sumamente cuidadoso. Acaricia suavemente una flor o una hormiga con un dedito, sólo para aplastarla bruscamente con toda la manaza segundos después. Pero, cuando le digo "Shhh, con cuidado", vuelve a tocarlos con suavidad."

Madre de Bob, 40 semanas

"Cuando estábamos bañándonos, mi hijo empezó a examinarme el pezón con gran detenimiento. Primero empezó con un solo dedo y mucho cuidado, pero acabó empujando, estirando y apretando con toda la mano. Su pene estaba cerca. ¡Pero fue mucho más cuidadoso con él!"

Madre de Matt, 41 semanas

"Primero, mi hija me examina los ojos, las orejas y la nariz con su diminuto dedo índice. Después los acaricia. Pero, a continuación, a medida que se va emocionando, se pone más bruta y empieza a apretar e intentar meterme los dedos en los ojos, a estirarme de las orejas y la nariz y a introducirme los dedos en los orificios nasales."

Madre de Nina, 39 semanas

Algunos bebés comparan los pesos de los juguetes y otros objetos. Esto les permitirá descubrir las categorías de *pesado y ligero*, siempre y cuando sus padres les den oportunidades para que practiquen con estos conceptos.

"Mi pequeña levanta en el aire momentáneamente todo cuanto se encuentra en su camino."

Madre de Jenny, 41 semanas

Generalmente los bebés estudian los conceptos de *alto* y *bajo*, y de *grande* y *pequeño* gateando, trepando, poniéndose de pie y andando. Se intentan encaramar a cualquier superficie elevada, introducirse en cualquier oquedad y colarse debajo de cualquier objeto cóncavo. Lo hacen sosegadamente y de forma controlada, casi como si estuvieran planificando cómo hacer las cosas.

"Mi hijo intenta gatear bajo y a través de cualquier cosa. Observa un rato y después se lanza. Ayer, se quedó enganchado debajo del último escalón de las escaleras. ¡Todos nos asustamos!"

Madre de John, 40 semanas

Un bebé activo debe tener suficiente espacio para investigar

A partir de esta edad, cada vez suele ser más importante ofrecer a un bebé activo suficiente espacio para que tenga muchas oportunidades para investigar sobre todo tipo de categorías. A esta edad, un bebé que ya era física-

mente activo puede adquirir mayor destreza y estabilidad en las conductas de sentarse, mantenerse de pie, gatear y andar. Consecuentemente, podrá hacer muchas más cosas con su cuerpo. Podrá elegir entre sentarse, gatear, subirse a un mueble o permanecer de pie cuando quiera alcanzar algo. A un bebé de este tipo se le debe dejar gatear por la casa y encaramarse a cosas, y ayudarle a subir a los lugares más insospechados. Si hay escaleras en casa, deberemos prevenir posibles accidentes colocando una verja de seguridad en el segundo o tercer escalón y dejándole que practique a subir y bajar escaleras con los primeros peldaños. También podemos colocar un colchón en la base de las escaleras para evitar que se haga daño.

"Mi hijo intenta encaramarse a todas partes. Un día hasta intentó escalar la superficie lisa de una pared."

Madre de John, 42 semanas

"Mi pequeña estaba sentada tranquilamente en su trona. Me di la vuelta y, antes de que pudiera darme cuenta, ya se había subido a la mesa. Supongo que a partir de ahora tendré que tener ojos en la espalda."

Madre de Emily, 42 semanas

El pequeño gateador también puede aprender muchas cosas fuera de casa. Llevar el bebé a la montaña, la playa, un lago o un parque es una excelente oportunidad de aprendizaje si le dejamos suficiente espacio para que haga sus exploraciones. Eso sí, nunca lo perderemos de vista.

Cuidado del bebé

Una casa a prueba de bebés

Es imprescindible que el espacio que explore un bebé sea seguro. Aun así, no lo perderemos de vista ni un segundo, pues siempre se las arreglará para encontrar algo que puede ser peligroso y en lo que no habíamos pensado.

(continúa en la página 226)

Los mejores juegos para esta semana mágica

Juegos y actividades que más suelen gustar a la mayoría de bebés que están explorando el mundo de las categorías y que les ayudarán a poner en práctica las habilidades recién adquiridas.

EXPLORAR

El bebé encontrará algunas cosas fascinantes, pero aventurarse solo en su viaje de descubrimiento puede ser peligroso o imposible. Tendremos que ayudarle sosteniéndole marcos de cuadros pesados o figuritas que se pueden romper, para que pueda satisfacer su curiosidad sin romperlos ni hacerse daño.

TIMBRES E INTERRUPTORES

Hacer sonar el timbre de casa o pulsar el botón del ascensor son experiencias de aprendizaje que le permitirán oír o ver las consecuencias de lo que hace. Además, sentirá que está haciendo algo "de mayores". Si le dejamos encender la luz cuando la habitación está a oscuras, podrá comprobar el efecto de su acción. Otra idea es dejarle pulsar el botón de solicitud de parada en el autobús y explicarle qué está ocurriendo.

EXPLORACIÓN AL AIRE LIBRE

A esta edad, a muchos bebés les encanta salir de casa. Al aire libre, el bebé puede aprender mucho y verá cosas nuevas. Independientemente de que vayamos en bicicleta, andando o haciendo footing, nos iremos deteniendo de vez en cuando para que el bebé pueda observar, escuchar y tocar las cosas de cerca.

VESTIRSE

Muchos bebés parecen no tener tiempo para que los vistan y los laven. Están muy ocupados en otras cosas. Pero les encanta mirarse en el espejo y su imagen les interesa todavía más cuando les hacen cosas. Si secan, visten y desvisten al bebé delante del espejo, éste podrá jugar a una especie de cu-cu-tas consigo mismo.

Así, el bebé estará entretenido y la madre podrá concentrarse en su tarea.

PALABRAS

El bebé entiende mucho más de lo que creen sus padres, y le encanta poderlo demostrar. Ahora empezará a ampliar con gran deleite el abanico de palabras y frases que entiende.

NOMBRAR

Para que el bebé progrese en su desarrollo lingüístico, es conveniente que los padres vayan nombrando las cosas que mire o escuche el pequeño y que traduzcan sus peticiones a palabras cuando exprese lo que quiere con gestos.
Otra forma es dejarle elegir un libro. Una vez en nuestro regazo o sentado a nuestro lado, el pequeño podrá ir pasando las páginas del libro. Podemos señalar las ilustraciones que vaya mirando y nombrar los objetos; podemos imitar los sonidos de los animales u objetos que vaya señalando. Pero no deberemos continuar si el pequeño pierde interés. Algunos bebés necesitan un abrazo o una caricia puntual después de cada página para mantener la atención.

TAREAS

Podemos pedir al bebé que nos dé lo que tiene en las manos: "Dáselo a mamá" o "Dáselo a papá". O que nos alcance algo: "Pásame el cepillo de dientes" o "Acércame la pelota" o pedirle que se acerque: "Ven con mamá". También podemos llamarle cuando no nos pueda ver, por ejemplo, diciéndole "¿Dónde estás?" e instándole a que nos responda. Siempre elogiaremos la participación del bebé y seguiremos jugando sólo mientras veamos que el pequeño se lo está pasando bien.

(continúa)

Los mejores juegos para esta semana mágica (cont.)

IMITAR

Muchos bebés estudian atentamente a otras personas y les encanta imitar lo que hacen. Si el bebé tiene esta afición, podemos jugar a imitarlo y animarle para que nos imite a nosotros.

HAZ ESTO

Animaremos al bebé a que nos imite para, acto seguido, imitarle a él. Hay bebés que serían capaces de lugar eternamente, turnándose en los roles de imitado e imitador una y otra vez. Podemos ir alternando los gestos o hacerlos un poco más deprisa o más despacio, con una mano, con la otra o con ambas, con y sin sonido. O jugar a lo mismo delante de un espejo. A algunos bebés les encanta repetir gestos delante de un espejo mientras se observan.

HABLAR FRENTE AL ESPEJO

A algunos bebés les fascinan las diferentes formas de la boca al hablar. Podemos aprovechar y convertirlo en un juego. Sentados con el bebé delante de un espejo, podemos jugar con las vocales, las consonantes o las palabras. Le daremos tiempo para que pueda observarnos e imitarnos. A muchos bebés les gusta mirarse en el espejo mientras imitan gestos con la cabeza o las manos; podemos probar con esta variante. Si el bebé se ve reflejado en el espejo mientras nos imita, podrá comprobar si lo está haciendo bien.

SACO UNA MANITA

Muchas canciones infantiles permiten juegos de imitación. Dos de las más conocidas son "Palmas, palmitas" y "Cinco lobitos". Tomaremos la mano del bebé entre las nuestras y haremos los movimientos que vaya indicando la canción. A veces los bebés imitan por sí solos el batir de palmas o alzan las manos. A esta edad no pueden imitar todos los movimientos ni seguir una secuencia, pero disfrutan con este tipo de juegos. He aquí una canción típica para bebés de esta edad:

Saco una manita
la hago bailar
la cierro y la abro
y la vuelvo a guardar.
Saco otra manita
la hago bailar
la cierro y la abro
y la vuelvo a guardar.
Saco dos manitas
las hago bailar
las cierro y las abro
y las vuelvo a guardar.

CAMBIO DE ROLES

Para la creciente capacidad de imitación del bebé los padres pueden instarle a adoptar un rol que éste les haya visto desempeñar a ellos o a un niño mayor.

PERSEGUIR

Es el primer juego de persecución y se puede jugar gateando o andando. De vez en cuando, invertiremos los roles –nos alejaremos gateando o andando indicando al bebé que nos persiga, escapándonos cuando intente cogernos–. Cuando nos alcance o lo alcancemos, lo celebraremos abrazándolo o levantándolo en el aire.

ESCONDITE

Nos esconderemos de modo que el bebé nos vea desaparecer y después dejaremos que nos busque. Asimismo, simularemos haberlo perdido de vista y fingiremos estar buscándole. A veces se esconden detrás de su cuna o en una esquina o eligen el lugar donde se escondió su madre el día anterior o aquel donde su madre tardó mucho en encontrarles. Cuando encontremos al bebé o él nos encuentre reaccionaremos con entusiasmo.

Cómo ayudar al bebé a explorar el nuevo mundo a través del "teatro"

Si el bebé es muy sociable, será capaz de simular que está *triste, cariñoso o alterado*. Estos estados emocionales también son categorías. Esto significa que podrá empezar a manipular y aprovecharse de los demás. Generalmente, las madres caen en la trampa al principio. Algunas sencillamente se niegan a creer que sus hijos, siendo todavía tan pequeños, puedan ser capaces de hacer algo así deliberadamente. Otras se sienten secretamente orgullosas. Si los padres se dan cuenta de que su pequeño está haciendo teatro, pueden dejarles saborear las mieles del éxito. Pero, al mismo tiempo, es preciso que le hagan saber que saben lo que está haciendo. Así le transmitirán el mensaje de que sus emociones son importantes, pero que no debe utilizarlas para manipular a los demás.

"Durante el día, mi pequeña está muy difícil y pesada, pero, cuando se acerca la hora de acostarla, se pone a jugar como si fuera un angelito. Es como si pensara: 'Mientras me porte bien, no tendré que acostarme'. De todos modos, es inútil intentar acostarla cuando todavía no está cansada, porque se niega en redondo. El pasado viernes, se acostó a las 23.30."

Madre de Jenny, 37 semanas

"Cuando hablo con alguien, mi hijo, de repente, necesita ayuda inmediata o simula haberse hecho daño para que le preste atención."

Madre de Matt, 39 semanas

En ocasiones, los bebés adoptan roles que han visto desempeñar a su madre o a otro niño. Lo pueden hacer porque ahora saben que son personas, al igual que todo el mundo. En otras palabras, el bebé sabe que tanto él como las demás personas pertenecen a la misma categoría. Consecuentemente, puede hacer las mismas cosas que hacen los demás, como por ejemplo: se puede esconder, como solía hacer su madre e instarle a que le busque, puede aproximarse a sus juguetes cuando le apetezca jugar con ellos, etc. Siempre intentaremos responder a los intentos de interacción del bebé, aunque sólo sea brevemente. Así le transmitimos la idea de que se está haciendo entender y que es importante.

Los mejores juguetes para esta semana mágica

Juguetes y otros objetos que más gustan a la mayoría de bebés cuando están explorando el mundo de las categorías.

- Cosas que se abran y se cierren, como puertas y cajones
- Sartenes con tapa
- Timbre de puertas o autobuses, botones de ascensores
- Despertadores
- Revistas y periódicos que se puedan romper
- Vasos y platos de plástico
- Cosas que sean más grandes que él, como cajas y cubos
- Cojines y edredones para gatear sobre o debajo de ellos
- Recipientes, especialmente redondos, frascos y botellas
- Cualquier cosa que se pueda mover o desplazar, como palancas, botones o pomos
- Cualquier cosa que se mueva, como sombras o ramas
- Pelotas de todos los tamaños: de ping-pong hasta de playa
- Muñecas con caras realistas
- Piezas de plástico de distintas formas y tamaños, cuanto más grandes mejor
- Piscinas infantiles
- Arena, agua, piedras y herramientas de plástico
- Columpios
- Libros de ilustraciones, con uno o dos dibujos por página
- Carteles o murales que tengan dibujos
- Coches de juguete

Sigue siendo importante tomar las precauciones pertinentes con otros objetos por los que el bebé podría sentirse atraído: enchufes e interruptores, lavadoras, lavavajillas, aspiradoras, secadores, otros electrodomésticos y las escaleras.

"Esta semana vino a casa una niña un poco mayor que mi hijo. Cada uno tenía su biberón. En un momento determinado, la pequeña introdujo su biberón en la boca de mi hijo y lo empezó a alimentar. Él siguió sosteniendo el biberón. Al día siguiente, tenía a mi hijo en la falda y le estaba dando el biberón. Cogió el biberón, me lo introdujo en la boca y se empezó a reír, bebió un poco más y me lo volvió a meter en la boca. Yo no salía de mi asombro. Nunca había hecho nada parecido."

Madre de Paul, 41 semanas

La importancia de la consistencia

Las madres siempre se sienten orgullosas de los progresos y logros de sus bebés y reaccionan con entusiasmo y sorpresa. Pero algunos de estos logros pueden ser travesuras. Una travesura puede parecer divertida y el bebé puede interpretar la sorpresa de sus padres como aprobación. Pensará que es divertido y repetirá el comportamiento una y otra vez, aunque sus padres le digan "no".

Es posible que ahora los padres deban ser más consistentes con su hijo. Si desaprueban algo una vez, es mejor que actúen del mismo modo en la próxima ocasión. Al bebé le encantará ponerles a prueba.

"Mi pequeña cada vez está más divertida porque está empezando a portarse mal. Le da por decir 'Brrr' cuando tiene la boca llena de papilla, salpicándome toda. Abre armarios que no le está permitido tocar y desparrama el agua del gato por el suelo de la cocina."

Madre de Laura, 38 semanas

"Mi hija no me hace caso. Cuando le digo 'no', se ríe, incluso aunque esté muy enfadada con ella. Pero, cuando es la canguro quien le dice 'no', se pone a llorar. Me pregunto si será porque trabajo. Tal vez esté cediendo demasiado porque me siento culpable."

Madre de Laura, 39 semanas

"Mi hija estaba de pie junto al cochecito del bebé de los vecinos y empezó a jugar a cu-cu-tas con él. Se lo pasaron pipa los dos juntos."

Madre de Emily, 40 semanas

A algunos bebés les encanta desempeñar el rol de dador. No importa lo que den, siempre y cuando puedan seguir dando y recibiendo –preferentemente lo segundo–. Si el bebé da algo a alguien, no hace falta decir que espera que se lo devuelvan inmediatamente. Probablemente entenderá las expresiones: "Puedes darme..." y "Por favor...". Por lo tanto, si combinamos el juego de dar y recibir con el habla, le ayudaremos a entender las cosas todavía mejor.

"A mi hija le encanta enseñar a todo el mundo sus galletas con una enorme sonrisa. Por supuesto, lo último que espera es que alguien se las coja. En cuanto teme que esto va a ocurrir, retira enseguida la mano. El otro día, enseñó orgullosa una galleta al perro de la abuela, pero éste fue más rápido que ella y se la arrebató en un abrir y cerrar de ojos. Pasmada, se miró la mano vacía y empezó a llorar de rabia."

Madre de Hannah, 41 semanas

Los miedos del bebé

Cuando un bebé está adquiriendo una habilidad nueva, puede descubrir nuevos peligros y desarrollar nuevos temores. Algunos de esos temores irracionales son el miedo a la *altura* y a *quedarse encerrado o atrapado*. Cuando, de repente, el bebé se comporte como si estuviera asustado, es importante que los padres se muestren comprensivos, intenten averiguar qué es lo que le asusta y le ayuden. Los bebés suelen tener miedo de las cosas nuevas hasta que están seguros de que son inofensivas.

"A mi hija solía gustarle andar cuando yo practicaba con ella. Ahora, de repente, ha dejado de intentarlo. Parece asustada. Cuando tiene la más mínima sospecha de que le voy a soltar de una mano, se sienta en el suelo inmediatamente."

Madre de Ashley, 46 semanas

"Ahora mi hijo no puede soportar sentirse confinado. Cuando lo sujeto con los arneses de la silla de seguridad para el coche, se pone completamente histérico."

Madre de Paul, 40 semanas

Entre las semanas 40 y 45, se iniciará otra fase de relativa paz. Durante un período de tiempo comprendido entre 1 y 3 semanas, el bebé nos sorprenderá por su alegría e independencia y por sus progresos. Ahora le interesará un amplio abanico de cosas, desde las personas a caballo hasta las flores, las hojas, las hormigas y los mosquitos. A partir de este momento, a muchos bebés les gusta pasar más tiempo al aire libre. Asimismo, otra gente empezará a desempeñar un papel mucho más importante en sus vidas. Entablarán relación con otras personas más frecuentemente y estarán más dispuestos a jugar con ellas. Resumiendo, los horizontes del bebé se han ensanchado más que nunca.

"Ahora, mi hijo parece un muñequito. Se pasa todo el día riendo. A veces puede pasarse una hora jugando solo tranquilamente. Esta semana parece como si fuera un niño diferente. Ya no está abotargado y parece muy ágil. Antes siempre estaba algo tenso, pero ahora parece haberse soltado mucho más. Está mucho más alegre, vital y aventurero."

Madre de Frankie, 42 semanas

"Mi hijo entiende muchas más cosas que antes; parece estar llegando a un lugar nuevo, con más posibilidades. Tengo que facilitarle las cosas para que podamos conversar. Por ejemplo, cuando nos sentamos a la mesa, necesita estar donde se pueda comunicar con todo el mundo. Ahora es importante para él. También se fija mucho más en las personas de fuera de casa. Entabla relación con ellas, haciendo burbujas, emitiendo ciertos sonidos para atraer su atención o ladeando la cabeza en señal de interrogación."

Madre de Bob, 40 semanas

capítulo 9

Semana mágica 46: el mundo de las secuencias

Los bebés son expertos en crear desorden. Durante el último salto en el desarrollo mental del bebé, probablemente esta "habilidad" alcanzó su máxima expresión. Es posible que los padres se quedasen perplejos ante las ansias de destrucción de su hijo, viendo cómo se movía bruscamente de aquí para allá, desmontando y aplastando todo lo que se cruzaba en su camino. Pero, si observan a su bebé y están pendientes de cómo van emergiendo sus nuevas habilidades, se darán cuenta de que, cuando el pequeño tenga aproximadamente 46 semanas, empezará a hacer justamente lo contrario. Por primera vez, intentárá *montar o ensamblar cosas.*

Ahora el bebé está preparado para descubrir el mundo de las secuencias. A partir de esta edad, podrá empezar a darse cuenta de que, para alcanzar muchos de sus objetivos, tiene que hacer las cosas siguiendo determinado orden, si desea tener éxito. El bebé mirará primero qué cosas van juntas o encajan entre sí y cómo lo hacen antes de intentar introducir una dentro de otra, apilarlas o ensamblarlas. Por ejemplo, se concentrará en afinar su puntería antes de intentar apilar un cubo sobre otro. O introducirá una clavija en el agujero correspondiente de un tablero después de haber comparado las formas de ambos.

Este mundo ofrece al bebé áreas de exploración completamente nuevas. Nos daremos cuenta de que, por primera vez, el pequeño es capaz de ensamblar varias cosas entre sí y una acción tras otra. Y realizará las acciones de forma más consciente que antes: está tomando conciencia de lo que hace.

Este nuevo salto en el desarrollo mental del bebé se inicia en torno a las 42 semanas, o entre las semanas 40 y 44. A la par que desarrolla sus nuevas

Nota: Este salto en el mundo perceptual de 'secuencias' está vinculada a la edad y es predecible. Se pone en marcha el desarrollo de una amplia gama de habilidades y actividades Sin embargo la edad en que estos aparezcan por primera vez puede variar grandemente dependiendo de las preferencias de su bebé, de la experimentación y el desarrollo físico. Por ejemplo: la habilidad de percibir 'secuencias' emerge entre los 40 y 44 semanas, y es una precondición necesaria para 'jalar una cuerda para obtener un anillo conectado', pero está habilidad normalmente aparece en cualquier momento entre las 46 semanas a muchas semanas o incluso meses más tarde. Las habilidades y las actividades son mencionadas en este capítulo a la edad más temprana edad posible que puedan aparecer entonces podrá estar atento y reconocerlas. (al principio podrían ser rudimentarias.) De esta forma podrá responder y facilitar el desarrollo de su bebé.

habilidades y se familiariza con su nuevo mundo, el bebé tenderá a estar más inquieto y reclamará más la atención de sus padres. Después de todo, imaginarse cómo encajan las cosas entre sí es mucho más difícil que desmontarlas. Es lógico que la repentina transformación que está experimentando su pensamiento le altere. Generalmente este período de inquietud dura 5 semanas, pero puede durar entre 3 y 7. Si el bebé parece nervioso, lo observaremos atentamente para ver si está intentando adquirir nuevas habilidades.

Durante esta fase, la mayoría de los bebés lloran más que en las semanas inmediatamente anteriores. Están inquietos, molestos, nerviosos, llorones, gruñones, de mal humor e inmanejables. Hacen cuanto pueden para estar con sus madres, pegados a sus faldas. Algunos se desesperan más que otros ante la perspectiva de separarse de sus madres. Y utilizarán cualquier medio que tengan a su alcance para poder estar a su lado.

> "Siempre que mi hijo mayor se acerca al bebé y lo toca, éste se pone a llorar inmediatamente porque sabe que obtendrá una reacción por mi parte."
>
> Madre de Kevin, 41 semanas

Casi todos los bebés lloran menos cuando están cerca de sus madres, incluso los que son más inquietos. Y la mayoría de ellos todavía se quejan menos cuando éstas les dedican toda su atención.

> "Puesto que quiero mantener los lloriqueos de mi bebé bajo mínimos, lo hacemos todo juntos. Hago las tareas domésticas llevándolo a cuestas, porque, en caso contrario, no puedo desplazarme ni un centímetro sin que se me agarre a las piernas. Le explico todo lo que hago, por ejemplo, cómo preparo el té o doblo las toallas. También solemos ir juntos al lavabo. Cuando soy yo quien necesita

ir al lavabo, dejo la puerta abierta. Lo hago porque así puedo ver si hace algo peligroso, pero también porque así él puede verme a mí y seguir cada uno de mis movimientos. Y siempre lo hace. Esta forma de hacer las cosas es la única manera de que los dos tengamos cierta tranquilidad."

Madre de Emily, 43 semanas

Cómo saber que es el momento de crecer

Puede tener miedo de que su madre se aleje

Algunos bebés intentan por todos los medios estar cerca de su madre. Se aferran literalmente a su cuerpo, incluso cuando no hay ningún desconocido cerca. Otros no se agarran literalmente a sus madres, pero quieren estar todo el rato cerca de ellas para no perderlas de vista. Y también los hay que necesitan regresar regularmente a sus madres, como si tuvieran que "repostar" antes de volverse a alejar de ellas.

"Mi hijo quiere estar en mi falda, montarse literalmente en mi brazo, gatear sobre mí, sentárseme encima o aferrarse a mis piernas durante todo el día, como si fuera un parásito. Cuando lo dejo en el suelo, estalla en llantos."

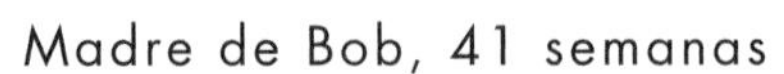
Madre de Bob, 41 semanas

"Mi hija se sienta sobre mi zapato y se me agarra fuertemente a la pierna con sus bracitos. Una vez que me tiene cogida, no me suelta ni a tiros. Realmente tengo que exprimirme la cabeza para proponerle algo divertido a fin de que me suelte."

Madre de Emily, 43 semanas

"Ahora, mi hija tiende a estar cerca de mí, pero sigue metida en sus cosas. Casi es como si estuviera dando vueltas a mi alrededor como un satélite que orbita alrededor de la tierra. Si estoy en el cuarto de

estar, ella se entretiene haciendo algo cerca de mí, y, cuando voy a la cocina, me sigue y empieza a vaciar algún armario."

Madre de Jenny, 47 semanas

"A menudo mi hijo se me acerca, restriega su cuerpecito contra el mío y después se vuelve a alejar. He notado que es algo que hace sobre todo cuando estoy sentada en algún sitio haciendo algo."

Madre de Matt, 41 semanas

Puede volverse más tímido con los desconocidos

Cuando haya desconocidos cerca del bebé, que lo miren, le hablen, o aún peor, pretendan tocarle, quizá se ponga todavía más pegajoso con su madre que de costumbre. Muchos bebés se vuelven tímidos a esta edad.

"Mi hijo se ha vuelto un poco más tímido. Cuando ve a gente nueva o si alguien entra repentinamente en la habitación, se esconde detrás de mi cuello. De todos modos, esta actitud no dura mucho. Sólo necesita un poco de tiempo para acostumbrarse."

Madre de Matt, 42 semanas

"Mi hijo está más tímido que nunca. Ni siquiera a su abuelo le está permitido mirarlo."

Madre de Kevin, 43 semanas

"Esta semana he notado que mi pequeña está empezando a agarrarse mucho a mis piernas. Ahora, siempre que un desconocido hace el ademán de abrazarla, se aferra fuertemente a mi cuerpo. Pero, cuando le dan tiempo, a menudo acaba dirigiéndose a los desconocidos por iniciativa propia. Basta con que no la cojan demasiado pronto."

Madre de Ashley, 47 semanas

Puede desear un contacto físico más estrecho con su madre

Algunos bebés son como pequeñas lapas. Se aferran al cuerpo de sus madres con todas sus fuerzas cuando los llevan en brazos o cuando están en su falda, como si no quisieran darles la oportunidad de que se alejen de ellos. Otros bebés se ponen furiosos cuando sus madres los dejan en el suelo o salen de la habitación.

"Cuando me alejo de ella, aunque sea sólo durante un momento, mi hija se pone a llorar con rabia. Cuando regreso a su lado, al principio siempre me pega, me pellizca, me araña o me empuja. Si el perro está cerca, va tras él inmediatamente. Una vez, cuando volví a su lado, le encontré unos pelos de bigote en la mano."

Madre de Emily, 43 semanas

Puede querer que lo entretengan

La mayoría de los bebés empiezan a reclamar más atención. Hasta los bebés más tranquilos y fáciles suelen preferir hacer más cosas con sus madres a esta edad. Si por ellos fuera, sus padres deberían mantenerlos ocupados día y noche. A menudo no se sienten satisfechos hasta que sus madres les dedican toda su atención. Éstas sólo pueden tener ojos para ellos.

"Mi hijo viene constantemente en mi busca y me pide que le lea un libro. También se sienta en mi falda mucho más pacientemente que antes. Es lo que yo siempre había deseado. Se concentra mucho en lo que hacemos juntos. Por fin quiere pasar tiempo conmigo. Es como si estuviera intentando recuperar el tiempo perdido."

Madre de Paul, 44 semanas

"En general, mi hijo se está volviendo menos activo. Es como si su desarrollo motor estuviera empezando a llegar a un punto muerto. Está prestando menos atención a este ámbito y apenas hace caso a sus juguetes. Incluso cuando jugamos juntos, tiene muy poca fijeza. Me prefiere a mí a sus juguetes."

Madre de Bob, 41 semanas

"Cuando mi hijo está mamando, si hago algo o hablo con alguien, se queja. Tengo que mirarle, juguetear con él o acariciarlo constantemente. En cuanto me detengo un segundo, se retuerce incontrolablemente y empieza a darme patadas, como si intentara decirme: '¡Eh! ¡Que estoy aquí!'."

Madre de Matt, 43 semanas

Puede volverse celoso

Es posible que el bebé se ponga más inquieto, más dulce o se porte peor cuando su madre preste atención a algo o alguien que no sea él. Este cambio de comportamiento suele hacer que las madres se planteen la posibilidad de que sus hijos estén celosos. Este descubrimiento suele sorprenderlas.

> "Hago de canguro a un bebé de cuatro meses. Cuando le daba el biberón, mi hijo siempre lo había encontrado muy interesante. Pero esta semana ha estado imposible. No ha dejado de hacer cosas que no hace normalmente, como si intentara causar problemas y ser desagradable. Creo que estaba celoso."
>
> Madre de John, 44 semanas

Puede tener cambios de humor

El bebé puede estar alegre y contento un día y tristón al día siguiente. También puede tener cambios de humor repentinos. En un momento puede estar entretenido y contento haciendo algo y acto seguido empezar a quejarse y lloriquear. Los cambios de humor se producen de forma inesperada, sin ningún motivo aparente. Esto puede provocar inseguridad en la madre.

> "Mi hija puede ponerse pegajosa y llorar desesperadamente en un momento y parecer que está pasándoselo bomba en el momento inmediatamente posterior –como si pudiera conectarse y desconectarse pulsando un interruptor–. No sé qué hacer. Me pregunto si le dolerá algo."
>
> Madre de Nina, 43 semanas

Puede tener problemas para dormir

La mayoría de los bebés duermen menos durante esta fase. No quieren acostarse, les cuesta más conciliar el sueño y/o se despiertan antes por las mañanas. A algunos les cuesta mucho hacer cabezadas durante el día. Otros se despiertan a menudo durante la noche. Y los hay que tienen problemas para conciliar el sueño tanto de día como de noche.

"Mi hija no necesita dormir mucho. Se queda despierta hasta tarde por las noches, jugando alegremente."

Madre de Hannah, 43 semanas

"Mi hija se despierta 2 o 3 veces cada noche y tampoco duerme bien por las tardes. A veces tardo 3 horas en acostarla."

Madre de Jenny, 48 semanas

"Ahora mi hijo está más inquieto. Cuando es hora de acostarlo, me cuesta mucho tranquilizarlo. Y se despierta varias veces por la noche."

Madre de Frankie, 45 semanas

"Antes mi hijo solía dormir como un tronco. Lamentablemente, eso se acabó."

Madre de Matt, 41 semanas

Puede tener "pesadillas"

No es extraño que los bebés tengan el sueño intranquilo mientras atraviesan este período de crisis. A veces gritan, se mueven y se agitan tan violentamente mientras duermen que parecen estar teniendo pesadillas.

"Mi hija se despertó gritando como una descosida, como suele hacer cuando se enfada. Debe de haber soñado algo que le disgustaba mucho."

Madre de Emily, 45 semanas

Puede estar apático

Algunos bebés están un poco apáticos temporalmente. Están menos activos y balbucean menos. Hasta es posible que se queden quietos sin hacer nada y se limiten a mirar fijamente al vacío. A las madres no les gusta ver así a sus hijos. Piensan que es anormal y a veces intentan estimularlos.

"Mi hija ya no está tan activa. A menudo se limita a estar sentada, con los ojos como platos, mirando a su alrededor."

Madre de Hannah, 45 semanas

"De vez en cuando, mi hijo se queda sentado, sin hacer nada más que mirar al vacío. Esto es un cambio, porque antes siempre estaba haciendo algo."

Madre de Matt, 43 semanas

"Mi hijo está más pasivo, más callado. A veces se queda sentado, mirando fijamente al vacío durante un rato. No me gusta nada. Es como si no fuera normal."

Madre de Bob, 41 semanas

Puede negarse a que le cambien los pañales

Muchos bebés se ponen impacientes e inmanejables cuando intentan vestirlos, desnudarlos o cambiarles los pañales. Pueden protestar, gritar y empezar a retorcerse en cuanto los tocan. A veces las madres se enfadan o se preocupan a raíz de este comportamiento.

"Mi hijo no se está quieto ni un minuto. A veces, quitarle los pañales es como una pelea de boxeo. Me encanta que se haya vuelto más activo, pero no entiendo por qué no se puede estar quieto unos pocos segundos."

Madre de Frankie, 43 semanas

"Vestirla, desnudarla y cambiarle los pañales es una pesadilla. Es algo que ya le había ocurrido antes. Entonces, pensé que tal vez le doliera la parte inferior de la espalda. Cada vez estaba más preocupada. Así que la llevé al pediatra, pero me dijo que su espalda estaba perfectamente alineada. Él tampoco tenía ni idea de qué podía estar provocando aquel comportamiento. Y entonces desapareció del mismo modo en que había aparecido."

Madre de Juliette, 46 semanas

Puede perder el apetito

Muchos bebés de esta edad parecen estar menos interesados por la comida y la bebida. Es posible que pierdan el apetito o se vuelvan muy selectivos, comiendo sólo si les apetece y cuando les apetece. La falta de apetito y la conducta caprichosa de los bebés a la hora de las comidas suele preocupar o irritar a las madres.

"Mi bebé no está mamando bien. Pero, de repente, quiere mamar y empieza a lloriquear y a estirarme de la blusa para obtener lo que desea. También se despierta muchas veces por la noche, pidiendo el pecho. Me pregunto si estará obteniendo suficientes nutrientes de la leche."

Madre de Matt, 43 semanas

Puede parecer más infantil

Algunos bebés presentan súbitamente conductas infantiles que sus madres creían superadas. A las madres no les gustan estas "recaídas", conocidas como "conductas regresivas". Las ven como pasos hacia atrás y, si pudieran, les pondrían freno. Sin embargo, durante los períodos de inquietud este tipo de retrocesos son perfectamente normales. Indican que está a punto de producirse otro gran salto hacia delante en el desarrollo mental del bebé.

"Esta semana mi hija ha vuelto a gatear. Espero que no tenga ningún problema de cadera y que no se deba a que empezó a andar demasiado pronto."

Madre de Jenny, 44 semanas

"Mi hijo ya no quiere aguantar el biberón durante las tomas; ahora prefiere recostarse en mis brazos y que sea yo quien se lo dé, como cuando era pequeño. Sin embargo, hace cierto tiempo, insistía en ser él quien sostenía el biberón. Lo cierto es que este retroceso me preocupa bastante. No dejo de pensar: 'Venga, sé que puedes hacerlo solo'. Algunas veces he intentado colocarle las manitas en el biberón, pero él se niega a sostenerlo."

Madre de Bob, 41 semanas

"A menudo tengo que acunar al bebé, como solía hacer tiempo atrás, para que concilie el sueño."

Madre de Steven, 41 semanas

"Mi hijo ya no quiere estar de pie y se tira al suelo inmediatamente. También se ha vuelto mucho más inactivo."

Madre de Bob, 41 semanas

Puede ser más dulce de lo habitual

Cuando los bebés de esta edad están atravesando un período de crisis, son capaces de encontrar formas socialmente más aceptables de reclamar la atención y el contacto físico. Esto será cada vez más frecuente y adoptará formas más sofisticadas. Por ejemplo, un bebé puede llevar libros o juguetes a sus padres "pidiéndoles" que jueguen con él o incitarles a que jueguen con él utilizando diversas tácticas, como colocar la manita sobre su falda, apretujarse amorosamente contra su cuerpo o apoyar la cabeza en él. A menudo alternan entre portarse mal y ser mimosos, en función de lo que dé mejor resultado en cada momento.

Las madres de bebés independientes que no son demasiado amantes del contacto físico disfrutarán mucho ante la perspectiva de poder abrazar de nuevo a sus pequeños.

"Mi hija viene una y otra vez en mi busca pidiéndome un abrazo. Esta semana ha estado extremadamente cariñosa."

Madre de Ashley, 46 semanas

"Esta semana mi hijo ha estado muy mimoso y pegajoso."

Madre de Matt, 42 semanas

"Cuando mi hijo está en la sillita de la bicicleta o en el cochecito, no deja de mirar hacia atrás para comprobar que sigo ahí y alarga su manita hacia mí."

Madre de Paul, 44 semanas

"Ahora mi hija quiere sentarse más a menudo en mi falda con un libro para que lo miremos juntas. Cuando lo hace, se queda ahí y se apretuja amorosamente contra mi cuerpo. Me encanta que lo haga y disfruto mucho."

Madre de Jenny, 47 semanas

Diario de nuestro bebé

Signos de que nuestro bebé está creciendo de nuevo

Entre las semanas 40 y 44, la mayoría de bebés presentan algunos de los siguientes signos, indicativos de que se están preparando para dar el próximo salto al mundo de las secuencias.

- ❑ Llora más a menudo y está más nervioso, inquieto o de mal humor
- ❑ Está alegre un momento y llora al momento siguiente
- ❑ Quiere que sus padres lo entretengan o que lo hagan más a menudo que antes
- ❑ Se agarra a su madre o quiere estar más cerca de ella
- ❑ Es más dulce de lo habitual
- ❑ Se porta mal
- ❑ Tiene rabietas o las tiene más a menudo que antes
- ❑ Es celoso
- ❑ Es más tímido con los desconocidos
- ❑ Quiere establecer un contacto físico más estrecho
- ❑ Tiene problemas para dormir
- ❑ Parece tener pesadillas o las tiene más a menudo que antes
- ❑ Pierde el apetito
- ❑ Balbucea menos
- ❑ A veces se limita a estar sentado, con la mirada perdida
- ❑ Se niega a que le cambien los pañales
- ❑ Se chupa el dedo, o se lo chupa más que de costumbre
- ❑ Se abraza a un objeto de apego o lo hace más que antes

OTROS CAMBIOS

____

____

"Mi hija me sigue gateando. Cuando da la vuelta a la esquina de la puerta, me dirige una enorme sonrisa y gatea rápidamente en la dirección opuesta. Nos encanta jugar a este juego."

Madre de Ashley, 43 semanas

Puede portarse mal

Muchas madres se dan cuenta de que sus bebés se portan peor que de costumbre. Unos parecen hacer todo lo que tienen prohibido; otros se portan especialmente mal cuando su madre va con prisas porque tiene que acabar lo que tiene entre manos y no puede dedicarles tiempo.

"No nos está permitido atender nuestras cosas. Si lo hacemos, todo lo que le hemos dicho a nuestra hija que no puede tocar se vuelve sumamente interesante, por ejemplo, el teléfono y los botones de la minicadena. Tenemos que estar pendientes de ella todos los segundos del día."

Madre de Jenny, 47 semanas

"Mi hija me sigue gateando a todas partes. Me parece adorable, pero, cuando no puede hacerlo, lo desordena todo. Saca los libros de las estanterías y la tierra de las macetas."

Madre de Ashley, 43 semanas

"Siempre que mi hija me ve ocupada en algo, se lanza sobre cosas que tiene prohibido tocar."

Madre de Nina, 43 semanas

"Mi hijo está todo el día encima de mí, y, cuando no lo está, soy yo la que tengo que estar encima de él impartiéndole disciplina y quitándole las cosas que no le está permitido tocar."

Madre de Kevin, 43 semanas

Reacciones maternas ante los cambios del bebé

Los cambios que experimentará el bebé en esta nueva etapa afectarán a la madre. He aquí algunas emociones que ésta puede experimentar.

Puede sentirse insegura

Las madres se suelen preocupar cuando ven a sus bebés alterados. Intentan averiguar la causa de sus frecuentes llantos y, en cuanto dan con una, se tranquilizan. A esta edad, suelen echar las culpas a la salida de los dientes.

> "Me parece que los dientes están dándole la lata a mi pequeño. No es el niño normal y tranquilo de siempre."
>
> Madre de John, 43 semanas

> "Mi hijo está llorando mucho. Creo que no duerme lo suficiente."
>
> Madre de Frankie, 43 semanas

> "Mi hila se pone llorona e inquieta siempre que me ve ocupada haciendo algo. Tal vez esté teniendo más problemas con sus hermanas."
>
> Madre de Juliette, 42 semanas

Puede estar agotada (de nuevo)

Las madres de bebés muy absorbentes, que reclaman constantemente la atención y que apenas duermen, se sienten sumamente cansadas, especialmente hacia el final de la fase de inquietud. Algunas también se quejan de dolor de cabeza y espalda, náuseas y falta de concentración.

> "Tengo el ánimo por los suelos porque no tengo ningún apoyo ni reconocimiento. Me encantaría poder descansar, aunque sólo fuera una tarde. Por la noche, no hago más que ir y venir de mi habitación a la habitación del bebé. A menudo esa pauta sigue hasta bien entrada la noche. Para mí, ésta es la peor edad de todas, por ahora."
>
> Madre de Emily, 46 semanas

Se puede enfadar

Cuando se acerca el final de este período de crisis, las madres se sienten cada vez más irritadas a consecuencia del comportamiento inquieto de sus bebés. Están enfadadas porque tienen que atender constantemente las demandas de sus pequeños y parecen haber dejado de tener vida propia.

"Es un tostón no poderte mover ni un centímetro literalmente. Mi hijo intenta atraer mi atención constantemente y, si no le hago caso, tiene una rabieta. Se está volviendo lenta pero paulatinamente más pesado. A veces, me da la sensación de que me está poniendo a prueba, y es algo que me saca de quicio. Entonces me harto. Sigo contemplando la posibilidad de volverlo a llevar a la guardería. Hace varios días que no va. Al principio, me encontraba mejor, pero últimamente he notado que vuelvo a estar un poco agresiva."

Madre de Bob, 46 semanas

"Tengo mucho que hacer y no puedo dejar que mi hija se cuelgue de mis piernas o se siente delante del fregadero mientras me dedico a la casa. Cuando me harto, no permito que duerma conmigo. Tal vez esté empezando a perder la paciencia."

Madre de Juliette, 45 semanas

"Aunque tengo el bebé más manejable del mundo, cuando se pone a llorar como un histérico, me doy cuenta de que me pongo un poco impaciente con él y lo echo fuera de la cama."

Madre de John, 43 semanas

A veces las madres se enfadan porque, en lo más hondo de sus corazones, saben que sus bebés son capaces de mucho más de lo que demuestran y consideran que están siendo demasiado infantiles. Creen que ya ha llegado el momento de que sean más independientes.

"Cada vez que coloco a mi hijo en el cambiador para cambiarle los pañales, empieza a chillar. Cuando le cambio de ropa, ocurre exactamente lo mismo. Cada vez me enerva más. Considero que es dema-

siado mayor para comportarse de este modo. De hecho, ya va siendo hora de que empiece a cooperar un poco."

Madre de Bob, 47 semanas

Puede pelearse

Cuando se acerca el final de cada fase de inquietud, muchas madres que siguen dando el pecho a sus bebés se plantean la posibilidad de dejar de hacerlo. Una de las razones es que el bebé se pasaría todo el día mamando. Para las madres es una pesadez, aparte de agotador, y muchas empiezan a rechazar a sus bebés de vez en cuando. Pero éstos no lo aceptan, y empiezan las peleas.

"Cada vez me irrita más tener que tranquilizar al bebé dándole el pecho cada noche para que pueda conciliar el sueño. Tuve que volver a hacerlo porque le estaba costando mucho dormirse solo. Pero ahora se está volviendo a convertir en un hábito. Además quiere mamar mucho más que antes y, cuando no se sale con la suya, se pone a berrear. Tal vez haya llegado el momento de destetarlo."

Madre de Matt, 47 semanas

La buena noticia para las madres que siguen amamantando a sus bebés es que la pauta de lactancia normal se restablece en cuanto finaliza el período de inquietud. Y, entonces, parecen olvidar su enfado.

Las peleas también surgen cuando madre e hijo tienen que negociar la cantidad de contacto físico y de atención que este último desea y que aquélla está dispuesta a dar.

"Me irritan muchísimo los llantos continuos de mi hijo para que lo siente en mi falda. Me enfado mucho cuando me muerde si no accedo a sus deseos lo bastante deprisa. Me hace tanto daño que lo aparto automáticamente. Una vez se cayó y se dio un golpe muy fuerte en la cabeza. No era ésa mi intención, pero estaba tan furiosa que no lo pude evitar."

Madre de Kevin, 44 semanas

Tener sentimientos de enfado y frustración a veces no es anormal ni peligroso, pero convertirlos en actos violentos sí lo es. Los padres deben recordar que es fundamental buscar ayuda antes de perder el control.

Cómo emergen las nuevas habilidades del bebé

Cuando el bebé tenga aproximadamente 46 semanas, se tranquilizará e intentará hacer cosas completamente nuevas para él. Usará sus juguetes de una forma diferente y disfrutará haciendo cosas nuevas. Será más preciso que nunca con sus acciones y prestará incluso más atención a los detalles.

Ahora el bebé es capaz de entender que a veces una cosa debe seguir a otra para componer una secuencia. Se dará cuenta de que puede detectar secuencias con todos sus sentidos, y como siempre, no podrá explorarlos todos al mismo tiempo. Sus inclinaciones, preferencias y temperamento le ayudarán a seleccionar los aspectos del nuevo mundo que encuentra más interesantes y las habilidades que desarrollará antes. Los padres deberán ayudarle a hacer lo que está preparado para hacer en vez de forzarlo o presionarlo en alguna dirección.

Durante el último salto evolutivo, el bebé se dio cuenta de que ciertas cosas tienen tanto en común que pertenecen al mismo grupo o categoría. Para poder categorizar cosas, las examinaba a menudo, desmontándolas y separándolas entre sí. Por ejemplo, desmontaba una torre, sacando los cubos que la formaban uno a uno, extraía una llave de una cerradura o aflojaba el tirador del cajón de una cómoda. Todo esto allanó el terreno para este salto evolutivo, que le permitirá hacer justo lo contrario: experimentar con el comportamiento de montar o ensamblar cosas entre sí. Todos los bebés tienen que aprender a desmontar una cosa antes que a montarla. Hasta la actividad aparentemente simple de elegir el siguiente cubo y colocarlo en el lugar adecuado para construir una torre requiere

(continúa en la página 253)

Diario de nuestro bebé

Cómo explora nuestro bebé el nuevo mundo de las secuencias

Sugerimos a los padres que marquen con una cruz los recuadros que figuran junto a las conductas que presente el bebé. Si la mayoría de las siguientes habilidades no aparecen hasta dentro de varios meses, no deben preocuparse: es perfectamente normal.

Este mundo es tan multifacético como todos los demás mundos que ha explorado el bebé en su corta vida. Al igual que en las etapas anteriores, cada bebé tendrá sus propias ideas sobre qué es más interesante. ¡No puede experimentar con todo al mismo tiempo! Si a un bebé siempre le ha gustado escuchar y mirar, es posible que siga dando prioridad a estas tendencias a expensas de otras actividades más físicas.

SEÑALAR Y HABLAR

- ❑ Sigue con la mirada y señala a una persona, animal u objeto que le hemos nombrado, sea en la vida real o en una ilustración
- ❑ Señala uno o dos objetos, personas o animales para que se lo nombremos
- ❑ Señala y nombra uno o dos objetos
- ❑ Hojea deliberadamente un libro, emitiendo distintos sonidos que se asocian a una o dos ilustraciones
- ❑ Señala su nariz cuando le preguntamos: "¿Dónde está tu nariz?"
- ❑ Señala una parte de su cuerpo o de nuestro cuerpo, como la nariz, para que la nombremos
- ❑ Imita el sonido que emite un animal cuando lo nombramos; por ejemplo, cuando le preguntamos: "¿Qué hace el gato?", él contesta: "Miau"
- ❑ Estira los brazos hacia arriba cuando le preguntamos: "¿Cuánto vas a crecer?"

- ❑ Dice "ñam" cuando quiere que le demos el próximo bocado
- ❑ Dice "no, no", cuando no quiere hacer algo
- ❑ Utiliza una palabra con un significado más amplio del habitual. Por ejemplo, dice "acs" ante algo sucio, pero también cuando tiene que tener cuidado con algo, porque, para él, "acs" significa "no tocar".

QUÉ VA JUNTO Y QUÉ VIENE DESPUÉS

- ❑ Sabe que puede insertar una clavija redonda en un agujero redondo. Por ejemplo, elige la clavija redonda entre un conjunto de clavijas e intenta insertarla en el agujero redondo de un tablero
- ❑ Intenta encajar tres piezas de un puzzle sencillo
- ❑ Intenta introducir monedas en una ranura
- ❑ Intenta introducir un recipiente dentro de otro de mayor tamaño
- ❑ Coge una llave e intenta introducirla en una cerradura
- ❑ Mira hacia la lámpara y alarga la mano hacia ella cuando alguien pulsa el interruptor
- ❑ Intenta hablar por el auricular del teléfono
- ❑ Introduce objetos en un recipiente, lo tapa, lo destapa, extrae los objetos y vuelve a repetir el ciclo
- ❑ Intenta insertar una arandela en una cuerda vertical
- ❑ Empuja coches de juguete al tiempo que imita el ruido de un motor
- ❑ Excava un hoyo con una pala e introduce la arena extraída en un cubo
- ❑ Llena de agua los juguetes de la hora del baño y después los vacía
- ❑ Observa detenidamente dos piezas de un juguete de bloques, tipo Lego o Duplo, e intenta encajarlas entre sí

(continúa)

Diario de nuestro bebé (cont.)

- ❑ Intenta hacer garabatos en un papel con un lápiz o con lápices de colores

FABRICACIÓN Y USO DE HERRAMIENTAS

- ❑ Se ayuda a andar encontrando objetos para empujar
- ❑ Utiliza objetos a modo de escalón para llegar a lugares u objetos que desea alcanzar
- ❑ Señala con el dedo la dirección hacia donde quiere ir cuando lo llevan en brazos

LOCOMOCIÓN

- ❑ Baja las escaleras o de una silla o sofá. Al principio, a veces se dirige hacia las escaleras gateando hacia atrás antes de empezar a descender
- ❑ Coloca la cabeza en la posición adecuada antes de iniciar una voltereta con ayuda
- ❑ Flexiona las rodillas y después estira las piernas con fuerza, saltando con ambos pies
- ❑ Intenta apuntar antes de lanzar una pelota con las manos o chutarla
- ❑ Al dar sus primeros pasos sin apoyo, mira antes para ver si hay algún objeto al que agarrarse

JUGAR CON OTROS

- ❑ Es capaz de participar en juegos compartidos con su madre o padre
- ❑ Expresa claramente a qué quiere jugar iniciando el juego y mirando al otro participante con expectación
- ❑ Repite un juego

- ❑ Incita a su padre o madre a que jueguen con él, tal vez simulando que no es capaz de hacer algo que éstos ya le han visto hacer sin ayuda

ESCONDER Y BUSCAR

- ❑ Busca algo que le hemos escondido ocultándolo completamente debajo o detrás de otro objeto, sea a modo de juego o porque no queríamos que lo cogiera
- ❑ Esconde algo que pertenece a otra persona, espera y observa, y se ríe cuando la otra persona lo encuentra

COPIAR UNA SECUENCIA DE GESTOS

- ❑ Imita dos o más gestos en una secuencia
- ❑ Estudia cómo se ve una secuencia de gestos en la realidad y en el espejo
- ❑ Copia uno o dos movimientos mientras canta una canción con su padre o madre

AYUDA EN LAS TAREAS DOMÉSTICAS

- ❑ Si estamos recogiendo cosas, nos las va dando una por una
- ❑ Si se lo pedimos, va a buscar objetos simples
- ❑ Coge la ropa que le acabamos de quitar y la introduce en el cubo de la ropa sucia
- ❑ Coge su propio cubo de la ropa sucia, lleno de la ropa de sus muñecas, y vuelca su contenido en la lavadora
- ❑ Coge una escoba y barre el suelo
- ❑ Coge un trapo y quita el polvo
- ❑ Imita a su padre o madre mientras cocinan; por ejemplo, da

(continúa)

Diario de nuestro bebé (cont.)

golpecitos con un tenedor contra un cuenco y hace como si removiera con una cuchara

VESTIMENTA E HIGIENE PERSONAL

- ❑ Intenta desnudarse solo; por ejemplo, intenta quitarse un calcetín estirándose de los dedos de los pies
- ❑ Intenta ponerse él solo un calcetín o un zapato; por ejemplo, sostiene el calcetín o el zapato y lo acerca a uno de sus pies
- ❑ Colabora cuando lo vestimos. Se inclina hacia delante cuando le ponemos o le quitamos una camiseta o estira el pie para que le pongamos un calcetín o un zapato
- ❑ Se peina
- ❑ Utiliza el cepillo de dientes
- ❑ A veces utiliza el orinal

COMIDA Y ALIMENTACIÓN

- ❑ Ofrece un sorbo o un mordisco a los demás cuando está bebiendo o comiendo
- ❑ Sopla cuando sale humo de la comida antes de dar el primer mordisco
- ❑ Pincha un trozo de pan con un tenedor para bebés y se lo come
- ❑ Es capaz de coger comida con una cuchara y llevársela a la boca

OTROS CAMBIOS

____

____

un salto mental que, hasta ahora, el bebé no estaba preparado para dar.

A medida que vayan emergiendo nuevas habilidades, el bebé empezará a participar en actividades como *construir, ensamblar* o *unir cosas*. Por ejemplo, ahora puede coger una llave que está sobre la mesa e intentar introducirla en la cerradura de la puerta, o aprender a excavar un hoyo con una pala e introducir la arena extraída en un cubo. Es capaz de coger una pelota, apuntar hacia un lugar y tirarla en esa dirección. Mientras su madre le canta una canción, como "*Saco una manita*" o "*Pin Pon*", es posible que empiece a hacer distintos gestos sucesivamente, sin que aquélla tenga que sentar un ejemplo previamente. Puede aprender a coger comida con una cuchara y llevársela a la boca, o a recoger su ropa del suelo y colocarla en el cesto de la ropa sucia. A esta edad, los bebés sólo están empezando a tomar conciencia de las secuencias y es una verdadera proeza que consigan ensamblar correctamente dos acciones entre sí. Aunque saben qué es lo que va junto, sus acciones no siempre son precisas. Por ejemplo, pueden intentar ponerse los zapatos acercándolos a los pies y frotándolos contra éstos, sin conseguirlo.

Observando las reacciones del bebé, nos daremos cuenta de que está empezando a entender que ciertos acontecimientos suelen seguir cierto orden y que sabe cuál es el próximo paso en una secuencia en concreto. Por ejemplo, si pulsa el timbre de una puerta, esperará oír su sonido.

"Cuando se acaba la cinta, ahora mi hijo mira al radiocasete, en vez de al bafle. Sabe que tengo que hacer algo con el aparato si queremos seguir escuchando música."

Madre de Bob, 48 semanas

El bebé también empezará a señalar y nombrar distintos objetos, animales y personas. Cuando lo haga, es posible que todavía utilice el genérico *to*, en vez de la palabra adecuada. Cuando juegue con sus padres, probablemente señalará cosas esperando que éstos las nombren o emitan el sonido adecuado. Tal vez le guste invertir los roles y prefiera que sea su padre o su madre quienes señalen y él quien les diga la palabra que utiliza para denominar distintos objetos. Cuando lo lleven en brazos, es posible que señale en la dirección hacia donde quiere ir. Los bebés que hasta ahora no han sido muy habladores pueden empezar a nombrar objetos, personas y animales, o partes de ellos. El mismo acto de nombrar algo es una forma de relacionar una palabra hablada o sonido con una persona, objeto o animal. Señalar o mirar y a continuación decir una palabra también es una secuencia.

Pero algunos bebés pospondrán este tipo de habilidades, concentrándose en otras, como, por ejemplo, andar.

Las preferencias del bebé: la clave de su personalidad

Ahora el bebé puede percibir secuencias y jugar con ellas. Esto le abrirá todo un mundo de posibilidades, y él hará sus propias elecciones en función de su desarrollo mental, su constitución, su peso y su coordinación. Algunos bebés son muy sociables y prefieren centrarse en aquellas habilidades que implican la participación de otras personas, mientras que otros prefieren jugar con objetos. Los hay que se fijan en los detalles más pequeños, mientras que otros parecen más interesados en hacerse una idea general de muchas habilidades distintas. Es posible que los padres encuentren irresistible comparar a su hijo con otros bebés de su edad, pero deben recordar que su hijo es único y que, si respetan sus intereses, le ayudarán más a la hora de jugar y de aprender. A los bebés les encanta todo lo nuevo y es muy importante que los padres respondan siempre que perciban que el bebé presenta nuevas habilidades o intereses. No hay nada más estimulante para un bebé que poder compartir sus descubrimientos y ésa es la forma de que su aprendizaje progrese más deprisa.

Cómo ayudar al bebé a progresar

El bebé necesita tiempo y ayuda para aprender nuevas habilidades. Los padres pueden ayudarle dándole las oportunidades y el tiempo que necesita para experimentar y jugar con las secuencias, animándolo cuando tenga éxito y consolándole cuando no lo tenga. También pueden ponerle las cosas un poco más fáciles y hacer que sus fracasos le resulten algo más llevaderos.

Ofreceremos al bebé abundantes oportunidades para que entre en contacto con las secuencias a través de la vista, el tacto, el oído y el gusto, y le permitiremos elegir lo que más le guste. Cuanto más experimente y juegue con las secuencias, más aprenderá sobre ellas y mejor las entenderá. No importa si prefiere aprender sobre las secuencias a través de la observación, la manipulación de objetos, el habla, los sonidos, la música o la locomoción. Pronto será capaz de transferir a otras áreas la experiencia adquirida. A pesar de ello, siempre le prestaremos atención porque él puede creer que ya lo sabe todo.

Cómo ayudar al bebé a explorar el nuevo mundo a través de la experimentación

Cuando el bebé entre en el mundo de las secuencias, se dará cuenta de que tiene que hacer las cosas en determinado orden, si quiere lograr lo que desea. Ha observado cómo los adultos ejecutan una secuencia en concreto, pero, para poder realizarla correctamente, tendrá que aprender por ensayo-error. A menudo, sus “soluciones” serán peculiares. Es posible que ejecute una

secuencia de forma correcta (coger una cosa y colocarla sobre otra), pero ni la cosa ni el lugar sean los adecuados. Por ejemplo, él sabe que la ropa sucia va en un recipiente. Entonces, ¿por qué colocarla sólo en el cesto de la ropa sucia y no en el inodoro o el cubo de la basura? Después de todo, ¡las tres secuencias son bastante parecidas!

"Mi hijo desenchufa los enchufes de las tomas de corriente e intenta enchufarlos en la pared. Intenta enchufar en las tomas de corriente objetos con dos salientes. Ahora tengo que estar más pendiente de él que antes y tomar más precauciones para garantizar su seguridad."

Madre de Bob, 48 semanas

"Cuando mi hija quiere subirse a la cama de matrimonio, abre un cajón de mi mesilla, se sube a él y después se sube a la cama. Si lo abre demasiado, la mesilla empieza a tambalearse. Me pone muy nerviosa."

Madre de Jenny, 49 semanas

He aquí otro ejemplo de secuencia "peculiar": el bebé sabe que los adultos suben andando las escaleras, pero los escalones son demasiado altos para él, por lo que tiene que subirlos gateando, así que decide ¡ir poniéndose de pie en cada escalón!

"Mi hijo está obsesionado con subir las escaleras él solo, pero se comporta de forma peligrosa. Sube un escalón a gatas y se pone de pie, y así lo hace en cada escalón. No me gusta nada que lo haga. Tengo que estar muy pendiente de él."

Madre de Steven, 45 semanas

Es probable que, si el bebé considera que domina determinada secuencia, se quede "fijado" a ella. No aceptará hacerla de ninguna otra forma y puede ser bastante testarudo si alguien intenta convencerle de lo contrario. Por lo tanto, no le quitaremos ojo. Nuestro pequeño sabiondo todavía no conoce el significado de la palabra peligro.

Cómo ayudar al bebé a explorar el nuevo mundo a través de la independencia

Muchos bebés rechazan la ayuda y se resisten a cualquier interferencia. Quieren hacer solos todo lo que pueden hacer, o lo que ellos creen que pueden hacer. Con los bebés de este tipo, es conveniente tener la máxima consideración posible. Ésta es una edad en que a muchos bebés les gusta empezar a afirmar su independencia.

> "A mi hijo siempre le había gustado andar de mi mano. Pero ahora, en cuanto se la cojo, se sienta inmediatamente. Y, cuando lo dejo solo, lo vuelve a intentar. Cuando lo consigue, por breve que sea su éxito, me mira con una expresión triunfante en el rostro."
>
> Madre de Paul, 46 semanas

> "Mi hijo sigue intentando garabatear algo en un papel con un lápiz, como hace su hermano mayor. Pero, cuando éste intenta guiar el movimiento de su mano para enseñarle cómo se hace, lo aparta; quiere hacerlo él solo."
>
> Madre de Kevin, 48 semanas

> "Cuando insertamos clavijas en el tablero de mi hijo, las extrae y las tira. Pero, en cuanto se queda a solas en el parque infantil, intenta copiarnos. Para serte sincera, es algo que me molesta bastante."
>
> Madre de Paul, 53 semanas

> "Mi hija come sólo cuando le dejo que se introduzca la comida en la boca ella sola. Cuando soy yo quien se la doy, la escupe."
>
> Madre de Laura, 43 semanas

A esta edad, muchas madres invierten una gran cantidad de tiempo quitándoles cosas a sus hijos e impartiéndoles disciplina. Es importante que tengan en cuenta que el bebé no está siendo desobediente para llevarles la contraria. Simplemente, quiere hacer las cosas él solo.

"Mi hija lleva unos días muy conflictiva y siempre quiere salirse con la suya. Cuando le niego algo, se enfada. Es agotador."

Madre de Jenny, 50 semanas

"Mi hijo intenta conseguir que se haga siempre lo que él quiere berreando y teniendo rabietas."

Madre de Matt, 46 semanas

"Cuando la regaño, mi hija grita y arrambla con todo lo que tiene a su alrededor o arranca las plantas de las macetas. Me saca de quicio. Cuando la dejo con la canguro, se porta mucho mejor."

Madre de Laura, 49 semanas

Ser comprensivos con la frustración del bebé

Muchas madres interpretan el esfuerzo de sus bebés por ser independientes como un signo de rebeldía. Pero si se detuvieran a pensar, se darían cuenta de que lo único que quiere el bebé es hacer las cosas él solo. Después de todo, está tomando conciencia de qué va con qué y en qué orden se deben hacer las cosas para lograr determinados efectos. Está convencido de que lo sabe todo y de que es capaz de hacer cualquier cosa. Ya no quiere que su madre interfiera en sus cosas ni que le diga cómo se hacen. Desea tomar sus propias decisiones. Pero la mayoría de las madres no están acostumbradas a esa actitud e intentan ayudar al bebé, como han hecho siempre, sin planteárselo siquiera. Ellas saben perfectamente que su hijo todavía no puede hacer bien todas las cosas que quiere hacer y que, inevitablemente, hará algún desastre cuando lo intente.

La madre y el bebé a menudo tienen formas diferentes de ver las cosas y esto puede desencadenar conflictos. La madre interpreta el comportamiento del bebé como rebeldía y el bebé siente que la madre está poniéndole las cosas difíciles. Es posible que los adolescentes atraviesen la etapa más difícil, pero los bebés y los niños pequeños les siguen muy de cerca.

"Estamos estancados en una de esas fases de 'No, no toques eso' y 'No, no hagas eso'. Pero mi hijo sabe lo que quiere y se pone hecho una furia cuando no puede salirse con la suya. Hace poco, se enfadó tanto que ni se dio cuenta de que se estaba aguantando de pie él solo."

Madre de Frankie, 49 semanas

Cómo ayudar al bebé a explorar el nuevo mundo a través de la retroalimentación

A esta edad, los bebés empiezan a poner a prueba los límites de lo lejos que pueden llegar antes de que alguien los detenga. Pero aprenderán mucho si les indicamos claramente cuándo y por qué algo es peligroso o inadecuado.

De forma similar, cuando hagan algo bien, deberemos elogiarles. Así aprenderán la diferencia entre el buen y el mal comportamiento. De todos modos, la mayoría de bebés piden que los elogien. Cuando hacen algo bien, esperan que los refuercen. Miran a su madre y se ríen, llenos de orgullo, esperando que les dedique su atención. Son capaces de repetir una y otra vez un comportamiento tan sólo para que los elogien cada vez.

"Cada vez que mi hija consigue ensartar una arandela en el cono, se vuelve hacia mí y me mira, sonriendo y aplaudiendo."

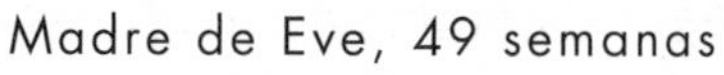

Madre de Eve, 49 semanas

Una buena estrategia cuando el bebé se frustra porque le salen mal determinadas cosas o porque las tiene prohibidas, es intentar distraerlo con su juguete o juego favorito. Naturalmente, la forma concreta de distraerlo variará de un bebé a otro.

"Esta semana a mi hijo le ha dado por el fútbol. Chutaba la pelota con fuerza y después corríamos deprisa los dos juntos tras ella mientras yo lo cogía de la mano. Se reía tan fuerte que a veces tenía que estirarse en el suelo para sofocar las risas."

Madre de Paul, 48 semanas

"Mi hijo sigue empeñado en ayudar. Cree que es lo mejor que puede hacer y se pone muy pesado. Pero me hace perder mucho tiempo. Cuando él me ayuda, tardo diez veces más en colocar una pila de pañales en el armario. Me da los pañales uno a uno y, antes de pasármelos, se los pone sobre el hombro y frota la mejilla contra ellos."

Madre de Matt, 48 semanas

Cómo ayudar al bebé a explorar el nuevo mundo a través del lenguaje

Un bebé que vive en el mundo de las secuencias puede empezar a señalar y nombrar distintas personas, animales y objetos. Señalar o mirar y después pronunciar una palabra es una secuencia. Si el bebé está haciendo esto, le escucharemos y le haremos saber que le entendemos y que creemos que es maravilloso. No intentaremos mejorar su pronunciación. Sólo conseguiríamos estropearle la diversión y, de todos modos, este tipo de correcciones no influirían sobre su habla ulterior. Durante un tiempo, "traducirá" lo que le digamos en su propia pronunciación infantil.

"Mi hija está empezando a utilizar palabras y a señalar aquello sobre lo que está hablando. Ahora está enamorada de los caballos. Cuando ve un caballo, lo señala y dice 'bayo'. Ayer, en el parque, vio un galgo afgano grande y también lo llamó 'bayo'."

Madre de Hannah, 48 semanas

"Un día mi hijo llamó 'nana' a un gato de juguete. Nunca habíamos utilizado esa palabra en casa. Tiene muchos animales de juguete. Cuando le pregunté: '¿Dónde está nana?' señaló al gato de juguete."

Madre de Paul, 48 semanas

Comprender los miedos del bebé

Cuando un bebé está aprendiendo nuevas habilidades, percibe cosas que no acaba de comprender. En cierto modo, está descubriendo nuevos temores –peligros que hasta ahora no se había dado cuenta de que existían–. En cuanto identifique esos peligros y hasta que esté seguro de que se trata de cosas inofensivas, sentirá miedo. Por tanto, deberemos ser comprensivos con él.

"Mi hija sigue empeñándose en sentarse en el orinal. Aunque no haya hecho nada, lo lleva al váter para vaciarlo y tira de la cadena. Pero, a pesar de que el hecho de tirar de la cadena parece fascinarle, también le asusta un poco. No le asusta tanto cuando es ella quien tira de la cadena como cuando lo hace otra persona. Entonces, no le gusta nada."

Madre de Jenny, 50 semanas

"A mi hija le encantan los aviones. Los reconoce en todas partes: en el aire, las ilustraciones, las revistas... Pero esta semana, de repente, le ha empezado a asustar el ruido que hacen, a pesar de que ya lo había oído antes."

Madre de Laura, 46 semanas

Algunos bebés indican que recuerdan ciertas situaciones o que han visto antes a determinadas personas utilizando el lenguaje corporal y los sonidos. Cuando nos demos cuenta de que el bebé está haciendo esto, le hablaremos sobre ello, explicándole qué es lo que está viendo y reaccionando a lo que intenta transmitirnos.

"Vamos a nadar cada semana. Generalmente vemos a las mismas personas en la piscina. Un día nos cruzamos en la calle con una de las madres que van a la piscina. Inmediatamente, mi hijo dijo 'Oh, oh' y

(continúa en la página 266)

Los mejores juegos para esta semana mágica

He aquí algunos juegos y actividades que más suelen gustar a la mayoría de bebés que están explorando el mundo de las secuencias. Recuerde que todos los bebés son diferentes.

Los padres pueden averiguar cuáles son los que prefiere el bebé.

JUGAR A AYUDAR

Al bebé le gusta sentirse útil y se sentirá feliz si sus padres le piden ayuda. A esta edad, no será una ayuda real, pero le permitirá entender las acciones implicadas en muchas actividades cotidianas. Además, es una buena forma de prepararle para el próximo salto evolutivo.

TAREAS DOMÉSTICAS

Podemos enseñarle al bebé a cocinar y limpiar. Permitiremos que coopere mientras le explicamos lo que estamos haciendo. Por ejemplo, podemos darle un trapo para que saque el polvo. Así no intentará utilizar su pañuelo. Cuando estemos preparando un pastel, ¿por qué no darle un cuenco de plástico y una cuchara para que vaya haciendo sus mezclas?

VESTIRSE

Es mucho más divertido vestirse delante de un espejo. Así el bebé podrá verse mientras lo desnudamos, lo secamos y lo volvemos a vestir. Además, podemos ir nombrando las distintas partes de su cuerpo mientras lo vamos secando. Cuando notemos que está empezando a cooperar, podemos pedirle que nos ayude: que levante un brazo o que estire la pierna mientras le ponemos un jersey o unos pantalones. Y le elogiaremos cada vez que lo haga.

HIGIENE PERSONAL

Podemos dejar que el bebé intente lavarse solo. La mayoría de bebés encuentran divertido hacerlo delante de un espejo. Así pueden ver el resultado de lo que están haciendo, aprenden más deprisa y disfrutan más. Podemos peinarlo delante del espejo y después dejar que lo pruebe él. Podemos hacer lo mismo con la conducta de cepillarse los dientes y de lavarse la cara. Cuando lo tengamos en la bañera, podemos darle una manopla y decirle algo parecido a "Venga, lávate la cara". Reaccionaremos con entusiasmo cada vez que lo intente y podremos comprobar lo orgulloso que él se siente.

COMER UTILIZANDO UNA CUCHARA

A los bebés les encanta intentar comer solos utilizando sus propios cubiertos. Para que el pequeño se vaya ejercitando, podemos darle una cuchara o un tenedor infantil para que coja o pinche trozos de pan o de fruta. No nos olvidaremos de colocar un plástico grande debajo de su trona para poder limpiar fácilmente todo lo que manche.

JUGAR A NOMBRAR

Los bebés entienden mucho más de lo que creen sus padres y les encanta poder demostrarlo.

¿DÓNDE TIENES LA NARIZ?

Hay muchos juegos que permiten que el bebé vaya descubriendo su cuerpo. Por ejemplo, podemos ir tocando y nombrando distintas partes de su anatomía; lo repetiremos varias veces. Un buen momento para jugar a esto es mientras vestimos o desnudamos al bebé o simplemente cuando estemos sentados con él. Una variante de este juego consiste en pedirle al bebé que nos toque la nariz.

SEÑALAR Y NOMBRAR

A muchos bebés de esta edad les encanta señalar y nombrar cosas o imitar el sonido que producen. Podemos jugar a esto en cualquier parte: por la calle, en el supermercado, en casa, con un libro... Nosotros también nos divertiremos escuchando las equivocaciones del bebé.

JUEGOS CON CANCIONES Y MOVIMIENTO

Es posible que ahora el bebé quiera participar activamente en las canciones. También puede hacer uno o varios movimientos que vayan con la canción por iniciativa propia. He ahí algunas canciones infantiles que van acompañadas de movimientos e interacción con el bebé.

PIN PON

Pin Pon era un muñeco
muy guapo y de cartón
(batimos palmas)
se lava la carita
con agua y con jabón.
(hacemos como si nos laváramos la cara

(continúa)

Los mejores juegos para esta semana mágica (cont.)

e intentamos que el bebé nos imite)
Se desenreda el pelo
con peine de marfil
(hacemos como si nos peináramos)
y aunque se da tirones
no grita y dice "uy".
(nos tiramos del pelo y decimos "uy", uy")
Y cuando las estrellas
comienzan a salir,
Pin Pon se va a la cama
y se acuesta a dormir.
(hacemos el gesto de ponernos a dormir)
LA ARAÑA
La araña pequeña salió a pasear
(movemos los dedos como si caminasen)
cayó la lluvia
y tuvo que parar.
(imitamos el movimiento de la lluvia cayendo y mojándonos la cabeza)
Salió el sol
(dibujamos un sol en el aire)
el charco se secó.
La araña pequeña
de nuevo caminó.
(volvemos a mover los dedos como si caminasen)

LOS POLLITOS
Los pollitos dicen
"pío, pío, pío",
cuando tienen hambre
(nos frotamos el estómago),
cuando tienen frío.
(cruzamos los brazos sobre el pecho

y hacemos el gesto de temblar)
La gallina busca
el maíz y el trigo,
(subimos y bajamos la cabeza)
les da la comida
(extendemos la mano abierta)
y les presta abrigo.
(nos abrazamos a nosotros mismos)
Bajo sus dos alas
acurrucaditos
(abrazamos al bebé)
hasta el otro día
duermen los pollitos.
(apoyamos la cabeza en las manos y cerramos los ojos)

JUEGOS DE ESCONDER Y BUSCAR

A muchos bebés les encanta descubrir cosas que su madre ha hecho desaparecer completamente.

DESENVOLVER UN JUGUETE

Envolveremos un juguete con un trozo de papel o una bolsa crujiente a la vista del bebé. Después le daremos el paquete y de-jaremos que lo desenvuelva, como si estuviera haciendo magia. Le animaremos en cada nuevo intento.

DEBAJO DE LA TAZA

Colocaremos un juguete pequeño delante del bebé y lo esconderemos debajo de una taza. Seguidamente colocaremos otra taza idéntica a la primera al lado y preguntaremos al bebé:

"¿Dónde está el juguete?". No olvidaremos elogiar al pequeño cada vez que busque el objeto escondido, aunque no lo encuentre a la primera. Si este juego todavía le resulta demasiado complicado, podemos probar con un trapo en vez de con una taza. Así, el bebé podrá ver el contorno del objeto bajo el trapo. Después jugaremos invirtiendo los roles: dejaremos que sea él quien esconda el juguete y nosotros lo buscaremos.

la señaló como si la hubiera reconocido. Otro día vio en la piscina a una niña que vive cerca de nosotros y que había visto varias veces y reaccionó del mismo modo."

Madre de Paul, 49 semanas

"Cuando nos dirigíamos al supermercado, vimos un montón de piedras. Yo le dije a mi hijo: 'Mira cuántas piedras'. Él las miró atentamente. El siguiente día empezó a señalar el montón de piedras desde lejos, mirándome y gritando 'Eh, eh'."

Madre de Steven, 51 semanas

La virtud de la paciencia

Es importante ser paciente con el bebé cuando intente adquirir nuevas habilidades. Si pierde el interés en algo, no insistiremos. Estará ocupado en otra cosa que le resulte más interesante en ese momento.

"Últimamente estoy muy ocupada repitiendo 'papa' y jugando a juegos como: '¿Dónde tienes la nariz?'. Pero, hasta ahora, no hemos obtenido grandes resultados. Mi hijo se limita a reírse, saltar y morderme la nariz o a estirarme del pelo. De todos modos ya estoy lo bastante contenta de que se haya convertido en un niño tan alegre y vital."

Madre de Frankie, 49 semanas

"Intento cantar canciones con mi hijo, pero no nos sale muy bien. El canto no parece interesarle demasiado. Le interesa más lo que le rodea."

Madre de John, 47 semanas

Entre las semanas 47 y 52, se iniciará otro período de relativa paz. Durante 1 a 3 semanas, el bebé nos sorprenderá por su alegría e independencia. Los padres notarán que les presta mucha más atención cuando le hablan. Sus

juegos parecerán más tranquilos y controlados, y volverá a entretenerse solo. Tal vez quiera que lo vuelvan a dejar en el parque infantil. Y, por fin, los padres verán a su hijo mucho más "mayor" y sensato. Está dejando de ser un bebé para convertirse en un niño.

Los mejores juguetes para esta semana mágica

He aquí una lista de los juguetes que más gustan a la mayoría de bebés de esta edad.

- Trenes de madera con sus vías, estaciones y puentes
- Coches de juguete
- Muñecas con biberón
- Tambores, botes y sartenes para golpearlos
- Libros con ilustraciones de animales
- Cajones de arena con cubos y palas
- Pelotas de todos los tamaños: de ping-pong hasta de playa
- Cuentas de plástico de gran tamaño
- Animales de peluche, especialmente los que emiten música al estrujarlos
- Bicicletas, coches y tractores en los que pueda montar el bebé
- Juguetes tipo Lego o Duplo
- Figuritas de plástico de personas o animales
- Espejos

Atención: hay objetos que pueden resultar especialmente atractivos para el bebé, pero que son muy peligrosos, como los enchufes e interruptores, las escaleras, los televisores, aspiradoras, lavadoras y cadenas de música, los animales de compañía y los objetos de tamaño reducido, como la bisutería, los alfileres o las piezas pequeñas de cristal de colores. Deberemos retirarlos, colocarlos fuera de su alcance o tomar las debidas precauciones.

"Mi hija está cada día más encantadora. Cada vez sabe entretenerse mejor ella sola. Ahora es capaz de pasarse largos ratos ocupada en algo. Esta semana he vuelto a sacar el parque infantil. Pero lo que más me ha llamado la atención es que ahora no parece importarle nada pasarse una hora allí metida, mientras que hace unas semanas se ponía histérica en cuanto la acercaba al parque. Es como si estuviera redescubriendo sus juguetes y disfrutando de la paz y la tranquilidad de estar en su parque."

Madre de Ashley, 52 semanas

"Mi hija se ha convertido en una perfecta compañera de juegos para su hermana mayor. Responde exactamente de la forma que esperamos que reaccione. Ahora hacen muchas más cosas juntas. También se bañan juntas. Las dos disfrutan tremendamente de su mutua compañía."

Madre de Hannah, 47 semanas

"Las últimas semanas han sido una verdadera delicia. Mi hijo vuelve a ser como un amigo. En la guardería también le está yendo bien. Disfruta estando con otros bebés y vuelve a casa de muy buen humor. Duerme mejor por las noches. Entiende muchas más cosas y parece fascinado con sus juguetes. Entra y sale solo de las habitaciones y se ríe mucho. Estoy disfrutando de cada minuto que paso con él."

Madre de Bob, 51 semanas

capítulo 10

Semana mágica 55: el mundo de los programas

El primer cumpleaños de un niño es una ocasión especial. Muchos padres ven en esta fecha el fin de la etapa de la lactancia y el inicio de la primera infancia. Pero, por descontado, en muchos aspectos su hijo sigue siendo un bebé. Todavía tiene mucho que aprender sobre el mundo –que se ha convertido en un lugar de exploración sumamente interesante–. Sin embargo, ahora puede moverse mucho mejor que antes y no deja escapar ninguna ocasión de meter las narices en todo lo que le interesa.

Poco después de su primer cumpleaños, cuando tenga aproximadamente 55 semanas, el niño atravesará otro gran cambio en su desarrollo, que le permitirá explorar el mundo de los programas. Este cambio le hará parecer más como una personita, con su propia forma de aproximarse al mundo. Los padres observadores empezarán a percibir la emergencia de una nueva comprensión en la forma de pensar de su hijo.

La palabra "programa" es muy abstracta. Seguidamente explicamos a qué nos referimos cuando utilizamos esta palabra en este contexto. En el anterior salto evolutivo, el bebé asimiló la noción de secuencia –el hecho de que los acontecimientos se siguen los unos a los otros o los objetos encajan entre sí de determinada forma.

Un programa es un poco más complicado que una secuencia, puesto que permite llegar al mismo resultado final de formas diferentes. Cuando el niño sea capaz de percibir programas, empezará a entender qué significa lavar la ropa, poner la mesa, comer, ordenar un cuarto, vestirse, construir una torre, llamar por teléfono y miles de otras cosas que componen la vida cotidiana. Todas ellas son programas.

La principal característica de un programa es que tiene una meta, pero los pasos que pueden darse para alcanzarla son flexibles. En eso se diferencia precisamente de una secuencia, que siempre es igual. Un ejemplo de

Nota: Este salto en el mundo perceptual de 'programas' está vinculada a la edad y es predecible. Se pone en marcha el desarrollo de una amplia gama de habilidades y actividades. Sin embargo la edad en que estos aparezcan por primera vez puede variar grandemente dependiendo de las preferencias de su bebé, de la experimentación y el desarrollo físico. Por ejemplo: la habilidad de percibir 'programas' emerge entre las 49 y 53 semanas, y es una precondición necesaria para 'lavar los platos o 'la limpieza con aspiradora' pero estas habilidades normalmente aparecen en cualquier momento desde las 55 semanas a muchos meses más tarde. Las habilidades y las actividades son mencionadas en este capítulo a la más temprana edad posible que puedan aparecer entonces podrá estar atento y reconocerlas (al principio podrían ser rudimentarias.) De esta forma podrá responder y facilitar el desarrollo de su bebé.

secuencia es contar del 1 al 10. Lo hacemos siempre de la misma forma. Quitar el polvo es un ejemplo de programa. No es preciso quitar el polvo a un objeto siempre de la misma manera –por ejemplo, para quitar el polvo a una mesa, se puede empezar por las patas y acabar con la parte superior o viceversa–. Cada vez que quitamos el polvo, podemos elegir la secuencia que consideramos más adecuada para ese día, esa habitación y esa mesa. A veces, el estado de ánimo que tengamos en ese momento nos inclinará a quitar el polvo de una forma u otra. Independientemente de cuáles sean nuestras elecciones, el programa que estaremos aplicando será "quitar el polvo". Por lo tanto, un programa puede definirse como un conjunto de secuencias posibles que se pueden ejecutar de diversas formas. En el caso de "sacar el polvo" las opciones pueden parecer bastante limitadas, pero, si pensamos en ejemplos como "ir de vacaciones" o "cambiar de trabajo", los programas se vuelven muy complejos.

Ahora el niño puede pensar en metas u objetivos, como "ir de compras", y sabe que esto puede implicar ponerse el abrigo, los zapatos y el gorro y montarse en el coche. O tal vez quiera "ayudar" –a hacer la limpieza, sacar al perro a dar un paseo u organizar la compra–. Es posible que insista en hacer las cosas él solo –lavarse las manos, comer e, incluso, desnudarse.

A medida que el niño vaya cambiando, a los padres les resultará más difícil predecir el comportamiento del pequeño. Interpretar sus acciones solía ser fácil cuando formaban parte de secuencias simples, porque una cosa siempre llevaba a la próxima siguiendo una pauta predecible. Pero ahora su mundo se ha vuelto mucho más flexible, y cualquier acción puede formar parte de cualquier programa. Esto resulta confuso tanto para los padres como para el hijo. Hasta que los padres no se habitúen a la forma de funcionar del pequeño, algunas de las acciones de este último les resultarán difíciles de entender porque ya no pueden adivinar qué es lo que está intentando conseguir.

Este salto también se pondrá de manifiesto en la forma de jugar del niño, más compleja e imaginativa. Los padres verán que su hijo se interesa por juguetes a los que apenas prestaba atención hasta ahora y es posible que perciban una emergente imaginación y un juego más complejo.

El niño empezará a experimentar este nuevo cambio en su forma de pensar y percibir el mundo cuando tenga entre 49 y 53 semanas. Y, como le ha sucedido otras veces, mientras trata de asimilar esta nueva complejidad, estará más inquieto y volverá a necesitar más consuelo, apoyo

y –temporalmente– toda la atención de sus padres. Por regla general, este período de inquietud suele durar entre 4 y 5 semanas, pero en algunos niños no supera las 3 y en otros se alarga hasta las 6. Si el niño parece nervioso, lo observaremos detenidamente, pues lo más probable es que esté intentando adquirir nuevas habilidades.

Signos de inquietud de esta semana

El llanto es uno de los signos de que un niño está entrando de nuevo en un período de crisis. Los niños de esta edad suelen llorar más fácilmente que durante las últimas semanas y las madres notan este cambio. Otro signo evidente es la necesidad de estar cerca de sus madres, a ser posible, durante todo el día. Obviamente, algunos niños son más insistentes que otros. También pueden parecer más nerviosos, difíciles y temperamentales.

"Mi hijo a veces se pone de muy mal humor. No siempre está así –puede estar jugando solo tranquilamente, pero, de repente, deja de jugar y se pone a llorar desesperadamente durante un buen rato–. Entonces quiere que yo lo coja en brazos. Y todos estos cambios pueden ocurrir en sólo una mañana."

Madre de Bob, 52 semanas

"Mi hija llora por cualquier cosa. Basta con que yo le diga 'no', y se pone a llorar inmediatamente. Antes no era así."

Madre de Eve, 52 semanas

La mayoría de niños lloran un poco menos cuando están con sus madres o cuando éstas les dedican toda su atención, observándolos o jugando con ellos.

"Mientras mi pequeña está haciendo algo, se supone que yo tengo que estar sentada en el sofá, mirándola, preferentemente sin hacer nada. Tengo tantas ganas de que llegue el día en que me deje hacer media tranquilamente..."

Madre de Emily, 53 semanas

"Siempre que me ve ocupada haciendo algo, mi hijo quiere que lo coja en brazos. Pero, en cuanto está en mi falda, se baja enseguida y espera que le siga. Está absolutamente imposible."

Madre de Frankie, 52 semanas

Cómo saber que es el momento de crecer

Todavía es demasiado pronto para que el niño pueda comunicarnos cómo se siente, pero puede expresar su confusión interna. Y lo hará del siguiente modo.

Puede "enmadrarse" de nuevo

Muchos niños de esta edad vuelven a ponerse pegajosos con sus madres. Quieren que los lleven en brazos o se agarran literalmente a sus piernas para impedir que se alejen. Otros no necesitan tanto contacto corporal, pero regresan periódicamente junto a sus madres para estar cerca de ellas durante breves momentos o tocarlas puntualmente. Vuelven regularmente a su lado, como si tuvieran que "repostar".

"Mi hija vuelve a querer estar a mi lado, juega un rato sola y después vuelve."

Madre de Hannah, 54 semanas

"En cuanto mi hijo se despierta, no puedo hacer nada. Cuando está fuera del parque infantil, está constantemente pegado a mis pies, y, cuando está en el parque, tengo que quedarme cerca de él. En caso contrario, tiene una crisis de llanto."

Madre de Frankie, 55 semanas

"Cuando me levanto y entro en la cocina, mi hija viene tras de mí inmediatamente y quiere que la lleve en brazos. Si no lo hago, monta una escena. Es muy exagerada. Parece como si la estuvieran matando."

Madre de Emily, 53 semanas

Puede volverse más tímido con los desconocidos

Cuando haya desconocidos cerca, el niño estará incluso más enmadrado de lo habitual. De nuevo, muchos niños rehúyen a los extraños e incluso manifiestan este tipo de comportamiento ante otros miembros de la familia.

"La pasada semana, de repente mi hija se puso muy inquieta y sólo quería estar conmigo. Cuando la dejaba en el suelo o se la daba a mi marido, le entraba el pánico."

Madre de Jenny, 56 semanas

"Mi pequeña no acepta ningún tipo de comida de un desconocido, ni siquiera una rebanada de pan o una galleta."

Madre de Nina, 54 semanas

Pero también hay niños que sólo quieren estar con sus padres en vez de con sus madres.

"Mi hija se obsesionó con su padre durante dos días. Entonces no quería saber nada de mí, a pesar de que yo no le había hecho nada malo. Si su padre no la cogía en brazos inmediatamente, se ponía a llorar."

Madre de Juliette, 53 semanas

Puede desear un contacto físico más estrecho con su madre

Algunos niños se agarran a sus madres lo más fuerte que pueden, incluso cuando los llevan en brazos. No quieren que los dejen en el suelo. Hay otros a quienes no les importa que los dejen en el suelo, siempre y cuando sus madres no se alejen de ellos. Si éstas se marchan, pueden convertirse en unos pequeños tiranos.

"Una tarde tuve que irme. Cuando dejé a mi hijo en el suelo para ponerme la chaqueta, se puso a llorar, me cogió y empezó a estirarme de la mano, como si no quisiera que me marchara."

Madre de Paul, 52 semanas

"Tengo que estar muy pendiente de mi hija. Si quiero dejarla en el suelo para ir a la cocina a coger algo, va en busca del perro y simula acariciarlo, pero le estira de los bigotes y le arranca mechones de pelo."

Madre de Emily, 53 semanas

Puede querer que lo entretengan

Durante esta fase, los niños vuelven a reclamar más atención. Los más absorbentes, quieren que los entretengan durante todo el día. Pero incluso los niños tranquilos y de temperamento fácil prefieren hacer cosas con sus madres.

"Mi hija viene a buscarme continuamente, me estira del brazo para que juegue con ella, sea con cubos, muñecas o mirando un libro las dos juntas."

Madre de Jenny, 53 semanas

Puede volverse celoso

Los niños más posesivos parecen enervarse cuando sus madres prestan atención a algo o alguien que no sean ellos. Empiezan a portarse mal o simulan estar inquietos o dispuestos a hacerse daño. Otros se ponen exageradamente dulces y mimosos para que sus madres les presten atención.

"Mi hijo se pone celoso cuando le doy algo al bebé al que hago de canguro."

Madre de Matt, 53 semanas

"A veces, mi amiga viene a verme con su bebé. Cada vez que le digo algo al pequeño, mi hija se coloca entre nosotros con una enorme sonrisa en el rostro."

Madre de Jenny, 54 semanas

Puede tener cambios de humor

El niño puede estar alegre y felizmente ocupado en un momento y ponerse triste, enfadado o enfurecido al momento siguiente, sin motivo aparente. Es muy probable que la madre no consiga identificar ninguna causa en concreto que explique un cambio tan repentino.

"A veces, mi hijo se sienta y se pasa un rato jugando con sus cubos como un angelito, pero, de repente, se pone furioso. Empieza a chillar y a golpear los cubos o a tirarlos por la habitación."

Madre de Steven, 52 semanas

Puede tener problemas para dormir

Muchos niños vuelven a dormir peor durante este período de crisis. Se niegan a acostarse por la noche, les cuesta más conciliar el sueño y se despiertan antes por las mañanas. Algunos duermen menos durante el día, otros están inquietos por las noches y hay otros que simplemente se niegan a acostarse a cualquier hora.

"Esta semana me he dado cuenta por primera vez de que mi hija suele quedarse despierta bastante rato por las noches. A veces, llora un poco. Si la cojo en brazos, se queda dormida al cabo de unos segundos."

Madre de Ashley, 54 semanas

"Nos gustaría mucho que nuestra hila no montara un numerito cada noche a la hora de acostarse. Se pone a gritar y a llorar, a veces casi como una histérica, incluso aunque esté muy cansada."

Madre de Jenny, 52 semanas

"Mi hijo se despierta mucho por las noches, terriblemente angustiado. Parece aterrado. A veces, me cuesta mucho tranquilizarlo."

Madre de Bob, 52 semanas

Puede estar "en las nubes"

De vez en cuando, algunos niños se limitan a quedarse sentados, mirando fijamente al vacío, como si estuvieran en su propio mundo. A las madres no les gusta nada este comportamiento. Por eso, intentan sacarlos de su ensimismamiento.

"A veces mi hija se sienta, repanchigándose y balanceándose de atrás adelante mientras mira fijamente al vacío. Siempre dejo lo que

tengo entre manos para distraerla y traerla de vuelta a este mundo. Me aterra que le pueda ocurrir algo malo."

Madre de Juliette, 54 semanas

Puede perder el apetito

Muchos niños de esta edad son caprichosos con la comida o comen mal. La mayoría de las madres encuentran este comportamiento problemático e irritante. Es bastante habitual que un niño que todavía mama reclame el pecho más a menudo, no porque tenga hambre, sino para estar cerca de su madre.

"De repente, a mi hija apenas le interesa la comida. Antes se lo acababa todo en 15 minutos. Parecía una aspiradora. Ahora, a veces tardo más de media hora en darle de comer."

Madre de Ashley, 53 semanas

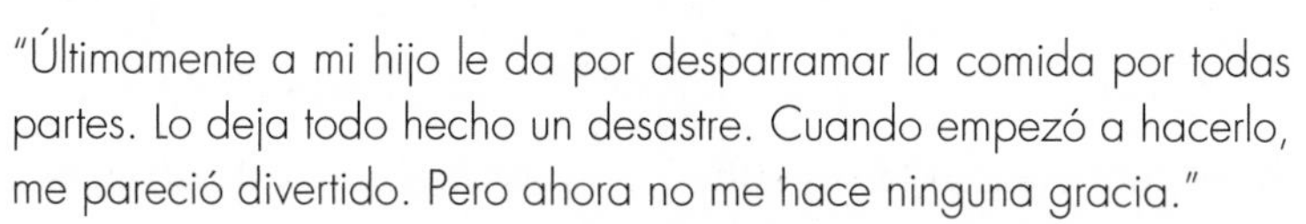

"Últimamente a mi hijo le da por desparramar la comida por todas partes. Lo deja todo hecho un desastre. Cuando empezó a hacerlo, me pareció divertido. Pero ahora no me hace ninguna gracia."

Madre de Bob, 53 semanas

Puede parecer más infantil

A veces reaparecen comportamientos infantiles supuestamente superados. A las madres no les gusta que esto ocurra, puesto que esperan ver un progreso regular. Pero, durante las fases de inquietud, este tipo de "recaídas" son perfectamente normales. Indican que está teniendo lugar un avance que permitirá al pequeño descubrir un nuevo mundo.

"Mi hija ha gateado varias veces esta semana, pero probablemente lo hizo sólo para llamar la atención."

Madre de Jenny, 55 semanas

"Mi hija está volviendo a meterse cosas en la boca más a menudo, como solía hacer cuando era un bebé."

Madre de Hannah, 51 semanas

"Mi hijo vuelve a querer que le dé yo la comida. Cuando no lo hago, aparta el plato."

Madre de Kevin, 53 semanas

Puede ser más dulce de lo habitual

Algunos niños se vuelven muy mimosos. Se acercan súbita y puntualmente a sus madres sólo para abrazarlas. Y después se van.

"A veces, mi hijo viene hacia mí gateando con la única pretensión de ser cariñoso conmigo durante unos breves instantes. Por ejemplo, puede apoyar la cabeza sobre mis rodillas de una forma muy mimosa."

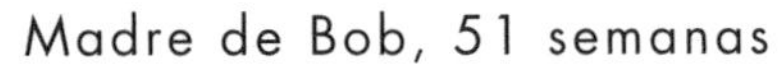
Madre de Bob, 51 semanas

"Mi hija a menudo viene en mi busca y me da un abrazo rápido. Dice 'beso', y también me da uno."

Madre de Ashley, 53 semanas

Se abraza a un objeto de apego más a menudo que antes

Algunos niños sienten la necesidad de abrazarse a su objeto favorito y lo hacen con mayor asiduidad que antes. Este tipo de comportamiento se suele dar, sobre todo, cuando están cansados o sus madres están ocupadas. Se abrazan a peluches, alfombrillas, babuchas y prendas de ropa, aunque estén sucias. Sirve cualquier cosa blanda donde puedan hundir sus manitas. También besan y acarician al objeto elegido. Las madres lo encuentran entrañable.

"Mi hijo se abraza a objetos cuando me ve ocupada. Coge la oreja de su elefante de peluche con una mano y le introduce dos dedos de la otra mano en la boca. Es digno de ver."

Madre de John, 51 semanas

Puede portarse mal

Durante esta fase, no es extraño que el niño intente captar la atención de sus padres por todos los medios posibles. A veces lo hará portándose peor que de costumbre, especialmente cuando sus padres estén ocupados o no puedan dedicarle tiempo.

"Tengo que decirle 'no' a mi hija constantemente porque parece hacer cosas sólo para llamar la atención. Si no reacciono, acaba parando. Pero no puedo actuar siempre de ese modo porque a veces coge cosas que podría romper."

Madre de Jenny, 53 semanas

"Mi hilo se está portando muy mal últimamente. Lo toca todo y no hace caso. No puedo acabar nada hasta que lo acuesto."

Madre de Frankie, 55 semanas

"A veces me da la impresión de que mi hijo no escucha porque no le da la gana de escuchar."

Madre de Steven, 51 semanas

Puede tener más rabietas

Si el niño tiene un carácter fuerte, es posible que se ponga hecho una furia cuando no pueda salirse con la suya. Hasta puede tener rabietas sin motivo aparente, al anticipar que su madre no le va a dejar hacer lo que tiene en mente.

"Mi hijo vuelve a querer que lo siente en mi falda y le dé un biberón de zumo de frutas. Si tiene la más mínima sospecha de que no voy a satisfacer sus deseos inmediatamente, tira el biberón por la habitación y empieza a gritar y a dar patadas para que yo lo recoja y se lo devuelva."

Madre de Matt, 52 semanas

"Si no respondo inmediatamente cuando mi hija quiere que le preste atención, se pone furiosa. Y me pellizca el brazo enseguida, con saña."

Madre de Emily, 53 semanas

"Mi hijo no quiere ni oír la palabra 'cama'. Cuando intento acostarlo, se enfada tanto que se golpea la mejilla contra los barrotes de la cuna, haciéndose daño cada vez. Ahora temo el momento de acostarlo."

Madre de Matt, 52 semanas

Diario de nuestro hijo

Signos de que nuestro hijo está creciendo de nuevo

Entre las semanas 49 y 53, el niño presentará algunos de los siguientes signos, indicativos de que está preparado para dar el próximo salto al mundo de los programas.

- ❑ Llora más a menudo y está más nervioso o inquieto
- ❑ Está alegre en un momento y llora al momento siguiente
- ❑ Quiere que lo entretengan o que lo hagan más a menudo
- ❑ Se agarra a su madre o quiere estar más cerca de ella
- ❑ Es más dulce de lo habitual
- ❑ Se porta mal
- ❑ Tiene rabietas o las tiene más a menudo
- ❑ Es celoso
- ❑ Es más tímido con los desconocidos
- ❑ Quiere establecer un contacto físico más estrecho
- ❑ Tiene problemas para dormir
- ❑ Tiene pesadillas o las tiene más a menudo
- ❑ Pierde el apetito
- ❑ A veces, se limita a estar sentado, con la mirada perdida
- ❑ Se chupa el dedo o se lo chupa más que antes
- ❑ Se abraza a un objeto de apego o lo hace más a menudo
- ❑ Es más infantil

OTROS CAMBIOS

____

____

____

"Fui a visitar a unos amigos con mi hija. Cuando estaba hablando con uno de ellos, mi hija me cogió la taza, llena de té, y la tiró contra el suelo."

Madre de Laura, 55 semanas

Reacciones maternas ante los cambios del niño

No hay duda de que las madres experimentan, aunque sólo sea de forma vicaria, el estrés y los cambios que experimenta su hijo. Algunas de las emociones más comunes son las siguientes.

Puede sentirse insegura

Cuando una madre se enfrenta a un pequeño amasijo de nervios, al principio puede preocuparse. Quiere saber qué le pasa. Pero, con los niños de esta edad, la preocupación da paso rápidamente al enfado.

Asimismo, muchas madres se preocupan de que sus hijos no caminen tan pronto como ellas esperaban. Les preocupa que tengan algún problema físico.

"Pasamos mucho rato practicando y me extraña que mi hija todavía no ande sola. Lleva tanto tiempo andando cogiéndome de la mano que me parece que ya debería andar sola sin problemas. Además, creo que tiene un pie zambo y se tropieza constantemente con él. Lo expliqué en la guardería y me dijeron que no soy la primera madre que se preocupa por eso. De todos modos, cuando la vea andar sola, sentiré un gran alivio."

Madre de Emily, 53 semanas

Puede sentirse frustrada

Cuando se aproxima el final de este período de inquietud, las demandas de los niños cada vez irritan más a las madres. Éstas se enfadan cada vez más por lo que parece un mal comportamiento intencionado de sus hijos y por la forma en que utilizan las rabietas para salirse con la suya.

"Las crisis de llanto y los arranques que tiene mi hija en cuanto salgo de la habitación me sacan de quicio. Tampoco soporto que salga gateando tras de mí inmediatamente, agarrándose a mi pierna y siguiéndome como una sombra. No me deja hacer nada. Me temo que, cuando me harte, dejaré de dormir con ella."

Madre de Juliette, 52 semanas

"Últimamente a mi hijo le da por estirar de la planta grande para llamar la atención. No sirve de nada distraerlo. Yo me enfado y lo aparto de la planta o le pego suavemente en el culo."

Madre de Matt, 56 semanas

"Mi hija tiene una rabieta cada vez que no le dejamos hacer algo o no puede salirse con la suya. Tira sus juguetes y empieza a berrear como si se hubiera vuelto loca. Intento ignorarla. Pero, si tiene varias rabietas seguidas, la acuesto. Cuando empezó a tener estos arranques hace unas dos semanas, los encontré divertidos. Ahora me sacan de quicio. Su hermana mayor se limita a reírse. A veces, cuando la pequeña se da cuenta de que provoca risas, se calma y nos devuelve la sonrisa, tímidamente. Esta estrategia suele funcionar, aunque no lo hace siempre."

Madre de Ashley, 53 semanas

Puede pelearse

Durante este período de inquietud, las peleas suelen desencadenarse a raíz de una rabieta.

"Cuando mi hija empieza a desgañitarse porque no le dejamos salirse con la suya, me enfado mucho. La pasada semana se ponía furiosa cada vez que yo no la seguía inmediatamente cuando entraba en la cocina. De modo que le pegué fuerte en el culo, después de lo cual, la rabia dio paso a las lágrimas. Sé que no debería haberlo hecho, pero estaba hasta la coronilla."

Madre de Jenny, 54 semanas

Es entendible que las cosas pueden ir demasiado lejos, pero aplicar 'una palmada en el trasero' no resuelve nada. Es innecesario golpear a su bebé, y destruir la confiabilidad que su bebé tiene en usted.

Durante todos los períodos de inquietud, las madres que amamantan a sus hijos se plantean la posibilidad de destetarlos. A esta edad, esto se debe a que el niño tiene momentos repentinos en los que desea mamar a toda costa o porque sus demandas van acompañadas de rabietas.

"Ahora lo he dejado definitivamente. Mi hijo tenía una rabieta sólo con pensar en mi pecho. Sus patadas, gritos y estirones estaban enturbiando completamente nuestra relación y yo cada vez estaba más enfadada. Tal vez sus rabietas empiecen a desaparecer a partir de ahora. La última vez que le di el pecho fue la noche de su primer cumpleaños."

Madre de Matt, 53 semanas

Cómo emergen las nuevas habilidades del niño

Cuando tenga aproximadamente 55 semanas, el niño se tranquilizará y nos daremos cuenta de que hace o intenta hacer cosas completamente nuevas. Se relacionará con las personas, los juguetes y otros objetos de una forma más madura y disfrutará explorando nuevas formas de utilizar los objetos de uso doméstico y los juguetes que habían estado ahí desde que nació. En este momento, muchos padres tienen la sensación de que su pequeño "bebé" ya se ha transformado en un niño. Esto se debe al nuevo cambio que ha experimentado su hijo en su proceso de desarrollo. La capacidad de ver el mundo y las cosas que en él ocurren como una serie de programas le permite entender que el mundo está lleno de metas y de secuencias de acciones para alcanzarlas. El niño irá descubriendo este nuevo mundo, con toda la flexibilidad que lo caracteriza, pero, como siempre, lo hará a su modo y a su propio ritmo. La ayuda de los padres será tan vital como lo ha sido hasta ahora, aunque tal vez a ellos no se lo parezca cuando su hijo tenga una de sus sonadas rabietas.

El salto mágico hacia delante

Durante el último salto evolutivo, el bebé aprendió a tratar con la noción de secuencia –la idea de que los acontecimientos se siguen unos a otros o los objetos van juntos o encajan entre sí de determinada forma–. Un programa es más complejo que una secuencia, porque es posible alcanzar los mismos resultados finales de varias formas distintas.

El mundo de los adultos está lleno de programas complejos. Afortunadamente, el mundo del niño es más simple. En vez de tratar con programas complejos, como "irse de vacaciones", éste tiene que enfrentarse a programas mucho más sencillos como "la hora de la comida". De todos modos, ejecutar un programa implica tomar decisiones en cada encrucijada –de forma parecida a cuando buscamos una dirección en una gran ciudad–. A la hora de la comida, el niño tendrá que decidir después de cada mordisco si quiere dar otro mordisco del mismo alimento, uno de otro alimento, tomar un sorbo de bebida o, tal vez, tres sorbos seguidos.

También tendrá que decidir si quiere tomarse el próximo alimento con las manos o utilizar la cuchara. O si va a acabarse el plato que tiene delante o a reclamar el postre. Independientemente de qué decisiones tome, todas se enmarcarán en el programa de "la hora de la comida".

Como es habitual, el niño experimentará con su nuevo mundo. Jugará a probar entre las distintas elecciones posibles que se le abrirán en cada nueva coyuntura. El niño necesita aprender cuáles son las posibles consecuencias de las decisiones que va tomando –para poder decidir, por ejemplo, si vacía o no la próxima cucharada en el suelo o lo hace en su boca.

También puede decidir cuándo quiere ejecutar un programa. Por ejemplo, puede sacar la escoba del armario porque quiere barrer el suelo o puede coger su abrigo porque quiere salir de compras. Lamentablemente, es fácil que haya malentendidos. Después de todo, el pequeño todavía no puede explicar qué es lo que quiere y es fácil que los padres le interpreten de forma errónea. Este tipo de malentendidos son muy frustrantes para un niño tan pequeño y pueden desencadenar rabietas. Además, a pesar

Cambios cerebrales

Aproximadamente a los 12 meses, las ondas cerebrales vuelven a experimentar cambios. Asimismo, el perímetro craneal crece y se modifica el metabolismo de la glucosa en el cerebro del niño.

de que una madre entienda a su hijo correctamente, es posible que no quiera hacer lo que él desee en ese preciso momento. Esto también puede frustrar a un niño pequeño, ya que, a esta edad, todavía no puede entender el significado de la palabra “esperar”.

Aparte de ejecutar un programa, el niño también puede percibir cuándo otra persona está haciendo lo mismo. De modo que puede empezar a entender que, si su madre está preparando el café, es posible que sea la hora de los postres y que tal vez le den una galleta –o no.

Una vez que el niño haya aprendido a percibir y explorar este nuevo mundo, también será capaz de entender que tiene la posibilidad de rechazar un programa que no le gusta o no le apetece –por lo menos, en teoría–. Si no está de acuerdo con los planes que tiene su madre, se sentirá frustrado y es posible que tenga una rabieta. Durante este período las rabietas suelen ser frecuentes.

Las preferencias del niño: la clave de su personalidad

Todos los niños de esta edad empiezan a entender y a experimentar con el mundo de los programas, un mundo que les ofrece una amplia gama de habilidades nuevas que adquirir. El niño elegirá aquellas cosas que más le interesen, cosas que tal vez haya visto hacer a otras personas y también aquellas que más se ajusten a sus inclinaciones, intereses y capacidades físicas. Cada niño aprende sobre los programas a su modo. Algunos son agudos observadores y estudian con sumo detalle cómo se hacen las cosas. Otros quieren “ayudar” constantemente. Y los hay que quieren hacer las cosas ellos solos sin que nadie les interrumpa.

(continúa en la página 289)

Diario de nuestro hijo

Cómo explora nuestro hijo el nuevo mundo de los programas

Sugerimos a los padres que marquen con una cruz los recuadros según su hijo vaya cambiando. No tiene por qué presentar todas las habilidades; algunas aparecerán transcurridos varias semanas o meses. Cada niño hará sus propias elecciones conforme vaya explorando qué puede hacer en su nuevo mundo.

INICIAR UN PROGRAMA POR PROPIA INICIATIVA

- ❑ Coge una escoba o un trapo e intenta barrer o sacar el polvo
- ❑ Va al lavabo e intenta limpiar la taza del váter
- ❑ Se acerca a sus padres con cosas que quiere que coloquen en otro sitio
- ❑ Saca el bote de las galletas y espera que alguien le dé una
- ❑ Se acerca a sus padres con el abrigo, una gorra o una bolsa para salir de compras
- ❑ Coge su abrigo y su pala para salir a jugar en el jardín
- ❑ Se quita la ropa y se la quiere volver a poner

UNIRSE A UN PROGRAMA INICIADO POR OTRO

- ❑ Retira los cojines para ayudar a su madre cuando limpia
- ❑ Intenta colgar la toalla en su sitio después de utilizarla
- ❑ Coloca un objeto o alimento en el armario correspondiente
- ❑ Lleva su plato, sus cubiertos y su salvamanteles a la mesa
- ❑ Indica con palabras, sonidos o gestos que es la hora del postre cuando acaba de comer
- ❑ Coloca cucharas en tazas o vasos y hace el gesto de remover
- ❑ Coge algo que otro miembro de la familia estaba llevando y quiere llevarlo él

- ❑ Intenta ponerse piezas de ropa él solo mientras le vestimos, o ayuda estirando de los pantalones o las mangas
- ❑ Coge una cinta de música o un CD y ayuda a colocarlo en el reproductor de música. Sabe qué tecla debe pulsar para poner en marcha el aparato o extraer la cinta o CD

EJECUTAR UN PROGRAMA BAJO SUPERVISIÓN

- ❑ Coloca piezas de formas diferentes en los agujeros correspondientes si le señalamos dónde va cada pieza
- ❑ Utiliza el orinal cuando se lo indicamos o cuando lo necesita. Luego lo lleva al lavabo o ayuda a llevarlo (si todavía no anda solo), lo vacía en la taza y tira de la cadena
- ❑ Coge papel y bolígrafo y garabatea si le ayudamos

PROGRAMAS INDEPENDIENTES

- ❑ Intenta alimentar a sus muñecas o peluches, imitando su propio programa de alimentación
- ❑ Intenta bañar a una muñeca
- ❑ Intenta sentar a una muñeca en el orinal
- ❑ Se come todo lo que le ponen en el plato sin ayuda; a menudo le gusta hacerlo sentado a la mesa como los mayores
- ❑ Come pasas solo, extrayéndolas del paquete
- ❑ Construye una torre de, por lo menos, tres pisos
- ❑ Mantiene una conversación telefónica; a veces hasta marca y acaba con un "adiós"
- ❑ Gatea por la habitación siguiendo las "trayectorias" que elige él, debajo de sillas y mesas y a través de túneles estrechos, y a menudo indica qué dirección quiere seguir

(continúa)

Diario de nuestro hijo (cont.)

- ❑ Gatea por la habitación con un tren o coche de juguete simulando el ruido que producen. Sigue todo tipo de rutas diferentes -bajo sillas y mesas o entre el sofá y la pared
- ❑ Es capaz de encontrar algo que hemos escondido

OBSERVAR CÓMO OTROS EJECUTAN UN PROGRAMA

- ❑ Mira los dibujos animados o un programa infantil de televisión y mantiene la atención unos 3 minutos seguidos
- ❑ Escucha un cuento corto en la radio o un CD
- ❑ Muestra que entiende lo que ocurre en las ilustraciones -por ejemplo, diciendo "ñam ñam" cuando el niño o el animal de la ilustración está comiendo o le están dando comida
- ❑ Mira y escucha cuando su padre o madre hacen "como si" dieran de comer a las muñecas o peluches o los bañaran, los vistieran o hablaran con ellos
- ❑ Observa a otros niños mayores que él cuando juegan con un garaje lleno de coches, la camita de una muñeca, un juego de té o una estación de tren
- ❑ Observa atentamente a otros miembros de la familia cuando ejecutan programas cotidianos, por ejemplo, mientras se visten, comen, se lavan o llaman por teléfono

OTROS CAMBIOS

____

____

____

A estas alturas, la mayoría de padres ya conocen bastante bien la personalidad de su hijo y saben que muchas de las elecciones que hace siguen una pauta que ya habían percibido previamente a medida que el pequeño iba creciendo. De todos modos, aún quedan nuevas habilidades e intereses por explorar. Sugerimos a los padres que utilicen la lista de las páginas 286-288 para marcar o subrayar las elecciones que vaya haciendo el pequeño. Entre las semanas 55 y 61, el niño empezará a elegir lo que quiere explorar en el mundo de los programas. Los padres deberán respetar sus elecciones y dejar que su hijo se desarrolle a su propio ritmo mientras le ayudan a hacer aquello para lo que ya está preparado. A los niños pequeños les encanta todo lo nuevo y, por ello, es muy importante que los padres respondan cuando perciban cualquier habilidad o interés nuevo en su hijo. No hay nada más estimulante para un niño que poder compartir sus descubrimientos y ésa es la forma de que su aprendizaje progrese más deprisa.

Todos los niños necesitan ayuda cuando se inician en esta nueva forma de percibir y pensar que representa el mundo de los programas. Los padres pueden favorecer el desarrollo de su hijo de muchas maneras, por ejemplo, hablándole sobre lo que quiere conseguir y cómo. Si al pequeño le encanta observar, le animaremos a hacerlo. Otra forma de ayudar a un niño de esta edad es explicarle, paso por paso, lo que estamos haciendo para que pueda ver todas las secuencias del programa. También podemos darle oportunidades para que nos ayude en lo que estemos ejecutando y dejarle hacer cuando parezca tener algo en mente.

Cómo ayudar al niño a explorar el nuevo mundo a través de la independencia

La mayoría de niños de esta edad manifiestan interés por vestirse, desnudarse y lavarse ellos solos. Los padres pueden ayudarles explicándoles cómo y por qué los visten siguiendo unos pasos determinados. Un niño de esta edad entiende más de lo que puede expresar, así que lo más probable

es que la explicación que le den sus padres le sea muy útil. El hecho de que un niño haga sus pinitos lavándose y vistiéndose solo, o juegue a vestir y desnudar a sus muñecas le ayudará a ser más autónomo.

"Mi hija intentaba subirse los pantalones o ponerse las zapatillas, pero no lo conseguía. De repente, una tarde la vi paseándose por toda la casa con mis enormes zapatillas."

Madre de Jenny, 55 semanas

"A mi hija le encanta pasearse por casa llevando puesto un gorro. Puede ser mío, suyo o de una muñeca. A ella le da igual."

Madre de Eve, 57 semanas

"La semana pasada a mi hijo le dio por ponerse todo tipo de cosas en la cabeza: trapos de cocina, toallas y algunas veces hasta sus calzoncillos. Se paseaba imperturbable mientras sus hermanos se partían de risa."

Madre de Frankie, 59 semanas

"En cuanto acabo de vestir a mi hija, se dirige hacia mi tocador e intenta perfumarse."

Madre de Laura, 57 semanas

"Ayer, cuando entré en la habitación de mi hijo para despertarlo, lo encontré de pie sobre la cuna sonriendo de oreja a oreja. Se había quitado casi toda la ropa él solito."

Madre de John, 58 semanas

"Mi hija da de comer a sus muñecas, las baña y las acuesta. Después de utilizar el orinal, también las sienta en él."

Madre de Jenny, 56 semanas

Algunos niños también quieren comer solos y es aconsejable dejar que lo intenten siempre que sea posible. Los padres deberán recordar que a su hijo le encanta dar rienda suelta a su creatividad. Ello quiere decir que es probable que experimente con distintas formas de comer y que acabe provocando algún que otro estropicio. ¡Es mejor prevenir colocando un plástico grande debajo de su silla!

"Desde que mi hijo aprendió a comer utilizando la cuchara, insiste en hacerlo completamente solo. Si no, se niega a comer. También insiste en sentarse a la mesa para comer."

Madre de Kevin, 57 semanas

"De repente, mi hija descubrió lo divertido que era primero remover algo con una cuchara y después introducírsela en la boca."

Madre de Jenny, 56 semanas

"A mi hijo le encanta comer pasas extrayéndolas del paquete él solo."

Madre de Matt, 57 semanas

"Mi hija dice 'pastel' en cuanto acaba su plato, lo que indica que sabe que va a venir más comida. En cuanto se come el postre, tenemos que bajarla de la silla."

Madre de Emily, 60 semanas

Bolsos, monederos con dinero, el televisor, la radio, los útiles de limpieza, el maquillaje..., muchos niños pequeños quieren utilizarlo todo como lo hace su madre. A esta edad, algunos niños dejan sus juguetes en una esquina, muertos de risa, y se interesan más por las cosas "de los mayores". Es importante que intentemos descubrir qué es lo que el niño intenta hacer, aunque a veces ello implique complicarnos un poco la vida.

"Hoy he visto a mi hijo pulsando por primera vez las teclas del teléfono y colocándose el auricular en la oreja al tiempo que balbuceaba enérgicamente. Antes de colgar, le he oído decir 'papa' varias veces."

Madre de Frankie, 56 semanas

"Cuando yo acababa de llamar a mi madre y tuve que salir de la habitación unos segundos, mi hija cogió el teléfono, y realmente 'habló' con su abuela."

Madre de Emily, 60 semanas

"Mi pequeña sabe qué botón tiene que pulsar para abrir el reproductor de CD. Cuando se me acerca con un CD de canciones infantiles en la mano, sé que preferiría ser ella la encargada de poner el disco."

Madre de Jenny, 57 semanas

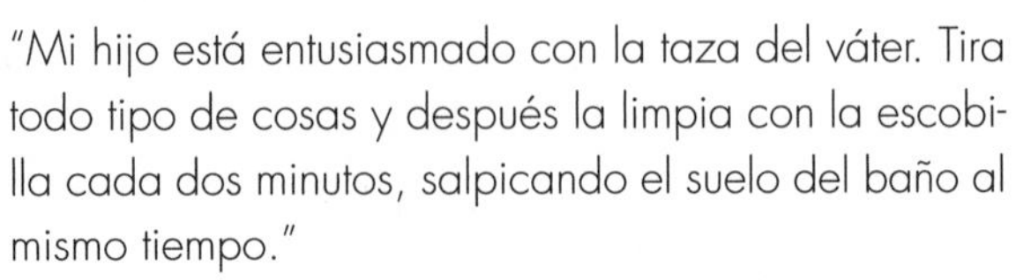

"Mi hijo está entusiasmado con la taza del váter. Tira todo tipo de cosas y después la limpia con la escobilla cada dos minutos, salpicando el suelo del baño al mismo tiempo."

Madre de Frankie, 56 semanas

"Mi hijo me trae periódicos, botellas de cerveza vacías y zapatos. Y espera que yo coloque cada cosa en su sitio."

Madre de Frankie, 56 semanas

Cómo ayudar al niño a explorar el nuevo mundo a través de los juguetes

A esta edad, la mayoría de niños muestran interés por juguetes más complejos que los que habían estado utilizando hasta ahora. Se interesan más por juguetes que les permiten imitar programas, como garajes con coches, trenes con vagones, granjas de animales, muñecas con pañales o ropas, juegos de té con tazas y platos o tiendas de juguete con cajas y paquetes. Jugar a imitar y ejecutar programas a través de la simulación no es fácil para un niño. Así que la ayuda y las oportunidades que los padres le brinden serán muy valiosas.

"Cuando me siento en el suelo junto a mi hijo y le animo, a veces construye torres de hasta ocho pisos."

Madre de Matt, 57 semanas

"Cuando mi hija está jugando sola y necesita ayuda, grita '¡Mamá!'. Y luego me enseña qué quiere que haga."

Madre de Hannah, 55 semanas

"A mi hija cada vez le interesan más los juguetes Lego o Duplo, sobre todo las figuritas de personas y los coches. También está empezando a construir cosas con las piezas encajables. Logra encajar las piezas correctamente de tanto en tanto. Se puede pasar bastante rato entretenida con este tipo de juegos."

Madre de Emily, 57 semanas

"Mi hijo cada vez sabe entretenerse mejor jugando solo. Ahora está viendo posibilidades nuevas en juguetes viejos. Es como si sus viejos peluches, trenes y coches hubieran adquirido vida propia."

Madre de Bob, 55 semanas

A la mayoría de los niños de esta edad también les interesan las "cosas reales" y es fundamental que los padres propicien este tipo de experiencias. Por ejemplo, si al niño le gustan los talleres, pueden llevarlo a uno "de verdad" para que vea cómo se reparan los coches. Si le gustan los caballos, le pueden mostrar una escuela de equitación. Y, si su juguete favorito es un tractor, una grúa o un barco, le encantará ver uno de verdad funcionando.

Cómo ayudar al niño a descubrir el nuevo mundo a través del lenguaje y la música

Este nuevo salto evolutivo trae consigo una fascinación por los cuentos y narraciones. Al niño le encantará oír y ver historias por televisión o escucharlas en la radio o en un casete o, lo mejor de todo, que su padre o madre se las cuenten, utilizando o no un libro de ilustraciones. Bastará con que se aseguren de que las historias se corresponden con lo que está experimentando el niño o con sus intereses. Para algunos niños, su foco de atención serán los coches, para otros, determinadas flores o animales, la piscina o sus peluches. A esta edad, las historias deberán contener programas breves y simples, puesto que la mayoría de los niños sólo pueden concentrarse en una narración durante 3 minutos seguidos.

"Ahora mi hijo puede quedarse embobado viendo un programa infantil por televisión. Es muy curioso. Antes no les hacía ni caso."

Madre de Kevin, 58 semanas

También es conveniente dar oportunidades al niño para que cuente sus propias historias mientras mira un libro de ilustraciones con su padre o madre.

"Mi hija entiende las ilustraciones de los libros y me explica lo que ve. Por ejemplo, si ve a un niño dando una galleta a otro, dice 'ñam'."

Madre de Hannah, 57 semanas

Muchos niños de esta edad son grandes parlanchines. Explican "historias" completas, con sus preguntas, pausas y exclamaciones. Esperan una respuesta. Por ello, fomentaremos esta habilidad tomándonos sus historias en serio, aunque todavía no entendamos bien lo que nos explica. Si escuchamos atentamente, seguro que podremos identificar algunas palabras.

"Mi hijo habla y habla hasta que parece que se te van a caer las orejas. Realmente mantiene conversaciones. A veces, utiliza interrogaciones. Es una monada. Me encantaría saber qué es lo que intenta decirme."

Madre de Frankie, 58 semanas

"Mi hijo habla solo, como si hubiera perdido la chaveta. A veces, se calla y me mira hasta que yo le digo algo y después continúa con su relato. La semana pasada me pareció oír la palabra 'beso' y después me dio un beso. Ahora presto diez veces más atención que antes a lo que dice."

Madre de Frankie, 59 semanas

A muchos niños de esta edad les encanta escuchar canciones infantiles, siempre y cuando sean simples y cortas. Este tipo de canciones también

Valorar las ganas de ayudar del niño

A los niños les encanta ayudar a sus padres y necesitan que les dejen hacerlo. Están empezando a entender lo que hacen sus padres y necesitan hacer su pequeña contribución.

> "Mi hija quiere ayudarme en todo. Quiere llevar la compra, colgar el trapo en su sitio cuando acabo de secar los platos, llevar los salvamanteles y los cubiertos a la mesa cuando la estoy poniendo, y un largo etcétera."
>
> Madre de Emily, 62 semanas

> "Mi hija sabe que el zumo de manzana y la leche van en la nevera y corre hacia la puerta para abrirla. Con las galletas, se dirige directamente al armario y saca el paquete."
>
> Madre de Jenny, 57 semanas

son programas. Si al niño le gusta la música, es posible que ahora quiera aprender también todos los gestos que acompañan a las melodías.

> "Mi hija canta 'Palmas, palmitas' ella sola; la canta entera, pero no se entiende nada de lo que dice."
>
> Madre de Jenny, 57 semanas

Algunos niños también se lo pasan bomba tocando su propia música. Los tambores, pianos, teclados y flautas suelen encontrarse entre sus favoritos. Naturalmente, la mayoría de estos músicos en ciernes prefieren los instrumentos "de verdad", pero harán menos estropicios con un instrumento de juguete.

"A mi hija le encanta su piano de juguete. Generalmente lo toca sólo con un dedo y escucha cómo suena. También le gusta observar a su padre mientras toca el piano 'de verdad'. El otro día, después de observarlo durante un rato, se dirigió a su piano de juguete y empezó a tocar con ambas manos."

Madre de Hannah, 58 semanas

Cómo ayudar al niño a explorar el nuevo mundo a través de la experimentación

Si el niño es un investigador nato, es posible que lo veamos ejecutar el siguiente programa o experimento: comprobar cómo despegan, aterrizan, dan vueltas y botan sus juguetes. Su pequeño Einstein podrá pasarse horas examinando estas cosas. Por ejemplo, puede coger varias figuritas de juguete y dejarlas caer sobre la mesa 25 veces y después repetir 60 veces exactamente lo mismo con todo tipo de piezas de un juego de construcción. Si ve a su hijo haciendo algo parecido, deje que continúe. Ésta es su manera de experimentar con las características de los objetos de una forma muy sistemática. Hará buen uso de esta información cuando, en

El aprendizaje del respeto

A esta edad, muchos niños empiezan a entender que otra persona también puede estar en medio de un programa, como cuando está ocupada limpiando. Cuando empieza a comprender este tipo de cosas, se le puede empezar a pedir que tenga consideración y espere a que su madre o padre acabe lo que tiene entre manos. Pero, los niños no tienen mucho aguante; no hay que hacerles esperar mucho rato.

"Cuando mi hijo quiere salirse con la suya, se estira en el suelo, justo un poco más lejos de donde yo llego con el brazo. Así se asegura de que vaya a buscarlo."

Madre de Matt, 56 semanas

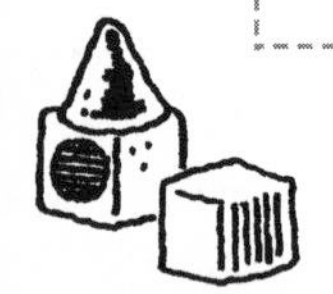

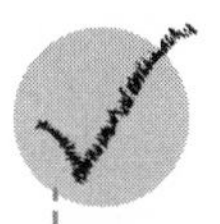

Importante

Romper viejos hábitos y establecer nuevas normas también forma parte del desarrollo de nuevas habilidades. Si el niño es capaz de entender una norma nueva, deberá aprender a respetarla. No hay que pedirle más, pero tampoco menos.

mitad de un programa, tenga que decir la mejor forma de hacer las cosas. Los niños pequeños no se limitan a jugar –trabajan duro, a menudo largas horas, para averiguar cómo funciona el mundo.

"Cuando mi hijo está haciendo algo, por ejemplo, construyendo una torre, a veces agita la cabeza de repente, dice 'no' y empieza a hacerlo de nuevo de una forma diferente."

Madre de Kevin, 55 semanas

"Mi hija ha empezado a utilizar su locomotora de juguete para subirse encima cuando quiere coger algo del armario. Antes siempre se subía a la silla."

Madre de Jenny, 56 semanas

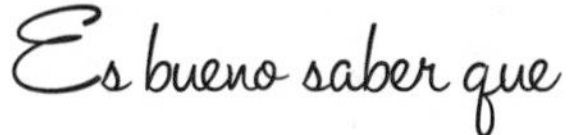

Es bueno saber que

Algunos niños son excepcionalmente creativos a la hora de inventar y probar nuevas formas de alcanzar el mismo objetivo. Los niños superdotados pueden ser particularmente agotadores para sus padres. Intentan averiguar continuamente si una cosa se puede hacer de otra manera. Cuando fracasan en algo o les prohíben hacer algo, siempre intentan encontrar otra forma de solucionar el problema o de saltarse la prohibición. Parece como si el hecho de no hacer nunca una cosa de la misma forma fuera un desafío para ellos. Encuentran aburrido limitarse a hacer las cosas siempre de mismo modo.

(continúa en la página 300)

Los mejores juegos para esta semana mágica

Juegos y actividades que más gustan a la mayoría de niños en esta etapa. Todos los niños son diferentes. Los padres deberán comprobar a cuáles responde mejor su hijo.

REALIZAR UNA TAREA ÉL SOLO

A muchos niños de esta edad les encanta que les dejen hacer "cosas de mayores" sin ayuda. Dejarlo todo empapado de agua es lo que tiene más éxito. Jugando con agua se tranquilizan.

BAÑAR A UNA MUÑECA
Llenaremos una bañerita infantil o una palangana con agua tibia. Le daremos al niño una toallita y una pastilla de jabón y dejaremos que bañe a su muñeca o peluche favorito. La parte de lavarle el pelo suele ser la que tiene más éxito.

FREGAR LA VAJILLA
Al niño le encantará que le pongamos un delantal grande y lo coloquemos encima de una silla delante del fregadero. Pondremos agua tibia y le daremos un estropajo y diversos objetos irrompibles: platos y vasos de plástico, cucharas de madera, coladores y embudos, para que los vaya fregando. Si añadimos mucho detergente para que se forme una capa gruesa de espuma, el niño todavía tendrá más ganas de ponerse manos a la obra. Nos aseguraremos de que la silla donde hemos subido al pequeño no resbala al mojarse, pues, en caso contrario, podría caerse.

AYUDAR

Pueden ayudar a sus padres a preparar la comida, poner la mesa o hacer la compra. El niño tendrá sus propias ideas sobre la tarea, pero aprenderá mucho ejecutándola con sus padres. Esto le ayuda a sentirse mayor y orgulloso.

DESEMPAQUETAR Y ORGANIZAR LA COMPRA
Retiraremos los artículos frágiles o peligrosos y dejaremos que el

niño nos ayude a desempaquetar la compra. Podemos indicarle que nos vaya trayendo los artículos uno a uno, o pedirle dos cosas a la vez, diciéndole: "¿Puedes traerme..., y después...?". Podemos preguntarle dónde colocaría cada cosa y, por último, que cierre las puertas de los armarios al acabar. Durante la tarea, iremos dándole ánimos y agradeceremos su colaboración.

JUEGOS DE ESCONDER Y BUSCAR

Ahora estos juegos pueden ser un poco más complicados. El niño disfrutará intentando confundir a sus padres con sus trucos. Y éstos deberán adaptarse al ritmo de su hijo, intentando que el juego no sea ni demasiado difícil ni demasiado fácil para él.

JUEGO DE LAS TAZAS

Pondremos dos tazas sobre una mesa boca abajo delante del niño y colocaremos un objeto pequeño debajo de una de ellas. Seguidamente desplazaremos lentamente ambas tazas sobre la mesa, de modo que la taza A acabe donde estaba la taza B y viceversa. El objetivo de este juego no es engañar al niño, sino todo lo contrario. Nos aseguraremos de que éste mira atentamente mientras movemos las tazas y le instaremos a que busque el objeto escondido. Elogiaremos al pequeño cada vez que intente encontrar el objeto. Se trata de algo muy complicado para él.

EL JUEGO DEL SONIDO

A muchos niños de esta edad les encanta averiguar de dónde viene un sonido. Un juego divertido puede ser éste: nos pondremos al niño en la falda y dejaremos que vea y oiga un objeto que emite determinado sonido –por ejemplo, una cajita de música–. Seguidamente le taparemos los ojos y le pediremos a alguien que esconda el objeto mientras esté produciendo sonido. Nos aseguraremos de que el pequeño no puede ver dónde lo esconde y le animaremos a buscarlo.

"Cuando le pregunto a mi hija: '¿Necesitas usar el orinal?', lo utiliza si realmente lo necesita. Orina, lo lleva al cuarto de baño, vierte la orina en el váter y después tira de la cadena. Pero a veces está un rato sentada, luego se levanta y orina cerca del orinal."

Madre de Jenny, 54 semanas

Comprender los miedos irracionales del niño

Cuando el niño esté ocupado explorando su nuevo mundo, se encontrará con cosas que no acabará de entender. En el proceso, descubrirá nuevos peligros, peligros que jamás había imaginado. El niño todavía no puede hablar sobre ellos. Sus miedos desaparecerán sólo cuando empiece a entenderlo todo mejor.

"De repente, mi hijo le ha cogido miedo a la lámpara en forma de barco que tenemos en la salita, probablemente porque da mucha luz."

Madre de Paul, 57 semanas

"Mi hija le ha cogido un poco de miedo a la oscuridad. No a estar a oscuras, sino al hecho de pasar de una habitación iluminada a otra oscura."

Madre de Jenny, 58 semanas

"Mi hijo se asusta cuando me ve inflar un globo. No lo entiende."

Madre de Matt, 58 semanas

"Mi hija se asustó al ver cómo se deshinchaba una pelota."

Madre de Eve, 59 semanas

"Mi hijo se asusta muchísimo cuando oye ruidos fuertes o estridentes, como el ruido de un avión o el timbre del teléfono o de la puerta."

Madre de Bob, 55 semanas

"Mi hija se asusta cuando se le acerca algo deprisa. Por ejemplo, un periquito revoloteando alrededor de su cabeza, su hermano per-

Los mejores juguetes para esta semana mágica

He ahí algunos juguetes que más gustan a la mayoría de niños de esta edad.

- Muñecas, cochecitos y camas para las muñecas
- Granjas con animales y cercados
- Garajes con coches
- Trenes de madera con vagones, andenes, puentes y túneles
- Juegos de té irrompibles
- Recipientes, cacerolas y cucharas de madera
- Teléfonos
- Juguetes tipo Lego o Duplo
- Una bicicleta, un coche o un caballo de juguete donde se pueda montar
- Una carretilla que pueda utilizar para transportar todo tipo de cosas
- Una mecedora o un caballito balancín
- Una caja con compartimentos y agujeros de diferentes formas y tamaños
- Recipientes apilables y una cuerda donde se puedan ensartar arandelas
- Una fregona, una escoba, una gamuza y un cepillo
- Esponjas y estropajos de colores para fregar o jugar a la hora del baño
- Hojas de papel grandes y rotuladores
- Libros de animales con sus crías, o de coches y tractores
- Instrumentos musicales, como tambores, pianos de juguete o xilófonos
- Cintas o CD donde se relaten historias simples

Sigue siendo importante colocar fuera del alcance del niño, o tomar las precauciones pertinentes, los armarios o cajones que contengan sustancias peligrosas o venenosas, los botones de los equipos de audio o vídeo, otros aparatos eléctricos, los hornos y las tomas de corriente.

siguiéndola o un coche dirigido por control remoto aproximándose. Son demasiado rápidos para ella."

Madre de Emily, 56 semanas

"Mi hijo se resiste a que lo meta en la bañera familiar. Pero no le importa que lo coloque en su bañerita, aunque ésta se encuentre dentro de la bañera familiar."

Madre de Frankie, 59 semanas

Aproximadamente a las 59 semanas, la mayoría de los niños empiezan a dar menos problemas. Algunos llaman especialmente la atención por su locuacidad y sociabilidad y otros por su disposición a echar una mano en las tareas domésticas. La mayoría de ellos empiezan a confiar menos en sus rabietas para salirse con la suya. Resumiendo, vuelven a dar muestras de alegría y hacen gala de una mayor independencia. De todos modos, muchas madres siguen considerando a sus hijos como incontrolables, debido a su mayor vitalidad y movilidad. Esto se debe a que ellos se creen que lo saben todo, pero sus madres son conscientes de que todavía les queda mucho por aprender.

"Mi hija es concienzudamente precisa. Cada cosa tiene su sitio. Si cambio algo de lugar, ella se da cuenta y lo coloca donde le corresponde. Ahora ya no necesita agarrarse a ningún sitio para andar. Anda alegremente por toda la habitación. Para serte sincera, tanta movilidad me preocupa un poco."

Madre de Emily, 60 semanas

"Mi hijo vuelve a estar completamente feliz en el parque infantil. A veces no quiere que lo saque de allí. Ya no tengo que jugar con él como antes. Ahora sabe entretenerse solo, sobre todo con sus coches y sus puzzles. Está mucho más contento."

Madre de Paul, 60 semanas

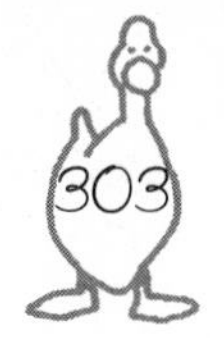

"Mi hija ha dejado de jugar con sus juguetes; ni siquiera los mira. Observarnos, imitarnos y ayudarnos le parece mucho más fascinante. Además muestra una gran iniciativa. Coge el abrigo y su bolsa cuando quiere salir de casa o la escoba cuando hay que barrer algo. Ha madurado mucho."

Madre de Nina, 58 semanas

"Ahora que mi hijo corre como el viento y se pasea por toda la casa, también hace muchas cosas que no debería hacer. No deja de coger vasos, botellas de cerveza y zapatos, y puede ser sumamente imaginativo. Si lo pierdo de vista un solo momento, esas cosas acaban en el cubo de la basura o el inodoro. Y cuando le riño, se pone muy triste."

Madre de Frankie, 59 semanas

"Mi hija se ha convertido en una niña realmente encantadora. La forma en que juega, chismorreando todo el rato... ¡Está tan llena de alegría! Las rabietas parecen ser cosa del pasado. Aunque tal vez debería tocar madera..."

Madre de Ashley, 59 semanas

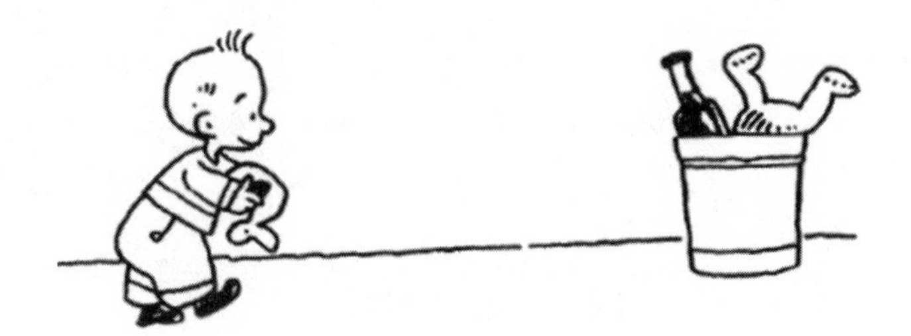

capítulo 11

Semana Mágica 64: El mundo de los principios

Luego del salto anterior, el pequeño acompañante comenzó a entender qué es un "programa". En esta etapa, los programas diarios de la madre como comer, ir de compras, pasear, jugar, y lavar la vajilla parecen normales para él. En ocasiones, pareciera que sigue el ejemplo de los padres, y en otras aprovecha la oportunidad para mostrar lo que él mismo es capaz de hacer. Los padres pueden haber notado que el pequeño ayudante encara las tareas hogareñas de un modo levemente diferente al de la madre. Usa una cuerda para pasar la aspiradora. Para limpiar usa un trapo que lo moja con su boca. Y, se las arregla mediante sus poderes mágicos para erradicar a cualquiera y a todo el que se interponga en su camino para llegar hasta esa única y especial mancha recóndita: en el baño, la basura o el balcón. No más desastre. El pequeño ayudante aún está atado a ciertas rutinas estrictas que tienden a ser de naturaleza un poco mecánica. Es aún un principiante en el complejo mundo de los programas. Todavía no es capaz de adaptar el programa que está llevando a cabo a otras circunstancias. Eso demandará varios años de experiencia hasta que logre ser un experto en este tipo de materias.

Nosotros, los padres, tenemos el beneficio de la experiencia. Somos capaces de adaptarnos al cambio. Podemos alternar el orden en que hacemos las cosas. Al hacer las compras de comestibles podemos optar por tomar el atajo de la carnicería en lugar de hacer largas filas en el mostrador de las

Nota: La primera fase (período de inquietud) de este salto hacia el mundo perceptual de los "principios" está vinculada a la edad y es predecible, y comienza entre las semanas 59 y 63. La mayoría de los bebés comienza la segunda fase (ver el recuadro "Una tendencia de moda: planificar el tiempo que pasamos con nuestros hijos" en la página 17) de este salto 64 semanas después de un parto a término. La primera percepción del mundo de principios pone en marcha el desarrollo de una amplia gama de habilidades y actividades. Sin embargo la edad en que éstas aparecen por primera vez puede variar grandemente dependiendo de las preferencias de cada bebé, de la experimentación y de su desarrollo físico. Por ejemplo, la habilidad de percibir los principios es una precondición necesaria para "simular que cocina para sus muñecas", pero esta actividad aparece normalmente en algún momento desde la semana 64 y hasta varios meses más tarde. Las habilidades y las actividades son mencionadas en este capítulo a la más temprana edad posible en que pueden aparecer entonces podrán estar atentos y reconocerlas. (Al principio podrían ser rudimentarias.) De esta forma los padres podrán responder y facilitar el desarrollo de su bebé.

delicatesen. Si estamos con prisa, o si necesitamos un ingrediente especial para una receta, nos adaptamos. También adaptamos nuestros programas a la gente que nos rodea. Si alguien consulta nuestra opinión, medimos nuestra respuesta consecuentemente, según su estado y edad. También adaptamos nuestro estado de ánimo, o la dirección que ese ánimo puede tomar. Preparamos una comida de diferentes modos, dependiendo de si tenemos tiempo para relajarnos y disfrutar de ella, o si debemos salir corriendo a una reunión importante. Nosotros, los adultos, anticipamos todos los sucesos que nos preocupan. Sabemos lo que queremos, y cuál es la mejor manera de lograrlo. Nos garantizamos alcanzar nuestros logros. Es por esto, que nuestros programas parecen ser tan flexible y naturales.

El pequeño angelito comienza a darse cuenta de cómo lidiar con ciertas situaciones tan pronto como da su próximo salto. Él aterrizará en el mundo de los "principios." Alrededor de las 64 semanas –cerca de los 15 meses- los padres notarán que el niño se anima a intentar cosas nuevas. Es un salto que se había manifestado previamente en el pequeño niño.

Alrededor de las 61 semanas – 14 meses – nuestro chiquillo comienza a notar que "las cosas están cambiando". Un laberinto de nuevas impresiones está colocando su realidad "patas arriba". Inicialmente, es una tarea difícil para él hacer frente a los cambios. En primer lugar, necesitará crear un poco de orden en este caos recién descubierto. Necesita volver al entorno conocido. Se vuelve pegajoso. Necesita "enmadrarse."

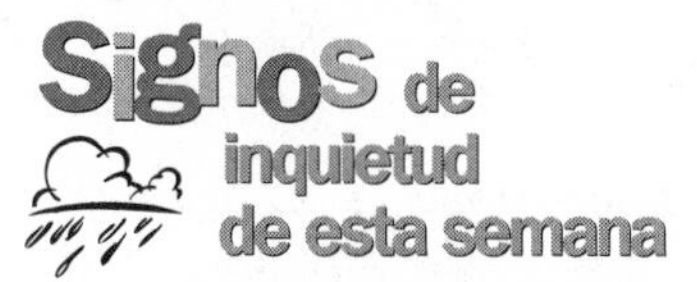

¿El bebé está muy llorón? Muchas madres se quejan de que ya raramente escuchan a sus bebés reírse. Ellas rotulan a sus niños como "mayormente serio" o "mayormente triste". Los momentos de tristeza son inesperados, son por lo general de corta duración, y sin una causa clara.

Importante

Si el pequeño se vuelve pegajoso, se debe prestar atención a la aparición de nuevas habilidades o a los intentos del niño por hacer cosas nuevas.

"Esta semana lloró mucho. ¿Por qué? No lo sé. De pronto estalló en lágrimas."

Madre de Gregory, 64 semanas, o 14 ½ meses

El pequeño también podría estar más irritable, impaciente, frustrado o enojado, por ejemplo si cree que la mamá no está a su entera disposición, o si la mamá no entiende lo que él quiere o lo que dice, o si la mamá lo corrige o le dice "¡NO!" Esto incluso podría suceder si su último proyecto de construcción está a punto de derrumbarse, o si una silla se niega a moverse, o si se choca contra una mesa.

"Si no recibe mi atención directa, se arroja al suelo chillando."

Madre de Josie 62 semanas, o 14 meses

"Se irrita, se enoja y se impacienta más rápidamente que antes. Si me quiere decir algo y yo no entiendo bien lo que ella quiere, empieza a gritar y hace un escándalo aún más fuerte."

Madre de Eve, 64 semanas, o 14½ meses

"Él ha estado muy quejoso esta semana. Su llanto se tornaba más fuerte y más insistente si no se salía con la suya o si debía esperar. Lo mismo ocurría si yo tenía las manos ocupadas y no podía cogerlo en brazos".

Madre de Kevin, 65 semanas, o casi 15 meses

"Le está costando mucho. Si algo no le sale bien en la primera oportunidad, hace un berrinche."

Madre de Gregory 66 semanas, o 15 meses

Cómo saber que es el momento de crecer

Puede aferrarse a la ropa

La mayoría de los niños hacen lo que sea para estar cerca de mamá. Pero, los niños pequeños crecen. En ocasiones, algunos niños pequeños están contentos si pueden seducir a mamá con un juego que consiste simplemente en mirarse brevemente y apartar la mirada. Este es un paso importante hacia la independencia. Sin embargo, mayormente el niño se comporta más como un bebé. Sólo se contenta cuando está en el regazo o cuando se lo lleva en brazos a todos lados. A veces, cuando está particularmente pegajoso, la madre decide que lo mejor es llevarlo en el portabebés- y el pequeño pegote lo acepta alegremente.

"Me seguía constantemente arrastrando su juguete. Si yo me quedaba quieta o me sentaba, él jugaba a mis pies, o incluso por debajo de ellos. Empezó a exasperarme. "

Madre de Kevin, 62 semanas, o 14 meses

"Constantemente quería subir a mi regazo, pero eso era inconveniente porque yo estaba planchando. La puse en el centro de la habitación un par de veces con sus juguetes, pero no, ella sólo tenía ojos para mi regazo. La próxima vez que se subió a mi regazo, jaló el cable de la plancha y la derribó sobre mi pie. Debido a que ella estaba enredada en el cable, yo no pude sacar inmediatamente la plancha de mi pie, lo que me hizo gritar de dolor. Luego ella se aferró a mi pie y dejó escapar un grito. En el momento en que por fin me había librado, estaba tan molesta que tuve que llevarla conmigo al cuarto de baño para que yo pudiera poner mi pie bajo el agua fría. Lección número uno: ¡no planchar con ella alrededor!"

Madre de Julia, 63 semanas,
o 14 meses y una semana

"Le encanta captar mi atención desde una distancia corta, simplemente mirándonos el uno al otro. Le da placer esta relación mutua."

Madre de Luke 63 semanas,
o 14 meses y una semana

"Esta semana, literalmente, se colgó de mi. Se trepó por mi espalda. Se colgó de mi pelo. Se arrastraba hacia mí. Se sentaba entre mis piernas y se sujetaba de modo que yo no podía dar un paso. Era a la vez un juego, por lo que no podía enojarme. Y, entretanto, se salía con la suya."

Madre de Matt, 65 semanas, o casi 15 meses

"Se arrastra sobre mi regazo más a menudo, pero no se queda ahí. Incluso si está dando vueltas le gusta que lo levante en brazos por un rato."

Madre de Frankie, 66 semanas, o 15 meses

Puede volverse más tímido con los desconocidos

La mayoría de los niños no se alejan del lado de la madre cuando están en compañía de extraños. Algunos parecen intentar trepar a mamá. De ningún modo desean que otra persona los recoja. Su madre es la única que puede tocarles, a veces es la única que puede hablarles. Incluso el padre puede ser demasiado para ellos. Mayormente, parecen asustados. En ocasiones, los padres piensan que se están volviendo tímidos.

"Cuando estamos de visita o cuando nos visitan, se queda a mi alrededor por un tiempo antes de animarse a más. Pero, tan pronto como parece que alguien quiere recogerlo, se apresura a llegar y se aferra a mí por un rato."

Madre de Gregory, 64 semanas, o 14½ meses

"Es tímido con los extraños. Si hay un grupo, gatea y coloca su cabeza entre mis piernas y se queda allí un poco."

Madre de Kevin, 63 semanas,
o 14 meses y una semana

"Llora si lo dejo en una habitación con otras personas. Si voy a la cocina, él viene también. Especialmente hoy, no se fue de mi lado,

y esto mientras su abuela estaba en la habitación. Él conoce bien a su abuela y la ve todos los días."

Madre de Frankie, 63 semanas, o 14 meses y una semana

"Incluso si su padre reclama su atención, ella vuelve la cabeza hacia otro lado. Y cuando la coloca en su bañera, ella comienza a gritar. Sólo quiere estar conmigo."

Madre de Josie, 64 semanas, o 14½ meses

Puede desear un contacto físico más estrecho con su madre

A menudo, un niño pequeño no quiere alejarse de su madre. Si alguien va a ir a alguna parte, el niño querrá ser esa persona. Pero, mamá debe permanecer en el lugar donde está y no debe moverse ni un poco.

"Ella odia que yo me vaya. Ni siquiera quiere que me levante para ducharme. Si me levanto de la cama por la mañana y ella se queda con su padre, entonces comienza a gritar. Tengo que llevarla conmigo al salir de la cama. Ella nunca hizo esto anteriormente."

Madre de Laura, 62 semanas, o 14 meses

"Cuando la dejo en la guardería y trato de irme, llora a lágrima viva. Sin embargo, eso sólo lo hacía al comienzo."

Madre de Ashley, 65 semanas, o casi 15 meses

"Se enfada cuando lo dejo en la guardería y me lo hace saber cuando lo recojo. Me ignora por un tiempo. Como si yo no existiera. Sin embargo, cuando se cansa de ignorarme, ¡es muy dulce y se acurruca poniendo su cabeza en mi hombro!"

Madre de Mark, 66 semanas, o 15 meses

Puede querer que lo entretengan

A la mayoría de los niños pequeños no les gusta jugar solos. No se quieren sentir solos y seguirán a su madre si ella se aleja. El niño en realidad está diciendo: "Si no quieres jugar conmigo, entonces te seguiré a todas

partes." Y, debido a que las tareas de la madre suelen ser domésticas, generalmente son tareas populares, aunque no para todo niño. De vez en cuando, a algún pequeño inteligente se le ocurre una nueva estrategia que consiste en un truco lúdico o una travesura para convencer a la madre a que participe del juego. Es difícil negarse ante semejante iniciativa. Aunque la madre puede estar atrasada con su trabajo, está dispuesta a dejarlo de lado. Su pequeño está creciendo.

> "En el momento menos conveniente, él quiere que escuchemos un CD infantil. Tengo que acurrucarme con él, sonreír y aguantar. Incluso ojear una revista es impensable."
>
> Mamá de Robin, 63 semanas,
> o 14 meses y una semana

> "Casi no juega más, me sigue constantemente. Sólo quiere ver lo que estoy haciendo en la casa y meterse en el medio."
>
> Madre de Jenny, 64 semanas, o 14½ meses

> "Casi nunca quería jugar solo. Durante todo el día montaba a caballo y mamá era el caballo. Con pequeños trucos lindos me mantenía ocupada, pensando todo el tiempo que no prestaba atención a su jueguito».
>
> Madre de Matt, 65 semanas, o casi 15 meses

Puede volverse celoso

A veces los niños quieren recibir más atención de la madre cuando ella está en compañía de otros -especialmente si esos otros son niños. Esto les hace sentir inseguros. Quieren que la mamá sea toda para ellos, deben ser el centro de atención de la madre.

"En particular, quiere mi atención cuando estoy con otras personas. Sobre todo si los otros son niños. Entonces se pone celoso. No escucha, aunque le digo que es hora de ir a jugar solo, se queda a mi alrededor".

Madre de Thomas, 61 semanas o 14 meses

"A veces se pone celoso si hay otro niño sobre mi falda. Nunca antes lo había visto hacer esto."

Madre de Taylor, 62 semanas, o 14 meses

Puede tener cambios de humor

Algunas madres notan que el estado de ánimo del pequeño puede cambiar por completo rápidamente. En un momento el pequeño camaleón es un gruñón, y al siguiente ya es pura sonrisas. En un minuto es muy tierno, al siguiente está tan enojado que arrasa con la taza limpia que está sobre la mesa, luego se pone triste y le brotan las lágrimas, y así sucesivamente. Se podría decir que el niño está practicando para su etapa de pubertad. Los más pequeños a esta edad son capaces de comportarse de modos muy variados para expresar sus sentimientos. Y un niño que está en desacuerdo consigo mismo intentará todos esos modos.

"Ella iba y venía, pasaba del mal humor a estar alegre, de estar enmadrada a ser independiente, de estar seria a estar divertida, de rebelde a dócil. Y todos estos humores diferentes cambiaban como si todo fuera completamente normal. Fue un trabajo muy duro."

Madre de Juliette, 62 semanas, o 14 meses

"En un momento está haciendo travesuras, al instante es un ejemplo de obediencia. Un momento me está golpeando, al instante me besa. Un momento insiste en hacer todo sólo y al instante se lamenta y necesita mi ayuda."

Madre de Mark, 65 semanas, o casi 15 meses

Puede tener problemas para dormir

Muchos pequeños ya no duermen bien. No quieren ir a la cama y lloran cuando llega la hora, incluso durante el día. A veces las madres dicen que

todo el patrón de sueño del hijo parece cambiar. Sospechan que su hijo está pasando de dormir dos siestas diarias a una siesta. Aunque los niños se duermen, muchas madres no están tranquilas. Los pobres durmientes lloran durante su sueño o se despiertan regularmente con sensación de desamparo. Claramente, algo los atemoriza. A veces vuelven a dormir si se los consuela. Sin embargo, algunos pequeños sólo aceptan seguir durmiendo si la madre se queda con ellos, o si pueden ocupar el preciado espacio entre mamá y papá en la cama grande.

"Como ella ya no quiere dormir siestas de día, la coloco en mi cama conmigo pensando que quizás ayude. ¡No! Terminamos levantándonos de la cama otra vez. Resultado: ¡Ella y yo estábamos exhaustas! Creo que está al límite de cambiar dos siestas por una."

Madre de Josie, 62 semanas, o 14 meses

Si ella se despierta durante la noche, se sujeta a mí. Como si tuviera miedo."

Madre de Jenny, 62 semanas, o 14 meses

"Dormir era imposible. Él durmió mucho, pero se movía y daba vuelta. Oía sus gritos. El no parecía estar descansando."

Madre de Mark, 63 semanas,
o 14 meses y una semana

"Ella se espabila, se fastidia y trata de morder cuando se acerca la hora de acostarse. Pareciera que no quiere dormir sola. Es difícil. Luego de llorar mucho, finalmente se queda dormida pero yo quedo mentalmente exhausta. Anoche ella durmió entre nosotros. Se extendió colocando un brazo y una pierna sobre su papá y el otro brazo y pierna sobre la mamá."

Madre de Emily, 64 semanas, o 14 meses y medio

"Pareciera que necesita menos horas de sueño. Se duerme más tarde. Se queda despierto durante media hora cada noche y luego quiere jugar."

Madre de Gregory, 65 semanas, o casi 15 meses

Puede tener "pesadillas"

Muchos niños tienen pesadillas con más frecuencia. A veces se despiertan con un aspecto de desamparo, a veces con miedo o pánico. Y otras veces muy frustrados, enojados o de mal genio.

"Esta semana se despertó dos veces gritando, sudado y completamente en pánico. Tomó alrededor de media hora lograr que deje de llorar. Estaba prácticamente inconsolable. Nunca ha pasado antes. También noté que pasó mucho tiempo antes de que esté a gusto otra vez."

Madre de Gregory, 62 semanas, o 14 meses

"Por la noche él estaba a menudo despierto. Parecía estar desesperado y en pánico. Una noche durmió conmigo porque no podía calmar su ansiedad. Acostarse al lado mío lo relaja."

Madre de Thomas, 62 semanas, o 14 meses

"Vi que ella estaba profundamente dormida, bajé a la planta baja y de repente oí un golpe y un grito fuerte. Volví corriendo arriba y cuando la cogí en brazos para consolarla, estaba en medio de un ataque. Ella comenzó a rodar sobre el suelo dando patadas y gritando. Traté de sostenerla cerca mío, pero ella se resistió con toda su fuerza. Simplemente tuvo que liberar su rabia, lo cual tomó mucho tiempo."

Madre de Julia, 64 semanas,
o 14 meses y medio

Puede estar apático

A veces los más pequeños se sientan con la mirada perdida a la distancia. Es un momento de reflexión interior.

"Noté que estaba bastante tranquilo. Estaba sentado mirando fijamente. El nunca había hecho esto antes."

Madre de Thomas, 63 semanas,
o 14 meses y una semana

"Esta semana estuvo claramente en el país de los sueños. Se recostaba sobre el suelo y simplemente miraba."

Madre de Gregory, 65 semanas, o casi meses

Puede perder el apetito

No todos los niños tienen los mejores hábitos alimenticios. A veces simplemente omiten una comida. A las madres les resulta muy difícil ver que su hijo no come bien, y esto le permite al pequeño recibir la atención que necesita. Los lactantes, sin embargo, parecen querer comer más a menudo. Pero tan pronto como succionan un poco, dejan de lado el pezón y miran alrededor. O simplemente mantienen el pezón en la boca. Después de todo, están donde quieren estar: con la madre.

"Él no ha comido bien esta semana. Sobre todo la cena. Giraba su cabeza en el primer intento, sin importar qué comida fuera."

Madre de Frankie, 64 semanas, o 14 meses y medio

"Él se despierta a menudo durante la noche y quiere tomar de mi pecho. ¿Es un hábito o realmente lo necesita? Me pregunto por qué quiere alimentarse tan a menudo. También me pregunto si esto no hace que dependa demasiado de mí."

Madre de Bob, 63 semanas, o 14 meses y una semana

Puede parecer más infantil

Podría parecer que el niño es un bebé nuevamente. Ese no es realmente el caso. La regresión durante un período pegajoso significa que el progreso se está acercando. Y debido a que los niños de esta edad son capaces de hacer mucho más, una regresión es más evidente.

"¡Ella no usaba las palabras que había aprendido! De repente le decía a todos los animales 'am.'"

Madre de Julia, 61 semanas, o 14 meses

"Está gateando más a menudo."

Madre de Luke, 63 semanas,
o 14 meses y una semana

"¡Ella está lista para su parque de niños otra vez, lleno de juguetes de bebé!"

Madre de Hannah, 63 semanas,
o 14 meses y una semana

"Si lo calculábamos bien y le preguntábamos si ella tenía que hacer pis, generalmente iba a su bacinica, pero ahora volvió a usar únicamente pañales. Como si se hubiera olvidado completamente."

Madre de Jenny, 62 semanas, o 14 meses

"Estoy de vuelta dándole el biberón como cuando era un bebé. Ni siquiera lo sostiene ella misma."

Madre de Emily, 62 semanas, o 14 meses

Puede ser más dulce de lo habitual

Algunas madres sucumben ante un abrazo generoso, un beso o un aluvión de caricias de sus hijos. Los más pequeños seguramente se dan cuenta de que es más difícil para mamá resistirse a estas muestras de cariño que al lloriqueo, al pegoteo o las molestias. Y de esta manera los niños saben que pueden "llenarse de mamá" si fuera necesario.

"Ahora él sube detrás mío en la silla y se pone en mi cuello para darme un gran abrazo."

Madre de Matt, 63 semanas, o 14 meses y una semana

"A veces ella es realmente afectuosa. Se acerca y me abraza con un brazo alrededor de mi cuello, presiona su mejilla contra la mía, acaricia mi cara y me besa. Incluso acaricia y besa el cuello de piel de mi abrigo. Nunca había sido tan afectuosa."

Madre de Nina, 65 semanas, o casi 15 meses

Puede abrazarse a un objeto de apego o lo hace más que antes

A veces los niños usan mantas, muñecos de peluche y todo este tipo de cosas suaves para acurrucarse. Lo hacen especialmente si mamá está ocupada.

"Él se acurruca mucho con sus animales de peluche."

Madre de Matt, 65 semanas, o casi 15 meses

Puede estar más travieso

Muchos niños se portan mal a propósito. Ser malo es la manera perfecta de llamar la atención. Si algo se rompe, está sucio o es peligroso, o si la casa queda patas arriba, mamá tendrá que hacer frente a este mal comportamiento. Esta es una manera encubierta de conseguir una "dosis de mamá."

"No le permitimos tocar el equipo de música, el grabador de vídeo u otros dispositivos. ¡Ella sabe que no debe! Le advertimos una vez, y sino luego le damos un golpecito en los dedos."

Madre de Vera, 62 semanas, o 14 meses

"Realmente me enfadé cuando él deliberadamente lanzó algunas cosas sobre nuestro balcón. No hay ninguna manera de recuperar las cosas porque cayeron sobre agua que había abajo. Después de este incidente, si lo hacía otra vez, lo agarraba rápidamente y lo colocaba en su parque de niños y le explicaba que tales cosas no están permitidas."

Madre de Luke, 62 semanas, o 14 meses

"Ella constantemente se comporta mal. Pone sus manos exactamente donde sabe que no le permitimos. Ella sacude la puerta para la escalera (la cual ya está destruida), sacó las agujas de tejer de mi tejido. Esto realmente altera mis nervios."

Madre de Vera, 65 semanas, o casi 15 meses

"Él a menudo tiene períodos donde sólo hace lo que no le es permitido. Me encuentro repitiendo la palabra «No» y vigilándolo."

Madre de Gregory, 66 semanas, o 15 meses

Puede tener más rabietas

Muchos niños se irritan, se enojan y se ponen de mal humor más rápidamente de los que sus madres están acostumbradas. Estos pequeños ruedan en el suelo pataleando y gritando si no se salen con la suya, si no pueden manejar algo al primer intento, si no se les entiende inmediatamente, o incluso sin ninguna razón aparente.

"Ella tuvo su primera rabieta temperamental. Es la novedad. Al principio pensábamos que era el dolor de dientes. Se sentó sobre sus rodillas y comenzó a chillar. Resultó ser una rabieta temperamental. ¡No fue nada placentero!"

Madre de Josie, 63 semanas, o 14 meses y una semana

"Cuando su padre lo acostó nuevamente a las 5:30 a.m., tuvo una rabieta. Obviamente tenía planes distintos a los nuestros."

Madre de Frankie, 62 semanas, o 14 meses

"Ella quería comer sin ayuda alguna y al principio no supimos entender. Gritó, comenzó a dar patadas y prácticamente rompió su silla. No tenía idea que ella podía causar tal sufrimiento. ¡Una real angustia!"

Madre de Nina, 62 semanas, o 14 meses

"Cuando estamos con otra gente, no me puedo alejar ni una pulgada porque sino se tira al suelo y tiene una rabieta"

Madre de Frankie, 63 semanas, o 14 meses y una semana

"Si ella no consigue su propósito, se echa al suelo a chillar y rechaza sentarse o levantarse. Entonces la recojo y llamo su atención hacia otra cosa."

Madre de Julia, 62 semanas, o 14 meses

Diario de nuestro bebé

Signos de que nuestro bebé está creciendo de nuevo

Entre las semana 59 y 63, el niño puede mostrar signos de que está listo para dar el siguiente salto, hacia el mundo de principios.

- Llora más a menudo y está más nervioso o inquieto
- Está alegre en un momento y llora al momento siguiente
- Quiere que lo entretengan o que lo hagan más a menudo
- Se agarra a su madre o quiere estar más cerca de ella
- Es más dulce de lo habitual
- Se porta mal
- Tiene rabietas o las tiene más a menudo
- Está celoso
- Está más tímido con los desconocidos
- Quiere establecer un contacto físico más estrecho
- Tiene problemas para dormir
- Tiene pesadillas o las tiene más a menudo
- Pierde el apetito
- A veces, se limita a estar sentado, con la mirada perdida
- Se chupa el dedo o se lo chupa más que antes
- Se abraza a un objeto de apego o lo hace más a menudo
- Es más infantil
- Se resiste a que lo vistan

OTROS CAMBIOS

____

____

Reacciones maternas ante los cambios del bebé

Puede sentirse muy frustrada

Claramente, las madres tienen menos paciencia frente al apego, el lloriqueo y la provocación cuando proviene de un niño de esta edad. Cuando todavía era un bebé, este comportamiento las preocupaba. Ahora les molesta.

"Ella nunca había tenido problemas para dormir, sin embargo ahora sí. Hace varias noches que solamente llora. Esto me irrita mucho. Aprovecho las tardes para mí pero ahora ella las domina también. Espero que esto no se haga un hábito."

Madre de María, 69 semanas, o casi 16 meses

Cuando una madre se molesta, lo hará notar. A esta edad, un niño insistente escuchará cuando su madre desaprueba su comportamiento. Utilizando palabras que él pueda entender, ella le explica lo que no le gusta. El lenguaje comienza a jugar un papel más importante. Y, a esta edad, un lloriqueo molesto puede desembarcar más rápidamente en el corralito o en la cama que cuando el niño era más pequeño. La paciencia de la madre es más breve. Las madres piensan que su hijo es lo suficientemente grande como para comportarse mejor. Además, consideran que sus niños deben aprender a ser más considerados con ellas.

"He arreglado que ella se quede con una niñera. Realmente me irrita que ella se sujete a mi cuando vamos a algún sitio. Todos los otros niños corren y juegan con juguetes. Ella raramente hace eso. Sólo después de pararse a un costado a observar lo suficiente comienza a soltar mi vestido. Sólo espero que ella pueda soltarme cuando se vaya con la niñera."

Madre de Julia, 64 semanas, o 14 meses y medio

"Cuando estoy cocinando, él se acerca y se sienta en mis pies. Si exagera y no quiere moverse del camino cuando le pido, lo coloco en su parque de niños. Entonces mi paciencia se ha acabado."

Madre de Frankie, 64 semanas, o 14 meses y medio

"Él constantemente quiere subir a mi regazo y continuar hasta el pezón. Esto sucede durante todo el tiempo que está despierto. Realmente me molesta. Primero, trato de bajarlo distrayéndolo festivamente. Pero si continúa queriendo subir y tironeando lo acuesto en su cama. Es demasiado para mi."

Madre de Robin, 65 semanas, o casi 15 meses

"A veces él quiere que lo coja en brazos cuando estoy ocupado con algo y esto me molesta. Trato de explicarle en términos simples por qué no puedo recogerlo. ¡Y explicar ayuda!"

Madre de Gregory, 65 semanas, o casi 15 meses

"Puedo realmente irritarme cuando él hace de cuenta que no oye lo que le digo. Lo tomo y lo giro hacia mi, de esta manera debe mirarme y oír cuando le digo algo."

Madre de Taylor, 65 semanas, o casi 15 meses

"Si él persiste en ser travieso, no sabe lo que quiere, grita por cualquier motivo y no escucha a lo que digo, asumo que él está muy cansado y que es hora de irse a la cama. Necesito relajarme un poco porque mi paciencia llegó a su fin"

Madre de Taylor, 67 semanas,
o 15 meses y una semana

Puede discutir

El niño está creciendo. Más y más a menudo él y su mamá están en desacuerdo. Si al niño no se le permite interrumpir, aferrarse o ser rebelde, se rebela ferozmente. El resultado son verdaderas peleas. Tal erupción es más probable que ocurra al final del período crítico. En ese momento la madre y el niño tienden a enojarse más rápidamente.

"¡Recién tuvimos una gran pelea! Él estaba agarrando a los gatitos y empujándolos como si fuesen coches de juguete. Tuve que pararlo. "

Madre de Mark, 63 semanas,
o 14 meses y una semana

"Él llora aún más fuerte si no consigue lo que desea. Si no para rápidamente lo coloco en su corralito como castigo. Pero no le gusta esto en absoluto. Tiene una rabieta enorme. Lo dejo gritar hasta que se canse, pero no es agradable."

Madre de Luke, 63 semanas,
o 14 meses y una semana

"Ella nos está volviendo locos. Grita mucho y requiere de atención constante desde las 7 de la mañana hasta 10:30 de la noche. A veces, una palmada en el trasero es realmente necesaria. Intentar hablar con ella es como hablarle a una pared, no oye. Sus siestas sólo duran una hora y media. Ya no tenemos tiempo para nosotros dos porque ella domina nuestras vidas. Tal vez deberíamos prestarle menos atención. Quisiera saber si otros niños son así de difíciles a esta edad. Nunca oímos quejas de otros padres. Ya se nos acabaron las ideas. Actualmente consideramos la paternidad como una tarea bastante ingrata."

Madre de Jenny,
65 semanas o casi meses

Si el bebé llama la atención de una manera tan deliberada, puede hacer que la madre se desespere. Esto es bastante normal. Sin embargo, no debe reaccionar con desesperación. Perjudicar al bebé o al niño nunca es una buena manera de enseñarle las normas.

"Si no logra hacer lo que desea se pone furioso y me golpea. Esto ha estado molestándome durante un tiempo y ahora mi paciencia se ha agotado. Le di una palmada para que pudiera sentirlo. Luego le expliqué con mucho detalle que debe dejar de golpearme."

Madre de Mark, 65 semanas o casi 15 meses

El niño imita a sus padres. Si él no puede golpearlos, entonces tampoco los padres pueden hacerlo. Si la madre le pega a su hijo, no tiene sentido enseñarle que no se debe golpear. Los dichos de los padres deben coincidir con sus acciones. Golpear no resuelve nada y no es bueno para el pequeño.

"Ella rechaza escuchar y puede tornarse realmente tedioso o peligroso. A veces es necesaria una palmada. Pero no siempre funciona. Esta semana cuando las cosas ya estaban difíciles, le dije 'Ahora a mamá no le gustas, vete.' y su reacción me afectó. Ella comenzó a gritar sin control. Estaba realmente mortificada, peor que una palmada. Espero nunca volver a decir algo así cuando esté desesperada. No me imaginé que lo tomaría tan literalmente."

Madre de Jenny, 66 semanas, o 15 meses

Cómo emergen las nuevas habilidades del bebé

Alrededor de las 64 semanas, casi 15 meses, es posible observar que gran parte del comportamiento de pegoteo comienza a desaparecer. El niño vuelve a ser más emprendedor. Tal vez los padres ya detectan que es diferente y que actúa de forma diferente. El niño está más voluntarioso. Piensa diferente. Maneja sus juguetes de modo diferente. Su sentido del humor ha cambiado. Los padres ven estos cambios ya que, a esta edad, la capacidad del niño de observar y poner en práctica los "principios" está asomando. Lograr esta habilidad es comparable con el descubrimiento de un mundo nuevo. El niño pequeño con sus talentos, preferencias y temperamento elige por dónde quiere comenzar. Es importante que los padres descubran a dónde va y le ayuden con esto. A veces, esta nueva habilidad que ha adquirido "le dará algún dolor de cabeza", en sentido figurado.

"Él no quiere sentarse en mi regazo tanto como antes, está activo otra vez."

Madre de Thomas, 67 semanas,
o 15 meses y una semana

"Toda la apatía y los malos humores han pasado. Hasta estaba contenta de ir a la guardería. El período difícil ha pasado."

Madre de Josie, 66 semanas, o 15 meses

"A veces me preocupo. Pareciera estar entretenido internamente. De alguna manera es más introvertido. Pero al mismo tiempo le gusta estar cerca de mí. Sin hacer nada juntos, sino sólo estar cerca de mí."

Madre de Luke, 67 semanas,
o 15 meses y una semana

Juega más tiempo solo, está más tranquilo, más centrado, más solemne, emprendedor, prueba, observa, y es más independiente en el sentido de que hace las cosas por sí mismo. Está menos interesado en los juguetes. Sus intereses son más domésticos. Además, disfruta de estar fuera simplemente paseando y explorando. Sin embargo, necesita que la madre esté cerca.

El salto mágico hacia delante

Ahora que el niño da sus primeros pasos en el mundo de los "principios", los padres se dan cuenta de que el niño es capaz de completar varios "programas" de forma más ágil y natural. Ahora, los padres comprenden qué está haciendo y qué quiere hacer. Los principios influirán en su proceso de pensamiento. El niño comienza a dominar de las cosas, al igual que un profesor tiene que dominar su materia para ser capaz de explicarla. El diablillo ya no está "atrapado" en un programa, sino que puede "crear" o cambiar y juzgar por sí mismo qué es qué. Él comienza a pensar acerca de los programas. Y así como al ejecutar un programa reflexiona cada movimiento y decide si va a hacerlo de esta manera o de aquella, en el mundo de los principios el diablillo comienza a pensar sobre el pensamiento. Está ocupado un escalón más arriba. Y lo siente.

"Él esta sintiendo a su manera con su cabeza. Literalmente. Toca varias cosas con su frente: el suelo, la pierna de la mesa, un libro, su plato, etcétera. Me llama para mostrarme. No puedo seguirlo. A veces creo que simplemente se golpea con las cosas. Pero otras veces creo que es otra manera de pensar, como si pudiera comprender mentalmente el mundo."

Madre de Luke, 67 semanas,
o 15 meses y una semana

En el mundo de los principios el niño pensará a futuro, contemplará, considerará las consecuencias de sus actos, hará planes y los evaluará. Se le ocurrirán estrategias: "¿Debo preguntarle a papá o la abuela para obtener el caramelo?" "¿Cómo puedo demorar sin que lo perciban?". Naturalmente, el niño no es muy hábil aún en la elaboración de planes, ni son tan complejos como los nuestros. Como adultos, nos ha tomado años dominar esto. En la práctica, cada uno de nosotros ha aprendido los principios mediante la ejecución de programas y confrontando varios miles de situaciones diferentes. El pequeño novato no puede comprender plenamente el significado de muchas cosas nuevas. A modo de "Alicia en el país de la Maravillas", el niño aún deambula por el complicado mundo de los principios. Comienza a captar que, desde la mañana y hasta la noche, tendrá que tomar decisiones. Sí, se da cuenta de que es inevitable: debe elegir, elegir y volver a elegir. Quizá los padres han notado que su pequeño duda interminablemente acerca de lo que debería hacer. Pensar es un trabajo de tiempo completo.

> "Ahora se da cuenta que durante el día debe tomar decisiones de todo tiempo. Se toma su tiempo y elige con consciencia. Vacila cuando debe pensar si encender la TV o no. Si debe lanzar algo sobre el balcón o no. Si dormirá en la cama grande o en la pequeña, Si se sentará con el padre o conmigo, etcétera"
>
> Madre de Luke, 67 semanas,
> o 15 meses y una semana

En el mundo de los principios, el niño no sólo tiene que elegir lo que va a hacer, sino que al hacerlo debe continuar tomando más decisiones: "¿Debo destruir mi torre, dejarla o construirla más alta?". Y si se elige lo último, debe elegir la forma de hacerlo: "¿Debo colocar a continuación un bloque sobre mi torre, o esta vez un muñeco?" Con cada cosa que haga, tendrá que elegir: "¿Debo hacerlo con cuidado, de forma descuidada, imprudente, rápidamente, violentamente, o peligrosamente? "Si la madre piensa que es hora de dormir, el niño deberá elegir si hacerlo tranquilamente o si intentar retrasarlo. Una vez más, debe elegir: "¿Cuál es la mejor estrategia para retrasar la hora de

dormir por más tiempo? ¿Simplemente salgo corriendo tan rápido como pueda? ¿Arranco una planta de la maceta? ¿O invento algún otro truco?". Y si sabe a ciencia cierta que hay algo que no está permitido, debe elegir si hacerlo de todos modos, o esperar a que el horizonte esté despejado. Contempla, elige, prueba y desespera a la madre.

Con todas estas opciones, el niño cae en la cuenta de que él también puede manejar las cosas, al igual que mamá, papá y los demás. También se vuelve posesivo. No comparte fácilmente sus juguetes, y mucho menos con otros niños. Ahora él cuenta como persona. Es el rey de su propio mundo. Su voluntad tiene una carga adicional. En un momento decide colocar una taza sobre la mesa con cuidado, y al rato permite que la taza se caiga y se derrame su contenido. En un momento intenta obtener una galleta de su madre mediante besos y caricias. Y un instante después opta por un abordaje menos sutil. ¡Y la madre no tiene idea de que el niño quiere una galleta! El niño está lleno de sorpresas. Mediante el uso de todo su arsenal y el estudio de las reacciones y de los demás, el diablillo descubre que las diversas estrategias que emplea dan resultados diferentes. Por lo tanto, el niño descubre cuándo conviene ser amable, servicial, agresivo, asertivo, cuidadoso y educado. Y eso no es todo. El niño elabora algunas de las estrategias por si mismo, y otras las imita: "Oh, ese chico golpeó a su madre, ¿debo intentarlo?" El pequeño deambula por el mundo de los principios y realmente necesita de la madre y de otros en su proceso de aprendizaje.

Nosotros, los adultos ya tenemos años de experiencia en el mundo de los principios. Por ensayo y error nos hemos convertido en expertos en este mundo. Sabemos, por ejemplo, qué significan para nosotros la justicia, la bondad, la humanidad, la amabilidad, el ingenio, la moderación, el ahorro, la confianza, la frugalidad, la prudencia, la cooperación, la asistencia, la capacitación, la asertividad, la paciencia y el cuidado. Sabemos lo que significa ser considerado con los demás, ser eficiente, cooperar, ser cariñoso, respetuoso y sabemos cómo dar tranquilidad a otros. Sin embargo, no todos interpretamos estos principios de la misma manera. Sabemos, por ejemplo, que es de buena educación dar la mano cuando nos presentamos –esto es así en nuestra cultura-. Sin embargo, en Inglaterra, no es costumbre dar un apretón de manos; allí un guiño y un saludo es suficiente. Y en Tanzania, se extienden ambas manos, una mano es sólo una media ofrenda. Cum-

plimos con nuestros principios de acuerdo a nuestra personalidad, nuestra familia y a la cultura en la que nos criamos.

En general, se podría decir que cuando se persigue un objetivo determinado, un principio es una estrategia común que usamos sin tener que pasar por todos los pasos específicos, uno por uno. Los ejemplos anteriores son mayormente principios morales, que se refieren a las normas y valores. Pero hay otros tipos de principios que se refieren a la forma en que hacemos las cosas. Por ejemplo, están las estrategias que se utilizan al jugar un juego de mesa. Otro ejemplo es que, al planear un viaje de fin de semana, planificas suficiente tiempo para dormir. Otro ejemplo es el principio según el cual al escribir un artículo se debe tomar en cuenta a la audiencia a quien va dirigido. O el principio de mantener una doble contabilidad, o el principio que guía el desarrollo de un "tema" musical. Luego están las leyes de la naturaleza que dictan cómo se mueven las cosas, las ecuaciones químicas que describen cómo está compuesta la materia compleja a partir de elementos simples, o la geología que describe la movimientos de la corteza terrestre. Todos ellos forman parte de lo que llamamos el mundo de los principios.

El niño, naturalmente, no se aproxima siquiera a estar preparado para este tipo de aplicaciones de principios que hacemos los adultos, tales como la estrategia en el ajedrez, las leyes de la naturaleza o las normas o estándares de los mayores. Esas son todas palabras muy grandes que no solemos asociar con los niños. Pero, a su propio modo rudimentario, el chiquillo se inicia en el mundo de los principios. ¡Ya ha ideado estrategias para lograr mantenerse despierto por más tiempo! Y algunos niños pasan todo el día jugando con coches de juguete, viendo como bajan la pendiente.

Puede haber grandes diferencias en la forma en la que un adulto resuelve un principio en la práctica. Constantemente nos prepararnos para las condiciones cambiantes que se presentan. Por lo tanto no somos siempre pacientes, cuidadosos y ahorrativos, ni tan cariñosos, cuidadosos y respetuosos con todas las personas de la misma manera. Eso no sería prudente. A veces, por ejemplo, nos parece que es menos importante ser abierto con alguien, otras veces nos resulta más importante tener en cuenta la situación

o la edad de la otra persona. Suponga que su esposo y su hijo le dan un dibujo de un mono y le miran llenos de expectativa. Lo más probable es que usted sea más honesta con su pareja. Incluso podría decirle que debería atenerse a su trabajo del día. Pero usted alaba el pequeño dibujante por su esfuerzo. Incluso si usted no puede identificar qué es, dirá que es el mono más encantador que hayas visto. Y como muestra de agradecimiento, colocará el mono sobre el refrigerador. Sin siquiera pensar en ello, usted ha tomado en cuenta la edad del pequeño artista. No habría sido beneficioso si hubiera sido abierto con su niño. Posiblemente, hubiera destruido de forma permanente su voluntad de dibujar.

A esta edad el niño aún no puede prepararse para todas las diversas condiciones que se presentan. Todavía tiene que adquirir cierta habilidad más sutil. Todavía está atado a las estrategias que aprendió primero. Esto se debe a que acaba de recibir su primera oleada de principios y sólo es capaz de aplicarlos de manera fija. Sólo después de haber hecho su siguiente salto, el niño comenzará a ser más adaptable a su entorno. Podrá adaptar su estrategia. Así como el pequeño diablillo fue capaz de captar los programas después de hacer su salto al mundo de los principios, el niño podrá comprender, después del próximo salto, que puede elegir cómo quiere ser: honesto, amable, atento, cuidadoso, paciente, ingenioso, eficiente, justo, cariñoso y frugal. Y que puede elegir no ser cualquiera, o todos ellos. El niño empieza a entender que puede prestar atención a su abuelo, o que no tiene que hacerlo. Que puede consolar a un amigo, o elegir no hacerlo. O, que puede tratar al perro con cuidado, ya que puede ser peligroso. Que se puede ser amable con el vecino y cooperar con la madre, o no...

"¡Nora se escapó! La abuela estaba cocinando y ella estaba jugando dulcemente con su muñeca y otras cosas. Lentamente se acercó al pasillo. Pero no se detuvo. Ella debe haber cerrado la puerta del pasillo muy silenciosamente y con la misma habilidad abrió la puerta principal. La abuela percibió demasiada tranquilidad en el pasillo. Ella miró alrededor y vio la puerta cerrada, esto le dio miedo por lo que corrió afuera inmediatamente. La vio a dos cuadras. Estaba corriendo como un conejo detrás de su carro con su muñeca de bebé, lejos de la casa de la abuela. Cuando vio a la abuela, se asustó y comenzó a protestar: '¡A Nora no le gusta esto! ¡A Nora no le gusta esto!' Ella quería seguir paseando sola. No le gustó que la encontraran. Ahora la puerta de la casa de la abuela siempre se cierra con llave."

Madre de Nora, 87 semanas, o 20 meses

"Ella había estado intentando hacer una limpieza rápida del baño, pero sin éxito hasta ese momento. De pronto encontró una solución para su impulso de limpieza. Oímos la puerta del baño cerrarse con llave y un sonido de limpieza que venía del cuarto más pequeño. La oímos fregar, tirar la cadena del inodoro y también oímos el cesto de basura. Estaba descargando el agua del inodoro repetidamente. Cuando oímos el agua salpicar, toda la familia se acercó a la puerta y comenzó a golpear. El abuelo, la abuela y yo suplicábamos que abriera la puerta pero ésta permanecía cerrada y continuábamos oyendo los ruidos de adentro. Lentamente un poco de agua comenzó a filtrarse bajo la puerta cerrada. Luego de veinte minutos se abrió la puerta y salió la señorita limpiadora completamente mojada, orgullosa y satisfecha: 'listo' dijo, y se marchó. Todo estaba mojado, las paredes, la cómoda, el suelo. Las toallas de papel estaban adentro del inodoro y sobre las paredes. Y sobre el suelo había una olla, un cepillo y una toalla. Ella se había preparado bien para el trabajo."

Madre de Ángela, 92 semanas, o 21 meses

Cambios cerebrales

A partir de una investigación de los EUA realizada en 408 gemelos idénticos se concluyó que en torno a los 14 meses de edad hay una clara influencia hereditaria sobre el desarrollo mental. El desarrollo concierne tanto las habilidades no verbales, como la comprensión del habla.

Las preferencias del niño: la clave de su personalidad

A todos los niños se les ha dado la capacidad de percibir y defender los principios. Necesitan años a fin de familiarizarse completamente con la amplia gama de nuevas habilidades con las que pueden actuar, pero como niños están dando sus primeros pasos delicados en el mundo de los principios.

A esta edad, por ejemplo, el niño decide cómo va a hacer las cosas: cuidadosamente o imprudentemente. Él decide si debe o no prestar atención a la madre o tratar de salirse con la suya en un arranque de obstinación. En pocas palabras, elige la estrategia que va a utilizar para llegar a la meta que se propuso. Y, al igual que cualquier otro niño, primero elige la que mejor se adapta a su talento, movilidad, preferencias y circunstancias particulares. Las primeras elecciones se hacen evidentes cuando tiene 64 semanas, o casi 15 meses de edad. Es importante que los padres no comparen a su hijo con otros niños. Cada niño es único y hará sus propias elecciones.

Observe muy bien a su hijo. Identifique sus intereses. Use la lista en el "Diario de nuestro bebé", en las páginas 332-333 para marcar o resaltar lo que su hijo selecciona. También puede echar un vistazo por usted mismo para ver si hay algunos principios que cree que su hijo podría usar o aprender. Interrumpa el marcado cuando su hijo comience con el siguiente salto. Esto ocurre por lo general cuando tiene 71 semanas de edad, o 16 ½ meses.

En el mundo de los principios el niño descubrirá que hay varias maneras de lograr una meta. Todas las estrategias están a su disponibilidad: "¿Debo hacerlo con cuidado, con imprudencia temeraria, agresivo o dulce? ¿O debería hacer una broma?" El diablillo es cada vez más ingenioso. Esto se

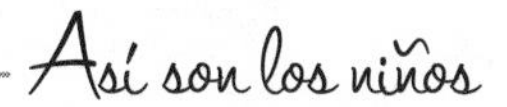

Todo aquello que sea nuevo para él, despertará su curiosidad y lo preferirá. Por lo tanto, los padres siempre deben reaccionar de manera especial frente a las nuevas habilidades e intereses que muestre su hijo. De esa manera él podrá aprender más, y de manera más agradable, fácil, y rápida.

(continúa en la página 334)

Diario de nuestro bebé

Cómo explora nuestro bebé el nuevo mundo de los principios

EJERCICIO DE SU PROPIA VOLUNTAD

- Escoge conscientemente
- Toma la iniciativa
- Quiere expresar su opinión si los demás hacen algo
- Siente más necesidad de pertenecer, de ser aceptado
- Posesivo con los juguetes
- Lo que hemos notado contrariamente: ____________________

____

COPIAR E IMITAR

- Observa a los adultos
- Observa a otros niños
- Imita el comportamiento dulce
- Imita el comportamiento agresivo
- Imita acciones físicas evidentes, como el salto, escalada
- Imita las habilidades motoras sutiles, como sostener un lápiz
- Imita «rarezas», como la cojera, caminar como un jorobado
- Imita lo que ve en la televisión o en un libro
- Lo que hemos notado contrariamente: ____________________

____

PRACTICAR ESTRATEGIAS, EXPLORAR LOS LÍMITES Y VOLVERSE INGENIOSO

- Experimenta con habilidades motoras
- Experimenta con esconder y recuperar objetos
- Experimenta con arrastrarse debajo o detrás de algo y salir de nuevo
- Experimenta con manipular las cosas con cautela y cuidado

- Experimenta con la toma de decisiones: ¿qué elegir?
- Experimenta con el significado de «Sí» y «No»
- Experimenta con engañar a mamá, actúa como si fuera desobediente
- Experimenta con rampas y elevaciones, siente con sus dedos y los estudia o hace correr allí sus autos arriba y abajo
- Lo que hemos notado contrariamente: ___________

____

IMPLEMENTAR ESTRATEGIAS Y TÁCTICAS

- Es útil (más a menudo) o trata de serlo
- Es obediente (más a menudo) o hace todo lo posible por serlo
- Es (más a menudo) cuidadoso y cariñoso o trata de serlo
- Acepta (más a menudo) que es aún pequeño, requiere ayuda, por lo que debe obedecer. Capta por ejemplo, que las calles son peligrosas y por lo tanto, debe caminar de la mano
- Se divierte para obtener algo o hacer que otros hagan algo
- Es (más a menudo) extra dulce para salirse con la suya
- Trata (más a menudo) de salirse con la suya siendo avasallante
- Muestra (más a menudo) sus sentimientos en un arrebato de testarudez
- Hace (más a menudo) lo que le da la gana, a su manera
- Hace uso de otros para hacer algo que contrariamente no podría hacer y que la madre no aprobaría, por ejemplo, "¿tal vez papá me dará una galleta?"
- Lo que hemos notado contrariamente: ___________________

____

OTROS CAMBIOS

____

____

debe al hecho de que rápidamente está desarrollando una mayor agudeza en todas las áreas. Comienza a caminar más con destreza y es capaz de avanzar rápidamente. Entiende mejor lo que le dicen y, en ocasiones, puede responder. Practica jugando con sus emociones y no siempre alrededor de la madre. Puede pensar a futuro y sabe que su persona cuenta también. Está mucho mejor con la comida y la bebida, con la limpieza, en la construcción de torres, recogiendo las cosas, empujando y pateando a otros niños. Su puntería al arrojar ha mejorado, al igual que otros aspectos. Todo le sale más naturalmente en las próximas semanas. Y, seguirá utilizando nuevas estrategias para llegar a su objetivo. Por supuesto, no todas las estrategias logran el efecto deseado. Eso requiere tiempo y práctica. Al intentarlo, el niño se da cuenta de que las diversas estrategias acarrean diferentes resultados. Algunos son un gran éxito, otros lo contrario, y la mayoría son más o menos.

Los padres deben darle al niño la oportunidad de experimentar con todo tipo de estrategias, probándolas y reflexionando acerca de ellas. Él aprenderá a comportarse en determinadas situaciones sólo mediante su ingenio, midiendo la reacción de los demás, y por medio de mucha práctica.

Destrezas

Travesuras físicas

Cuando el niño se está abriendo camino en el mundo de los principios, también va a tratar de averiguar qué es capaz de hacer su pequeño cuerpo, en otras palabras, cómo utilizar su cuerpo cuando quiere ser rápido, lento, con cuidado, divertido o inteligente. El pequeño va a experimentar con su cuerpo. Pone a prueba sus capacidades. ¿Qué trucos puede hacer mi cuerpo? ¿Puedo entrar ahí? ¿Cómo puedo subir las escaleras? ¿Cómo puedo bajar? ¿Cómo bajo por el tobogán? ¿Es un buen lugar para recostarme entre los juguetes y los muebles? ¿Qué tan fuerte soy? En pocas palabras, el diablillo está siendo habilidoso con su cuerpo. A veces parece imprudente, lo que asusta a mamá.

"Ella da pasos hacia adelante y hacia atrás. Practica durante todo el día. Yo me mantengo atenta por otros objetos de distintas alturas así ella puede desarrollar esta habilidad"

Madre de Hannah, 67 semanas,
o 15 meses y una semana

"Colocamos un colchón sobre el suelo para que ella pudiera saltar alrededor. Ella ama galopar sobre el colchón; se zambulle e intenta un salto mortal. Sigue investigando qué más puede hacer sobre la superficie blanda."

Madre de Josie, 66 semanas o 15 meses

"A Thomas le gusta quedarse el día entero sobre el sofá. Él se sube por el respaldo usando la pared como ayuda."

Madre de Thomas, 66 semanas, o 15 meses

"Cada día él descubre nuevos juegos. Encontró un pequeño túnel detrás de su cama y tocador, y adora ir de acá para allá pasando por allí. Se desliza debajo del sofá y prueba cuán lejos puede ir sin atascarse. Y se divierte deslizándose sobre las rodillas en vez de usar sus pies."

Madre de Matt, 70 semanas, o 16 meses

"Ella practica modos diferentes de andar. Caminando de espaldas, girando en círculos, caminando rápido, caminando despacio. Ella es muy estudiosa cuando se trata de estos trucos."

Madre de Eva, 64 semanas, o 14 meses y medio

"Ella se acuesta adentro y sobre todo: en el baño de la muñeca, en la cama de la muñeca y sobre los cojines en el suelo."

Madre de Ashley, 64 semanas, o 14 meses y medio

"Él se ríe mientras se enrosca en las cortinas."

Madre de Matt, 69 semanas, o casi 16 meses

"De pronto levanta sillas y bancos."

Madre de Kevin, 70 semanas, o 16 meses

Familiarizarse con el exterior

Muchos niños disfrutan explorando el exterior. Pareciera que sólo están hurgando a tientas, pero en realidad están examinando detalladamente la zona. Esto no quiere decir que no necesitan a la madre: ¡sí, la necesitan! Tienen una cantidad interminable de preguntas sobre todo: ¿qué es esto y cómo se llama eso? Y todos los niños absorben lo que les dicen y lo que ven con la máxima concentración.

"Ella se asustó cuándo pasó por encima de un charco y se mojó. Volvió para mirar e investigar el charco."

Madre de Ashley, 64 semanas o 14 meses y medio

"Le interesa chapotear por los charcos. Realmente le complace."

Madre de Matt, 71 semanas, o 16 meses y una semana

"Ella estuvo parada enfrente de una vaca y realmente se sentía perdida. Estaba en el zoológico de niños. No estaba lista todavía para acariciar el animal. Ni siquiera estando en los brazos del padre. Volviendo a casa ella se mantuvo en silencio mientras reflexionaba sobre lo sucedido. Fue la impresión que le quedó al ver la versión viva de la vaca del libro."

Madre de Victoria, 61 semanas, o 14 meses

Lograr habilidad con las cosas

El niño será cada vez más hábil con los juegos y los objetos en el mundo de los principios. Sólo come adecuadamente si puede alimentarse por sí mismo. Recibir ayuda cuando no es solicitada podría dar lugar a que todo termine en el suelo. Se las arregla bastante bien construyendo cosas

o con su juego de aros y rompecabezas. Pero ¡cuidado! Él intentará abrir grifos, botellas y frascos con tapa de rosca en todo momento. Su mayor interés es probar cuál de las estrategias funciona mejor cuando la necesita. Contempla y experimenta. ¿Qué pasa si se me cae el llavero detrás del armario? ¿Qué pasa si lo coloco debajo de la cama? ¿Y qué va a pasar con el llavero si dejo que se deslice entre el sofá y la pared? ¿Y cómo lo haré reaparecer? Y si no puedo llegar a él, ¿puedo llegar a él con un palo? En resumen, está aprendiendo cómo ocultar algo, alejar algo y recuperarlo. Más tarde, si es lo suficientemente hábil o cree serlo, va a usar sus trucos quizá para divertirse con una broma. También podría ocultar un juego si, por ejemplo, no quiere que uno de sus amigos juegue con él. Los padres deben prestar atención a lo que su diablillo está haciendo. Deben colocar los objetos peligrosos fuera del alcance y no perder de vista al pequeño explorador.

"Armamos rompecabezas juntos. Ahora le gusta y participa con alegría. No siempre termina bien pero es un buen comienzo."

Madre de Kevin, 65 semanas, o casi 15 meses

"Ahora su juego de aros es popular. Cuando nota que colocó mal el aro dice 'no'. Si lo coloca bien se siente orgulloso, me mira y espera un aplauso."

Madre de Harry, 64 semanas,
o 14 meses y medio

"Él esconde la pelota y el globo detrás de algo. La consecuencia es que ya no puede alcanzarlo."

Madre de Luke, 66 semanas, o 15 meses

"Ella lanza cosas al suelo cuando menos lo esperas. Analiza el efecto que le causa al objeto al lanzarlo."

Madre de Josie, 64 semanas,
o 14 meses y medio

"Le gusta jugar con sus coches. Esta semana probó apilar uno encima del otro."

Madre de Robin, 72 semanas,
o 16 meses y medio

"Cuando ella pasa la aspiradora con su aspiradora a batería, prefiere pasar por los sitios más difíciles. Pasa con determinación por los sitios: debajo del gabinete, entre las sillas y piernas de mesa, en armarios abiertos. Ella pasa por alto los espacios abiertos, grandes y fáciles."

Madre de Victoria,
61 semanas, o 14 meses

"Una y otra vez ella abría mi cajón de escritorio, entonces lo cerré con llave. Ella entonces intentó abrirlo de distintas maneras. Agachada y tirando, sentada y tirando, parada y tirando. Esto la frustró por completo."

Madre de Laura,
65 semanas, o casi 15 meses

"Ella quería los dulces que estaban en la repisa del hogar. Yo no se los quería dar. Entonces comenzó a insistir. Como no paraba la puse en el pasillo para que se calmara. Tenía la esperanza de que se olvidara de los caramelos pero estaba equivocada. Apenas regresó a la sala arrastró una silla del comedor a la sala de estar. Esto le tomó 15 minutos. Cuando la silla llegó al hogar le pidió al hermano que levantara la silla. Él se dio cuenta que no debía hacerlo entonces se rió. Ella se rindió. El abuelo vino de visita esa tarde y jugó con ella. A él le gustan mucho los dulces y cuando vio los caramelos, agarró. Ella también comió. Más tarde cuando yo entré a la sala se acercó victoriosamente y me mostró su trofeo. Ella prevaleció al final."

Madre de Victoria,
61 semanas, o 14 meses

"Ella no podía sacar algo de la cesta de revistas. Cuando finalmente pudo después de tironear cinco o seis veces, se rió con alegría. Nunca había hecho esto antes."

Madre de Emily, 68 semanas,
o 15 meses y medio

Ser habilidoso con el lenguaje

En el mundo de los principios el niño cada vez capta mejor lo que las personas grandes que lo rodean hablan entre sí y con él. También entiende cada vez mejor las instrucciones breves que recibe y muchas veces las lleva a cabo con mucho entusiasmo. Siente que su presencia cuenta. También se divierte señalando las partes del cuerpo cuando se los nombra. Lo mismo ocurre con varias cosas de la casa, ya sea que estén en el suelo, en las paredes o el techo. Muchas madres piensan que su pequeño debería hablar más, dado que ya sabe tanto. Pero, no es así. Sólo después del próximo salto, el habla del niño realmente despegará. El niño tendrá 21 meses por entonces. En el mundo de los principios la mayoría de los niños se contentan con pronunciar palabras sueltas, imitar sonidos de animales y reproducir todo tipo de ruidos.

Una buena idea es jugar con el niño al juego de señalar y nombrar. La madre le nombra algo y deja que el niño lo señale, ya sea un juguete, una parte del cuerpo, o lo que sea. Y es interesante probar qué le sucede al niño cuando juegan a llamarse uno al otro. Es mejor que el niño comience llamando a la madre. La madre llama el nombre del hijo, y hace que el niño la llame a ella. Ella lo vuelve a llamar en voz alta. Para muchos niños este juego de llamarse les da un sentido de orgullo y de importancia para su ego.

"Él entiende cada vez más. Es increíble lo rápido que un niño aprende palabras nuevas. Si embargo él elige una cantidad reducida para utilizar en sus oraciones. Él prefiere palabras que comienzan con 'b' como sus cosas favoritas: balón, bebé. Las pronuncia bien y completas. Pareciera que sabe cómo pronunciar bien las palabras pero no tiene la coordinación"

Madre de Harry, 69 semanas, o casi 16 meses

"Ella señala con entusiasmo su pie, dedo del pie, ojo, oído, nariz, estómago, mano y pelo. Ella también sabe que el pelo se lava con champú y en qué botella se encuentra."

Madre de Juliette, 69 semanas o casi 16 meses

"Ella gritó 'papá' cuando su padre estaba ocupado en la cocina. El grito automáticamente evolucionó en un juego de lenguaje. Turnándose, los dos gritaban el nombre del otro: 'Anna...,' 'Papá...,' 'Anna...,' 'Papá'. Interminable. Ahora pasa cada vez que uno se aleja del otro."

Madre de Anna, 70 semanas, o 16 meses

Imitar a otros

En el mundo de los principios el niño observa las cosas que hacen otros adultos u otros niños, y qué efecto tienen sus acciones. "¿Cómo hace eso con tanta habilidad?" "Ese chico consigue la atención inmediata de todos si muerde a la abuela." "Mamá y papá se sienten habitualmente en el inodoro." "Eso debe ser una parte de ser grande" "Sigue pateando la pierna de la señora de al lado y se ríe, patear debe ser divertido." Y eso es sólo el comienzo. Él copia, imita y trata de hacer lo que ve. Las personas que lo rodean son sus modelos a seguir. También el comportamiento que ve en los libros y en la televisión le da una fuente inagotable de ideas.

Es importante que los padres reaccionen ante el comportamiento de su diablillo. Deben hacerle saber lo que piensan de su comportamiento. Sólo de esta manera el niño aprenderá lo que es correcto y lo incorrecto, y si puede hacer las cosas mejor, más rápido, más eficientemente o de manera más agradable.

"Imitar es ahora su ocupación principal. Él imita cada comportamiento que ve: alguien patea sus pies, él patea sus pies; alguien golpea, él golpea; alguien se cae, él se cae; alguien lanza algo, él lanza algo; alguien muerde, él muerde."

Madre de Thomas, 63 semanas, o 14 meses y una semana

"Todo que hago, él quiere hacerlo también. También lo que otros niños hacen, él directamente absorbe. Incluso si ve algo sólo una vez, lo incorpora inmediatamente. Copia comportamientos agradables y no tan agradables."

Madre de Paul, 64 semanas, o 14 meses y medio

"Ella le dedica más tiempo y está más atenta a los libros y la TV. Un niño en la TV le sacó su lengua a otro niño y ella copió la acción inmediatamente."

Madre de Josie, 64 semanas, o 14 meses y medio

"Ella quiere cepillar sus dientes sola. Cepilla de arriba a abajo una vez y golpea el cepillo de dientes contra el borde del fregadero – toc, toc, toc – desliza el cepillo de dientes otra vez de arriba abajo en su boca y golpea otra vez – toc, toc, toc. Y continúa cepillándose. Lo gracioso es que me imita a mí. Yo golpeo el cepillo de dientes en el borde del fregadero, pero sólo después de haber terminado y enjuagado mi cepillo. Lo hago para sacudir el agua restante."

Madre de Victoria, 61 semanas, o 14 meses

"Al principio ella encendía su aspiradora con los dedos. Luego vio que yo usaba mi pie para encender la mía. Ahora ella usa su pie también."

Madre de Victoria, 61 semanas, o 14 meses

Reproducir

En el mundo de los principios el niño juega reproduciendo las tareas domésticas diarias, las que ocurren en el interior y en el exterior. El niño "cocina", "sale de compras", "pasea", "se despide" y "cuida de sus muñecos". Naturalmente, lo hace todo a su manera, como un niño. Sin embargo, los padres pueden empezar a reconocer mejor lo que su hijo está haciendo. Sobre todo, pueden ver si se esfuerza por ser cuidadoso, por ayudar, o si simplemente está siendo mandón, o si está siendo adulador. Él puede hacer eso, simplemente porque cree que es parte de su papel o porque está imitando a la gente a su alrededor.

Es importante que los padres le den a su hijo la oportunidad de afirmarse en su función. Pueden jugar con él una vez, durante un rato. El pequeño sentirá entonces que su presencia cuenta, y que sus acciones son importantes. Muchos niños de esta edad buscan signos de valoración. Realmente quieren ser entendidos.

"Ella 'cocina' para su muñeca. Yo coloco comida verdadera porque es lo que quiere. Ella pone todo en un pequeño tazón, alimenta su muñeca y luego quita el alimento."

Madre de Emily, 68 semanas, o 15 meses y medio

"Él hornea tartas de barro: recoge y colecta en un gran cubo para luego verterlo otra vez. Esto le resulta muy interesante."

Madre de Thomas, 66 semanas, o 15 meses

"Durante lo últimos días ha estado vertiendo agua de un cubo a otro. Este lo mantiene ocupado. Ocasionalmente me pide que llene el cubo. Pero sino se olvida de mi y se entretiene con su preparación especial."

Madre de Steven, 63 semanas
o 14 meses y una semana

"Ella paseaba con orgullo en el zoológico detrás de su carro de muñeca. Una cabra bloqueó su camino y ella comenzó una discusión extensa con el animal desatento. Lamentablemente incomprensible. Parecía como si le estuviera pidiendo que haga orden."

Madre de Hannah, 64 semanas,
o 14 meses y medio

"Él a menudo juega a decir 'adiós'. Él recoge un bolso, se acerca a la puerta y dice, 'Adiós.' Mientras saluda con la mano."

Madre de Frankie, 64 semanas,
o 14 meses y medio

"Él a menudo se acurruca, besa, consuela y acaricia sus muñecas y osos. También los acuesta. Realmente amoroso."

Madre de Luke, 66 semanas, o 15 meses

A veces un niño juega imitando que es el padre o la madre. El niño analiza cómo es esto de ser papá o mamá. Cuando una niña quiere ser madre, la verdadera madre se está interponiendo realmente en el camino. Entonces, parecen estar compitiendo. Naturalmente, lo mismo sucede si el padre está en casa y el niño quiere caminar en sus zapatos. Y si un niño está jugando a ser papá, quiere saber cómo reacciona mamá frente a este nuevo papá.

Es importante que los padres tomen lo que su hijo está haciendo. Deben darle la oportunidad de jugar su papel y el juego. El niño aprende mucho de esto. Siente la necesidad de expresarse de esta manera y experimentar cómo es ser mamá o papá.

"Él se extiende en la cama de su padre y mira alrededor como si fuese suya. También, como su padre, se sienta en su silla para leer el periódico. Es importante para él hacer lo que papá hace. Él busca mi reacción a todo esto también."

Madre de Jim, 66 semanas o 15 meses

"Tan pronto como me quito mis zapatos, ella está adentro de ellos. Y luego pasea con mis zapatos puestos. Ella también quiere sentarse en mi silla a menudo. Tengo que desocuparla para ella. Comienza a tironear y si no cedo tiene una rabieta.

Madre de Nina, 69 semanas, o casi 16 meses

Poner en práctica las emociones
En el mundo de los principios, muchos niños experimentan con sus emociones. ¿Cómo me siento si estoy feliz, triste, tímido, enojado, divertido o sensible? Y cuando saludo a alguien, ¿qué cara tengo? ¿Qué hace mi cuerpo en ese momento? ¿Y cómo puedo utilizar esas emociones si quiero que los demás sepan lo que siento? Y ¿cómo debo actuar si quiero obtener o hacer algo de mala manera?

"Él anda y se ríe muy artificialmente como si estuviera experimentando como se siente reírse. Hace lo mismo con el llanto."

Madre de Bob, 63 semanas, o 14 meses y una semana

"Esta vez ella saludó al abuelo de manera distinta. Normalmente, ella se lanzaba hacia el colocando su cabeza sobre el cuello y hombro del abuelo. Luego de mantenerse quieta un tiempo el saludo finalizaba y comenzaban a jugar. Pero esta vez ella se levantó mirándolo, para lanzarse hacia él otra vez. Ella repitió esta acción varias veces. Luego, con cuidado, le dio un beso y lo miró, esta acción también la repitió. Nunca había saludado al abuelo de una manera tan estudiosa. Estaba experimentando."

Madre de Victoria, 61 semanas
o 14 meses y una semana

"Ella quería leer un libro en particular por la octava vez y notaba que yo ya me había cansado. Ella se sentó mirando hacia abajo. Muy silenciosamente practicó hacer puchero. Cuando pensó que tenía la expresión correcta, ella me miró con labios de puchero y me dio el libro nuevamente"

Madre de Josie, 65 semanas,
o casi 15 meses

"De repente se ha vuelto tímido. Si hablo bien de él por ejemplo, se aleja casi con vergüenza. Nunca había visto esta actitud en él. Sin embargo es rápido para notar si hablo de él."

Madre de Luke, 68 semanas,
o 15 meses y medio

Comenzar a pensar a futuro

En el mundo de los principios el niño puede pensar a futuro, considerar y planificar. Ahora entiende que la madre puede hacerlo y de hecho lo hace también. Los padres pronto lo notarán por las reacciones de su chiquillo. El hijo se da cuenta de cuáles son las consecuencias de algo que la madre hace o quiere que haga. Y, de pronto, el niño hace un comentario de algo que solía ser normal y agradable para él. Es importante saber que el niño no es ingobernable. Su desarrollo acaba de dar un salto. ¡Esto es progreso!

"Ahora a ella le cuesta cuando me voy a trabajar. Hasta hace poco, ella corría hasta la puerta principal para despedirme. Ahora protesta y me retiene. Creo que ahora entiende lo que sucede. Despedir a alguien puede ser divertido pero cuando mamá se retira, regresa luego de unas horas y eso no es muy agradable."

Madre de Eva, 67 semanas,
o 15 meses y una semana

"¡Ha comenzado a pensar en el futuro! Cepillo sus dientes después de que ella lo ha intentado. Esto siempre conduce a que comience a gritar. Hasta recientemente cuando ella oía 'hora de cepillar nuestros dientes,' ella venía corriendo. Ahora ella lanza el cepillo de dientes en el rincón cuando se lo doy, porque sabe lo que sigue después de la diversión de hacerlo ella misma."

Madre de Laura, 67 semanas,
o 15 meses y una semana

"A veces ella se aleja olvidándose su chupete. Ella entonces dice: 'Ay, no,' y gira para volver a buscarlo.

Madre de Ashley, 69 semanas, o casi 16 meses

"Ahora él recuerda dónde se ha escondido o dejado sus cosas, incluso las de ayer."

Madre de Luke, 63 semanas,
o 14 meses y una semana

"Cuando él se dio cuenta que debía andar en bicicleta por segunda vez en el día a pesar del frío se enfadó. Él claramente recordó el frío que hacía y no quería repetir la salida."

Madre de las Jame, 67 semanas,
o 15 meses y una semana

"Fue la primera vez que pude notar que ella tenía una expectativa clara. Habíamos pintado con los dedos y ella había decorado el espejo. Mientras ella se bañaba, yo me escapé para limpiar el espejo. No debí hacerlo. Cuando ella salió del baño, se dirigió directamente hacia el espejo en busca de su decoración. Estaba muy triste."

Madre de Josie, 65 semanas, o casi 15 meses

Regañar y lograr el camino propio

La clase de drama

¿Ha intentado el niño salirse con la suya chillando, rodando, pataleando y tirando las cosas? ¿Pierde los estribos ante la menor causa? Por ejemplo, si no logra llamar la atención inmediatamente, si no se le permite hacer algo, si su juego es interrumpido para la cena, si se derriba una construcción, o simplemente por nada, sin que los padres noten que algo está mal. ¿Por qué un niño monta semejante escena? Porque mamá y los juguetes no están reaccionando de la forma en que piensa que deberían hacerlo. Se siente frustrado y necesita expresarlo. Lo hace utilizando las estrategias más obvias: estando enojado y con el mayor alboroto posible. El niño aún debe descubrir y practicar estrategias más exitosas, más rápidas, y más tiernas a fin de persuadir a los padres para que hagan lo que él quiere, o para construir un mejor edificio. Un niño molesto sólo puede hacer conocer sus deseos actuando como lo hizo.

Los padres deben considerar la frustración de su niño. Dejar que se desahogue si lo necesita, y ayudarlo a descubrir que hay estrategias diferentes y mejores que puede usar cuando quiere lograr algo, otros modos más receptivos y más exitosos.

"Sólo quiere comer si puede alimentarse sola. ¡Un suceso cuando no se lo permitimos! Todo voló por el aire."

Madre de Juliette, 65 semanas, o casi 15 meses

"Por cada cosa mínima o si las cosas no resultan como ella quiere, se lanza sobre el suelo. Aterriza sobre el dorso de su cabeza con ruido, luego se extiende sobre el suelo mientras patea y grita."

Madre de Julia, 65 semanas, o 14 meses y medio

"Esta semana ha tenido numerosas rabietas. Una fue tan severa que se deprimió. Si no consigue lo que quiere se enfada y comienza la batalla. ¡Realmente está en su propio mundo! No está logrando oír en absoluto."

Madre de James, 67 semanas, 15 meses y una semana

"Ella tiene numerosas rabietas. Ayer, la saqué de la cama y sin ningún motivo tuvo una rabieta. Ésta duró mucho tiempo, rodó sobre el suelo, golpeó su cabeza, me dio una patada y me apartó. Gritó por

mucho tiempo. Nada de lo que intentaba funcionaba. Acurrucarla, distraerla, palabras severas. Luego de un rato, me senté perpleja en el sofá, me incliné hacia atrás y la miré mientras ella rodaba sobre el suelo. Luego fui a la cocina a cortar una manzana. Lentamente se calmó, vino a la cocina y se mantuvo de pie a mi lado."

Madre de Julia, 65 semanas o casi 15 meses

El niño quiere opinar

En el mundo de los principios el niño descubre que él cuenta también, al igual que todas las personas grandes. Comienza a hablar por sí mismo. Pero a veces va demasiado lejos: su voluntad es ley y no va a ser persuadido. Esto se debe a que cada vez es más claro para él que puede imponer su voluntad. ¡Él cuenta, también! Se da cuenta de que al igual que mamá o papá, él puede decidir si, cuándo o dónde hará algo, cómo lo hará y cuándo terminará. Además de eso, quiere aportar su "granito de arena" si la mamá quiere hacer algo. Quiere ayudar a decidir cómo se hace. Y si no se sale con la suya, o si no va según lo previsto, se siente enojado, decepcionado o triste. Los padres deben mostrar comprensión. El niño todavía tiene que aprender que lo que quiere hacer no siempre será posible de inmediato, y que tiene que aprender a tener en cuenta los deseos de los demás, a pesar de que él desea defender y hacerse valer a sí mismo.

La barrera del género

Los niños expresan su sentido de impotencia y descontento con más frecuencia que las niñas. Esto es a menudo porque los padres aceptan este tipo de manifestaciones más fácilmente de los niños que de las niñas, por lo que las niñas aprenden a reprimir esos sentimientos de impotencia y malestar. En consecuencia, también pueden deprimirse más fácilmente.

"Ella enérgicamente quiere elegir de qué pecho tomar. Ella vacila un poco, mira las dos opciones, señala al ganador y dice 'ta.' A veces parece como si estuviera decidiendo entre dos sabores distintos."

Madre de Juliette, 65 semanas,
o casi 15 meses

"Si se le mete una idea en la cabeza, es imposible que cambie de opinión. Es como hablarle a una pared. Simplemente va a la otra habitación y hace travesuras. Esta semana agarró constantemente los juegos de los hermanos que estaban en la cajonera. Le gusta diseñar con la arcilla para modelar. Sabe muy bien lo que le es permitido pero no le preocupa mucho lo que yo opino."

Madre de Frankie, 65 semanas,
o casi 15 meses

"Si no desea escuchar, sacude su cabeza para decir 'no.' Estos últimos días, él estuvo caminando y sacudiendo su cabeza mientras hacía sus cosas. Recientemente, cuando lo encontré revisando la basura, me enfadé con él. Un poco más tarde, lo encontré llorando en el rincón."

Madre de John, 70 semanas,
o 16 meses

"¡De repente ella ha desarrollado su propia voluntad! Elegimos un libro en la librería de niños. Fue muy divertido. Cuando decidí que era hora de retirarnos, ella no estaba de acuerdo. Primero comenzó a gritar desesperadamente en la tienda y luego continuó gritando en la calle. En la bicicleta ella se levantaba de su asiento constantemente. Tuve que empujarla para que se volviera a sentar en su silla. Casi comenzamos una verdadera batalla. Ella no quería irse de la librería y yo no tenía voto en el asunto. Todavía estoy asombrada.

Madre de Josie, 68 semanas
o 15 meses y medio

"Hace tres semanas fuimos de compras para Thomas. Él necesitaba un traje para una fiesta. Cuando ya habíamos elegido un traje, él se acercó en puntitas de pie con un par de zapatos - charol fino, brillante, negro. Él trató de convencer al papá que necesitaba los zapatos. El papá pensaba que no era una buena idea y los colocó en un estante. Una semana más tarde, Thomas y yo volvimos a la zapatería para comprarle su primer par de zapatos. Fui directamente hacia el sector varonil. Me pareció que le iban a gustar. Pero el quería otra cosa. En el estante de zapatos femeninos encontró un par de botas con cordones brillantes con plumas. Se había enamorado de ellas y las deseaba. Con su premio en la mano, vino tambaleándose hasta mí. Me asombró ver a mi Thomas varonil con un par de botas finas de charol en sus manos. Eran las mismas botas de princesa que tanto amaba yo de niña. Que mi hijo quisiera lo mismo me desconcertó. Yo rápidamente recomendé una serie de estilos más masculinos colocando las botas donde pertenecían. Thomas miró el estante masculino y rápidamente encontró algo que le gustó. 'Vroom, vroom,' él aclamó y agarró un par de zapatos con suela gruesa y camiones en los costados. Los zapatos tenían ruedas y como es amante de los coches, atraparon su atención. Él los quiso y estaba muy contento; como yo. Pero cuando yo estaba pagando los zapatos con ruedas el me tocó el brazo. Estaba intentando colocar algo más sobre la mesada. Las botas."

Madre de Thomas, 69 semanas,
o casi 16 meses

"Ella es cada vez más insistente. Cuando no coopera, comenzamos a discutir. Mientras la visto, durante la comida o cuando tengo prisa. Ayer, pasó otra vez. Perdí el control y terminé por gritarle y decirle palabrotas."

Madre de Julia, 66 semanas, o 15 meses

"A veces si ella ve algo en mi mano, como un cuchillo, insiste en tenerlo. Este puede causar verdaderos altercados."

Madre de Nina, 67 semanas, o 15 meses

Agresión

Muchas madres dicen que su niño dulce a veces se convierte en un tigre agresivo. Esto inquieta a las madres. Sin embargo, es un cambio comprensible. En el mundo de los principios, el niño intenta todo tipo de comportamiento. Ser agresivo es uno de ellos. El niño analiza cómo mamá, otros adultos y otros niños reaccionan si él golpea, muerde, empuja o patea, o si rompe algo deliberadamente.

Los padres deben expresarle al hijo lo que piensan de su comportamiento. Esta es la única manera de que él aprenda que ser agresivo no es dulce, interesante o divertido. De esta manera se entera de que es doloroso y que los adultos no se divierten con el comportamiento agresivo o destructivo.

"Ella me golpeó en la cara. Dije 'no hagas eso y lo hizo otra vez y comenzó a reírse. Realmente me molestó. Es difícil pautar reglas básicas."

Madre de Hannah, 70 semanas, o 16 meses

"Él mordió a un niño en la guardería. Por ninguna razón en particular."

Madre de Mark, 70 semanas, o 16 meses

Mío y tuyo

En el mundo de los principios, el niño pequeño descubre que algunos juguetes de la casa son suyos y sólo suyos. Al igual que les sucede a los adultos, de pronto el niño es un orgulloso propietario de sus propias cosas. Esto es todo un descubrimiento para un niño pequeño. Él también necesita tiempo para comprender qué significa lo "mío y tuyo". Mientras trata de averiguarlo, las cosas no son fáciles para él. A algunos niños les

Consejos acerca de la agresión

La investigación ha demostrado que poco tiempo después de cumplir un año las madres informan la primera agresión física de sus hijos. A los 17 meses, el 90 por ciento de las madres informa que su hijo a veces es agresivo. La agresión física alcanza un pico justo antes de cumplir dos años. A partir de entonces, este tipo de comportamiento cede. Cuando los niños llegan a la edad escolar, este comportamiento habrá desaparecido mayormente en circunstancias normales.

Por supuesto, algunos niños son más propensos a comportamientos agresivos que otros. Sin embargo, también el entorno de un niño es muy importante. Quienes lo rodean ayudan a determinar cuánto tiempo un niño será agresivo. Si los niños viven con adultos y niños que son agresivos, ellos pueden suponer que "ser agresivo" es un comportamiento social normal. Sin embargo, los niños también pueden vivir en un ambiente donde la agresión no es tolerada y donde se premia el comportamiento dulce y amable. El resultado es que el niño no comenzará a golpear y a patear cuando se sienta frustrado, quiera algo o se le corrija. Utilizará formas más aceptables de expresarse.

resulta inquietante si otro niño les saca algo de sus manos sin ninguna razón y sin reconocerlo como el legítimo dueño. Esta falta de comprensión provoca llanto. Otros llegan a ser muy cautelosos y protegen su territorio lo mejor que pueden. Inventan todo tipo de estrategias para evitar que otros se acerquen a sus cosas. Sobre todo no se fían de los niños. El niño aún debe aprender a prestar, compartir y jugar con los demás.

> "Ella está desarrollando un cierto impulso de poseer. Cuando tenemos invitados, ella se acerca y orgullosamente muestra sus posesiones. Si vamos a la casa de un amigo a jugar ella agarra sus cosas y me las da a mí para que estén seguras. Ella hace esto para evitar que su amigo juegue con sus pertenencias."
>
> Madre de Eva, 64 semanas, o 14 meses y medio

"De pronto, él está muy posesivo con mis pechos. Si su padre se acerca, él trata de proteger su territorio. Él se sujeta al pezón con la boca y cubre la otra con su mano de manera que el papá no pueda intervenir,"

Madre de Thomas, 65 semanas,
o casi 15 meses

"Cada vez que su pequeño amigo arrebata uno de sus juguetes, él comienza a llorar."

Madre de Robin, 68 semanas, o 15 meses y medio

"Él no permite que alguien le quite algo. No puedes ni tentarlo con un buen trueque. Si lo ha cogido, se lo guarda. Sin embargo le gustar arrebatarles cosas a los otros. No tiene problema en hacerlo."

Madre de Kevin, 65 semanas, o casi 15 meses

Ser amable y conciliador

La estrategia de la broma

En el mundo de los principios, los trucos y las payasadas juegan un papel cada vez mayor. El niño pequeño puede empezar a hacer sus primeras bromas y él mismo se deleitará con ellas. Es posible que los padres noten que el niño también disfruta de las bromas de los demás. Muchos niños pequeños lo hacen. Disfrutan de los chistes, y si la gente o animales hacen algo fuera de lo común, ya sea en la vida real o en la televisión, eso les hace reír. Les resulta emocionante. Algunos pícaros lanzan chistes para tratar de transgredir las normas.

Los padres pueden notar que "ser gracioso" es una forma de estrategia que usan los niños para hacer algo que, de otro modo, sería mal visto. Algo agradable e inesperado tendrá más posibilidades de lograr la aprobación de la madre que una rabieta. Los padres deben darle al niño la oportunidad de ser creativo mientras se divierte y dice chascarrillos. Pero, deben ser muy claros cuando el niño sobrepasa los límites. El pequeño es incapaz de conocer las diferencias sin la ayuda de los padres.

"Constantemente bromea y se divierte al hacerlo. Él y sus amigos se ríen mucho cuando hacen tonterías. Le da mucha gracia ver un animal hacer algo tonto o inesperado.

Madre de Robin, 68 semanas, o 15 meses y medio

"Él ama hacer tonterías. Se ríe y si su hermana participa, realmente se echa a reír con alegría."

Madre de James, 69 semanas, o casi 16 meses

"Los dibujos animados le hacen gracia, sobre todo si pasa algo repentino o inesperado. Hasta ama a los monstruos en "Plaza Sésamo". Comienza a reírse cuando ellos hablan y se mueven."

Madre de Robin, 70 semanas, o 16 meses

"A él le gusta que yo le persiga diciendo 'voy a atraparte.' Sin embargo, cuando quiero ponerle su chaqueta, él se escapa rápidamente y hace de esto un juego.

Madre de James, 70 semanas, o 16 meses

"Ella se ríe mucho cuando me ignora, desobedece, se burla de mi o cuando esconde algo mío y luego me cuesta encontrarlo. Ella cree que es muy inteligente."

Madre de Laura, 66 semanas, o 15 meses

"Ella ama hacer travesuras. Cuando llegamos a la puerta principal, ella no espera a que coloque la llave en la cerradura, sigue andando hasta la casa de al lado. Ella realmente piensa que es graciosa."

Madre de Ashley, 70 semanas, o 16 meses

Negociar y regatear

En el pasado era habitual que la madre estableciera las reglas. Y los niños tenían que obedecer. Los adultos no veían con buenos ojos las respuestas impertinentes. Todo cambia. Hoy en día, se considera que los niños que han aprendido a negociar crecen siendo más capaces de pensar por sí mismos. Cuando un niño aterriza en el mundo de los principios, los padres podrán ver a un negociador en ciernes.

¿Ha experimentado el niño con las palabras "sí" y "no"? A veces lo hacen asintiendo o negando con la cabeza, a veces pronunciando en voz alta "sí" o "no". También intentan asentir mientras dicen que no y negar mientras dicen que sí, y eso les resulta muy divertido. Sus animales de peluche tienen lecciones obligatorias de "sí" y "no". Otras veces practican por su cuenta, mientras construyen algo o cuando deambulan por la casa buscando un lugar adonde entrar, pero mayormente el niño practica su rutina de sí y no con su madre. Las madres también son el blanco sobre quienes probar sus bromas.

Los padres deben ofrecerles a sus niños la oportunidad de ser creativos con los conceptos de sí y no. Este tipo de práctica les permite aprender a usar un sí o un no para su provecho. ¿Cómo lo hace mamá? El niño puede encontrar la mejor estrategia del sí y del no para diferentes situaciones. Él descubre cuál es la estrategia más adecuada para satisfacer sus necesidades.

"Él es capaz de contestar toda clase de preguntas con sólo sí o no. A veces se equivoca. Él dice 'si' cuando quiere decir 'no' y, si yo reacciono luego de su respuesta, él sonríe y rápidamente cambia su respuesta a 'no' con un tono de 'en verdad, no.'"

Madre de Luke, 65 semanas o casi 15 meses

Ella dice 'si' y 'no' con creciente autoridad, pero le gusta tratar de engañarme usando sí y no."

Madre de Juliette, 66 semanas, o 15 meses

"Ella prueba las palabras 'si' y 'no' conmigo constantemente: ¿Es verdadero su 'si' y permanecerá su no como 'no'? ¿Podré encontrar un modo de hacer trampa? Ella me prueba para ver cuán lejos puede ir."

Madre de Nina, 70 semanas, o 16 meses

"Él sabe lo que quiere y está mejorando en responder con un rotundo 'sí' o 'no'. Él también tiene diferentes sí y no. Algunos indican claramente dónde están sus límites. Cuando llega a su límite, ya sé que está resuelto. Sus otros sí y no carecen de determinación. Yo sé entonces que puedo presionar por una mejor oferta».

Madre de Paul, 71 semanas
o 16 meses y una semana

Pedir ayuda
El niño puede ser creativo al tratar de poner a alguien en un aprieto. Puede hacerlo de una manera inteligente, astuta o dulce. Todavía requiere un poco de práctica para aprender los trucos del oficio.

Los padres deben observar cómo actúa el niño con los padres o con otras personas cuando intenta obtener algo. Deben decirle lo que piensan. El niño todavía está investigando en el mundo de los principios. Y él aprende de los comentarios de sus padres.

"Cuando me pide que le de algo y le pregunto donde desea que lo coloque el camina hacia un sitio y señala dónde. Luego es amistoso y tranquilo."

Madre de Steven, 65 semanas, o casi 15 meses

"Ella está pudiendo expresar mejor sus deseos. Toma mi mano y me lleva lejos si necesita un nuevo pañal. Agarra mi dedo si necesita que haga algo para ella con mi dedo, como por ejemplo presionar un botón. Ella también me lleva a donde ella no quiere ir sola. No importa si estoy ocupada o no. Quiere que las cosas se hagan inmediatamente."

Madre de Josie, 67 semanas,
o 15 meses y una semana

"Él señala cada vez más las cosas. También señala las cosas que quiere que uno le lleve. Esta semana llevo a su abuela a la cocina, caminó hacia el gabinete dónde se guardan las galletas y señaló el estante superior."

Madre de Frankie, 63 semanas, o 14 meses y una semana

"Con una mirada astuta, ella señaló un huevo y luego un plato. Quería decir, 'coloca ese huevo.' Fue tan tierno que nadie podía negarse."

Madre de Hannah, 62 semanas, o 14 meses

"Estas últimas semanas ha estado mandando como un general. Él grita enérgicamente: ¡'Mamá! ¡Mamá!' cuando quiere algo. Cuando lo miro, se sienta, extiende su brazo y señala el juguete que desea. Él quiere que se lo lleve inmediatamente, retira su brazo y continúa jugando. Dar órdenes se ha convertido en algo natural. Esta semana fue la primera vez que realmente lo noté."

Madre de Matt, 68 semanas, o 15 meses y medio

"Hoy ella me mostró lo que deseaba cuando estábamos visitando a alguien. Ella tomó mi mano y caminó hacia la puerta, la cual se encontraba adelante de nuestros abrigos, abrió la puerta, se dirigió hacia nuestros abrigos y señaló mirándome con cara de interrogatorio. No lo podía creer.

Madre de Emily, 67 semanas, o 15 meses y una semana

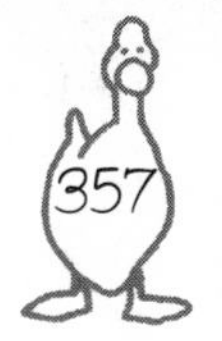

Cooperación

En el mundo de los principios el niño tiene opciones: "¿Voy con la corriente o en contra de ella?" "¿Me importa lo que mamá dice o no?" Además de eso, el niño se vuelve cada vez más franco y tiene más capacidad. Las tareas pequeñas son cada vez más fáciles de cumplir para él, como por ejemplo, "Trae tus zapatos", "Ve a buscar tu botella", "Arroja eso a la papelera", "Entrégale esto a papá", "Ponlo en la sala", o "Ponlo en el cesto". Los padres pueden haber notado ya que a veces no tienen que decirle qué debe hacer. El pequeño compañero ya capta lo que los padres quieren y lo hace. Es cada vez más fácil establecer ciertas reglas básicas.

Los padres deben tratar de involucrar cada vez más a los niños en las tareas cotidianas, y también participar en sus actividades diarias. Eso los hace sentirse comprendidos, apreciados e importantes. Su ego está creciendo. Es importante que los padres elogien a sus hijos si notan que ellos se anticipan a sus deseos. El niño está demostrando que sabe lo que se necesita hacer.

"Siempre antes de ir a algún sitio, ella coge su chaqueta."

Madre de Josie, 65 semanas, o casi 15 meses

"Él entiende ahora que debe mantenerse a mi lado cuando estamos en la acera."

Madre de Luke, 66 semanas o 15 meses

"Ella llega a sus propias conclusiones. Cuando yo digo 've a buscar tu biberón' ella regresa luego de su aventura y hace un gesto de 'desapareció.'"

Madre de Eve, 72 semanas o 16 meses y medio

"Cuando necesita que la cambie ella camina conmigo hacia el vestidor. Se queda quieta y prácticamente me ayuda.

Madre de Laura, 63 semanas,
o 14 meses y una semana

"Ella sabe que no le permitimos coger las nueces del tazón sobre la mesa. Entonces pensó un truco para poder comerse la

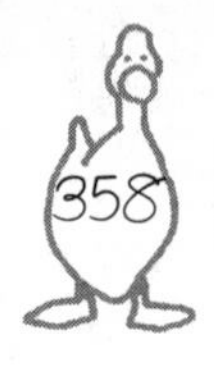

nuez pero no desobedecer. Ella cogió su propio plato y una cuchara y colocó nueces en su plato. Luego comió su premio con la cuchara. De esta manera ella podía tener las nueces y comerlas sin romper las reglas."

Madre de Ashley, 68 semanas
o 15 meses y medio

"Cuando hablamos de cosas simples, él sigue la conversación, totalmente enfocado. Cuando la conversación llega a su fin, él sonríe eufóricamente para demostrar que pudo entender algo de lo que fue dicho a pesar de que no fue dirigido hacia el. Después de esto, le gusta demostrarlo con una hazaña. Es casi como tener una conversación. Realmente lo hace muy feliz entendernos de esta manera. "

Madre de John, 63 semanas,
o 14 meses y una semana

"Ella intenta involucrarnos en sus juegos"

Madre de Jenny, 72 semanas o 16 meses y medio

Ser útil

Cuando los niños aterrizan en el mundo de los principios, la mayoría de ellos están especialmente interesados en todas las idas y venidas de la casa, pero es probable que el niño no se conforme con solo observar a la madre hacer las cosas. Él quiere ayudar. Él quiere aligerar la carga de los padres.

Es importante que los padres le permitan al niño participar. Él realmente quiere creer que es de gran ayuda y que sin él las cosas serían un gran lío o que la cena no sería buena. Los padres deben asegurarse de darle al niño el elogio tan merecido.

"El me quiere ayudar constantemente. Ya sea ordenando, limpiando, acostándose o yendo hacia algún sitio, no importa. El quiere participar de las actividades diarias a su propia manera. Cuando lo hace con seriedad y compromiso se pone muy contento. Entendernos el uno al otro es esencial últimamente."

Madre de Jim, 64 semanas o 14 meses y medio

"Ella me ayuda a poner y sacar de la mesa y a aspirar. Comenzó a hacerlo un día y ahora se decepciona si no tiene el tiempo y espacio necesario para ser creativa."

Madre de Josie, 62 semanas o 14 meses

"Ella me ayuda con alegría a preparar tragos. A veces le permito crear su propio trago. Usa todo tipo de ingredientes. Cuando lo bebe, camina murmurando 'yum, yum, yum.'"

Madre de Juliette, 68 semanas, o 15 meses

"En cuanto cojo la aspiradora, ella coge su aspiradora a batería. Ella desea ayudar. Lo que sucede es que desea usar mi aspiradora porque funciona mejor. Entonces yo comienzo a usar la suya, y cuando ella desea usar la propia de nuevo, puedo continuar con la aspiradora verdadera."

Madre de Victoria, 61 semanas, o 14 meses

"A ella le solía gustar mirarme cuando hacía cosas. Ahora quiere ayudar. Cuando ella me ve cortar un limón, corre hacia la mesada para que la coja para poder colocar el limón en la exprimidora. Si ella ve platos sucios, se apresura para lavar."

Madre de Nina, 64 semanas, o 14 meses y medio

Ser cuidadoso

¿Experimenta el niño con ser "precipitado" o "cuidadoso"? "¿Debo lanzar mi taza en el suelo o debería colocarla con cuidado en la mesa?" La conducta temeraria parece ser muy común. Correr, trepar, el juego salvaje y el tratamiento imprudente de las cosas parece ser el pasatiempo favorito. Al experimentar y obtener la reacción de los adultos a tal comportamiento, el pequeño aprende lo que significa ser imprudente o ser cuidadoso.

"Él practica mantener su equilibrio. Afuera intenta tocar el cielo, adentro intenta tocar el techo. Él se sube a las sillas y mesas para alcanzar más alto. Pareciera entender que esos lugares están fuera de su alcance. Al alcanzarlo, de pronto se dejó caer."

Madre de Luke, 64 semanas, o 14 meses y medio

"Cuando menos lo esperas ella lanza su biberón, por ejemplo cuando estamos andando en bicicleta y analiza nuestra reacción de reojo"

Madre de Hannah, 64 semanas, o 14 meses y medio

"Él se trepa como un mono. Se sube a todo. Se sube a sillas a menudo. ¡También constantemente lo encuentro sobre la mesa de comedor, afirmando que no puede bajarse! Él tiene cuidado. Es consciente del peligro, pero a veces se cae con un golpe bastante fuerte."

Madre de Frankie, 66 semanas, o 15 meses

"Luchar con su hermano es la actividad más común actualmente. A veces se tornan un poco rudos."

Madre de Kevin, 69 semanas o casi 16 meses

"Ella derramó unas gotas de su bebida en el suelo. Tomé un viejo calcetín que estaba cerca y fregué. Ella me miró impresionada y asombrada, fue directo a los trapitos de bebe, tomó uno de la caja y fregó nuevamente. Cuando terminó me miro como si quisiera decir 'Así se debe hacer.' Me desconcertó el nivel de limpieza, y la elogié."

Madre de Victoria, 61 semanas, o 14 meses

"Es muy capaz expresando que algo está sucio. Ella dice 'poo' repetidas veces hasta cuando hay una pequeña mancha en la cama.

Espero que esto sea temporario y no sea una 'loca de la limpieza'"

Madre de Josie, 64 semanas, o 14 meses

"Cuando su hermano miraba sus muñecas mientras buscaba su robot especial, él arrojó todas sus muñecas al suelo. Incluso la muñeca bebé de Elisabeth. Ella inmediatamente corrió hacia su niña caída y la recogió, corrió hacia mí y empujó la muñeca contra mi pecho. También le lanzó una mirada fea al hermano."

Madre de Elisabeth, 63 semanas,
o 14 meses y una semana

Comprender los miedos irracionales del niño

Cuando el niño está ocupado explorando su nuevo mundo y esforzándose en sus nuevas habilidades, se encontrará con cosas y situaciones que son nuevas y extrañas para él. Está descubriendo nuevos peligros, peligros que hasta ahora no existían para él. El niño en esta etapa no es capaz de hablar sobre eso. Sólo una vez que pueda comprender las cosas con más detalle sus temores se disiparán. Los padres deben mostrarse simpáticos con su hijo.

"Él se volvió loco con las baterías. Tuvo que sacar y colocar todas las baterías varias veces; fue interminable."

Madre de Steven, 61 semanas, o 14 meses

"Se asusta con el patito de su hermana. Cuando camina se aleja de él. Cuando toma el patito lo deja caer inmediatamente."

Madre de Mark, 66 semanas, o 15 meses

"Pareciera que le da miedo sentarse sola en la bañera. Grita y llora. No sabemos el motivo. Quiere entrar solo si uno de nosotros dos la acompaña. No le teme a la piscina."

Madre de Josie, 67 semanas, o 15 meses y una semana

"No le teme a cosas nuevas, pero puedes notar que no está completamente convencida"

Madre de Josie, 68 semanas, o 15 meses y medio

Aprender las reglas

Quejarse y lloriquear para lograr lo que quiere, el comportamiento infantil como necesitar siempre ser entretenido, querer siempre un chupete, ser desordenado sin causa, no ser cuidadoso y herir expresamente a otros, transgredir para ser malo- posiblemente muchos padres se preguntan si son los únicos que tienen tantos problemas con el comportamiento de su bebé. No, seguro que no. Sucede que el niño ya no es un bebé. Ha llegado el momento de establecer algunas reglas básicas. El niño está listo para que los padres empiecen a pedir y a esperar más de él. Es más: el niño busca los límites. Ahora que ha entrado en el mundo de los principios, el niño desea reglas, está buscando oportunidades para familiarizarse con ellas. Así como debe satisfacer su apetito comiendo, también debe satisfacer su anhelo de reglas. La mayoría de las reglas sólo puede conocerlas si le son presentadas por los padres. Las reglas sociales, en particular, son importantes. Los padres deben mostrar lo que es aceptable y lo que no es aceptable socialmente. Establecer las normas no es perjudicial. Por el contrario, los padres les deben eso a sus hijos, y ¿quién mejor para hacerlo que alguien que los quiere?

"Yo creo que el debería poder colocar las cosas en la mesa prolijamente. Realmente me irrita si lanza su emparedado y biberón cuando termina. Debe parar de hacer eso. Es capaz de dejarlos correctamente"

Madre de Thomas, 67 semanas,
o 15 meses y una semana

"Ella aún gime y se queja para conseguir lo que desea, es difícil ser riguroso. Pareciera que éste es el momento donde necesita que la guíen. Es más fácil darle lo que desea porque para de gritar. Si no le doy lo que desea las puertas del infierno se abren. Luego hay una lucha y ella gana fácilmente. Nunca fui tan consciente del poder como ahora.

Madre de Josie, 68 semanas o 15 meses y medio

"A veces hace cosas que no debe a propósito. Lanza piedras, coloca baterías en su boca y aplasta la comida contra el suelo. Yo lo regaño mientras le quito lo que tiene en sus manos y lo coloco en un lugar fuera de su alcance. A veces esto lleva a una discusión."

Madre de Paul, 69 semanas, o casi 16 meses

"¿Acaso mi niña es la única que rueda por el suelo dando patadas y gritando cuándo las cosas no son como ella desea? No oigo a los otros padres quejarse mucho. ¿Le permito demasiado? ¿Satisfago demasiado sus necesidades? ¿Es porque ella va a la guardería más a menudo? ¿Qué debo hacer? Bien, poner reglas básicas y claras, eso haré."

Madre de Vera, 70 semanas, o 16 meses

"Le enseño simplemente que no debe quitarles las cosas a los otros niños"

Madre de Thomas, 70 semanas o 16 meses

(continúa en la página 368)

Los mejores juegos para esta semana mágica

He aquí los juegos y actividades que la mayoría de los niños de 15-16 meses prefieren a esta edad y que les ayudan a desarrollar sus nuevas habilidades. Es importante recordar que todos los niños son diferentes. Los padres deben ver a qué responde mejor su hijo.

DESTREZA

En el mundo de principios los niños han superado los programas y disfrutan plenamente de practicar variaciones y de experimentar con estos programas. De esta manera, se vuelven hábiles y descubren cómo y cuándo les conviene más hacer las cosas. También son muy observadores.

TRAVESURAS FÍSICAS

Al niño le gusta correr, trepar, perseguir a otros niños, saltar en la cama, hacer volteretas, rodar por el suelo, luchar con otros niños, jugar "Escondidas", subir escaleras sin agarrarse, caminar por las paredes, saltar de las paredes, y la lista es interminable. Los padres deben darle la oportunidad de hacerlo.

EXPLORAR EL MUNDO EXTERIOR

Vagabundear afuera sin hacer nada en particular, mientras explora los alrededores suele ser el pasatiempo favorito: en el zoológico de mascotas, en el patio, o en el zoo. Aún si se lo lleva sobre la espalda de la madre o del padre en un festival, es un programa viable durante varias horas.

JUEGOS DE SEÑALAR

Podemos desafiar a nuestro pequeño a jugar el juego de señalar. Uno dice una palabra y el niño debe señalar el lugar en donde está esa cosa, juguete o parte del cuerpo.

JUEGOS USANDO MANOS Y PIES CON CANCIONES Y RIMAS

Usar rimas o canciones que involucran el uso de las manos y los pies. Por ejemplo, los niños adoran: "Las ruedas del autobús gira, gira", "Si eres feliz y lo sabes, bate las palmas", "Itsy Bitsy la arañita", y "Cabeza, hombro, rodilla, pie".

JUEGOS DE LLAMAR UNO AL OTRO

A los niños les gusta el juego de llamarse uno al otro por sus nombres. Es bueno que el niño comience llamando a la madre. Luego, la madre llama el nombre del hijo y hace que el niño la llame a ella. Ella lo vuelve a llamar en voz alta. Para muchos niños este juego les da un sentido de orgullo al escuchar que dicen su nombre en voz alta. Les da un sentido de pertenencia.

BROMEAR

En el mundo de los principios, bromear y hacer chistes comienza a jugar un papel más importante. A esta altura, el niño se ha dado cuenta cómo funcionan las cosas. Así que cuando las cosas se salen de control, se entusiasma muchísimo, ya sea que se trate de alguien que actúa de manera simpática o que está transgrediendo las normas.

HACER TONTERÍAS

El niño adora cuando alguien actúa como tonto: muecas, pasos divertidos, o sonidos extraños. Sobre todo si es inesperado. Es un verdadero desastre cuando los más pequeños se juntan. Le causa mucha gracia cuando su hermano y su hermana se unen a las trave-

(continúa)

Los mejores juegos para esta semana mágica (cont.)

suras. También se divierte mucho cuando hace tonterías con sus amigos.

LA BROMA COMO ESTRATEGIA

El niño utiliza las tonterías para conseguir algo o para lograr que otra persona haga algo. Las sorpresas agradables son mucho más eficaces que las rabietas a la hora de conseguir algo de la mamá. Algunos pícaros emplean varias travesuras con el fin de torcer o sortear las reglas. No escuchar, ser rebelde o burlar a la mamá son todas causas de risa. Los padres deben darle al niño la oportunidad de hacer bromas. Pero deben ser claros y corregir al hijo si y cuando sobrepasa los límites. El niño aún no siempre sabe si ha ido demasiado lejos.

CARICATURAS, MONSTRUOS Y ANIMALES

Los animales que hacen algo tonto o inesperado son los favoritos de los niños pequeños. Por ejemplo, los monstruos de "Calle Sésamo" son muy divertidos. Los dibujos animados realmente les hacen reír, sobre todo si ocurre algo que los sorprende.

JUEGOS DE TAREAS DOMÉSTICAS

En el mundo de los principios, el niño recrea el trabajo diario dentro y alrededor de la casa. Los padres deben darle al niño la oportunidad de hacerlo, jugar con ellos a veces, y hacer que el niño sienta que es parte del club. Es muy bueno si el niño realmente puede ayudar. A continuación hay algunos ejemplos, pero es posible crear muchos más.

COCINAR

Se le puede dar al niño pocillos, algo de comida real, y un tazón de agua, para que pueda cocinar y alimentar a sus muñecos.

ASPIRAR
Hay aspiradoras de juguete que son réplicas exactas de las reales. ¡Aspirar juntos puede ser divertido!

LAVAR LA VAJILLA
El agua se irá por todas partes; para eso están los trapeadores.

IMITAR A MAMÁ
Si la madre deja los zapatos por allí, la niña se los colocará.

JUEGOS CON EMOCIONES
El niño experimentará con las emociones, por ejemplo variando sus expresiones cuando saluda a la gente o cuando quiere algo. Los padres deben prestar especial atención y seguirle la corriente con la actuación. Por ejemplo, pueden imitarlo y actuar de forma patética. Probablemente eso hará reír al niño.

JUEGOS DE ESCONDER Y BUSCAR
CU-CU
Cu-Cu es un clásico que siempre funciona.

LAS ESCONDIDAS
Con cada salto jugar "a las escondidas" se convierte en algo un poco más avanzado. A esta edad, el niño ya es bueno permaneciendo oculto en un solo lugar.

Los mejores juguetes para esta semana mágica

He aquí los juguetes y cosas que la mayoría de los niños de 15-16 meses de edad prefieren y que les ayudan a desarrollar sus nuevas habilidades:

- Trepadora, tobogán
- Bolas
- Libros
- Arenero
- Juego de té con agua o jugo frío en vasos o tazas
- Rompecabezas
- Botellas de plástico
- Utensilios de limpieza
- Aspiradora de juguete
- Juguetes en una cuerda
- Plaza Sésamo
- Dibujos animados

Prestar atención a lo siguiente:

Cubos de la basura
Baños
Bates de béisbol, palos de hockey en el pasillo

Alrededor de las 68 semanas, o cerca de los 16 meses, la mayoría de los niños se vuelven un poco menos problemáticos de lo que eran antes. Son más grandes y más sabios y están viviendo a la par de los adultos. A veces los adultos nos olvidamos de que aún son niños.

"Él aparenta estar más delgado, menos achaparrado, su cara más delgada, él está creciendo. A veces lo veo sentarse tranquilo, enfocado en su comida. Parece ser maduro."

Madre de Luke, 66 semanas, o 15 meses

"Todo le resulta más fácil ahora. Desde alimentarse sola hasta limpiar. Es realmente como nosotros. Siempre me olvido que aún es una criatura"

Madre de Eve, 67 semanas
o 15 meses y una semana

"De pronto parece ser más sabia y madura. Pareciera como si hubiera dado un gran paso hacia delante. Ha ingresado al amplio mundo, con confianza y sin temerle a nada ni a nadie. Está muy bien, tranquila y dulce, a la noche se duerme con más facilidad"

Madre de Josie, 70 semanas o 16 meses

capítulo 12

Semana mágica 75: el mundo de los sistemas

Desde el último salto, el bebé ha empezado a entender qué son los "principios". Dado que ha superado las limitaciones de los "programas", ha logrado deshacerse de su carácter mecánico. Por primera vez, es capaz de evaluar los programas existentes e incluso modificarlos. Como padres, podemos verlo cambiar un programa y luego estudiar los resultados. También podemos verlo realizar poses ridículas, explorar los espacios abiertos, dominar los objetos y el lenguaje, imitar a otros, repetir el día a día, probar emociones, empezar a planear, protagonizar su propia clase de teatro, insistir en tomar parte, usar la agresión, aprender que le pertenece y qué no, ser creativo para poner incómoda a la gente, aprender a cooperar, esperar para ayudar en casa y experimentar ser descuidado y ser cuidadoso.

Así como sus programas eran mecánicos antes de que creciese a nuevas etapas, también a sus principios les faltaba cierta flexibilidad. Sólo podía aplicarlos de una manera determinada, siempre igual, sin importar el contexto.

Los adultos somos capaces de ajustar nuestros principios según la ocasión. Tenemos la capacidad de observar todo el panorama. Podemos ver cómo es que determinados principios se unen y forman un sistema entero. El concepto de "sistema" engloba nuestra idea de una unidad organizada. Usamos la palabra "sistema" cuando las partes que lo conforman son interdependientes y funcionan como un todo. Hay ejemplos tangibles, como un reloj de pie que necesita que le den cuerda, una red eléctrica o el sistema muscular humano. Estos sistemas forman un conjunto coherente

Nota: La primera parte (período inquieto) de este salto hacia el mundo perceptual de los "sistemas" es predecible y está relacionada con la edad, y comienza a partir de las 71 semanas. La mayoría de los bebés empieza la segunda parte (ver el recuadro de "Una tendencia de moda: planificar el tiempo que pasamos con nuestros hijos" en la página 17) de este salto a las 75 semanas de haber nacido. La primera percepción del mundo de los sistemas pone en marcha el desarrollo de toda a una gama de habilidades y actividades. Sin embargo, la edad en la que estas habilidades y actividades aparecen por primera vez varía mucho y depende de las preferencias, la experimentación y el desarrollo físico del bebé. Por ejemplo, la capacidad de percibir sistemas es un requerimiento para "poder señalar el camino hacia el mercado o el parque", pero esta habilidad suele aparecer entre las 75 semanas y muchos meses después. En este capítulo se mencionan habilidades y actividades que pueden aparecer tempranamente para que los padres estemos preparados y podamos reconocerlas. (Pueden aparecer en forma rudimentaria al principio). De este modo, se puede responder al desarrollo del bebé y facilitarlo.

de principios de velocidad de rotación de engranajes, amperios y voltios, y tensiones musculares balanceadas, respectivamente.

También hay ejemplos menos tangibles, como las organizaciones humanas: están basadas sobre principios que no siempre se pueden definir. Hay normas (o acuerdos) sobre los deberes asignados a ciertas posiciones, normas sobre el comportamiento social, como llegar a tiempo, y normas sobre las metas que nuestros jefes nos imponen. Sólo para ejemplificar algunas organizaciones humanas podemos pensar en los scouts, la familia, una clase de teatro, una estación de policía, la iglesia, nuestra sociedad, nuestra cultura o en la ley.

Cuando el niño haga su próximo salto, entrará en el mundo de los sistemas. Por primera vez en su vida, se percatará de los "sistemas". Por supuesto, todo es nuevo para él. Necesitará varios años antes de entender qué es lo que realmente significan nuestra sociedad, nuestra cultura o la ley.

El bebé empieza por lo básico y permanece cerca de lo familiar. Primero desarrolla el concepto de sí mismo como un sistema y junto con mamá y papá forma una familia. Y su familia no es igual que la de sus amigos, así como su casa no es igual a la de los vecinos.

Importante

Si el bebé está más dependiente, debemos observarlo detenidamente: es probable que esté intentando dominar una nueva habilidad.

Así como el bebé aprendió a ser más flexible con sus programes cuando dio el salto hacia el mundo de los principios, luego de dar el salto hacia el mundo de los sistemas, empieza a ser más flexible a la hora de aplicar principios. Ahora, empieza a entender que puede elegir cómo quiere ser: honesto, servicial, cuidadoso, paciente, etcétera. Ser o no ser, esa es la cuestión. El bebé aplica principios con menos rigidez y empieza a aprender cómo puede mejorar su manera de afrontar todo tipo de circunstancias.

Alrededor de las 75 semanas, o 17 meses y más de una semana, los padres solemos notar que el bebé empieza a probar cosas nuevas. Sin embargo, el bebé ya sentía la llegada del salto hacia el mundo de los sistemas desde una edad más temprana. A partir de las 71 semanas, o 16 meses, el bebé nota que su mundo está cambiando. Un laberinto de nuevas impresiones pone de cabeza la realidad. El bebé no puede procesar todo el cambio inmediatamente; primero debe convertir el caos en orden. Vuelve a una base segura y familiar, se pone más dependiente. Necesita una "recarga maternal".

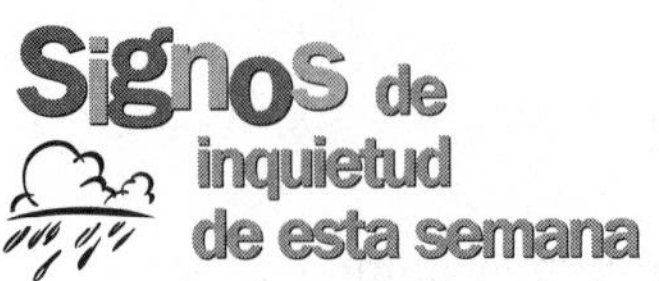

En este último capítulo ya no describiremos en detalle las pistas de que el bebé está a punto de dar un salto en su desarrollo. A esta altura, como padres, las pistas ya nos serán conocidas. Por este motivo, sólo incluimos la sección "Diario de nuestro bebé" como importante. También es útil recor-

dar estas tres señales: PEGOTEO, IRRITABILIDAD y LLANTO. Debemos recordar que el niño está interesado en sólo dos cosas: estar cerca de sus padres y tener toda su atención, y, ahora es más grande, más inteligente y más capaz de lograr esos objetivos.

Cómo darse cuenta que es momento de crecer

¿Cuáles de estas pistas dio el bebé cuando empezó este salto?

Diario de nuestro bebé

Signos de que nuestro bebé está creciendo de nuevo

- ❑ Llora más de lo habitual y suele estar más habitualmente de mal humor o inquieto
- ❑ Pasa de estar alegre a llorar de un momento a otro
- ❑ Quiere que lo entretengan, o quiere que lo hagan con más frecuencia
- ❑ Se pega a la ropa de sus padres y quiere estar cerca de ellos
- ❑ Hace travesuras
- ❑ Hace rabietas, o las hace con más frecuencia
- ❑ Se pone celoso
- ❑ Es más tímido con los desconocidos
- ❑ Quiere más contacto físico
- ❑ Duerme mal
- ❑ Tiene pesadillas, o las tiene con más frecuencia
- ❑ Pierde el apetito
- ❑ A veces se queda sentado, apático
- ❑ Elige jugar con peluches, o lo hace con más frecuencia
- ❑ Parece más infantil

OTROS CAMBIOS

____

____

Reacciones maternas ante los cambios del bebé

En un principio, como padres sólo nos preocupábamos de que algo estuviera mal si el bebé se ponía más dependiente, de mal humor o si lloraba con más frecuencia. A los 6 meses, nos molestaba descubrir que no había ningún problema, pero generalmente lo dejábamos pasar. Después de todo, era tan pequeño en aquel entonces. Después de su primer cumpleaños, empezamos a reaccionar cuando nos molestábamos y eso a veces resultaba en un altercado. ¡Podíamos disfrutar los verdaderos placeres de ser padres! Todos los padres dicen que tienen problemas con sus bebés "adolescentes". Los adolescentes son conocidos por tener la habilidad de hacer las vidas de sus padres imposibles. Los bebés también pueden hacer eso, es un adelanto de lo que vendrá en diez años. Es parte del trato.

Puede frustrarse

"Si me pregunta lloriqueando si quiero hacer algo, le digo amablemente, 'Sí, mami, ¿quieres...?' y ella repite muy dulcemente, 'mami, ¿quieres...?'"

Madre de Ana, 71 semanas, o 16 meses

"Esta semana fue bastante molesta. No quería dormir la siesta, y si no quiere, entonces no tiene por qué hacerlo. Es más fácil y me ahorra muchos problemas. Tampoco quiere usar un pañal, así que a veces lo dejo no usarlo".

Madre de Taylor, 73 semanas, casi 17 meses

"Era difícil porque ella controlaba completamente mis tiempos. Me volvía loca y yo pensaba, "¿qué estoy haciendo mal?". Intento relajarme y no hacer planes para poder adaptarme a la situación, pero no es fácil".

Madre de Ashley, 73 semanas, o 17 meses

"Esta semana, de vez en cuando, lo puse a jugar en su corralito, aunque lloraba y todo eso. Estaba siendo mandón e impaciente todo el tiempo. Quería salirse con la suya todo el tiempo".

Madre de Frankie, 74 semanas, o 17 meses

"Nuevamente tuve miedo de haber creado un monstruo malcriado".

Madre de Elisabeth, 74 semanas, o 17 meses

Yo intentaba no ceder, pero siempre ella terminaba de nuevo en mi regazo".

Madre de Josie, 74 semanas, o 17 meses

Puede discutir

"Discutimos a menudo. Ella ve caramelos y quiere comerlos, pero no siempre lo consigue. Se rinde cuando se da cuenta que no va a conseguir nada. No creo que esto la moleste".

Madre de Julia, entre 72 y 74 semanas, o entre 16 y 17 meses

"En algunas ocasiones hemos tenido peleas grandes. Él no tiene permitido reordenar la cocina de la casa de vacaciones como lo hace en nuestra casa. La semana pasada estuvo relativamente bien, pero ahora no hace caso, así que lo saqué afuera y dejé la puerta abierta para que pueda volver entrar, pero no le gustó en lo más mínimo".

Madre de Luke, 74 semanas, o 17 meses

Cómo aparecen las nuevas habilidades del bebé

Cerca de las 75 semanas, o 17 meses y una semana, podremos notar que gran parte de la dependencia del bebé desaparece. Las rabietas y las peleas con el bebé "adolescente" disminuyen. Vuelve a ser tan emprendedor como siempre. Podemos notar que ha cambiado, que se comporta diferentemente, que empieza a ser muy consciente de sí mismo como persona, que piensa diferentemente y que tiene un mejor sentido del tiempo. Juega con sus juguetes de otra manera y su uso de la imaginación ha despegado. Su humor ha cambiado. Este cambio es evidente en el bebé cuando surge la habilidad de percibir sistemas y de aplicar el concepto de sistema. Esta nueva habilidad equivale a todo un nuevo mundo. El bebé, con sus talentos, preferencias y temperamento, elige dónde quiere empezar a explorar. Debemos intentar descubrir qué está haciendo y cómo podemos ayudarlo. Sin embargo, debemos tener cuidado ya que es posible que el bebé quiera hacer solo.

"Su padre dice que tiene más paciencia".
Madre de Gregory, 74 semanas, o 17 meses

"Fue mucho más fácil con ella, aunque es muy testaruda y requiere mucha atención".
Madre de Juliette, 75 semanas, o 17 meses

Cuando el bebé entra en el mundo de los sistemas, ya puede ver claramente más allá del mundo de los principios. Ya no aplica los principios con la misma rigidez que antes. Ahora, es capaz de ajustar sus principios a las circunstancias cambiantes. Por ejemplo, ahora puede decidir si aplicar un principio moral o no. A partir de esta edad podemos verlo desarrollar un principio de conciencia que surge de defender sistemáticamente sus normas y valores.

"Cuando la descubrimos haciendo algo que no tiene permitido, salta y dice impulsivamente 'no'".
Madre de Jenny, 73 semanas, o casi 17 meses

El sistema que el niño mejor conoce es aquel con el que convive todos los días: él mismo. No se deja influenciar tan fácilmente. Cuando las puertas del mundo de los sistemas se abren para él, empieza a desarrollar una noción de sí mismo. Esto tiene varias consecuencias: el bebé ahora descubre que controla y es dueño de su cuerpo. También descubre que puede planear cosas, que puede hacer cosas por sí mismo, que puede controlar cosas y que puede tomar decisiones, y todas estas cosas surgen del desarrollo de su concepto de sí mismo.

"Ahora, hace las cosas de manera diferente a la que se espera o a la que se le pide. Por ejemplo, si se le pide que le dé un beso a mamá, les da un beso a todos, se me acerca, se ríe y no me da un beso. Me parece que quiere demostrar que no se deja influenciar, que ya no es parte de mí, sino que es una persona independiente. Eso es todo".

Madre de Thomas, 80 semanas, o 18 meses

El niño empieza a entender que mamá y papá son personas distintas. Empieza a usar palabras como "tú" y "yo", y está muy interesado en los cuerpos de mamá y papá. Descubre que tiene un pene como su padre y que su madre no. Mide con precisión todas las similitudes y diferencias. Por primera vez en su vida, el niño puede ponerse en el lugar del otro, dado que entiende que no todas las personas son iguales. Por primera vez, descubre que no a todo el mundo le gusta lo que a él le gusta, algo que nunca habría ocurrido antes. Para resumirlo elegantemente, podemos decir que ahora el niño es menos egocéntrico. Esto conlleva muchas consecuencias. Por ejemplo, el niño ahora puede consolar a alguien. Este es el punto más alto de su mimetismo; copia todo lo que lo rodea. Su imaginación cobra vida.

El pequeño explorador se fascina, también, con las demás criaturas vivientes: hormigas, perros, etc. Estas criaturas también son sistemas.

El bebé "adolescente" empieza a darse cuenta de que es parte de una familia y que su familia es diferente a la familia de su amigo a la que visita dos veces por semana. Después de todo, su familia es la primera organización humana que conoce por dentro y no tarda en notar que la familia de su amigo no siempre cena con ensalada como lo hace su propia familia. En su familia hay otras reglas.

Así como el niño reconoce a su familia como un sistema, empieza a distinguir a su familia de las demás. Hace lo mismo con sus amigos, casa y vecinos, y cada vez se ubica mejor en los alrededores de su casa.

Empieza a prestarle atención a su ropa y puede ser muy coqueto y puede ser muy posesivo con sus juguetes.

El pequeño artista empieza a crear arte con "A" mayúscula. Ya no hace garabatos, ahora dibuja "caballos", "botes" y a "sí mismo". También empieza a apreciar la música: eso también es un sistema.

El niño empieza a desarrollar un sentido temporal. Ahora puede recordar mejor experiencias pasadas y entender mejor qué traerá el futuro.

Empezará ahora a formar sus primeras oraciones. Sin embargo, no todos los niños hacen esto. Al igual que las otras habilidades, la edad en la que empiezan puede variar mucho. Todos los niños entienden la mayor parte de lo que se les dice, pero algunos no están listos para empezar a hablar. Algunos usan varias palabras e imitan constantemente, pero no construyen oraciones. Algunos, en cambio, hablan usando oraciones. Que el niño hable o no depende de cómo interactuemos con él como padres.

Algunos ejemplos del mundo adulto ayudarán a clarificar a qué nos referimos cuando hablamos de sistemas. Por ejemplo, practicar matemáticas. En un nivel de programas, pensamos que usamos lógica y manejamos símbolos matemáticos. En un nivel de principios, pensamos

sobre pensar y, por consiguiente, sobre cómo usamos las matemáticas. En un nivel de sistemas, miramos las matemáticas como un todo, como un sistema intelectual.

De modo similar, la física es un gran sistema de principios cuidadosamente descubiertos. Esto también se aplica a la biología y a la teoría de la evolución y a los principios de selección natural, y a otras ciencias, también.

Las visiones del mundo o perspectivas de la vida también son sistemas. Nuestra vida cotidiana también ofrece ejemplos de sistemas. Cómo encaramos nuestra dieta nos hace formular principios sobre la comida, que, a su vez, determinan nuestros programas alimenticios. Otro ejemplo de sistema es la democracia. Al igual que cualquier otra organización humana, tiene aspectos tangibles y demostrables y otros aspectos que son muy someros. Para cuando llega el momento en que otra persona es capaz de ver algo igual que nosotros, la situación puede haber cambiado completamente. Podemos señalar al gobierno, el presupuesto anual o las prácticas de contratación. Lo que no podemos señalar es la autoridad, la cooperación, la corrupción, los compromisos o la organización en general. Podemos señalar lo que creemos que es evidencia de esas cosas, pero no podemos demostrarlo tan fácilmente como podemos con algo simple y tangible, como una piedra.

Otros ejemplos de organizaciones humanas como sistemas son la familia, la escuela, la iglesia, el banco, el ejército, el gobierno, un club de fútbol y un grupo de bridge. Estas instituciones sociales tienen la importante tarea de incitar a sus miembros a familiarizarse con sus objetivos, normas y valores. Algunas instituciones son muy insistentes con eso. En la familia, se llama sociabilización. Allí, la sociabilización, el aprendizaje de valores, normas y otros principios es prácticamente automático porque los niños imitan todo lo que ven. También hay incontables oportunidades de aprendizaje en que estas cosas no suelen estar enfatizadas, sino que se dan por sentado.

Puede parecer muy diferente a un sistema como la física o las matemáticas. Mucha gente dice, “eso es muy complicado para alguien tan pequeño. No aprenderá eso hasta la secundaria”. Pero si lo observamos jugando, veremos que mantiene una pelota bajo el agua una y otra vez

para verla salir a flote, si lo miramos mientras hace rodar cosas por una bajada o correr cuesta arriba y cuesta abajo e inclinarse para atrás y para adelante para mantener el equilibrio, no podemos negar que está experimentado con los principios fundamentales de la física para establecer sus propios sistemas es su mente, y eso lo ubica en un buen camino. Fue el propio Newton el que alguna vez experimentó con algo tan simple como una manzana cayéndose. Tal vez no sería una mala idea que los profesores de física buscasen consejo de los niños que juegan para tener buenas demostraciones para sus clases.

Esto se aplica a otros sistemas, además de las matemáticas y la física. El niño también se interesa por la arquitectura básica. Puede pasar horas mirando a los constructores o imitar a su padre haciendo cemento. Mezcla arena y agua todo el día y luego empieza a "enyesar paredes". Sus construcciones con bloques Lego también se han vuelto más complejas. Por ejemplo, puede construir vías de tren y hacer que sus trenes corran sobre ellas.

Cambios cerebrales

Entre los 16 y los 24 meses, el número de sinapsis en el cerebro aumenta considerablemente, tanto dentro de las diferentes sub-áreas del cerebro como entre esas sub-áreas. En la segunda mitad del segundo año, madura una parte del cerebro que está detrás de la frente (el lóbulo orbitofrontal) y emerge una cascada de nuevas habilidades. En el primer año y medio, el hemisferio derecho del cerebro se desarrolla a pasos agigantados; luego, es el turno del hemisferio izquierdo, donde se ubica el centro del lenguaje. En lo que respecta a la comprensión de palabras individuales, a los 20 meses ocurre la especialización. El lenguaje está ahora limitado a algunas pequeñas áreas en el hemisferio izquierdo.

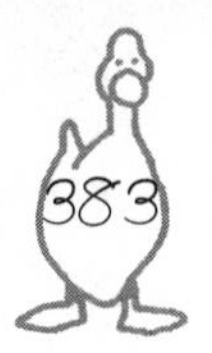

Las preferencias del bebé: la clave de su personalidad

Todos los niños tienen la habilidad de percibir y controlar sistemas. Si bien necesitan años para familiarizarse con la amplia gama de nuevas habilidades que tienen a su disposición, como niños dan sus primeros pasos en el mundo de los sistemas. A esta edad, por ejemplo, el niño elige concentrarse en aprender a controlar su cuerpo, y deja el habla para más adelante y usa sólo algunas palabras y no oraciones. O puede ser que esté muy ocupado con su familia, amigos, casa y vecindario. O puede preferir las artes, y dibuja incansablemente y escucha música. Como todos los niños, elige lo que le conviene por sus talentos, movilidad, preferencias y circunstancias. Las primeras elecciones se tornan evidentes a las 75 semanas, o 17 meses y una semana. Como padres, no debemos comparar a nuestros niños con otros. Cada niño es único y tomará decisiones igual de únicas.

Debemos observar a nuestro bebé, descubrir cuáles son sus intereses. Ya es posible ver qué talentos y preferencias tiene, así como cuáles son sus puntos fuertes. Podemos usar la lista en la sección "Diario de nuestro bebé" que aparece en las páginas 384-389 para marcar o resaltar las elecciones del niño. También podemos indagar nosotros mismos si hay "sistemas" que creemos que el niño podría usar o aprender. A partir del próximo salto, generalmente cerca de los 20 o 21 meses de edad, ya no es necesario seguir marcando.

Los niños son así

Si algo es nuevo, el niño lo adora. Es por eso que debemos reaccionar de manera especial a los nuevos intereses y habilidades del niño. De esa manera, él aprende más y de manera más agradable, rápida y fácil.

(continúa en la página 390)

Diario de nuestro bebé

Cómo explora nuestro bebé el nuevo mundo de los sistemas

LA CONCIENCIA

- ❑ Salta y grita impulsivamente "no" cuando le atrapan
- ❑ Prueba los límites de sus padres haciendo cosas que no tiene permitido
- ❑ Imita el comportamiento que observa en la televisión
- ❑ Se siente dolido y confundido si se lo sanciona injustamente
- ❑ Puede "mentir"
- ❑ Otras cosas que hemos notado:____________

LA NOCIÓN DE SÍ MISMO

- ❑ Yo y mi cuerpo
- ❑ Yo controlo mi cuerpo
- ❑ Puedo hacer cosas por mi cuenta
- ❑ Tengo mi propia voluntad
- ❑ Puedo decidir por mí mismo
- ❑ Quiero poder
- ❑ Otras cosas que hemos notado: ____________

OJOS QUE NO VEN, CORAZÓN QUE SÍ SIENTE

- ❑ Se esconde y quiere ser encontrado
- ❑ Busca a las personas más que simplemente yendo a donde estaban antes
- ❑ Otras cosas que hemos notado: ____________

TÚ Y YO

- ❑ Entiende que su mamá y su papá no son la misma persona
- ❑ Mide con precisión todas las similitudes y diferencias
- ❑ Quiere ser reconocido como no fácilmente influenciable
- ❑ Puede ponerse en el lugar de los demás
- ❑ Puede entender que otros niños quieran algo distinto
- ❑ Puede consolar a los demás
- ❑ Está en el punto más alto de su mimetismo
- ❑ Su imaginación despega
- ❑ Empieza a tratar a sus juguetes como agentes autónomos
- ❑ Otras cosas que hemos notado: ____________

OTROS SERES VIVOS

- ❑ Saluda con la mano a los pájaros y a los aviones
- ❑ Huele las plantas
- ❑ Le gusta darle de comer a las gallinas
- ❑ Le interesan las abejas, las hormigas y demás insectos
- ❑ Se ríe de los documentales de naturaleza con animales haciendo cosas inusuales
- ❑ Otras cosas que hemos notado: ____________

(continúa)

Diario de nuestro bebé (cont.)

LA FAMILIA NUCLEAR

- ❑ Entiende que los miembros de su familia central son personas separadas pero que son el uno para el otro
- ❑ Juega todo el día con peluches, les da de comer y los arropa para dormir
- ❑ Entiende que hay otras familias centrales con otras mamás y papás, hermanos y hermanas
- ❑ Otras cosas que hemos notado: ____________

CASA, VECINDARIO Y UBICACIÓN

- ❑ Tiene una buena noción de la zona que lo rodea
- ❑ Sabe exactamente dónde encontrar las cosas en la casa y alrededor de ella
- ❑ Reconoce su casa y la de sus abuelos
- ❑ Sabe el camino hacia el mercado o hacia el parque
- ❑ Reconoce cosas aún si están en entornos menos familiares
- ❑ Otras cosas que hemos notado: ____________

PROPIEDAD

- ❑ Sabe perfectamente a quién le corresponde cada ropa cuando salen de la lavadora
- ❑ Sabe exactamente a quién le corresponde cada mochila y cada abrigo
- ❑ Sabe exactamente a quién le corresponde cada juguete y qué no le está permitido

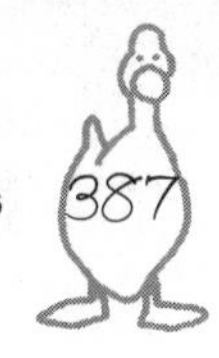

- ❑ Ya no quiere compartir sus juguetes con otros niños
- ❑ Colecciona cosas e insiste en que no se deben tirar
- ❑ No le gusta el desorden. Quiere que todo se guarde sistemáticamente
- ❑ Otras cosas que hemos notado: ____________

ROMPECABEZAS Y OBJETOS PEQUEÑOS

- ❑ Es ahora bueno para resolver rompecabezas que tengan 7, 12 o hasta 20 piezas.
- ❑ Sus habilidades motoras se vuelven cada vez más refinadas
- ❑ Le interesan los elementos de costura o las grandes cantidades de botones
- ❑ Es muy riguroso en los detalles
- ❑ Otras cosas que he notado: ____________

INVENTAR SUS PROPIOS JUEGOS

- ❑ Inventa sus propios juegos con sus propias reglas
- ❑ Inventa sus propios trucos de magia
- ❑ Otras cosas que he notado: ____________

ARTE

- ❑ Entiende que los juguetes simbolizan cosas o personas del mundo real
- ❑ Empieza a dibujar de manera completamente diferente. Los garabatos son ahora círculos, cuadrados y cosas similares
- ❑ Dibuja caballos, barcos, aviones, al perro, a la abuela, al abuelo y a sí mismo

(continúa)

Diario de nuestro bebé (cont.)

- ❑ Le gusta cuando sus padres también dibujan
- ❑ Los que disfrutan la música pueden pasar mucho tiempo escuchándola
- ❑ Le gusta tocar el piano
- ❑ Construye más edificios
- ❑ Otras cosas que hemos notado:____________

NOCIÓN DEL TIEMPO

- ❑ Recuerda experiencias pasadas
- ❑ Puede predecir eventos y programas cotidianos y familiares
- ❑ Recuerda constantemente a sus padres que prometieron ir a visitar a los abuelos
- ❑ Hace planes, si, como padres, prometemos algo y lo olvidamos se siente enojado e insultado
- ❑ Otras cosas que hemos notado: ____________

FÍSICA BÁSICA

- ❑ Mantiene un balón sumergido para verlo salir a flote
- ❑ Está muy ocupado vertiendo su mezcla especial de un contenedor a otro
- ❑ Presta atención a los colores
- ❑ Se siente intimidado al ver una nevada primera vez
- ❑ Se asusta del cepillo de dientes eléctrico
- ❑ Está ocupado con fenómenos básicos de la física
- ❑ Otras cosas que hemos notado:____________

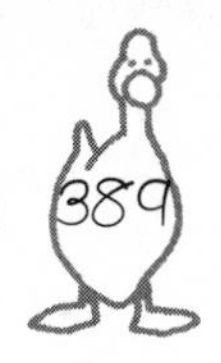

ARQUITECTURA BÁSICA

- [ ] Observa constructores durante horas
- [ ] Mezcla arena y agua para imitar la mezcla de cemento
- [ ] "Enyesa paredes" imita constructores
- [ ] Hace vías de tren con bloques Lego
- [ ] Intenta construir con bloques Lego
- [ ] Otras cosas que hemos notado: ____________

____

LENGUAJE

- [ ] Entiende la mayoría de lo que se dice
- [ ] Si es expuesto a distintos lenguajes, puede distinguir entre ellos y puede ignorar uno
- [ ] Produce más y más palabras
- [ ] Más tarde o más temprano es capaz de combinar palabras para formar oraciones
- [ ] Imita ruidos de animales
- [ ] Hace mucha mímica. Puede comunicarse mediante gestos
- [ ] Ama los libros. Escucha atentamente cuentos cortos enteros
- [ ] Otras cosas que hemos notado: ____________

____

OTROS CAMBIOS

____

____

En el mundo de los sistemas, el niño descubrirá que puede elegir sus principios. Se descubrirá a sí mismo, a su familia, a sus amigos; descubrirá su casa, su vecindario, su arte y mucho más. Como padres, debemos darle al niño la oportunidad de experimentar todo tipo de sistemas. Ya desde su ingenuidad, de ver las reacciones de sus padres y mediante mucha práctica, el niño aprende cómo está compuesto el mundo de los sistemas.

Mi conciencia y yo

La conciencia es un sistema de principios morales, valores, normas y reglas. El desarrollo de una conciencia no es algo que se deba dar por sentado. El niño tiene que construir su conciencia tomando como ejemplo lo que observa de sus padres. Como padres, debemos demostrar qué está bien y qué está mal. Deberá pasar mucho tiempo antes de que el niño haya visto suficientes ejemplos para poder sacar conclusiones. Con suerte, nuestras acciones como padres habrán sido consistentes. Si decimos una cosa en un momento y algo distinto en otro, entonces al niño le llevará mucho más tiempo. Lo mismo pasa si las señales que le damos al niño son confusas, le será más difícil descifrarlas. A partir de esta edad, el niño intenta descubrir un sistema en todo, incluso en valores, reglas y normas. El niño tiene deseos de tener reglas y desafía los límites. Así como tiene derecho a sus comidas diarias, también tiene derecho a una porción de reglas todos los días.

"Ella sabe que las cosas del estante de arriba son de su hermano. Ahora se trepa y toma alguna de sus cosas en secreto. Si la descubrimos, suelta lo que tomó y nos mira con cara de '¿cómo llegó esto aquí?'"

Madre de Victoria, 76 semanas,
o 17 meses y una semana

"Hace lo que no tiene permitido para desafiarnos".

Madre de Harry, 77 semanas, o 17 1/2 meses

"Se ríe cuando hace algo inesperado y que tiene expresamente prohibido para sorprenderme a mí o a su padre. También se ríe cuando lo descubrimos".

Madre de John, 79 semanas, o 18 meses

"Imita todo lo que ve en la televisión. Por ejemplo, se cae al piso a propósito y, luego de ver una película en que había niños peleando, se golpeó a sí mismo".

Madre de Thomas, 80 semanas, o 18 meses

"También noté que no haría caso y que se porta mal. Nunca lo había visto así. Golpeó a alguien en la cabeza sin ningún motivo y tiró a otro al piso. Es muy irritante y hasta llegué a enojarme mucho un par de veces. Le expliqué que cuando hace eso lastima a los demás. Tal vez le hablo demasiado y entonces sólo escucha lo que quiere. Si le digo que no haga algo o le pido que me ayude con algo, no tiene ningún efecto. Descubrí que tengo que decirle que es una tarea que podemos hacer juntos, como poner una botella de nuevo en su sitio en vez de simplemente tirarla".

Madre de Jim, 81 semanas, o 18 1/2 meses

"Me di cuenta de que si se cae, no llora inmediatamente y que reacciona bien frente a sus chichones, pero si cree que se lo corrige injustamente, se siente muy dolido y confundido. Por ejemplo, lloró desconsoladamente porque no le dejaron subirse a la cama con sus botas puestas. Yo había dicho que no había problema porque estaban limpias, pero la niñera no lo sabía y no entendió. Me di cuenta por la manera en que lloraba que estaba muy dolido, aunque no fuese nada grave. Rara vez lo escucho llorar así, aunque escucho el mismo llanto luego de que ha estado con su padre que le permite hacer cosas que yo no".

Madre de Taylor, 81 semanas, o 18 1/2 meses

"Hemos cambiado la rutina para ir a dormir. Ella solía no ir a la cama hasta las 10 y luego quería dormirse en nuestro regazo primero, y sólo entonces podíamos acostarla. El sábado pasado sábado, la llevamos a dormir a las 8:00, después de que ella había estado muy tediosa. Gritó a todo pulmón durante 45 minutos hasta que finalmente se quedó dormida. Desde esa noche, se va a la cama entre las 8 y las 8:30. Cantamos canciones con ella, su padre habla con ella un poco más y luego se duerme, y duerme toda hasta el 7 de la mañana siguiente. Sin embargo, papá tiene que llevarla a la cama".

Madre de Jenny, 84 semanas o 19 meses

"La última moda es inventar cosas. Terminó de jugar un juego de simulador de vuelo en la computadora con su papá y me dijo que su padre no lo hizo bien y que él se había estrellado al aterrizar. Esto no fue en absoluto lo que sucedió, como se vio después, pero lo dijo a propósito. Le gusta inventarse cosas. Se ríe a carcajadas cuando el papá pone las cosas como fueron".

Madre de Jim, 85 semanas o 19 meses y medio

"Ahora puede 'mentir'. Por ejemplo, come una galleta y tiene la boca de chocolate cuando aparece la siguiente ronda de galletas. Cuando es su turno, toma una galleta y la esconde detrás de su espalda y dice que todavía no ha recibido su galleta. Si se le permite tomar otra galleta, se ríe y muestra la que ya tenía en su mano".

Madre de Thomas, 87 semanas, o 20 meses

Yo y mi noción de mí mismo

El sistema con el cual el niño más entra en contacto es consigo mismo. Es lo primero que conoce y tiene todo tipo de consecuencias. Descubre que es dueño de su propio cuerpo y que puede controlarlo. También descubre que puede hacer que las cosas sucedan, que tiene su propia voluntad, que puede tomar sus propias decisiones y que tiene el poder para influenciar. El bebé piensa en términos de yo, yo, yo.

Mi cuerpo y yo

"Está muy interesado en sus 'partes'. Tira de ellas y las frota cada vez que puede. A menudo lo dejo caminar por la casa desnudo".

Madre de Mark, 72 semanas, o 16 1/2 meses

"Parece haber redescubierto los dedos de su pies. Los estudia minuciosamente y puede pasar minutos mirándolos".

Madre de Victoria, 73 semanas, o 16 1/2 meses

"Se llama a sí misma Mita. Ella misma se dio ese nombre".

Madre de Victoria, 75 semanas, o 17 meses

"A menudo se golpea la cabeza fuerte contra la pared. Me hace sentir mal. Me gustaría que no lo hiciera. Creo que lo hace para experimentar la noción de sí mismo".

Madre de Kevin, 76 semanas, o 17 meses y una semana

"Se rió descontroladamente de una muñeca en el supermercado".

Madre de María, 81 semanas, o 18 1/2 meses

"Está obsesionada con los ángeles. Le pregunté, '¿eres tú?'. 'Sí', me respondió".

Madre de Nina, 82 semanas, o 18 1/2 meses

"No deja que nadie lo toque: ni el doctor para pesarlo y medirlo, ni la peluquera, aunque era una amiga, ni siquiera su abuela para vestirlo".

Madre de Matt, 82 semanas, o 18 1/2 meses

"También dice: 'soy yo'".

Madre de Hannah, 83 semanas, o 19 meses

"Si alguien le dice 'Lindo cabello', se pasa la mano por el cabello como si fuera la estrella de la película Grease".

Madre de Thomas, 86 semanas, o casi 20 meses

"Está muy ocupada poniéndose y sacándose su ropa. Incluso se pone pantuflas, calcetines y pantalones. Es muy coqueta. Cuando tiene ropa nueva, se sube a nuestra cama, frente al espejo, para examinarse mejor. Una vez insistió en ponerse un vestido cuando yo quería ponerle pantalones. Le gusta mucho ir a la peluquería".

Madre de Vera, entre 74 y 87 semanas, o entre 17 y 20 meses

Yo tengo control sobre mi cuerpo

"Sube las escaleras muy recto dando grandes pasos. El pie derecho en un escalón y el izquierdo en el siguiente, y así sucesivamente".

Madre de Bob, 72, o 16 1/2 meses

"Ya me enojé una vez esta semana. Subió unas escaleras peligrosas incluso después de habérselo prohibido".

Madre de Eve, 74 semanas, o 17 meses

"Se cuelga de una barra, se balancea un poco y después se deja caer al suelo riéndose".

Madre de Paul, 74 semanas, o 17 meses

"Se trepa a todo. Nada es demasiado, aunque tiene cuidado. Es consciente del peligro".

Madre de James, 76 semanas, o cerca de los 17 1/2 meses

"Encuentra todo tipo de maneras para llegar a donde no le está permitido. He guardado ciertas cosas y protegido otras, pero eso ya no funciona, igual encuentra la manera de llegar a ellas. Incluso si necesita arrastrar una silla o una escalera".

Madre de Victoria, 76 semanas, o cerca de los 17 1/2 meses

"Trepa como una acróbata. Trepa por mi cuerpo mientras la sostengo. Se impulsa desde mi estómago y da una vuelta hacia atrás".

Madre de Laura, 80 semanas, o 18 meses y una semana

"Por primera vez bajó por el tobogán de plástico en McDonald's boca abajo".

Madre de Steven, 81 semanas o 18 meses y medio

"Aprendió a dar volteretas, a bajar sola por el tobogán y a volverse a subir. Ahora se sube y se baja de la cama sola".

Madre de Nora, entre las 80 y 83 semanas, o entre 18 y 20 meses

"Le gusta saltar de lugares altos, si cree que puede hacerlo. Cuando no puede dice 'miedo' y estira los brazos, lo que quiere decir, "es demasiado alto para mí, ¿podemos hacerlo juntos?'. También le gusta caminar por paredes angostas para practicar su equilibrio. Le gusta cuando la pared tiene un poco más de un metro de altura. Yo hago de cuenta que estoy tranquila, pero me da miedo".

Madre de Luke, entre 83 y 86 semanas, o entre 19 y casi 20 meses

"Hace un mes que la novedad es intentar hacerla caer mientras cruza la cama de agua".

Madre de Eve, 82 semanas, o casi 19 meses

"Disfrutó mucho disparar pequeños bloques con la boca, la hace reír. Correr por las dunas y perseguir el perro por la playa fueron lo mejor".

Madre de Hanna, entre 86 y 88 semanas, o casi 20 meses

Puedo hacerlo solo

"Puede pelar y comer una naranja ella sola, abrir puertas y decir su nombre. Le da cuerda a su radio de juguete y va escuchándola".

Madre de Juliette, 72 semanas, o 16 ½ meses

"Entiende que puede usar su bacinilla para hacer sus necesidades. Ya fue dos veces, se sentó con los pañales puestos e hizo sus necesidades".

Madre de Josie, 73 semanas, o casi 17 meses

"Cuando cenamos, ya no quiere sentarse en su silla alta, quiere sentarse en una silla normal. Tampoco quiere usar babero y quiere comer sin ayuda".

Madre de Julia, entre las 73 y 75 semanas, o cerca de los 17 meses

"Está semana se la pasó caminando con servilletas. Las usaba como babero o como toalla, pero más que nada como guantes de cocina: cuando iba a agarrar algo, ponía la servilleta arriba primero y después lo agarraba. Hacía esto más que nada con las manijas de los cajones de la cocina".

Madre de Paul, 74 semanas, o 17 meses

"Ahora está ocupado con aspectos espaciales. Le interesa mucho poner cosas dentro o bajo otras cosas. No es que algo encaje en algún lado, le interesa más ser el que está poniendo y sacando cosas. Le interesa mucho más investigar su propio potencial que las cualidades de las cosas en sí. Ahora tiene una urgencia renovada por observar las ollas. Ya no se trata de que yo le muestre qué estamos comiendo y le diga cómo se llama, sino lo mira y lo identifica por sí mismo. Jugar con el cubo que tiene la tapa con agujeros con formas ha tomado otro sentido. Ahora quiere poner las piezas por la forma en que él quiera, empuja las piezas por el agujero equivocado a propósito. Si por error pone una pieza en el agujero correcto, la saca de inmediato. Quiere poner las piezas como él quiera, no según las reglas del juego".

Madre de Frankie, 76 semanas, o casi 17 ½ meses

"Esta semana disfruta dibujar. Creo que es porque lo hace solo. Es algo que hace por cuenta propia".

Madre de John, 77 semanas, o 17 ½ mese

"Hace dibujos por su cuenta y luego se ríe de ellos"

Madre de María, 77 semanas, o 17 ½ meses

"Estos días quiere comer sin ayuda. No es fácil, pero, en líneas generales, le va bien. Imita cada vez más. Limpia el piso con una esponja, se suena la nariz con un pañuelo y usa la aspiradora con el accesorio para aspirar y limpiar. Sabe perfectamente para qué es cada cosa".

Madre de James, 77 semanas, o 17 ½ meses

"Si le pregunto, '¿quieres que lo haga mamá?', ella dice, 'no, Ana'. Incluso si rompe algo y le preguntamos quién lo hizo, responde 'Ana'. Es muy consciente de sí misma. Si tira algo al piso o se le cae, se ríe".

Madre de Ana, 77 semanas, o 17 ½ meses

"Esta semana apareció caminando orgulloso con su bacinilla llena. Yo estaba tan orgullosa como él. Si está dando vueltas sin pañal, quiere decir que quiere usar su bacinilla o que la ha usado antes de que yo me diera cuenta. Espera para orinar en su bacinilla. Usa toda su fuerza para evacuar y todo debe ir a parar a la bacinilla. Encantador. Luego dice, 'más' y eso significa que quiere usarla de nuevo. Cuando termina dice 'terminé'".

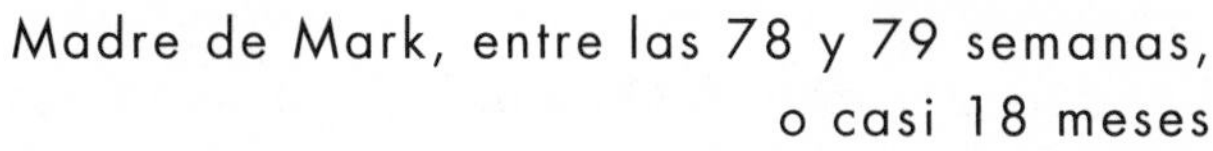

Madre de Mark, entre las 78 y 79 semanas, o casi 18 meses

"Ahora puede sacarse el cinturón y bajarse de su silla sin ayuda".

Madre de Ashley, 80 semanas, o 18 meses y una semana

"Ahora funciona como 'cadete'. Trae lo que sea que se le pida. Trae el control remoto, trae la guía de televisión, los calcetines y puede prender la lavadora, 'caliente medio, por favor'. También trae los zapatos y los productos de limpieza. Y, si está jugando con su papá con el simulador de vuelo en la computadora, sigue todas sus instrucciones: '¡combustible!', '¡tren de aterrizaje!', '¡expulsar!'. Estoy muy orgullosa de mi hombrecito. Realmente se esfuerza al máximo y hace todo lo que se le pide de inmediato, pero me da pena: realmente se esfuerza mucho".

Madre de Thomas, 80 semanas, o 18 meses y una semana

Es una experta con los instrumentos médicos de juguete".

Madre de Elizabeth, 81 semanas, o 18 ½ meses

"Hizo sus necesidades en la bacinilla. Si dice 'popó' es que lo hizo en su pañal y quiere que la cambien. De vez en cuando hace sus necesidades en el baño".

Madre de Nina, 82 semanas, o casi 19 meses

"Le gusta estar desnudo después de bañarse. Luego se agacha y hace fuerza para orinar. Una vez, lo hizo dentro de su armario".

Madre de Robin, 82 semanas, o casi 19 meses

"No deja de sorprenderme lo bien que entiende qué está pasando. De vez en cuando, entiende todo. Por ejemplo, si quiere algo que está fuera de su alcance, va al baño y trae un banco y lo pone donde lo necesita. Ese es apenas un ejemplo de cómo resuelve sus propios problemas"

Madre de Vera, 82 semanas, o casi 19 meses

"Ahora colorea con crayones".

Madre de Laura, 83 semanas, o 19 meses

"Puede ordenar por colores. Una vez vio que un marcador tenía la tapa de un color equivocado".

Madre de Victoria, 84 semanas, o 19 meses

"Me avisa con anticipación que necesita ir al baño".

Madre de Taylor, 84 semanas, o 19 meses

"De vez en cuando quiere usar su bacinilla. Se sienta un segundo y empieza a limpiarse furiosamente, pero sin haber hecho nada".

Madre de Eve, 85 semanas, o 19 ½ meses

"Cada vez es más servicial e imita más. Trae su taza a la cocina y la pone en la mesada, o toma un plato. Le gusta jugar a que martilla cosas. Quiere tomar de un vaso de adulto y no de un biberón o de una taza para niños".

Madre de Bob, 86 semanas, o casi 20 meses

"Una vez hizo sus necesidades en el inodoro".

Madre de Ana, 87 semanas, o 20 meses

"Si ya está desnuda, se sienta en su bacinilla sola. Si tiene puestos pantalones, lo hace con los pantalones, pero nos avisa inmediatamente".

Madre de Hanna, 87 semanas, o 20 meses

"Sabe ir al baño perfectamente. Después de apenas 3 noches, nunca más mojó la cama".

Madre de Emily, 87 semanas, o 20 meses

"Puede sonar su nariz. Ahora trata de sonar su nariz en todo, incluso los posavasos".

Madre de Gregory, semana 88 o 20 meses

Tengo mi propia voluntad

"Los últimos meses estuvo haciendo travesuras y probando los límites para ver qué se le permite y qué no, así como también las consecuencias. Por el momento, sabe perfectamente qué tiene permitido. Sólo está siendo travieso para decirnos: 'hago lo que quiero, ¿qué harás al respecto?'".

Madre de Harry, 76 semanas, o 17 meses

"Ya no hace caso a las advertencias. Parece estar proclamando que sabe lo que hace. Ahora experimentar es la prioridad: caerse, la temperatura, condimentos fuertes, etc. Él decide qué comer, cuándo y dónde".

Madre de Matt, 76 semanas, o 17 meses

"Realmente hace lo que quiere. Por lo general, buscando problemas".

Madre de James, 77 semanas, o 17 ½ meses

"Demandaba mucha atención si no se le permitía hacer algo o si algo tardaba mucho. Tiraba de mi ropa, era muy testaruda, llorona, traviesa, temperamental e incontrolable".

Madre de Josie, 77 semanas, o 17 ½ meses

"Se mete en todo, pero debo vigilarlo de cerca. Es muy peligroso dejarlo sin supervisión porque desafía constantemente las reglas. Realmente me enojé cuando intentó prender una hornalla con un sartén caliente encima. Me asustó de verdad. Por suerte, sólo recibió quemaduras leves y el daño fue mínimo, pero recibió una advertencia física. Espero que haya entendido que no puede manipular el gas. Es muy divertido cocinar juntos, pero si no ha aprendido su lección, ya no podremos hacerlo".

Madre de Steven, 78 semanas,
o casi 18 meses

"Hace poco ha abandonado sus juguetes y prefiere las cosas que no tiene permitido tocar, como el reproductor de DVD".

Madre de Laura, 78 semanas,
o casi 18 meses

"Tengo que acompañarlo a todas partes. Es muy curioso y emprendedor. Todo debe ser inspeccionado conmigo mirando. Tuvimos un problema porque él desordena más rápido de lo que yo ordeno".

Madre de Luke, 19 semanas, o 18 meses

"Es todo un payaso. No le importa nada excepto hacer lo que quiere. Le encanta hacer bromas. Le decimos el "pequeño elfo".

Madre de James, 80 semanas, o 18 meses

"Es cada vez más independiente. Se va sola o con otros. Saluda con la mano y se va".

Madre de Elisabeth, entre 80 y 81 semanas, o entre 18 y 18 ½ meses

"Los últimos días estuvo jugando con autos. El miércoles terminé teniendo media hora libre. Se puso a jugar con sus bloques y autos y no lo escuché durante media hora".

Madre de James, 81 semanas, o 18 1/2 meses

"Pone el dedo en el té caliente. ¡Ay!"

Madre de Julia, 84 semanas, o 19 meses

"De vez en cuando se divierte sola. Si estoy cerca, juega sola, pero no me deja leer. A veces puedo leer un poco, que es más de lo que estoy acostumbrada".

Madre de Nina, entre 83 y 86 semanas, o entre 18 y 20 meses

"Su conciencia de sí misma crece todos los días. Expresa lo que quiere y lo que no quiere. Tira besos cuando se despide y cuando le da algo a alguien, es una decisión consciente".

Madre de Ashley, entre 83 y 86 semanas, o entre 18 y 20 meses

"No quiere que le cepille los dientes, pero si lo hace ella, no se los cepilla, se come la pasta y ahí termina. Una vez le cepille los dientes y estuvo enojada conmigo durante media hora".

Madre de Anna, 86 semanas, o casi 20 meses

Puedo elegir yo solo

"Se empieza a reír cuando planea hacer algo travieso"

Madre de Eve, 76 semanas,
o casi 17 ½ meses

"Anuncia todo lo que hace. Siempre se señala a sí mismo".

Madre de Kevin, 76 semanas,
o casi 17 ½ meses

"Ella sabe que 'bah' es para cuando se hace encima. Se me acerca y dice, 'bah'. Si puede elegir el lugar dónde cambiarla, no hace un escándalo y se deja cambiar. Elige lugares muy raros para cambiarla. Es lo mismo para cambiarla de ropa: 'elige tu lugar' y ahí va".

Madre de Norah, 86 semanas,
o casi 20 meses

"Ahora quiere elegir su propia ropa y tiene ciertas preferencias. Ya no le gustan sus pantalones con estampado de ratones. A veces se pone el saco de su padre y una corbata y me despierta".

Madre de Thomas, 86 semanas,
o casi 20 meses

Quiero poder

"Han aumentado las rabietas. Puede gritar muy fuerte. No por mucho tiempo, pero fuerte. Observa detenidamente a su hermano cuando se porta mal, como si estuviera tomando notas".

Madre de Victoria, 72 semanas,
o 16 ½ meses

"Si no acepta lo que pasa, grita. Ya no se tira al suelo tanto como antes, intenta salirse con la suya mediante los gritos".

Madre de Jenny, 72 semanas,
o 16 ½ meses

"Me asusta con serpientes y ratones y le hace lo mismo a la vecina".

Madre de Frankie, 74 semanas, o 17 meses

"Intenta poner autos grande en un estacionamiento de juguete mucho más pequeño. Nunca había hecho eso antes".

Madre de Robin, 76 semanas, o casi 17 ½ meses

"Golpea y hasta pellizca constantemente si no obtiene lo que quiere. Golpea fuerte cuando está enojado y suave cuando está bromeando. La idea es corregir este mal hábito hablándole con calma, dándole una almohada para que golpee o pidiéndole que se calme. Cuando realmente lastima, me enojo. Eso lo pone triste y empieza a repartir besos".

Madre de Luke, 76 semanas, o casi 17 ½ meses

"Siempre quiere comer y tomar lo que yo estoy comiendo y tomando, aun cuando él tenga en su plato lo mismo. Quiere lo que yo tengo. Me quita mi comida y mi bebida. Lo resolvemos discutiendo como niños".

Madre de Gregory, 76 semanas, o casi 17 ½ meses

"Si no obtiene lo que quiere o si no logra algo, grita en un tono muy fuerte y muy agudo. Me molesta mucho y quiero sacarle ese hábito pronto. Esta semana, hemos tenido discusiones a causa de eso".

Madre de Juliette, 77 semanas, o 17 ½ meses

"Un par de veces al día se enoja, especialmente si no obtiene lo que quiere. Por lo general se le pasa solo. A veces tengo que intervenir para calmarla. Es bastante feroz."

Madre de María, 77 semanas, o 17 ½ meses

"Se ha vuelto notablemente más fuerte. También arroja cosas con fuerza y no soporta no salirse con la suya. A veces le arroja cosas al gato, como el despertador".

Madre de Matt, 77 semanas, o 17 ½ meses

"Tiene buen temperamento y mucha energía. Está tan ocupado con lo que aparentemente necesita hacer que no reacciona cuando expreso mi descontento. Arroja y golpea con toda su fuerza todo lo que esté a su alcance. Creo que arroja las cosas para sentir poder sobre sus posesiones. Lo mismo pasa con los golpes. Intento dejar en claro cuando amenazo con tomar medidas para castigarlo. Si sigue arrojando y golpeando cosas, lo pongo en su corralito. Se queda ahí en silencio, esperando y apenas sale, sigue arrojando y golpeando. Lo único que funciona es distraerle. Creo que es un nuevo patrón de aprendizaje ".

Madre de Kevin, 78 semanas, o casi 18 meses

"Se enoja si no se sale con la suya. Por ejemplo, si quiere salir, señala su abrigo. Si le digo que no, se enoja. También se enoja si no le dan más caramelos o si su amigo no está en casa".

Madre de Robin, 77 semanas, o 17 ½ meses

"Si tiene que dejar el jardín y entrar a la casa, llora y patalea. Cuando pasa esto, la mando al rincón".

Madre de Vera, 79 semanas, o 18 meses

"Hay veces en que no sé si puedo manejar sus actividades dinámicas y testarudas".

Madre de Harry, 79 semanas, o 18 meses

"Arroja todo al piso, muerde y golpea. Esta semana realmente me enojé porque tiró toda su comida al suelo".

Madre de John, 79 semanas, o 18 meses

"Intento enojarme y exigir obediencia, insisto en que tiene que parar, pero nada funciona. No le inspiro respeto. Es muy difícil cuando se comporta de esta manera, y es peor si está cansado. Entonces es realmente abrumador".

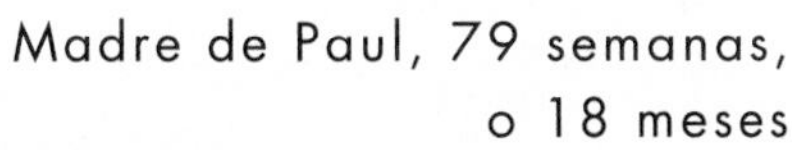

Madre de Paul, 79 semanas,
o 18 meses

"Si me voy de la habitación un segundo, o me descuido en lo más mínimo, empieza a cavar en mis plantas".

Madre de Laura, 80 semanas,
o 18 meses

"Esta semana, estuvo muy molesta. Quería salirse con la suya todo el tiempo y, si no lo lograba, lloraba y se tiraba al suelo. Si la dejábamos ahí, se le pasaba sola".

Madre de Emily, 81 semanas,
o 18 ½ meses

"Si no puede tener algo, tiene que irse a la cama o no se sale con la suya, llora y patalea".

Madre de Ashley, 84 semanas,
o 19 meses

"Parece que arroja y golpea cada vez menos, pero a veces muerde muy fuerte. Nada funciona, ni los regaños, ni las explicaciones, ni las nalgadas".

Madre de John, entre 83 y 86 semanas,
o entre 19 y casi 20 meses

"Aterroriza a los gatos. Controla todo el tiempo dónde están y tiene que poder acariciarlos".

Madre de Jim, entre 83 y 86 semanas, o entre 19 y casi 20 meses

"No le gusta que la traten como 'pequeña'. Fuimos a una linda heladería donde los helados son caros. Papá dijo que ella podía comer de nuestro helado. Cuando llegó el helado, Elisabeth podía lamerlo, pero no sostenerlo. Eso causó un berrinche. Quería irse, estaba ofendida de que pensásemos que ella era pequeña. Papá fue a otra heladería más barata a comprar más helado, pero lo sostuvo y no lo comió. Seguía enojada. Se sintió muy insultada durante otros 45 minutos. Incluso le pegó a papá".

Madre de Elisabeth, 86 semanas, o casi 20 meses

"Tiene mucha voluntad y eso puede ser un problema. Cuando no se le permite hacer algo o no puede salirse con la suya, llora. Las lágrimas de verdad están reservadas para cuando se cae o se lastima".

Madre de Julia, 87 semanas, o 20 meses

Ojos que no ven, corazón que sí siente

Dado que el niño ahora entiende que él es un sistema independiente, también entiende que los principios que se aplican a los objetos y personas que lo rodean también se aplican a él. Entiende que las cosas siguen existiendo aunque él no las esté viendo. También entiende que él sigue existiendo para mamá y papá aunque ellos no puedan verlo. Es más, entiende que puede ocurrir que las personas no permanezcan en el último lugar en que él las vio. Empieza a darse cuenta de que pueden moverse y cambiar de ubicación. Cuando busca a papá, entiende que no sólo debe buscar en el último lugar en que lo vio.

"Le gusta meterse en el armario y cerrar las puertas"

Madre de Steven, 81 semanas, o 18 ½ meses

"Se esconde en el armario, cierra la puerta y me llama. Se ríe mucho cuando la encontramos".

Madre de Josie, 85 semanas, o 19 ½ meses

Tú y yo

Ahora que el niño se ve como un individuo, empezará a usar palabras como "tú" y "yo". Entiende que mamá y papá son individuos que tienen sus propias vidas y empieza a compararse con ellos y a notar las similitudes y diferencias.

"Ha descubierto que su padre tiene un pene. Ella lo llama 'Pino'"

Madre de Victoria, 72 semanas, o 16 ½ meses

"Su propio pene es un tema. También el de su padre y la ausencia del mío".

Madre de Bob, 73 semanas, o casi 17 meses

"Estos días primero se señala a sí mismo y después a mí, como si quisiera mostrar la diferencia".

Madre de Mark, 75 semanas, o 17 meses

"Si le digo, '¿salimos juntas?', se señala con el dedo como preguntando, '¿quién? ¿Yo?', como si hubiera más gente en la habitación".

Madre de Nina, 75 semanas, o 17 meses

"Le encanta cuando hago una referencia a él en particular: se señala con el dedo para distinguirse de mí, y como confirmación de que estoy hablando de él".

Madre de Luke, 77 semanas, o 17 ½ meses

"Si imito una frase o comportamiento estereotípico de ella, se ríe"

Madre de Hanna, 78 semanas, o casi 18 meses

"Está muy interesado en su padre en la ducha, en la cama o en el baño. Lo sigue a todas partes y habla todo el tiempo de él".

Madre de Frankie, entre 79 y 86 semanas,
o entre 18 y casi 20 meses

"Aprendió los términos "yo" y "tú".

Madre de Juliette, 86 semanas
86 o casi 20 meses

Ahora que el niño puede diferenciar entre sí mismo y otros, también puede ponerse en el lugar de otros. Un ejemplo simple es que un bebé de entre 13 y 15 meses no puede imaginar que otra persona tome una decisión distinta a la que él tomaría. A los 18 meses ya podrán hacer esto por primera vez. Esto tiene todo tipo de consecuencias.

El burro y la zanahoria

"Salimos de la tienda y había un helicóptero, un juego para niños. Al poner dinero en el juego, el helicóptero se mueve y prende las luces. A Nora le encanta y se había subido una vez, pero esta vez había un niño que no quiso bajarse después de su turno. Nora miró a su alrededor y corrió hacia un carrito de supermercado y empezó a empujarlo. El otro niño salió del helicóptero y quiso empujar el mismo carrito. Entonces Nora corrió hacia el helicóptero y se subió".

Madre de Nora, 87 semanas,
o 20 meses

Puedo consolar

"Nos dice que tenemos que llorar y entonces nos dará un beso y una caricia".

Madre de Jenny, entre las 79 y 80 semanas,
o 28 meses

Yo y mi mímica

"Puede recrear humores; por ejemplo, dice '¡basta!' como una niña, con un poco de descaro. Imita ciertos gestos, como girar la cabeza y el cuerpo mientras levanta la mano y le habla a la mano".

Madre de Taylor, 80 semanas, o 18 meses

"Su pasatiempo preferido es imitar ciertas posturas y movimientos. Incluso intenta imitar al gato".

Madre de María, entre 83 y 86 semanas,
o entre 19 y casi 20 meses

"Observó los monos y como abren las nueces. Recogemos nueces por el vecindario y en casa le gusta abrirlas".

Madre de Bob, entre 83 y 86 semanas,
o entre 19 y casi 20 meses

"Imita un poco a otros niños. Si se trepan a una cerca, ella también lo intenta. Si golpean una ventana, ella también lo hace. Si ellos lo hacen, ella lo copia".

Madre de Vera, 87 semanas, o 20 meses

Yo y mi juego de fantasía

En sus juegos empieza a tratar a sus juguetes como si también estuviesen jugando, como si fueran personas capaces de hacer cosas.

"Tomó un algo imaginario de su mano y lo llevo a la boca. Lo hico varias veces. Fue muy peculiar. Parecía su primer juego de fantasía".

Madre de Josie, 71 semanas, o 16 meses

"De repente se ha vuelto más independiente. Juega sola muy bien. De vez en cuando parece que está en un mundo de fantasía. Fantasea. No la había visto hacer eso antes. Juega el juego con su muñeca. A veces me cuenta sus fantasías".

Madre de Victoria, 75 semanas, o 17 meses

"Hizo un dibujo de unas heces y luego lo pisó. No le dejo pisar las heces en la calle".

Madre de Paul, 77 semanas, o 17 ½ meses

"Una tarde, después de haber visto sus fotos de bebé, decidió que todos sus animales eran sus bebés y jugó con ellos toda la tarde en su cama".

Madre de Gregory, 84 semanas, o 19 meses

"Expresa mucho más claramente qué quiere y se frustra si no entiendo qué quiere decir. Sus juegos de fantasía tienen mucho que ver con eso. Me da un perro y yo debo entender que el perro necesita que lo amamanten".

Madre de Emily, 86 semanas, o casi 20 meses

"Juega mucho con la imaginación, hace fiestas de té, se sienta con su auto Lego en las escaleras. Toca el suelo al lado de él invitándonos y le encanta si nos sentamos con él".

Madre de Thomas, 86 semanas, o casi 20 meses

Otras criaturas vivas

Otras criaturas vivas también son sistemas separados con sus propias reglas y programas de conducta. Al niño esto lo fascina.

"Esta semana se interesó mucho por los pájaros. Si un pájaro que estaba mirando volvía después de haber salido de su vista, se reía. Se reía más cuando veía de dónde salían los sonidos que escuchaba antes de ver el pájaro. Pasa lo mismo con los aviones. También le gusta investigar cómo huelen las plantas".

Madre de Eve, 73 semanas, o casi 17 meses

"Saluda con la mano a los pájaros y a los aviones y, a veces, a las personas".

Madre de Eve, 74 semanas, o 17 meses

"Esta semana, disfrutó de darle de comer a las gallinas. Se quedó con su abuelo, en la granja".

Madre de Jim, 77 semanas, o 17 ½ meses

"Vio un caracol en la calle y, antes de que yo me diera cuenta, dijo que el caracol estaba muerto. Aparentemente, ya había hablado sobre este tema con su padre un par de veces".

Madre de Harry, 79 semanas, o 18 meses

"Estuvo con su abuelo el apicultor y le gustaron las abejas".

Madre de Steven, 83 semanas, o 19 meses

"Se rio mucho cuando vio una serpiente comerse un ratón en un documental".

Madre de Laura, 84 semanas, o 19 meses

"Esta semana estuvo muy interesado en una hormiga en el jardín".

Madre de Matt, 84 semanas, o 19 meses

"Esta semana le interesan mucho los insectos, las mariquitas y las hormigas"

Madre de Anna, 85 semanas, o 19 ½ meses

"Ahora le gusta regar las plantas. Empieza a hacer ruidos como si las plantas tuviesen hambre: 'las plantas quieren comer'. Si puede, les da de comer dos veces por día. Llenar y vaciar la regadera es lo que le hace sentir a Ashley que hizo su buena acción del día".

Madre de Ashley, 85 semanas, o 19 ½ meses

"En la playa jugó sin parar en la arena: hacía un agujero y metía caracoles en la arena y los declaraba muertos".

Madre de Kevin, 87 semanas, o 20 meses

Soy parte de una familia nuclear

La familia nuclear es un sistema como otras organizaciones humanas y es la primera organización que el niño vive por dentro, desde el comienzo. Sin embargo, recién ahora empieza a ver que la familia nuclear es una unidad, un sistema.

"Ahora tiene una estricta división de tareas. Mamá trae su vaso y papá lo llena".

Madre de Victoria, 73 semanas, o casi 17 meses

"Ahora entiende que somos una familia, un grupo. Si uso los nombres Xaviera, Marko y Thomas en una oración, ella corrige la omisión de Mita (Victoria) y Kitan (Christian)".

Madre de Victoria, 74 semanas, o 17 meses

"Está todo el día ocupada con sus muñecas y sus peluches. Uno va en la silla alta. Si tiene algo para comer, primero lo comparte con sus 'amigos'. También los arropa en su cajón de muñecas y después se acuesta en la cama grande".

Madre de Elisabeth, entre 74 y 75 semanas, o 17 meses

"Sabe exactamente quién le pertenece a quién o quién le dio qué".

Madre de Vera, 75 semanas, o 17 meses

"Se ríe cuando jugamos con el gato o si el gato se enoja".

Madre de Jenny, entre 71 y 76 semanas, o entre 16 y casi 17 ½ meses

"Señala a su padre, a mí y a sí mismo, luego, yo tengo que decir que somos todas personas separadas, pero que pertenecemos uno al otro, entonces dice que sí con la cabeza y suspira contento".

Madre de Frankie, 76 semanas,
o casi 17 ½ meses

"Ahora, es un gran 'amigo'. Me pide que lo acompañe en su auto de Lego, quiere que leamos juntos, quiere que coloreemos juntos".

Madre de Thomas, 78 semanas,
o casi 18 meses

"Cuando llevamos o pasamos a buscar a su hermano a la escuela, tiene problemas con que yo llamase a otras mujeres 'la Madre de tal o de cual niño'. Para ella, sólo había una mamá y era yo. Ahora entiende que hay otras familias y que esas mujeres son las madres de otros niños. Todavía protesta si escucha que les dicen 'mamá'. La única verdadera mamá es su mamá".

Madre de Victoria, 79 semanas,
o 18 meses

"Si su hermano o su hermana mayor se sientan en mi regazo, se enoja y se queda enojado hasta que mi regazo queda libre".

Madre de James, 82 semanas,
o casi 19 meses

"Esta semana disfrutó meterse en la cama y acurrucarse con mamá y papá".

Madre de Gregory, 83 semanas, o 19 meses

"Es muy atrevido y ya molesta a su hermano y a su hermana, a veces los hace enojar".

Madre de James, 83 semanas, o 19 meses

"Ahora entiende que hay otras familias además de la nuestra. Hace poco fuimos a buscar a su hermano, que estaba jugando en la casa de un amigo. Nos quedamos a tomar un café. Ella estaba claramente molesta y llamaba a la hermana del chico y preguntaba dónde estaba, pero la hermana estaba en casa de un amigo. La familia estaba incompleta sin la hermana y eso la molestaba. Le parecía mal".

Madre de Victoria, 84 semanas, o 19 meses

"A veces James es dejado de lado por su hermano y hermana cuando quieren jugar un juego. Lo dejan en el pasillo y le cierran la puerta en la cara. Viene a mí destrozado y necesita que lo consuele".

Madre de James, 87 semanas, o 20 meses

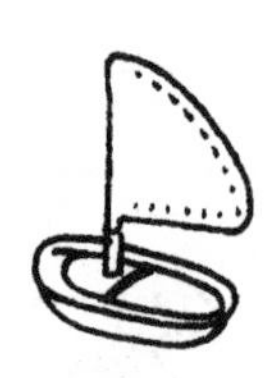

"Sabe que su padre se llama Hank y su madre Miko".

Madre de Julia, 87 semanas, o 20 meses

Yo y mi familia o amigos

Así como la familia nuclear es un sistema, también lo es la familia extendida y el círculo de amigos. El niño empieza a reconocer eso también. También aprende a diferenciar entre su familia y las familias de sus amigos.

"Se me acercó con el teléfono y una fotografía de sus abuelos y me hizo entender que quería que los llame".

Madre de Juliette, 78 semanas,
o casi 18 meses

"Si hablo de su amigo, sabe quién es y dice su nombre con entusiasmo. Conoce perfectamente a su amigo".

Madre de Steven, 78 semanas, o casi 18 meses

"Somos muy cercanos. Sigue mis conversaciones e interacciones con otros. Reacciona a lo que se dice, incluso si no se le está hablando a él. Cuando mi amiga llamó a su hijo, que estaba lejos, dijo que no la escuchaba, entonces mi hijo salió corriendo a buscarlo. Intentó traerlo a rastras, pero su amigo lo agarró con fuerza contra el piso y eso terminó en un concurso de gritos porque a mi hijo no le gusta que le sujeten contra el suelo".

Madre de Luke, 79 semanas, o 18 meses

"Cuando la vecina se fue a su casa a cocinar, él quiso ir con ella. No había problema y lo saludé cuando se fue. Supuse que mi hijo iba a querer volver rápidamente, pero no fue así. Luego de una hora y media, me preocupé y fui a ver qué sucedía, pero Thomas no quería volver. Quería yo me quedase también. Me mostró todas las cosas que había visto ahí, el refrigerador, las uvas, etc. La pasa muy bien ahí porque puede hacer lo que quiere. Mientras ella cocinaba, él se sentó sobre la mesada con los pies en el lavamanos, jugando con el agua".

Madre de Thomas, 80 semanas,
o 18 meses

"Sus abuelos viven a la vuelta de casa. Pasamos a menudo y no siempre entramos. Si pasamos por la puerta, siempre llama 'abu'".

Madre de Victoria, 82 semanas,
o casi 19 meses

Encontrar mi camino cerca de mi casa y vecindario

La casa es un sistema, al igual que el vecindario que la rodea. El niño entiende eso ahora y empieza a aprender a ubicarse y a encontrar su camino. Construye un mapa de sus alrededores en su cabeza. Este mapa mental también es un sistema.

"Se orienta, incluso si no está en un entorno familiar busca otros puntos de referencia y se pone muy contento cuando los encuentra. Quiere compartirlo inmediatamente, así como todo lo que aparece".

Madre de Harry, 74 semanas,
o 17 meses

"Hace un mes no notaba el mar cuando íbamos a la playa. Esta vez gritó de alegría cuando vio el mar desde encima de una duna. No podía más de la alegría cuando vio el mar. Todos los días nos lo recuerda".

Madre de Bob, 74 semanas, o 17 meses

"Sabe a dónde vamos. Si le pregunto, me contesta correctamente".

Madre de John, 79 semanas, o 18 meses

"Conoce el camino desde el campamento hacia el mar".

Madre de Jim, entre 80 y 81 semanas, o casi 18 ½ meses

"Taylor y yo nos mudamos de un piso a otro en el mismo edificio. Taylor se sintió cómodo en su nuevo hogar y, después de instalarnos, empezó a caminar con su cochecito. Estaba acostumbrado a la casa porque los habitantes anteriores tenían dos hijos. Parecía ya estar acostumbrado".

Madre de Taylor, 82 semanas, o casi 19 meses

"Hubo un par de veces en las que no quiso entrar y acompañarme a visitar a alguien, sin importar si eran desconocidos o sus abuelos. Fue muy extraño, nunca había hecho eso antes. Cuando finalmente entró, estuvo bien".

Madre de María, 82 semanas, o casi 19 meses

"Tiene un buen mapa mental de las cercanías. Sabe exactamente dónde encontrar las cosas en casa, afuera o en el trabajo de papá. Puede mostrarme el camino a la tienda o al trabajo de papá, así como el camino adentro del edificio de su oficina. También conoce la casa del vecino muy bien. Sabe dónde está todo, las uvas, etc. Ella suele tenerlas, pero él se decepciona si no están en el lugar correcto".

Madre de Thomas, 83 semanas, o 19 meses

"Si sacamos al perro en el vecindario, pregunta por 'abu' [abuelo o abuela] y señala en dirección a la casa de ellos, incluso si está fuera de su campo visual, detrás de la esquina. Es evidente que quiere visitarlos".

Madre de Victoria, 86 semanas,
o casi 20 meses

"Este verano, mi amiga y yo fuimos a la playa a menudo. Nuestros hijos se llevaron bien. Siguen siendo amigos. Jim esperaba verlo antes de irnos. Preguntaba todo el tiempo dónde estaba. Esta vez nos estaban esperando en la playa".

Madre de Jim 87 semanas,
o 20 meses

Mis pertenencias y yo

En un sistema de familia nuclear hay todo tipo de principios, como los valores, normas y reglas. Por ejemplo "compartiremos todo de manera justa" o "no robarás". Son reglas que definen qué le pertenece a quién y a qué tenemos derecho. El niño aprende estas reglas mediante las cosas que hace. A veces las incorpora sin darse cuenta y es un placer ver qué ha aprendido por su propia cuenta. Otras veces hace falta más persuasión.

Mi ropa y yo

"Sabe exactamente qué mochila, abrigo, etc. le pertenece a qué niño y, cuando nos vamos, busca nuestras cosas".

Mama de Nina, 82 semanas,
o casi 19 meses

"Cuando vacío la lavadora, saco toda la ropa y la acomodo antes de ponerla en la secadora. Ella está ahí, organizando las cosas a su propio modo. Sabe exactamente qué le pertenece a quién: 'es Thomas', 'es mamá', 'es Mita'".

Madre de Vitoria/(Mita), 83 semanas, o 19 meses

"Está muy pendiente de su nueva ropa y ropa interior y no de sus enteritos. Le parecen muy interesantes. Le encantan sus nuevos zapatos".

Madre de Paul, entre 83 y 86 semanas, o entre 19 y casi 20 meses

Mis cosas y yo

"Mientras visitaba a un amigo, Robin jugó con un auto de juguete de él, que no tenía permitido llevarse a casa. Lloró todo el camino a casa y, cuando llego, arrojó sus propios autos de juguete".

Madre de Robin, 76 semanas, o casi 17 ½ meses

"Recuerda dónde deja las cosas. Si le pregunto dónde está algo, lo recuerda".

Madre de Emily, 78 semanas, o casi 18 meses

"Encuentra un 'diamante' después del otro. Su hermano colecciona piedras bonitas y las tiene ordenadas en su cuarto, así que ella también busca piedras. Siempre está guardándose fragmentos de grava en los bolsillos y no permite deshacerse de ninguno".

Madre de Victoria, 78 semanas, o casi 18 meses

"Un día vino, me tomó de la mano y me llevó al cuarto donde están los juguetes. Empezó a señalar y a decir: 'es Thomas, es Thomas, es Thomas... ¿y Mita?'. Era una protesta potente. Thomas no la dejaba tocar más sus juguetes porque ella había roto algunas cosas. ¡Y, era cierto, esto la dejaba con pocos juguetes con los que jugar!".

Madre de Victoria/Mita, 83 semanas, o 19 meses

"Cuando Lisa (que ahora tiene 25 meses) viene de visita, es terrible. Lisa no tiene permitido jugar con nada. Si Lisa tiene algo en las manos, Hanna se lo quita".

Madre de Hanna, 87 semanas, o 20 meses

"Ya no quiere compartir sus juguetes con los demás niños. Se enoja mucho si alguien toma sus juguetes".

Madre de Robin, 88 semanas, o 20 meses

Sin desorden

Esto no había pasado nunca. No soporta el desorden, lo disfruta mientras dura. Dura hasta el próximo salto y no volverá a aparecer hasta dentro de varios años, si es que vuelve a aparecer. Quiere que todo esté ordenado sistemáticamente.

"No soporta el desorden, le molesta. Así que les dije a mis padres 'lo que ustedes nunca lograron, mi hijo lo consiguió. Ahora, siempre ordeno'. A la tarde siempre ordenamos los Legos. Cuando terminamos de leer un libro, lo guarda antes de sacar el siguiente".

Madre de Thomas, 86 semanas, o casi 20 meses

Resolver rompecabezas

Un rompecabezas también es un sistema, una unidad organizada que conforma todo debido a la interdependencia de los componentes que lo integran.

"Le gusta resolver rompecabezas de animales. Uno es de doce piezas y el otro es de siete. Sabe perfectamente cómo hacerlo y los resuelve rápido, no tiene paciencia para poner las piezas bien. Incluso reconoce el reverso de las piezas".

Madre de Kevin, 72 semanas, o 16 ½ meses

"Sus habilidades motrices siguen mejorando. Esta semana enhebró cuentas en palitos y puso los palitos en agujeros. También le gusta tomar mi dinero y separarlo organizadamente".

Madre de Anna, 73 semanas, o casi 17 meses

"Resuelve los rompecabezas sola".

Madre de Laura, 75 semanas, o 17 meses

"Con un poco de ayuda, es bueno resolviendo rompecabezas, incluso rompecabezas que no había visto antes".

Madre de Matt, 76 semanas, o casi 17 ½ meses

"Yo hacía de cuenta que no podía resolver el rompecabezas. Cada vez que me equivocaba, él me decía 'no, no', y me decía dónde poner la pieza. Después de hacerlo varias veces, me había cansado. Desarmé el rompecabezas y volví a armarlo en un instante. Hice de cuenta que estaba muy orgullosa y dije '¿ves? Yo también puedo hacerlo'. Me respondió 'no'. Resulta que una punta de una de las piezas estaba salida. ¡La empujo y entonces estuvo resuelto!".

Madre de Thomas, 80 semanas, o 18 meses

"De repente resulta que resolvió correctamente el rompecabezas. Los gira para que encajen bien. No siempre, pero la mayoría de las veces".

Madre de Frankie, 82 semanas, o casi 19 meses

"Le gusta la caja con botones y todas las tapas".

Madre de Jenny, 82 semanas, o casi 19 meses

"Hace muchos rompecabezas ahora. Los primeros, los más fáciles, ya no le divierten. Ahora tiene uno difícil, de 13 piezas".

Madre de Julia, 86 semanas, o casi 20 meses

"Le presta atención a todos los detalles. Como que la pieza más

pequeña del rompecabezas no está del todo bien. Es bastante quisquilloso. Por ejemplo, en el cuento 'Blancanieves', la madre embarazada dice que quiere tener una hija que tenga la piel blanca como la nieve y los labios rojos como la sangre. La madre se acababa de pinchar un dedo y había una pequeña gota de sangre visible en el dibujo. Notó esto antes de haber visto nunca nada parecido a 'pincharse un dedo'. Señaló la parte del dibujo donde estaba el rojo".

Madre de Thomas, 86 semanas, o casi 20 meses

"De pronto, empezó a resolver rompecabezas de 20 piezas sin pestañear. No había hecho el rompecabezas antes. Después de eso, no le interesaron más los rompecabezas".

Madre de Xaviera, 87 semanas, o 20 meses

Crear un juego

Un rompecabezas es un sistema creado por otra persona. El niño ahora puede crear sus propios sistemas, como por ejemplo un juego en el que él pone las reglas. O un truco de magia.

"Inventó un juego, en el que hay que tirar un dado por turnos. Una persona tira el dado y la otra tiene que levantarlo. Es estricto en mantener la secuencia. Busca rincones contra los que tirar el dado".

Madre de Mark, entre 83 y 86 semanas, o entre 19 y casi 20 meses

"Hoy hizo un truco de magia que inventó. Observa mucho a su hermano hacer trucos. Puso una canica adentro de una botella y dijo 'uh, oh'. Sacudió la botella hacia arriba y hacia abajo y dijo 'no', queriendo decir que la canica estaba atorada. Después giró la botella (como un mago lo haría) y sostuvo la botella dada vuelta. ¡Tada!".

Madre de Victoria, 83 semanas, o 19 meses

Mi arte y yo

Después de un año y medio, el niño empieza a usar sus juguetes de un modo que significa que entiende qué representan los juguetes. La manera en que juega demuestra que le resultan familiares las personas, objetos y situaciones de la vida cotidiana que están representadas por los juguetes. Los juguetes representan algo o alguien del mundo real. El niño puede jugar con estos símbolos en su imaginación.

Su habilidad para simbolizar le permite crear dibujos completamente distintos que sus dibujos anteriores y que representan algo del mundo real, como por ejemplo un automóvil, un perro o a sí mismo. Esta nueva habilidad de simbolizar no apareció gradualmente, apareció de repente con el salto y es una nueva cualidad. Nace el arte. Si al pequeño artista le gusta dibujar, será difícil mantenerlo provisto de hojas de papel. El principio de una colección enorme está por comenzar. Si experimenta algo excitante, como los fuegos artificiales de año nuevo, es probable que haga un dibujo para capturar el momento.
No solo empieza a hacer dibujos, sino que también empieza a construir. Y si el pequeño resulta ser amante de la música, puede pasar mucho tiempo tocando su piano y escuchando música.

> "Sus dibujos son distintos ahora. Los garabatos ahora son círculos muy pequeños. Le gusta el detalle"
>
> Madre de Victoria, 79 semanas, o 18 meses

> "Ahora está coloreando sus dibujos. Es muy precisa y rara vez se sale de los bordes".
>
> Madre de Victoria, 79 semanas, o 18 meses

> "Ahora, dibuja caballos y barcos y esta mañana dibujó muy meticulosamente un círculo y un cuadrado y luego se señaló a sí mismo. Se había dibujado a sí mismo".
>
> Madre de Luke, 79 semanas, o 18 meses

"Empezó a construir más, antes le interesaba mucho más la destrucción".

Madre de Taylor, 83 semanas, o 19 meses

"Dibujó un automóvil. Era un buen dibujo. Solo puede hacerlo cuando está tirado de costado con la cabeza apoyada en su brazo extendido. ¿Cómo es un automóvil? Son dos círculos, las ruedas, con una línea en el medio. Los círculos son 'vroom, vroom'. También le gusta dibujar aviones y, hace poco, piernas. Una espiral representa un volante. Los volantes giran".

Madre de Thomas, 83 semanas, o 19 meses

"Le encanta dibujar, especialmente si yo dibujo un oso, un conejo o una mascota".

Madre de Juliette, 84 semanas, o 19 meses

"Ella tiene un libro de Bambi. En él hay una imagen de zarigüeyas colgando de una rama de árbol mediante sus colas. 'Eh, Elisabeth pensó, 'eso no es correcto. Entonces, volteó el libro al revés para poder verlo mejor".

Madre de Elisabeth, 85 semanas o 19 meses y medio

"Tiene un libro de Bambi. Le gusta tocar su teclado. Pone cierto ritmo para acompañar mientras toca. En la tienda, escuchó un disco de música clásica prácticamente entero. Duraba casi una hora. Se enojó cuando lo moleste en la mitad para seguir de compras. Tenía que escucharlo entero".

Madre de Thomas, 86 semanas, o casi 20 meses

El hecho de que en Japón los niños puedan tocar el violín bien a los dos años tiene sus motivos. Por supuesto, usan pequeños violines especiales. En la cultura occidental, no muchos tienen ganas de taladrarles la cabeza a los niños a una edad tan temprana en búsqueda de tal talento. El

lema es "libertad y felicidad". Sin embargo, no se trata de una diferencia cultural. El hecho es que los niños de esta edad suelen tener la habilidad de aprender estas cosas.

> "Dijo que iba a dibujar al abuelo. Dibujó una cabeza cuatro veces y dijo 'mal'. No estaba satisfecho. La quinta vez, cuando puso la barba en el lugar correcto, estaba satisfecho y dijo: '¡abuelo!'".
>
> Madre de Thomas, 101 semanas, o 23 meses

La evolución del arte

El arte apareció tarde en la evolución de nuestra especie. Si bien consideramos que nuestra evolución ocurrió a través de millones de años, la evidencia apunta a que el arte apareció hace apenas 35 mil años. Se encontraron tantos artefactos de aquel entonces que se habla de una explosión de arte. De repente, había un exceso de arte. Estamos hablando de dibujos en cavernas, rocas talladas e instrumentos musicales. Uno de los descubrimientos más extraños en una flauta que data de hace 90 mil años atrás. El arte es característicamente humano. La aparición del arte fue antecedida por un enorme aumento en el tamaño de nuestro cerebro. Seguimos, sin embargo, ignorantes en cuanto a cómo sucedió esto, pero la noción de sí mismos, la fantasía y el lenguaje ciertamente jugaron un papel fundamental, así como el crecimiento del lóbulo frontal ubicado justo detrás de nuestras frentes.

Mi noción del tiempo y yo: pasado, presente y futuro

Ahora, el niño empieza a desarrollar su noción del tiempo. Su memoria de experiencias pasadas mejora, así como su capacidad de anticipar el futuro.

"Ya no puedo decirle a la mañana que haremos algo divertido a la tarde. Me lo recuerda todo el día hasta que sucede: '¿ahora ir a abu [abuelo o abuela]?'"
Madre de Victoria, 78 semanas, o casi 18 meses

"Hace planes. Cuando nos sentamos a comer, me pregunta si puede dibujar. Le digo que primero vamos a comer, entonces me dice dónde deberán estar su lápiz y el papel. Se supone que tengo que decir que entiendo y que sucederá. Si me olvido después de cenar, se ofende y se enoja mucho".
Madre de Victoria, 80 semanas, o 18 meses

"Recuerda promesas. Si le prometo hacer algo después su baño, me lo recuerda. Cuando se levanta a la mañana, se refiere a lo que hicimos antes de ir a dormir".
Madre de Gregory, 82 semanas, o casi 19 meses

Física básica

Si observamos con detenimiento sus juegos, no podemos ignorar que está ocupado con los fenómenos básicos de la física.

"Hunde una pelota bajo el agua para experimentar con su resistencia. También desarma un pequeño teléfono eléctrico. Ahora lo mira distinto que cuando sólo hacía sonido. Luego de su experimento, ya

no funciona. Arrojar cosas y desarmarlas le interesa mucho. Prueba cosas".

Madre de Harry, 77 semanas,
o 17 1/2 meses

"Puede pasarse horas vertiendo un líquido de un contenedor a otro. Usa botellas, vasos, platos o tazas. Mientras lo hace, le gusta agregar los comentarios necesarios".

Madre de Ashley, 78 semanas,
o casi 18 meses

"Presta mucha atención a los colores: verde, rojo, amarillo. Rojo y amarillo juntos. Yo estaba bromeando cuando le dije que se suponía que fueran así".

Madre de Josie, 78 semanas,
o casi 18 meses

"En pascuas nevó. Fue su primera nevada. Estaba un poco cansado y de mal humor. No podía asimilarlo, quería estar solo después de recibir todas esas nuevas impresiones".

Madre de Thomas, 80 semanas
o 18 meses

Con los principios, hemos visto que el niño empieza a "pensar sobre pensar". Cuando ha entrado al mundo de los sistemas, por primera vez puede pulir sus principios dentro de los sistemas, principios que ha aprendido mediante la experiencia. Es muy posible que esté haciendo esto cuando se toma un "tiempo para pensar".

"A veces quiere estar solo. Dice 'adiós' y se va a su cuarto a estar solo. Está considerando la vida. A veces lo hace durante media hora con un juguete. Otras veces se queda mirando como si tuviera 50 años durante 10 minutos. Sólo quiere un poco de paz después de divertirse tanto jugando. Después de su pausa para pensar vuelve alegre, dice 'hola' y quiere estar un rato conmigo e irse a dormir o jugar un poco. Realmente necesita su privacidad".

Madre de Thomas, 80 palabras, o 18 meses

"Al principio, le tenía miedo al cepillo de dientes eléctrico, pero ahora que se acostumbró ya no le tiene miedo y dice 'prendido'".

Madre de John, 83 semanas, o 19 meses

"Entiende que su tren necesita baterías y que las que tenía estaban agotadas. Fue y encontró unas nuevas".

Madre de Hanna, 86 semanas, o casi 20 meses

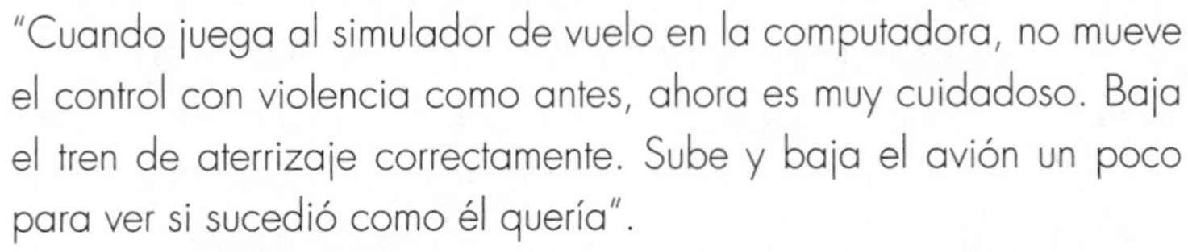

"Cuando juega al simulador de vuelo en la computadora, no mueve el control con violencia como antes, ahora es muy cuidadoso. Baja el tren de aterrizaje correctamente. Sube y baja el avión un poco para ver si sucedió como él quería".

Madre de Jim, 86 semanas, o casi 20 meses

Arquitectura básica

Su interés por los fenómenos de la física se expande a otros sistemas además de la física. También tiene interés en la arquitectura básica. Puede pasarse hora observando a los constructores y podremos notar que cuando juega produce más estructuras que en su salto anterior, como torres de tazas y estructuras más complejas.

"Mi marido cementó el estanque de los peces esta semana. Le explicó a mi hijo mayor cómo mezclar el cemento y luego se lo explicó a Victoria. Ahora están juntos todo el día mezclando arena y agua. Ella hace todo lo que él hace. Ella admira a Thomas".

Madre de Victoria, 79 semanas, o 18 meses

"Los autos ya pasaron de moda, ahora son los medios de transporte alternativos, como las bicicletas a motor, las camionetas, los camiones con acoplados, los tranvías. Le encanta observar a los constructores".

Madre de Mark, 80 semanas, o 18 meses

"La eligieron como probadora de los nuevos juguetes de Lego para niños. Como recompensa, le regalaron un tren eléctrico para niños de 3 años. Sorprendentemente, armó las vías del tren sin problema. Lo enfrentó como rompecabezas. Las piezas rectas son fáciles, las curvas un poco más complicadas. No completa el recorrido, es una vía con un principio y un fin. Cuando terminó con las vías, puso la barrera en el tren y lo hizo andar. Me pareció raro y se lo dije. No cambió nada, cosa que me sorprendió hasta que descubrí que lo había copiado de la imagen en la caja, que mostraba el tren y la barrera exactamente como ella lo había puesto. Sin embargo, no le interesó mucho el tren, prefiere armar las vías. Está todo el tiempo armándolas y desarmándolas".

Madre de Emily, 82 semanas, o casi 19 meses

"Él trata de poner los pequeños bloques de Lego juntos por estos días. No puede lograrlo muy bien ya que requiere un poco de fuerza. Pero lo intenta. Él no utiliza los bloques más grandes".

Madre de Matt, 86 semanas o casi 20 meses

Mi habla y yo

Entre los 17 y los 22 meses, los niños empiezan a utilizar el sistema de lenguaje adulto con más vocabulario cada vez, y cada vez hablan durante más tiempo. También empiezan a combinar palabras para formar oraciones. Pueden distinguir entre dos idiomas y elegir ignorar uno de ellos. Alrededor de los 18 meses, hay un aumento impresionante en la comprensión de lenguaje verbal.

Hay una gran variación personal en el desarrollo del habla. Algunos niños no usan muchas palabras (alrededor de seis) cuando este salto ocurre. Los padres saben que el niño conoce y entiende muchas más palabras, lo que puede causar algo de frustración. Otros niños usan muchas palabras, repiten después de sus padres (a veces sólo la primera sílaba) o toman la iniciativa, pero todavía no forman oraciones. Sin embargo, pueden hacerse entender usando mímica. Un tercer grupo ya forma oraciones mientras sigue utilizando la mímica.

Entiende todo, pocas palabras

"Las palabras que usa ahora son pocas: 'galleta', 'ouch', 'gracias', 'mamá', 'papá', 'pan' y 'zana' (=manzana; sólo pronuncia las últimas dos sílabas). Entiende todo y puede seguir instrucciones muy bien".

Madre de James, 76 semanas, o casi 17 ½ meses

"Levanta las manos cuando alguien dice '¡hip, hip, hurra!' y grita algo parecido a '¡ura!'. Conoce todos los gestos que están en las canciones, como aplaudir. Y, si no lo logra, dice 'al' (mal)".

Madre de Robin, 76 semanas, o casi 17 ½ meses

"Usa más y más palabras. No pronuncia muy bien, en particular las sílabas pesadas".

Madre de Anna, 79 semanas, o 18 meses

"Dice tres palabras: 'di dah' es tic tac, 'lu' es luna y 'hi hi' es caballo".

Madre de Robin, 80 semanas, o 18 meses

"Repite cada vez más. Si atiende el teléfono dice 'hola'. Las palabras que hora dice son: 'papá', 'mamá', 'arriba', 'hola', 'botella', 'pan', 'galleta', 'manzana' y 'afuera'. Sacude la cabeza para decir 'no'

si no quiere algo. También dice 'sí' con la cabeza, si quiere algo".

Madre de Laura, 80 semanas,
o 18 meses

"No dice mucho todavía, ¡pero entiende todo! Y comunica exactamente lo que quiere".

Madre de James, 81 semanas,
o casi 18 ½ meses

"Ahora dice 'queso', 'papá' y 'mamá'".

Madre de Anna, 82 semanas,
o casi 19 meses

"Entiende todo lo que se le dice y se le pregunta. Es muy emprendedor, siempre está haciendo algo, caminando por la casa todo el día cantando o murmurando".

Madre de James, 83 semanas,
o 19 meses

"Está usando palaras nuevas".

Madre de Laura, 83 semanas,
o 19 meses

"Usa más palabras nuevas, aunque su vocabulario es limitado. Habla mucho en su propio idioma. Esta semana dijo claramente "abuela" para llamarle la atención. Las palabras que ahora usa de vez en cuando son 'abuela', 'abuelo', 'ow', 'hola', 'sentar', 'yo' y 'mirar'".

Madre de James, 84 semanas,
o 19 meses

"Aprende más y más palabras. Ahora sabe 'papá', 'mamá', 'boom', 'hormiga', 'más', 'di dah', 'luna' y 'trellas' (=estrellas)".

Madre de Robin, 84 semanas,
o 19 meses

"Imita los sonidos de los animales".

Madre de Laura, 85 semanas,
o 19 ½ meses

"Definitivamente usa más palabras ahora. A veces responde diciendo 'sí'. 'Eso' (=queso) y 'comida' ya son parte de su repertorio. Por lo general, no habla mucho. Señala y dice 'oh' o 'ah' y entendemos qué quiere decir. Obtiene lo que necesita".

Madre de James, 86 semanas,
o 19 ½ meses

"Habla mucho y repite mucho".

Madre de Anna, 86 semanas,
o 19 ½ meses

Entiende todo, muchas palabras, mucha mímica, ninguna oración

"La palabra que más se le entiende es 'queso'. 'Ajaro' (=pájaro) tan bién es clara. Pronuncia "papa" como si hubiese pasado el verano en Italia, es encantador".

Madre de Taylor, 72 semanas, o 16 ½ meses

"Habla cada vez más. Ahora, le gusta hacer sonidos con la lengua: 'llll'. Jugamos muchos juegos de lenguaje. Le encantan".

Madre de Luke, 72 semanas, o 16 ½ meses

"Un gran momento de esta semana fue el gran contacto que tuvimos cuando jugamos un juego haciendo ruidos. Fue muy divertido. Intentábamos sacar y meter la lengua mientras hacíamos sonidos. Después intentamos poner la lengua detrás de los dientes de adelante para producir el sonido 'lll', como en 'lala'. Le pareció muy divertido y desafiante y quería hacer lo que yo hice. Al mismo tiempo parecía estar pensando 'voy a ganarte'. Vi muchas expresiones distintas en su rostro. A las dos nos encantó y nos reímos, especialmente cuando ella dijo 'lala', al mismo tiempo que me dio un beso".

Madre de Ashley, 73 semanas, o casi 17 meses

"Su manera de hablar volvió a cambiar. Incluso a pesar de que su habla es, en su mayor parte, incompresible, parece estar formando más oraciones, y pienso: '¡No puedo creerlo, lo estoy entendiendo!'.

Explica claramente qué sucedió mientras yo no estaba mediante gestos y palabras. Por ejemplo, cuando estuvo en la cocina de la abuela, le pregunté qué había hecho. Dijo algo que no pude entender que contenía la palabra 'queso', lo que me llevó a entender que la abuela le había dado un pedazo de queso. Cuando le pregunté, me dijo que sí con la cabeza".

Madre de Taylor, entre 74 y 77 semanas,
o entre 17 a casi 18 meses

"Parece estar hablando. Hacía tiempo que se interesaba por el nombre de las cosas, pero parece haber hecho un avance. Me pregunta el nombre de las cosas con la intención de repetirlo para sí misma. Algunos los pronuncia perfectamente. La mayoría son sólo con la primera sílaba: bola es 'bo', agua es 'a' y pecho es 'pe'. Es genial escuchar el sonido de su voz. También se pone orgullosa y repite cuando se lo pedimos".

Madre de Elisabeth, 74 semanas,
o 17 meses

"Su manera de comunicarse de esta semana fue interesante. Parece estar formando oraciones en su propio lenguaje. Insiste hasta que lo entiendo. Por ejemplo: caminamos por la calle hacia el mar por segunda vez, Luke va sentado en los hombros de papá. Yo llevo la bolsa con las cosas y la pala de arena sobre sale. De repente, Luke grita 'da, da,da'. Me toma un poco de tiempo hasta que entiendo que quiere la pala. Le digo '¿la pala?'. Él dice 'se', y señala la pala y luego el mar. Yo repito en palabras, 'sí, vamos a ir al mar con la pala'. Él suspiró contento. Tenemos este tipo de conversación a menudo".

Madre de Luke, 74 semanas,
o 17 meses

"Ahora podemos tener diálogos. Nos comunicamos mucho. Lo que más quiere comunicarme es su plan.

Por ejemplo, encuentra tierra y dice 'bah, bah', para mostrar que puede encontrar tierra, que sabe qué es y qué hacer con ella".

Madre de Elisabeth, 75 semanas, o 17 meses

"Produce oraciones que parecen una palabra muy larga a la que le faltan algunas letras, pero igual puedo entenderla si presto atención. Vio que la luz del semáforo estaba roja y la señaló. Yo no la había visto todavía, pero escuché que dijo algo y tenía razón, aunque no escuché exactamente qué dijo. ¡Muy extraño! Era como si ella no supiese qué estaba diciendo, pero hizo sonidos que encajaban bien".

Madre de Ashley, 76 semanas, o casi 17 ½ meses

"Puedo entretenerlo contándole historias mientras le cambio el pañal".

Madre de Luke, 76 semanas, o casi 17 ½ meses

"Usa muchas palabras. Las repite o las empieza él. Dice la primera sílaba y por lo general eso está bien. No suele intentar oraciones. A veces balbucea".

Madre de Bob, 76 semanas, o casi 17 ½ meses

"Esta semana fue interesante presenciar su deseo de darle un nombre a todo. Un deseo de aprender un lenguaje tan grande está dentro de una persona tan pequeña. Otra joya es lo bien que se comunica. Usa manos y pies para comunicar mensajes. Hace mímica. Incluso cuando hablo con otras personas, él participa. Hace su parte haciendo mímica".

Madre de Luke, 76 semanas, o casi 17 ½ meses

"Le interesa repetir palabras y practicar conmigo más que antes".

Madre de Ashley, 77 semanas, o 17 ½ meses

"Usa muchas palabras, especialmente la primera sílaba. Cada vez más palabras que no tengo que descifrar. La felicidad que le da hablar es conmovedora".

Madre de Bob, 77 semanas, o 17 ½ meses

"Comunicar lo que hace, lo que quiere hacer y lo que ha hecho es fundamental. Es muy creativo para decir con lenguaje corporal lo que quiere y no puede decir con palabras. Pronuncia mucho mejor. No corta las palabras en la raíz, empieza a usar palabras que no están preestablecidas. De memoria".

Madre de Kevin, 78 semanas, o casi 18 meses

"Sabe palabras nuevas: 'caballo', 'vaca' y 'melón'. También sabe el nombre de otros niños con los que ha jugado. 'Nina' es el que mejor puede pronunciar".

Madre de Ashley, 80 semanas, o 18 meses

"Creo que básicamente puede repetir todo lo que yo diga primero. Si lo hace o no, depende de su humor".

Madre de Taylor, 81 semanas, o 18 ½ meses

"Ahora usa muchas palabras. Empieza con la letra correcta, pero se equivoca en el orden. Por ejemplo, 'flor' se convierte en 'frol'. Todos los días trae palabras nuevas. Practica hasta que le sale bien. Algunas letras, como la 'r', le cuestan mucho ".

Madre de Ashley, 82 semanas, o casi 19 meses

"Se expresa muy creativamente. Se señala los ojos si quiere ver el pañal que le acabo de quitar".

Madre de Kevin, 82 semanas,
o casi 19 meses

"Si no lo entiendo y él no conoce la palabras, hace referencia a palabras que han sido usadas en ese contexto anteriormente. Por lo general, logramos descifrarlo".

Madre de Luke, 82 semanas, o casi 19 meses

"Ahora usa la palabra 'lindo'. Viene con un libro, señala a la portada y dice: 'lindo'".

Madre de Taylor, 83 semanas, o 19 meses

"Se me acerca con el dedo índice apretado contra el pulgar y eso significa 'dinero'".

Madre de Taylor, 84 semanas, o 19 meses

"De pronto tiene una idea y dice palabras completas. Cuando lo felicito, se pone muy orgulloso. Todavía no forma oraciones, prefiere el lenguaje corporal. Mil veces al día quiere ver lo que estoy haciendo o algo que yo le prohíbo. Se señala los ojos. Eso significa 'sólo quiero ver'. Es lo mismo con sus otras necesidades sensoriales, señala a los lugares relacionados con sus sentidos".

Madre de Luke, entre 83 y 86 semanas,
o entre 19 y casi 20 meses

"Si está asustado, dice algo. No sé si entiende la palabra 'asustado', pero hay cosas que no le gustan o que lo abruman, como ruidos fuertes o que lo inmovilicen físicamente, dice que le dan miedo. Algunos animales y algunas situaciones peligrosas, como casi caerse, le dan miedo. 'Asustado' no siempre significa 'irse corriendo'. Intenta superar sus miedos y confrontar lo que lo asusta".

Madre de Luke, entre 83 y 86 semanas,
o entre 19 y casi 20 meses

"Ya no le gusta repetir palabras, pero está progresando. Hay más y más palabras nuevas que repite y más palabras con más de una sílaba".

Madre de Luke, entre 83 y 86 semanas,
o entre 19 y casi 20 meses

Entiende todo, muchas palabras y también oraciones

"Empezó a cantar. Por ejemplo, cuando canto 'Gatito Miau', yo canto 'gatito' y ella canta 'miau'".

Madre de Jenny, 73 semanas,
o casi 17 meses

"Ahora 'lee' libros. Me cuenta una historia mirando las ilustraciones. No se entiende una palabra, pero es muy conmovedor. Es más, puede decir oraciones que se pueden entender.

Madre de Victoria, 75 semanas,
o 17 meses

"Si quiere que el gato vaya a donde está ella, dice: 'batito, ven aquí'".

Madre de Jenny, 75 semanas,
o 17 meses

"Repite todo lo que decimos y sabe perfectamente qué es qué. No repite a menos de que entienda lo que está diciendo".

Madre de Emily, 76 semanas,
o 17 meses

"Recientemente estuvo teniendo pesadillas. Hacia el final de su sueño REM, balbuceaba muchas palabras nuevas. Creo que está muy frustrado porque de verdad quiere hablar. Sueña en voz alta. Después de ir al zoológico, imitó a todos los animales".

Madre de Thomas, 80 semanas, o 18 ½ meses

"Dice varias cosas juntas, como 'está bien', 'ahora no' o 'mamá y papá'".

Madre de Emily, 81 semanas, o 18 ½ meses

"Quería el jabón, pero yo no quería responder a 'eh, eh', así que le dije: 'dime, ¿qué quieres?', y él dijo 'sí, eso, eso, yo'".

Madre de Thomas, 82 semanas, o casi 19 meses

"En el jardín, tuvo otra linda oración: 'eso... lindo'".

Madre de Thomas, 82 semanas, o casi 19 meses

"Ahora junta dos o tres palabras".

Madre de Emily, 83 semanas, o 19 meses

"Sigue mejorando con el habla. A veces junta tres palabras, por ejemplo: 'papá me sienta'".

Madre de Jenny, 84 semanas, o 19 meses

"Le encantan sus libros. Escucha y lee cuentos de hadas, son unos libros pequeños con historias cortas que le compramos en el parque de diversiones. Cuando le leo, siempre dejo que el Príncipe Thomas sea el protagonista principal. Se queda escuchando todo el cuento".

Madre de Thomas, 86 semanas, o casi 20 meses

"Ya habla usando oraciones completas, una después de la otra".

Madre de Emily, 87 semanas, o 20 meses

Entender miedos irracionales

Cuando el niño esté explorando su nuevo mundo y trabajando en sus nuevas habilidades, encontrará cosas y situaciones que le serán nuevas y ajenas. Descubre nuevos peligros, peligros que antes no existían para él. Solamente cuando logre entender mejor las cosas se disiparán esos miedos. Como padres debemos ser comprensivos.

"Le tiene miedo a los truenos y a los relámpagos. Dice: 'miedo, boom'".

Madre de María, 71 semanas, o 16 meses

"No le gusta la aspiradora. Tampoco la llave de agua abierta, debían detenerse".

Madre de Paul, 72 semanas, o 16 ½ meses

"Le tiene miedo a los globos. Tampoco se mete entre la oveja y la cabra en el zoológico, en ese momento quiere que lo carguen. Tampoco le gusta sentarse en un animal en la calesita. Sin embargo, le gusta mirar".

Madre de Matt, 73 semanas, o casi 17 meses

"Le tiene miedo a los ruidos fuertes (trenes, aviones, taladros) y a la oscuridad".

Madre de Nina, entre las 75 y 76 semanas, o 17 meses

"Vomitar le parece asqueroso. Vomitó en su cama y dijo 'bah', aún después de haberlo limpiado".

Madre de Jim, 80 semanas, o 18 meses

"El canto del gallo, y las arañas, los caballos, los perros. Fue algo nuevo. Creo que es parte de su nuevo autonomía".

Madre de Gregory, entre las 80 y 81 semanas, o casi 18 ½ meses

"Después de su baño suele ir a sentarse a orinar. Esta vez, hizo tanta fuerza que defecó. Esto le pareció raro".

Madre de Robin, 82 semanas, o casi 19 meses

"Tiene un muñeco a cuerda de Bert para su baño, pero la nariz del muñeco está suelta y si flota en el agua o si el juguete está ahí, sin nariz, se asusta mucho y se va a un rincón".

Madre de Josie, 83 semanas, o 19 meses

"Hace tiempo que le tiene miedo a la aspiradora. Solía subirse encima cuando la prendía, pero ahora se va a un rincón hasta que termino de limpiar".

Madre de Steven, 85 semanas, o 19 ½ meses

"Se la pasa mostrándole a su padre el 'rey ogro' que vio en el parque de diversiones. Papá tiene que contarle una historia sobre él. En el parque de diversiones le tenía un poco de miedo, al 'rey ogro'".

Madre de Thomas, 86 semanas, o casi 20 meses

"Tuvo miedo cuando una cabra se le acercó en el zoológico".

Madre de Frankie, 87 semanas, o 20 meses

"Las moscas, los mosquitos y las avispas la asustan".

Madre de Eve, 87 semanas, o 20 meses

"Le tiene miedo a las moscas y le tuvo miedo a una araña que vio en el jardín".

Madre de Harry, 88 semanas, o 20 meses

Después de 79 semanas, o 18 meses, la mayoría de los niños se vuelven un poco menos problemáticos de lo que ya eran, aunque su creciente noción de sí mismos, su deseo de salirse con la suya y la lucha por el poder no hacen las cosas más fáciles. Sin embargo, esos comportamientos los hacen problemáticos de otra manera. No son difíciles en el sentido de dependencia, mal humor y llanto. Es solo que a veces son simplemente

Los mejores juegos para esta semana mágica

Estos son los juegos y actividades que la mayoría de los niños de entre 17 y 20 meses disfrutan y que ayudan a mejorar las nuevas habilidades:

- Jugar juntos pronunciando palabras diferentemente y haciendo movimientos tontos
- Jugar a la lucha
- Reconocer gente
- Pararse de cabeza, hacer equilibrio
- Dibujar
- Hacer burbujas
- Saltar y hacer balance en paredes (de hasta un metro y medio)
- Hacerse los tontos
- Cosquillas y juegos físicos
- Jugar físicamente con papá y bromear
- Jugar afuera
- Jugar con otros niños
- Jugar con pelotas
- Alimentar al perro
- Juegos de fantasmas
- Girar y marearse
- Jugar al circo
- Jugar a andar a caballo
- Jugar a la mancha
- Jugar a las escondidas
- Leer historias
- Juegos con la lengua: La madre empuja su lengua hacia afuera contra el interior de su mejilla. El niño la empuja hacia adentro y hace que la madre saque la lengua.

irritantes. El truco está en ponernos como padres por encima de todo eso. Detenernos, contar hasta diez, recordar que nuestro bebé está progresando y hacer lo mejor que podemos por manejar la situación. Después de todo, es una buena oportunidad para inculcarle al niño algunas reglas de conducta para que entienda que el mundo no gira alrededor suyo y que también debe tener en cuenta a los otros.

Los mejores juguetes para esta semana mágica

Estos son los juguetes que la mayoría de los niños de entre 17 y 20 meses disfrutan y que ayudan a mejorar las nuevas habilidades:

- Auto de juguete
- Arcilla
- Televisión para niños
- Libros para niños
- Objetos pequeños, cosas que encajen unas con otras
- Estacionamiento con autos
- Aeropuerto de juguete
- Dibujar en papel
- Cubo con agua y arena
- Autos para niños
- Silla de plástico
- Pelota
- Bicicleta
- Peluches, osos y muñecas
- Calcomanías
- Arenero
- Cavar en el jardín
- Música de Plaza Sésamo
- Tobogán
- Lápices de colores
- Camiones con acoplado
- Hacer burbujas
- Pinocho
- Trenes
- Columpios
- Caballo mecedor
- Rompecabezas (de hasta 20 piezas)
- Adornos para los rayos de la bicicleta

Tener cuidado con:

El baño

Los contenedores de basura

Es bueno saber que, para los adultos, pensar y razonar, o la lógica, no son los objetivos más importantes, como algunos creen. La lógica pertenece al mundo de los programas y está subordinada a los mundos de los principios y los sistemas. Si realmente queremos hacer un cambio, debemos cambiar nuestros principios y, para cambiar nuestros principios, debemos primero cambiar el sistema que los acompaña.

El problema es que los conceptos en el nivel de los sistemas no son fácilmente modificables en los adultos. Esto se debe en parte a que todo cambio a nivel sistema tiene efectos en todas las áreas subordinadas a los sistemas, y eso no ocurre sin una lucha. La historia nos enseña que tales cambios a menudo acarrean revolución o guerra de palabras e incluso de armas. Un científico no se convertirá rápidamente al misticismo, ni un musulmán se hará rápidamente cristiano.

Los conceptos en el nivel de los sistemas son más fácilmente creados que cambiados. Los niños aprenden estos conceptos al observar su entorno y luego empiezan a usarlos ellos mismos. A veces los adultos hacen énfasis en ciertos conceptos de sistemas. Este es un clásico ejemplo de crianza y sociabilización.

El niño es, obviamente, nuevo en todo esto. Su mundo es todavía muy pequeño y muy cercano a casa. Puede ocurrir que pasen muchos años, después de su niñez, hasta que haya desarrollado lo que los adultos llamamos una perspectiva sobre la vida, pero ya hay un tierno comienzo.

Sin importar qué tan tierno sea este comienzo, es importante y tiene consecuencias a largo plazo. Entre otras cosas, es un comienzo de formación de conciencia y de aprendizaje de normas y valores. Si el comienzo no es bueno, las consecuencias negativas serán visibles dentro de algunos años. Si le damos toda nuestra atención, será una buena inversión a largo plazo. Nos ahorrará a nosotros, al niño, y a todos los que lo rodeen mucha desdicha.

La importancia de este comienzo temprano se aplica, por supuesto, a todas las demás áreas del mundo de los sistemas. Ya sea que al niño le guste la música, construir, hablar, jugar con fenómenos físicos, practicar el control de su cuerpo, démosle una oportunidad a esta estrella en ascenso. Nos sorprenderá la felicidad que tendremos juntos.

epílogo

Magias incontables

En un momento u otro, todas las madres tienen que enfrentarse a un bebé llorón, nervioso o inquieto; un bebé difícil de complacer; un bebé que, en definitiva, necesita recuperar el equilibrio.

Por consiguiente, ninguna madre debería pensar que está sola cuando se enfrenta a este tipo de situaciones. Todas las madres han pasado o pasarán por ellas y todas sentirán preocupación o enfado cuando sus bebés alcancen determinadas edades. Todas las madres olvidan –o les gustaría olvidar– esos momentos agotadores lo antes posible; de hecho así lo hacen en cuanto el período difícil llega a su fin. Relativizar los malos tragos cuando vuelve a salir el sol forma parte de la naturaleza humana.

Uno de los objetivos de este libro ha sido mostrar cómo el comportamiento difícil de un bebé y la ansiedad e irritabilidad que éste provoca en su madre forman parte de un proceso de desarrollo sano y normal: el proceso de independencia de un bebé. Al comprender mejor tanto a su hijo como a sí misma, esperamos que cualquier madre se sienta más segura y tenga más confianza en sí misma como cuidadora y educadora de su pequeño. Y lo mismo esperamos del padre.

Incluso sin un manual de instrucciones, los padres saben que su bebé explorará cada "nuevo mundo" a su modo y que lo mejor que pueden hacer es "escuchar" a su hijo para ayudarle a seguir avanzando en su camino, a la vez que comparten con él sus descubrimientos y se divierten juntos.

También saben que las personas que mejor entienden y pueden ayudar a su hijo son ellos mismos, puesto que lo conocen mejor que nadie. A lo largo de las páginas de este libro, hemos visto los cambios que experimenta el bebé a lo largo de sus etapas evolutivas –las semanas mágicas– con el objetivo de que esta información ayude a los padres a entender y apoyar a su hijo durante los períodos de crisis.

Nos aguardan más "magias"

La investigación del desarrollo de las ondas cerebrales (EEG) de los niños de uno y medio a dieciséis años ha demostrado que los principales cambios se producen en la transición entre etapas bien conocidas en su desarrollo mental. El inicio de la pubertad es uno de esos saltos que ocurren en una edad posterior. Durante mucho tiempo, se consideró que el inicio de la pubertad era provocado por el aumento de hormonas. Pero los descubrimientos recientes han demostrado que los grandes cambios en el cerebro también co-ocurren con el inicio de la pubertad. Estos no son sólo cambios en las ondas cerebrales (EEG), sino también aumentos repentinos y extremadamente rápidos en el volumen de ciertas partes del cerebro. Por enésima vez estos jóvenes entran en un nuevo mundo perceptivo, lo que les permite obtener una nueva visión que, posiblemente, ellos no podían haber desarrollado a una edad más temprana. Los adolescentes no están dispuestos a admitir esto, porque piensan que ya están en la cima del mundo. Como padres, no podemos evitar sonreír ante la idea de que los bebés tienen la misma opinión. Incluso los adolescentes todavía tienen un largo camino por recorrer. Varios saltos más ocurren antes de que sean totalmente independientes. Incluso hay indicios de que los adultos también experimentan estas fases.

Como escribió el escritor y periodista colombiano Gabriel García Márquez en *El amor en los tiempos del cólera:*

> "Las personas no nacen sólo una vez para siempre el día en que sus madres las traen al mundo, sino que[...] el tiempo y, de nuevo, la vida, las fuerzan a entrar en un nuevo mundo por sí solas."

más lecturas

Los lectores que quieran saber más acerca de la literatura científica detrás del libro *Las semanas mágicas* podrá consultar la bibliografía que figura a continuación.

Bell, M., & Wolfe, C.D. (2004). Emotion and cognition: An intricately bound developmental process (Emoción y cognición: Un íntimamente vinculado proceso de desarrollo). *Child Development*, 75, 366-370.

Bever, T.G. (1982). *Regressions in mental development: Basic phenomena and theories* (Regresiones en el desarrollo mental: fenómenos básicos y teorías). Hillsdale, NJ: Erlbaum.

Cools, A. R. (1985). Brain and behavior: Hierarchy of feedback systems and control of input (Cerebro y comportamiento: Jerarquía de los sistemas de información y el control de entrada). En P. P. G. Bateson & P. H. Klopfer (Eds.), *Perspectives in Ethology* (pp. 109-168). New York: Plenum.

Feldman, D.H. & Benjamin, A.C. (2004). Going backward to go forward: The critical role of regressive moment in cognitive development (Yendo hacia atrás para seguir adelante: El rol crítico del momento regresivo en el desarrollo cognitivo). *Journal of Cognition and Development*, 5(1), 97-102.

Heimann, M. (Ed.). (2003). *Regression periods in human infancy* (Períodos de regresión Humanos de la Infancia). Mahwah, New Jersey: Erlbaum.

Horwich, R.H. (1974). Regressive periods in primate behavioral development with reference to other mammals (Períodos regresivos de comportamiento de primates en el desarrollo, con referencia a otros mamíferos). *Primates*, 15, 141-149.

Plooij, F. (1978). Some basic traits of language in wild chimpanzees? (¿Algunos rasgos básicos del lenguaje en los chimpancés salvajes?) En A. Lock (Ed.), *Action, gesture and symbol: The emergence of language* (pp. 111-131). London: Academic Press.

Plooij, F. (1979). How wild chimpanzee babies trigger the onset of mother-infant play and what the mother makes of it (Como los bebés chimpancés salvajes provocan la aparición del juego de la madre-infante y lo que hace la madre de eso.). En M. Bullowa (Ed.), *Before speech: the beginning of interpersonal communication* (pp. 223-243). Cambridge, England: Cambridge University Press.

Plooij, F. (1984). *The behavioral development of free-living chimpanzee babies and infants* (El desarrollo del comportamiento de los chimpancés recién nacidos y bebés que viven en al albedrío.). Norwood, N.J.: Ablex.

Plooij, F. (1987). Infant-ape behavioral development, the control of perception, types of learning and symbolism (Infantil-simio desarrollo de comportamiento, el control de la percepción, los tipos de aprendizaje y el simbolismo). En J. Montangero (Ed.), *Symbolism and Knowledge* (pp. 35-64). Geneva: Archives Jean Piaget Foundation.

Plooij, F. (1990). Developmental psychology: Developmental stages as successive reorganizations of the hierarchy (Psicología del desarrollo: el desarrollo como etapas sucesivas reorganizaciones de la jerarquía). En R. J. Robertson (Ed.), *Introduction to modern psychology: The control-theory view* (pp. 123-133). Gravel Switch, Kentucky: The Control Systems Group, Inc. distributed by Benchmark Publ., New Canaan CT

Plooij, F. X. (2003). The trilogy of mind (La trilogía de la mente). En M. Heimann (Ed.), *Regression periods in human infancy* (pp. 185-205). Mahwah, NJ: Erlbaum.

Plooij, F.X. (2010). The 4 WHY's of age-linked regression periods in infancy (Los cuatro POR QUÉS de la edad está conectada a la regresión del período de la infancia). In Barry M. Lester & Joshua D. Sparrow (Eds.), *Nurturing Children and Families: Building on the Legacy of T. Berry Brazelton*. Malden, MA: Wiley-Blackwell.

Plooij, F., & van de Rijt-Plooij, H. (1989). Vulnerable periods during infancy: Hierarchically reorganized systems control, stress and disease (Vulnerables durante los períodos de la infancia: jerárquicamente reorganizado los sistemas de control, el estrés y la enfermedad). *Ethology and Sociobiology, 10*, 279-296.

Plooij, F., & van de Rijt-Plooij, H. (1990). Developmental transitions as successive reorganizations of a control hierarchy (Las transiciones de desarrollo como sucesivas reorganizaciones de una jerarquía de control). *American Behavioral Scientist, 34*, 67-80.

Plooij, F., & van de Rijt-Plooij, H. (1994). Vulnerable periods during infancy: Regression, transition, and conflict (Los períodos vulnerables de la infancia: la regresión, la transición, y el conflicto). En J. Richer (Ed.), *The clinical application of ethology and attachment theory* (pp. 25-35). London: Association for Child Psychology and Psychiatry.

Plooij, F., & van de Rijt-Plooij, H. (1994). Learning by instincts, developmental transitions, and the roots of culture in infancy (El aprendizaje por los instintos, las transiciones de desarrollo, y las raíces de la cultura en la infancia). En R. A. Gardner, B. T. Gardner, B. Chiarelli & F. X. Plooij (Eds.), *The ethological roots of culture* (pp. 357-373). Dordrecht: Kluwer Academic Publishers.

Plooij, F., & van de Rijt-Plooij, H. (2003). The effects of sources of "noise" on direct observation measures of regression periods: Case studies of four infants' adaptations to special parental conditions (Los efectos de las fuentes del "ruido" en la observación directa de las medidas de períodos de regresión: Las adaptaciones a las condiciones especiales de los padres. Caso estudiado de cuatro recién nacidos). En M. Heimann (Ed.), *Regression periods in human infancy* (pp. 57-80). Mahwah, NJ: Erlbaum.

Plooij, F., van de Rijt-Plooij, H. H. C., van der Stelt, J. M., van Es, B., & Helmers, R. (2003). Illness-peaks during infancy and regression periods (Los tiempos altos de enfermedad durante la infancia y los períodos de regresión). En M. Heimann (Ed.), *Regression periods in human infancy* (pp. 81-95). Mahwah, NJ: Erlbaum.

Plooij, F. X., van de Rijt-Plooij, H., & Helmers, R. (2003). Multimodal distribution of SIDS and regression periods (Multimodal de distribución de SIDS y períodos de regresión). En M. Heimann (Ed.), *Regression periods in human infancy* (pp. 97-106). Mahwah, NJ: Erlbaum.

Powers, William T. (1973). *Behavior: The control of perception* (Comportamiento: El control de la percepción). Chicago: Aldine. Second edition (2005), revised and expanded, New Canaan CT: Benchmark Publications.

Sadurni, M., & Rostan, C. (2003). Reflections on regression periods in the development of Catalan infants (Reflexiones sobre los períodos de regresión en el desarrollo de los lactantes de Catalán). En M. Heimann (Ed.), *Regression periods in human infancy* (pp. 7-22). Mahwah, NJ: Erlbaum.

Trevarthen, C. & Aitken, K. (2003). Regulation of brain development and age-related changes in infants' motives: The developmental function of regressive periods (Los motivos del reglamento del desarrollo cerebral y relacionados con la edad y los cambios en los lactantes: El desarrollo de la función de los períodos regresivos.). En M. Heimann (Ed.), *Regression periods in human infancy* (pp. 107-184). Mahwah, NJ: Erlbaum.

van de Rijt-Plooij, H., & Plooij, F. (1987). Growing independence, conflict and learning in mother- infant relations in free-ranging chimpanzees (Creciendo independientemente, los conflictos y el aprendizaje del comportamiento de la madre-hijo en las relaciones de los chimpancés que andan libres). *Behaviour, 101*, 1-86.

van de Rijt-Plooij, H., & Plooij, F. (1988). Mother-infant relations, conflict, stress and illness among free-ranging chimpanzees (Las relaciones de madre y lactante, los conflictos, el estrés y la enfermedad entre los chimpancés que andan libres). *Developmental Medicine and Child Neurology, 30*, 306-315.

van de Rijt-Plooij, H., & Plooij, F. (1992). Infantile regressions: Disorganization and the onset of transition periods (Regresiones infantiles: la desorganización y el comienzo de los períodos de transición). *Journal of Reproductive and Infant Psychology, 10*, 129-149.

van de Rijt-Plooij, H., & Plooij, F. (1993). Distinct periods of mother-infant conflict in normal development: Sources of progress and germs of pathology (Períodos distintos de la madre-hijo conflicto en el desarrollo normal: Fuentes de los progresos y los gérmenes de la patología). *Journal of Child Psychology and Psychiatry, 34*, 229-245.

Woolmore, A., & Richer, J. (2003). Detecting infant regression periods: weak signals in a noisy environment (Detección de períodos de regresión infantil: señales de debilidad en un ambiente ruidoso). En M. Heimann (Ed.), *Regression periods in human infancy* (pp. 23-39). Mahwah, NJ: Erlbaum.

www.livingcontrolsystems.com (Ingles)

Para aquellos que estén interesados en obtener más información sobre la Teoría del control de las percepciones (Perceptual Control Theory, PCT) en relación con el funcionamiento del cerebro humano que inspiró gran parte de la filosofía de *Las semanas mágicas*, este sitio de recursos ofrece libros, las introducciones y los comentarios, los programas de simulación para su computadora, y mucho más.

Índice alfabetico

Las páginas subrayadas remiten a los recuadros.

D

M

N

P

R

internet

Estará interesado en saber que *Las semanas mágicas* está disponible en varios idiomas y que hay suficiente apoyo informativo disponible en el Internet. Una forma conveniente de tener acceso en el Internet es yendo a su página web de la red que está diseñada para apoyar la edición en Inglés.

www.thewonderweeks.com - ingles

Esta página web provee una gran información adicional, incluyendo investigación científica en muchos idiomas en lo cuales Las semanas mágicas ha sido traducido; cómo ordenar un libro en cualquiera de estos idiomas; y cómo encontrar los blogs, foros, y otras páginas de la red con comentarios acerca de Las semanas mágicas alrededor del mundo en cualquier idioma buscando en el Internet ya sea por el titulo o el número ISBN.
Además podrá suscribirse gratis vía e-mail para el servicio llamado Alarma Leap. Vea página 8.

[1]